Als ehemaliger Steuerinspektor eines Finanzamts und Revisor bei Wirtschaftsprüfungsgesellschaften und Verbänden ist Franz Konz ein kompetenter Ratgeber. Er versteht es, die Probleme von Unternehmern und Selbständigen so darzustellen, daß jeder weiß, worauf es ankommt – und ebenso schreibt er.

Von Franz Konz sind außerdem erschienen:

»1000 ganz legale Steuertricks« (Band 7665)
»*Der kleine Konz*« (Band 7792)

Dieses Buch wurde auf chlor- und säurefreiem Papier gedruckt.

Originalausgabe April 1992

Satz: MPM, Wasserburg
Druck und Bindung: Ebner Ulm
Printed in Germany 5 4 3 2 1
ISBN 3-426-82017-X

Franz Konz

1000 Tips und Tricks für Unternehmer und Freiberufler und alle, die es werden wollen

Knaur®

Inhaltsübersicht

Wir sollten uns mit großen
Problemen beschäftigen, solange
sie noch ganz klein sind.
(Rutkowaska)

Der übermächtige Moloch der Bürokratie

Bevor Du Dich mit Deinen ganz speziellen Problemen der Unternehmensgründung oder der Unternehmensführung beschäftigst, sollst Du von mir einen Überblick über die wirtschaftlichen und steuerlichen Zusammenhänge erhalten. Erst dadurch wird Dir klar, wie weit ein Gesetz in ein anderes eingreift und wie viele steuerrechtliche Belastungen aus den verschiedensten Gesetzen auf Dich zukommen. Ob Du selbst, oder ein anderer für Dich diese Beträge an die Staatskasse abführen muß, ist dabei nebensächlich. Du mußt in jedem Fall von vornherein wissen, was Du alles zu beachten hast, damit Du keine Fehlentscheidungen triffst.

Die Steuer, die uns alle am meisten trifft, ist die Umsatz- oder Mehrwertsteuer, die Du mit jedem Brötchen, mit jeder Zeitung und mit jedem Liter Benzin mitbezahlen mußt. Umgekehrt mußt Du als Unternehmer auch in Deinen Rechnungen oder in Deiner Endpreiskalkulation diese Steuer beachten, sonst zahlst Du sie aus Deiner eigenen Tasche. Auf dem nächsten Platz folgt die Lohn- und Einkommensteuer, die entweder gleich einbehalten wird, oder die Du regelmäßig in vierteljährlichen Teilbeträgen an das Finanzamt berappen mußt.

Als Unternehmer treffen Dich dann noch die Gewerbesteuer, als Hausbesitzer die Grundsteuer. Wenn Du ein entsprechend hohes Vermögen besitzt, oder Vermögenswerte verschenkst oder vererbst, will Vater Staat davon ebenfalls einen kräftigen Teil als Vermögensteuer, Schenkungssteuer oder Erbschaftssteuer abhaben.

Jedes dieser Steuergesetze enthält andere Bestimmungen, doch allen ist gemeinsam, daß sie nur das eine Ziel haben, von Dir Steuergelder abzuverlangen. Ein Heer von Staatsbeamten sorgt tagtäglich dafür, daß die vorhandenen Schlupflöcher in den Gesetzen immer enger werden und auf diese Weise immer mehr Gestaltungsmöglichkeiten verschwinden. Damit kann dann die Staatskasse über immer mehr Einnahmen verfügen. Dies ist einzig und allein das erklärte Ziel der Finanzbehörden.

Unternehmensgründung

Nutze die verbliebenen Schlupflöcher

Gerade deswegen will ich Dir die verbliebenen Schlupflöcher aufzeigen, die Du noch zu Deinem Vorteil nutzen kannst. Sonst führst Du besser Deine gesamten Einnahmen an die Staatskasse ab und läßt Dir dafür 365 Essensmarken aushändigen.
Die Gestaltungen mußt Du aber selbst in die Hand nehmen, denn die tatsächliche Umsetzung meiner Anregungen kann ich nicht für Dich übernehmen. Als anderer Ausweg bleibt Dir sonst nur noch die Möglichkeit, Deine Belastungen auf Deine Abnehmer abzuwälzen, damit Dir wenigstens ein ausreichender Lebensunterhalt verbleibt. Doch in unserem Wirtschaftssystem kann Dir dabei die Konkurrenz einen Strich durch die Rechnung machen, wenn sie die Waren oder Dienstleistungen billiger anbietet als Du.
Bei meinen Darstellungen weise ich Dich natürlich auch auf Gefahren hin, die Du umgehen mußt. Es nützt Dir wenig, wenn die entstehenden Steuervorteile durch diese Gestaltungen nicht in Deine eigenen, sondern in fremde Taschen fließen. Auf diese Weise hast Du zwar die Genugtuung, daß Dein Geld nicht in die Staatskasse gelangt ist. Doch wenn Du persönlich nichts davon hast, kann es Dir eigentlich egal sein, wo es hinfließt.
Steuervergünstigungen hängen oft von einem einzigen Blatt Papier oder von einer speziellen Formulierung ab oder von der Zwischenschaltung von Mittelspersonen oder anderen Unternehmen. Und damit siehst Du, daß auch beim Steuernsparen und nicht nur im Lexikon das Wort Denken vor Erfolg steht.
Du merkst jetzt sicherlich auch, daß Du bei den Steuern nichts dem Zufall überlassen darfst. Dies gilt besonders dann, wenn Du schon Unternehmer bist oder mit dem Gedanken spielst,

Dein eigener Herr zu werden und ein eigenes Geschäft zu eröffnen oder gar ein größeres Unternehmen zu gründen.
Bei solchen Entscheidungen kannst und darfst Du nicht bloß das Steuerrecht im Auge behalten, sondern Du mußt vor allem die Auswirkungen kennen. Dann mußt Du sehen, daß Du für Dich wirtschaftlich sinnvolle und finanziell vernünftige Lösungen erarbeitest, mit denen Du begangene Fehler beseitigst oder Dein gefaßtes Vorhaben der Selbständigkeit in die Tat umsetzen kannst.
Erst wenn Du diese Lösungen gefunden hast, kannst Du weiter darüber nachdenken, welche steuerlichen Gestaltungsmöglichkeiten sich daraus für Dich eröffnen, die durch die Steuereinsparung Dir eine zusätzliche Rendite versprechen. Du mußt aber sicher sein können, daß Dir persönlich auch diese Steuereinsparungen verbleiben und Du damit entweder ein größeres Kapitalvolumen investieren oder fremdfinanzieren kannst, oder Dir effektiv mehr für Deinen persönlichen Lebensunterhalt zur Verfügung steht.

Nutze die staatliche Förderung zu Deinem Vorteil aus

Zu diesen Lösungsvorschlägen gehört es nämlich auch, daß Du Dich um staatliche Fördermittel, also um zinsverbilligte Darlehn oder um echte Zuschüsse bemühst. Auch diese Mittel entlasten Dich persönlich und können sogar zu Wettbewerbsvorteilen führen, die Du am Anfang Deines Unternehmerlebens bitter nötig hast. Die Steuerschraube wird bei Dir noch früh genug angezogen, deshalb nütze diese erste Hilfestellung des Staates zu Deinem Vorteil, so weit es nur irgend möglich ist.
Durch Deine dadurch niedrigeren Kosten, aufgrund dieser staatlichen Fördermittel, kannst Du Deine Produkte oder Dienstleistungen preiswerter anbieten als Deine Konkurrenten es kön-

nen. Dies wiederum werden Deine Kunden aufmerksam beobachten und Dich bevorzugen, wenn das, was Du anzubieten hast, in der Qualität den Konkurrenzprodukten entspricht. Dadurch stärkst Du Deine Marktposition oder kannst einen besonderen Service bieten, und damit bist Du Deinen Mitbewerbern eine Nasenlänge voraus.
Solche »Geschenke« an Deine Kundschaft darfst Du allerdings nicht planlos gewähren. Zuvor mußt Du Dir ein Unternehmenskonzept entwickeln oder entwickeln lassen, was auf eine solche Zukunftsperspektive zugeschnitten ist. Auf diese Weise wird ein Unternehmensplan entworfen, den Du immer im Hinterkopf haben mußt. Dieses einmal entworfene Ziel mußt Du mit aller Energie zu erreichen versuchen.

Deine Unternehmensstrategie

Diese einmal entwickelte Unternehmensstrategie mußt Du dann auch in der Zukunft konsequent fortsetzen. Deshalb mußt Du ständig Deine anfallenden Kosten sehr genau überwachen. Nur dann kann am Ende auch wirklich ein ausreichender Unternehmergewinn für Dich verbleiben. Anderenfalls schüttest Du nur die auf der einen Seite erwirtschafteten Gewinne auf der anderen Seite wieder an Deine Kundschaft aus.

Durch Verschenken kannst Du kein Vermögen bilden

Ein solches Tun unterstreicht zwar Deine soziale Einstellung, hilft Dir aber nicht, Dein Unternehmen zu erhalten. Dazu sind Gewinne unbedingt erforderlich, denn ein Unternehmen erfordert eine ständige Erneuerung. Willst Du darüber hinaus Dein Unternehmen sogar erweitern, dann sind noch höhere Gewinne erforderlich, um diese neuen Investitionen im Laufe der Zeit zu

finanzieren. Du siehst, ich lasse Dich mit Deinen Problemen nicht allein stehen, sondern versuche, Dir die unausweichlichen wirtschaftlichen Zusammenhänge klarzumachen, um Dich damit vor Schaden zu bewahren.
Mit diesen und ähnlichen Überlegungen wächst Du bereits unversehens in Deine Unternehmerposition hinein, die Dir den Sinn für die Zusammenhänge schärfen muß. Du allein mußt die Fäden ziehen und mußt die Richtung bestimmen, in die sich Dein Unternehmen bewegen soll. Deshalb mußt Du zuerst grundsätzliche Entscheidungen treffen, ehe Du Dir um Details Gedanken machen kannst.

Wer weiß schon, wieviel er
wissen muß, um zu wissen, daß
er noch zu wenig weiß?
(L. Schmidt)

Deine Gründungsvorbereitungen

Zu diesen grundsätzlichen Entscheidungen gehört vor allem, daß Du festlegst, in welcher Branche Du Dich überhaupt betätigen willst. Hierbei gibt es Besonderheiten, die Du von Anfang an beachten mußt. Darüber solltest Du Dich umfassend informieren. Z. B bei Handwerkskammern, Innungen, Industrie- und Handelskammern, durch Fachliteratur und periodische Informationsschriften, durch Lehrgänge, Seminare und andere Fortbildungsveranstaltungen usw.
Manche unternehmerische Tätigkeiten erfordern spezielle Eignungsprüfungen, Führungszeugnisse, Gesundheitsbescheinigungen usw. Andere dagegen erfordern besondere berufliche Qualifikationen, behördliche Zulassungen, Genehmigungen usw. Hast Du diese Voraussetzungen für die rein formelle Eröffnung Deines Betriebes oder für die Geschäftseröffnung erfüllt, dann ist das erst die halbe Miete. Ist eine Gewerbeanmeldung beim

Ordnungsamt Deiner Gemeinde für Deine Tätigkeit erforderlich, dann wähle Deinen Unternehmensbereich möglichst umfassend. Es kann Dir sonst passieren, daß du Tätigkeiten nur deshalb nicht ausüben darfst, weil sie nicht von Deiner Gewerbeanmeldung gedeckt sind.

Deine finanzielle Vorausplanung

Erst jetzt kommt die Frage, in welcher Größenordnung sich Deine Betätigung abspielen soll. Daran knüpft dann die Frage an, wie hoch Dein Kapitalbedarf dafür ist und wie er aufgebracht werden soll. Benötigst Du umfangreiche Maschinen, Gebäude und Einrichtungen, dann mußt Du diesen Bedarf erst einmal errechnen.
Das gilt ebenso für Warenbestände und die Anlaufkosten, bis Du die erste Mark aus Deiner Geschäftstätigkeit als Ertrag zurückfließen siehst.
Hier mußt Du klar und nüchtern alles, aber auch wirklich alles erfassen, damit Du eine verläßliche Ausgangsbasis für Deine weiteren Überlegungen hast. Darauf mußt Du dann noch prozentuale Sicherheitszuschläge draufrechnen, denn es werden noch eine ganze Reihe unvorhergesehener Kosten auf Dich zukommen, die Du ja in irgendeiner Art und Weise abfangen mußt. Mit diesen Zahlen hast Du dann Deine Wunschgrößen, von denen Du ausgehen kannst.

Umsetzen Deiner Wunschvorstellungen in die Tat

Nachdem Du diese »Sollzahlen« zusammengetragen hast, geht es an das Realisieren, und damit beginnen dann die Feinarbeiten, denn Du wirst sehr schnell merken, daß Deine Wunschvorstellung oftmals unbezahlbar sind. Deshalb beginnt auch jetzt

erst die eigentliche Arbeit, das Nützliche vom Notwendigen zu trennen.
In diese Überlegungen mußt Du dann auch die Möglichkeit mit einbeziehen, Gegenstände oder gar den kompletten Betrieb nicht zu kaufen und selbst zu finanzieren, sondern zu mieten, zu pachten oder zu leasen. Hier mußt Du sehr sorgfältig vergleichen, welche Variante Dir die größten finanziellen Spielräume offen läßt.
Durch diese Überlegungen werden sich Standortfragen automatisch mit lösen, weil diese untrennbar mit der Finanzierung zusammenhängen und auch mit der Kreditgewährung, denn Du wirst merken, daß Dir Banken nicht jeden beliebigen Betrag kreditieren.
Eines solltest Du jedoch beachten: Ganz ohne Eigenkapital läuft nichts. Und bloß das Herbeizaubern von Sachwerten, die eigentlich gar keinen Wert mehr haben, schadet Dir mehr als es Dir nützt. Solche Seifenblasen zerplatzen sehr schnell und zurück bleibt nur Dein Schuldenberg. Deine Gläubiger sichern sich schon nach allen Seiten hin ab. Dir bleibt aber in solchen Fällen nur noch ein Scherbenhaufen.
Natürlich ist es besser, erst einmal klein anzufangen und sich dann langsam hochzuarbeiten. Doch bestimmte Betätigungen verlangen eben eine »Grundausstattung«, um die Du nicht herumkommst. Dabei wäre Sparen am falschen Platz völlig verkehrt, denn dadurch lähmst Du nur Deine eigene Arbeitsleistung.
Da ist es schon besser, Du tust Dich mit mehreren Personen zusammen und gründest eine Gesellschaft. Doch in solchen Fällen mußt Du meist die handelsrechtlichen Bestimmungen beachten, die im Handelsgesetzbuch, im GmbH-Gesetz, im Aktiengesetz, im Bürgerlichen Gesetzbuch usw., also in besonderen Gesetzen niedergeschrieben sind. Dazu will ich Dir später noch wichtige Dinge sagen.

Vertrauen ist das Gefühl, einem Menschen sogar dann glauben zu können, wenn man weiß, daß man an seiner Stelle lügen würde.
(Mencken)

Rechtliche Besonderheiten bei der Unternehmensgründung

Deine Kaufmannspflichten

Nur soviel vorweg: Alle Deine bisherigen Überlegungen basieren darauf, daß das Handelsrecht es jedem geschäftsfähigen Bürger erlaubt, sich am allgemeinen wirtschaftlichen Verkehr zu beteiligen. Dieser Bürger kannst selbstverständlich auch Du sein. Dabei geht das Gesetz davon aus, daß das, was Du als Geschäftsmann sagst, auch der Wahrheit entspricht und Dein Verhalten so ist, daß Du keinen anderen dadurch schädigst.
Würde nämlich alles was Du sagst oder tust als unwahr hingestellt, dann könnte ein reibungsloser wirtschaftlicher Ablauf nicht mehr funktionieren, weil die Absicherung des wirtschaftlichen Risikos praktisch jeden schnellen Warenaustausch unmöglich machte. Auch ein schneller Fluß von Dienstleistungen würde sofort erlahmen. Damit könnte unser Wirtschaftssystem nicht mehr funktionieren. Deshalb muß einer dem anderen vertrauen können.
Während in früheren Zeiten regelmäßig die Geschäfte per Handschlag abgewickelt wurden, weil das Wort eines Kaufmanns noch etwas galt, so sind diese strengen Sitten oder auch Handelsbräuche, wie sie genannt werden, heute die Ausnahme. An die Stelle des Vertrauens sind allgemeine Geschäftsbedingungen, also das Kleingedruckte getreten, in denen Eigentumsvorbehalte, Folgen bei nicht rechtzeitiger Zahlung und anderen

Leistungsstörungen und deren Folgen bis ins Detail geregelt sind und natürlich immer zugunsten dessen, der diese Bedingungen diktieren kann.
Hierbei mußt Du wissen, daß Kaufleute so gut wie alles miteinander vereinbaren können. Du kannst also die Dir vorgelegten Geschäftsbedingungen entweder ganz ablehnen oder zu andern, als den vorgedruckten Bedingungen, das Geschäft abschließen. Der Gesetzgeber setzt bei einem Kaufmann voraus, daß dieser weiß, was er sich ein- oder aushandelt. Deshalb hast Du im nachhinein wenig Glück, Dich als Geschäftsmann ohne Nachteile aus derartigen Verträgen wieder herauszuwinden.

Der Vertrag ist ein System, unter dem die Treuen immer gebunden, die Treulosen immer frei sind.
(Vansittart)

Was Du einmal unterschrieben hast, gilt, und jede nachträgliche Änderung wird teuer für Dich. Daran mußt Du denken.
Deshalb sei sehr vorsichtig und mache deutlich, wenn Du nur ein unverbindliches Angebot einholen willst. Lasse Dich nicht beschwatzen und hüte Deine Unterschrift wie Deinen Augapfel. Dieses Schriftzeichen kann Dein Glück, aber auch Dein Untergang sein, je nachdem, an welchen Geschäftspartner Du dabei gerätst.
Ganz besonders rücksichtslos sind Banken, Versicherungen und multinationale Konzerne. Diese Wirtschaftsgebilde verfügen über die nötige Finanzkraft und eigene Rechtsabteilungen. Deshalb können sich derartige Institutionen jeden Rechtsstreit leisten. Hier hast Du in den meisten Fällen schon deshalb verloren, weil Du Dir den Weg durch sämtliche Instanzen der Rechtspflege gar nicht leisten kannst. Doch wenn Du das nicht kannst, dann mußt Du auch solche Urteile ertragen, die Du im höchsten Maße als ungerecht empfindest.

Jeder hat so viel Recht, wie er Gewalt über andere hat.
(Spinoza)

Die Schattenseiten des Rechtsstaates

Das sind die Nachteile des Rechtsstaates, daß das Recht derjenige »erkaufen« kann, der finanziell die besseren Möglichkeiten besitzt. Dies solltest Du bedenken, und deshalb nur solche Verpflichtungen eingehen, die Du auch wirklich erfüllen kannst. Anderenfalls kannst Du gezwungen sein, schneller das Handtuch zu werfen, als Du es Dir gedacht hast. Und Dein letztes Vermögen teilen sich in solchen Fällen grundsätzlich die Anwälte. Davor will ich Dich bewahren.
Doch so wie Du Dich vor der Übermacht Deiner Gläubiger schützen mußt, so mußt Du andererseits darauf achten, daß Du solvente Kunden bekommst, die Deine Rechnungen auch pünktlich bezahlen.

So begrenzt Du Dein Risiko

Hierfür gibt es zwar im voraus keine völlige Gewißheit, aber Du kannst Vorsorge treffen. Gerade bei Neugründungen von Unternehmungen mußt Du diese Risiken so klein als möglich halten. Hast Du es mit vielen kleinen Abnehmern zu tun, dann verteilt sich auf diese Weise das Risiko von selbst. Sind Deine Kunden allerdings Industrieunternehmen oder einige wenige Großkunden, dann kann Dich ein Blick in das Handelsregister, eine Handelsauskunft oder noch besser, der Abschluß einer Kreditrisikoversicherung, vor größerem Schaden bewahren.
Davon solltest Du auch Gebrauch machen, bis Du die Spreu vom Weizen getrennt hast und weißt, mit wem Du es wirklich zu tun hast.
Ein weiteres Instrument, um Unternehmen zu durchleuchten,

gibt Dir die sogenannte Publizitätspflicht in die Hand. Dies ist die Offenlegung der finanziellen und wirtschaftlichen Verhältnisse von Unternehmen ab einer Größenordnung von 8 Mio. Umsatz, 3,9 Mio. Bilanzsumme und mehr als 50 Arbeitnehmern, die das Handelsrecht verlangt. Hierzu müssen dann Bilanzen, Gewinn- und Verlustrechnungen, bei noch größeren Unternehmen Lageberichte und Anhänge beim Handelsregister hinterlegt oder zusätzlich in überregionalen Wirtschaftszeitungen publiziert werden. Zusätzlich wird gefordert, daß diese veröffentlichten Zahlen von dazu eigens berufenen Prüfern testiert werden, daß sie mit den handelsrechtlichen Bestimmungen übereinstimmen.

Hat ein Unternehmen diese Größenordnungen einmal erreicht, dann kann Dir auch Deine Hausbank auf Anfrage einige aussagekräftige Hinweise dazu geben.

Alle diese Maßnahmen dienen dem einen Ziel, die Wirtschaftskraft der Unternehmen zu erhalten und die an diesem Wirtschaftskreislauf Beteiligten weitgehend vor Schaden zu bewahren. Dazu gehört aber bereits, daß im Stadium der Gründung eines Unternehmens dafür gesorgt wird, daß sich Unternehmen nicht durch Manipulationen besser, also finanzkräftiger darstellen dürfen, als sie es in Wirklichkeit sind.

Gerade in der Gründungsphase ist der Kapitalbedarf am größten. Die Unternehmens- und Absatzstrukturen müssen erst noch aufgebaut werden.

Dazu muß ich Dir einige besondere Begriffe erläutern, die Du wissen solltest.

Die Wahrheit ist eine gedachte Linie,
die den Irrtum in zwei Teile teilt.
(Elbert Hubbard)

Was ist eine Firma?

Da ist zuerst der Begriff der Firma, der im allgemeinen Sprachgebrauch und im juristischen Sprachgebrauch einen völlig anderen Sinninhalt hat.
Während in der Umgangssprache mit Firma ein Fabrikationsbetrieb beschrieben wird, der sich von Größe und Umfang her von einem Handwerksbetrieb deutlich abhebt, ist die Firma im Juristendeutsch etwas anderes. Hier bedeutet Firma nur die »Visitenkarte« Deines Unternehmens, nämlich der Name Deiner Firma, mit dem Du nach außen in Erscheinung trittst.
An diesen Namen werden ganz besondere Anforderungen gestellt, denn nicht jeder Name kann auch ein Firmenname sein. Der Firmenname sagt nämlich auf Anhieb Deinen Geschäftspartnern darüber etwas aus, welche Unternehmensform sich dahinter verbirgt. Deshalb wachen die Registergerichte bei den Handelsregistern sehr genau darüber, daß Du mit Deiner Firma keinen falschen Rechtsanschein erweckst. Deshalb mußt Du auch sehr sorgfältig zwischen einer Etablissementsbezeichnung (Name einer Gaststätte usw.) und einem Firmennamen unterscheiden. Für Deine Firma mußt Du zuerst die Zustimmung der zuständigen Industrie- und Handelskammer einholen, ehe Du den Namen verwendest oder zum Handelsregister anmeldest.
Laß Dir das etwas ausführlicher erklären: Als Unternehmer und Geschäftsmann kannst Du Dich weltweit am Handel und Wandel beteiligen. Dafür gibt es wenig Einschränkungen, und wenn, dann stammen diese Beschränkungen häufig nur aus zollrechtlicher oder wirtschaftsrechtlicher Aufsicht, so z. B. bei der Aus- und Einfuhr bestimmter Güter. Hierzu gibt es auch besondere Genehmigungsverfahren. Die in letzter Zeit so ins Rampenlicht getretenen Rüstungsexporte waren dafür ein sichtbares Zeichen.

D. h. mit anderen Worten, daß Deine Geschäftspartner in einem normalen geschäftlichen Verkehr außer Deinem Briefkopf, am Anfang nichts von Dir zu sehen bekommen. Da Papier aber bekanntlich sehr geduldig ist, läge es ausschließlich an Dir, ein vielversprechendes Taumgebilde von einer Firma auf eben dieses Papier zu bringen, welches der Wirklichkeit überhaupt nicht entspricht. Als Einzelkaufmann darfst Du eine Firma aber nur dann führen, wenn Du einen in kaufmännischer Weise eingerichteten Geschäftsbetrieb unterhältst, der ins Handelsregister eingetragen wurde. Dies setzt aber mindestens eine Größe von fünfzehn bis zwanzig Beschäftigten voraus.
Erfüllst Du das nicht, dann würden Deine Geschäftspartner getäuscht. Dies soll und darf unter Kaufleuten nicht sein, denn nach alter Tradition stellt sich ein Kaufmann immer ärmer dar, als er in Wirklichkeit ist. Diese Gedankengänge sind heute noch bei den Registergerichten fest verwurzelt. Wer also prahlt, ist bestenfalls ein Kaufmann minderer Klasse.
Nun könntest Du einwenden, daß Deine Geschäftspartner, zu denen Du Geschäftsbeziehungen anbahnen willst, Auskünfte z. B. über Handelauskunfteien über Dich einholen können. Dies können und werden sie auch tun, wenn die Geschäfte mit Dir eine bestimmte Größenordnung erreichen. Doch auch dies ändert nichts daran, daß es eilige Geschäfte gibt, in denen nicht erst langwierige Auskünfte eingeholt werden können.

So sichern sich Deine Gläubiger ab

Befindet sich Dein Unternehmen erst in der Startphase, so werden die Auskünfte sowieso nur Vermutungen wiedergeben können, weil tatsächliche Fakten noch fehlen und reale Zahlen nur selten zur Verfügung stehen.
Was Deinen Geschäftspartnern in solchen Fällen lediglich als Sicherungsmittel bleibt, ist: entweder die Warenlieferung oder Dienstleistung gegen Vorauskasse abzuwickeln oder eine Bank-

bürgschaft in Höhe des Gegenwertes zu verlangen. Und damit wird das ganze Prinzip unseres freien Warenaustausches sichtbar. Anders als bei der Tauschwirtschaft – Gegenstand gegen Gegenstand an Ort und Stelle – werden heute Waren und Dienste rund um den Globus gehandelt. Da aber kein Kaufmann etwas verschenken kann, muß er sicher sein können, auch den ausgehandelten, also den vereinbarten Kaufpreis, tatsächlich zu erhalten.
Dafür bietet aber ein Kaufmann dem anderen um so größere Sicherheiten, je mehr Personen für die selben Geschäfte persönlich haften, weil dann davon auszugehen ist, daß nicht sämtliche Beteiligte vermögenslos sind. Deshalb wird jedem Zusammenschluß in Form einer Gesellschaft ein größerer Vertrauensvorschuß gewährt, als es bei einem »Einzelkämpfer« der Fall ist.
Ist diese Startphase eines Unternehmens, sei es nun als Einzelunternehmen oder sei es als Personengesellschaft oder gar als Kapitalgesellschaft erst einmal überstanden, dann werden die Gefahren eines wirtschaftlichen Niedergangs wesentlich geringer werden.

Doch wo liegen diese Fehler, die zu so etwas führen?

Fehler bei der Unternehmensgründung

Von vielen Firmengründern werden die Vorbereitungen für eine Unternehmensgründung zu sorglos betrieben oder es wird völlig planlos einfach darauflos gewirtschaftet, ohne sich Gedanken über die grundsätzlichsten wirtschaftlichen Erfordernisse zu machen, wie ich sie Dir bereits beschrieben habe.
Es gibt kaum einen Unternehmenszweig, der völlig ohne Eigenkapital auskommt. Sei es, daß ein Büroraum angemietet, eingerichtet und unterhalten werden muß, oder daß ein Kraftfahrzeug »Dein Unternehmen« als Handelsmakler darstellt. In jedem Fall ist irgendein Startkapital nötig, um Dich bis zu den ersten er-

zielten Betriebs- oder Geschäftseinnahmen mit Nahrung, Bekleidung, Wohnung usw. über Wasser zu halten.
Diese Beträge solltest Du unter allen Umständen aus Deiner eigenen Tasche bezahlen können und nicht bereits in diesem Stadium auf Kreditmittel zurückgreifen müssen.
Es entstehen noch genügend unvorhersehbare Kosten, die Du aus irgendwelchen Geldquellen finanzieren mußt. Denn wer kann schon damit rechnen, gerade in einer solchen Notsituation einen großen Lottogewinn zu machen?
Neben der Sorge für dieses finanzielle Fundament, werden zu wenig Gedanken auf die Verkaufsmöglichkeiten gerichtet. Nicht alles was verlockend aussieht hat auch auf gewisse Dauer seinen Markt. Zu euphorisch werden diese Absatzchancen oft eingeschätzt, die sich anschließend nicht bewahrheiten und damit eine Kostenlawine entfesseln.
Hast Du dieses Risiko abgecheckt, dann mußt Du einen mittelfristigen Finanzplan erstellen, der Dir einerseits die erforderlichen Mittel in Mark und Pfennigen ausweist und auf der anderen Seite eine Schätzung enthält, wie lange im ungünstigsten Fall Deine Durststrecke sein darf, bis bei Dir die ersten unternehmerischen Einnahmen fließen müssen.

Erst wenn auch dieses Konzept steht, kannst Du Dich um die weitere Verwirklichung Deiner Pläne kümmern.

Das Recht ist die Summe der in
einem Staate geltenden Zwangsregeln.
(Ihering)

Die Rechtsform Deines Unternehmens

Irgendwann mußt Du Dich entscheiden, in welcher Rechtsform Du Dein Unternehmen betreiben willst. Diese Vorstellungen mußt Du dann konkret in die Tat umsetzen. Hier spielen neben praktischen Erwägungen auch steuerliche und wirtschaftliche

Überlegungen eine nicht unbedeutende Rolle. Damit hängen sogar die Finanzstrukturen eng zusammen, sowie die Aufgabenteilung oder -bündelung, die den Rahmen Deiner Betätigung bestimmen.

Wähle dieses erste Kleid Deines Unternehmens nicht zu knapp, so daß es sich nicht gleich als Korsett erweist, welches Dir kaum Bewegungsfreiheit übrig läßt. In dieser ersten Testphase mußt Du oft Umwege gehen, mußt improvisieren, um mit möglichst geringem Kostenaufwand Deinem Ziel so nahe als irgend möglich zu kommen.

Versuche in diesem Stadium, soviel als möglich staatliche Fördermittel zu erhalten, um die Finanz- und Ertragskraft Deines Unternehmens zu steigern. Doch denke immer daran, daß Du diese Fördermittel nicht geschenkt erhältst. Beachte, daß Du solche Gelder oftmals schon in der Vorgründungsphase beantragen mußt, also lange bevor Du mit den ersten eigentlichen Investitionen beginnst. Vergleiche die Angebote mehrerer Kreditinstitute und wähle von vornherein die Tilgungszeiträume nicht zu kurz. Du brauchst finanziellen Spielraum.

Neben den Werbe-, Marktforschungs-, Absatz- und Materialbeschaffungsmaßnahmen, mußt Du Dir eine gut funktionierende Organisation Deiner betrieblichen Verwaltung schaffen. Dies ist Dein unabdingbares Rüstzeug für einen reibungslosen Ablauf. Dazu gehört, daß neben der schnellen Rechnungsstellung auch die Zahlungsein- und ausgänge, betriebliche Kostenentwicklung und kurzfristige Erfolgsrechnung sowie Deine Lagerverwaltung aussagekräftige Zahlen liefern, und das möglichst täglich.

Du siehst daraus, Du mußt eine Menge in Bewegung setzen, ehe Du Dein Unternehmen als solches bezeichnen kannst. Dazu gehört besonders, daß das betriebliche Rechnungswesen als wesentlicher Bestandteil von Dir erkannt und entsprechend behandelt wird.

Das Zweitwichtigste ist, daß Du ein gesundes Gespür für Deine Zahlen bekommst. Sie sind das Barometer für Sonne oder Sturm in Deinem Betrieb. Nur wenn Du diese Organisation jederzeit im Griff hast, werden Dir sofort Gefahrenpunkte aufgezeigt und Du kannst schnell reagieren und dadurch zufriedenstellende Ergebnisse erreichen.

Sorge immer für vollständige Beweismittel

Doch diese meine Vorschläge mußt Du auch bereits vom ersten Tag an verwirklichen. Du mußt Vorkehrungen treffen, daß Du nicht zwischen die übermächtigen Mahlsteine der Bürokratie gerätst, denn diese kann von vielfacher Seite gegen Dich in Bewegung gesetzt werden.
Oberster Grundsatz im Geschäftsleben und mit Behörden ist es, alles schriftlich zu vereinbaren oder zu bestätigen und von allen Schriftstücken mindestens eine Kopie davon als Beweis aufzubewahren. Scheue vor allem gegenüber Behörden die Kosten und Mühen nicht, um von wichtigen Dokumenten beglaubigte Abschriften zu machen, damit Du die Originale nicht aus der Hand zu geben brauchst. In den meisten Fällen wird Dir von den Gesetzen die Beweislast für Deine Argumente auferlegt. Hast Du aber Deine Beweisstücke aus der Hand gegeben und sind diese verloren gegangen, dann kannst Du bei Streitigkeiten eben nichts mehr beweisen. Und das wird Dir dann auch noch nachteilig angekreidet. Deshalb sorge vor.

Wie willst Du Schriftstücke und Dokumente aufbewahren?

Damit komme ich auch zu einer weiteren wichtigen Überlegung Deines Unternehmerdaseins, wo und wie sollst Du Deine Schriftstücke des allgemeinen Tagesgeschäfts aufbewahren und auch jene, die für Dich von größerer Bedeutung sind. Du mußt jederzeit und möglichst schnell diese Dinge wiederfinden. Hier-

bei mußt Du unterscheiden, ob es sich um Belege für Deine Geschäftsbuchführung handelt, oder um andere Schreiben, Verträge usw. die Du mit Deinen Geschäftspartnern austauschst.
Daraus ergibt sich schon die Notwendigkeit, von bestimmten Schriftstücken mehrere Kopien anzufertigen, weil diese sinnvollerweise unter verschiedenen Ordnungsgesichtspunkten abzulegen sind und damit griffbereit bleiben. Das gilt in besonderem Maße für Deinen Zahlungsverkehr, denn hier treten naturgemäß die häufigsten Rückfragen auf, die sich bei Unstimmigkeiten oder aus verlorengegangen Rechnungen oder aus Schreib- oder Rechenfehlern ergeben. Daß Du sehr genau zwischen Geschäfts- und Privatunterlagen trennen mußt, sei nur am Rande bemerkt.
Als nächste sehr wichtige Entscheidung mußt Du Dir überlegen, nach welchen Ordnungsgesichtspunkten Du Deine übrige Geschäftspost ablegst. Hier empfielt es sich, längerfristige Verträge besonders sorgfältig, möglichst feuersicher zu verwahren. Dies gilt auch für Versicherungspolicen, Grundbuch- und Handelsregisterauszüge, Testamente, Patente, Herstellungsverfahren usw.
Mußt Du diese Originale hin und wieder einsehen, dann fertige Dir davon lieber Fotokopien an, die Du an einem speziellen Ort aufbewahrst. Dies gilt auch für Deine Miet- oder Leasingverträge, Nutzungs- und Überlassungsvereinbarungen.
Deine Bankauszüge und Bankbelege solltest Du getrennt nach den jeweiligen Konten aufbewahren. Hier ist es sehr sinnvoll, bei den Buchungen, die auf dem Kontoauszug nicht erläutert sind, sofort einen Hinweis anzubringen, der den betreffenden Vorgang erklärt. Nur so sparst Du Dir nachträgliche Sucharbeit.
Kunden- und Lieferantenrechnungen legst du am besten alphabetisch ab. Hier ist es am besten, die Rechnungen von der sonstigen Korrespondenz zu trennen. Es bleibt allerdings Dir überlassen, ob Du sinnvollerweise Lieferscheine und Auftragsbestätigungen an die jeweilige Rechnung anheftest. Damit hast Du dann jeweils nur einen Vorgang. Bei Reklamationen solltest

Du dann aber ebenfalls Kopien anfertigen, weil sich daraus ja meist ein gesonderter Schriftverkehr entwickelt, der sich einige Zeit hinziehen kann.
Solche späteren Änderungen machen die ursprüngliche Rechnung nämlich nicht völlig überflüssig, sondern ändern diese höchstens ab. Deshalb mußt du auch erst die falsche Rechnung einbuchen, denn dies ist ja ein Geschäftsvorfall und die Änderung ist ein davon getrennter, anderer.
Finanzamt, Sozialkassen, Berufsgenossenschaften usw. solltest Du ebenfalls getrennt von Deinen übrigen Unterlagen aufbewahren, weil hierbei häufig Rückfragen auftreten. In vielen Fällen sind auch in regelmäßigen Zeitabständen Änderungsmeldungen, Beitragsnachweise usw. zu erstellen, so daß sich eine getrennte Ablage als sinnvoll erweist. Derartige Institutionen berechnen meist ihre Beiträge nach Kalenderjahren bzw. prüfen regelmäßig Deine Meldungen für volle Kalenderjahre.
Deshalb ist es auch zweckmäßig, Deine Ablage in den gleichen Zeitabschnitten vorzunehmen, auch wenn Meldungen für das verstrichene Kalenderjahr erst in den ersten Wochen des folgenden Kalenderjahres abzugeben sind.
Mit diesen Behörden wirst Du auch sonst öfter zu tun haben, deshalb sorge auch für Kopien Deiner Zahlungsbelege, damit Du jederzeit Beweise anbieten kannst, wenn es zu Unstimmigkeiten kommt.

Organisatorische Erleichterungen

Machst Du Deine Buchführung im eigenen Hause, dann erleichtert Dir das die Sache, denn dann hast du sämtliche Belege jederzeit verfügbar. Ganz anders ist es dagegen, wenn Du diese Dinge außer Haus erledigen läßt und so über einen längeren Zeitraum nicht auf Deine Belege zurückgreifen kannst. In solchen Fällen solltest Du Dir dann verschiedene Spaltenbücher zulegen, in die Du Deine eingehenden und ausgehenden Rechnungen getrennt

einträgst und bei Zahlung den Tag, die Zahlungsart (Scheck, Überweisung, Verrechnung), den Namen des Kreditinstituts, von dem die Zahlung abfloß, und die Nummer des Kontoauszugs, auf dem die Belastung oder Gutschrift erfolgte.
Das gleiche Verfahren solltest Du in einem zweiten Buch bei Deinen Kundenrechnungen anwenden. Hier sollte dann noch eine zusätzliche Spalte vorhanden sein, in die Du den Tag Deiner Mahnungen eintragen kannst, wenn Deine Kunden säumig sind und nicht freiwillig innerhalb der Zahlungsfrist ihre Schulden begleichen.
Bei dem Zahlungsverkehr mit Behörden, wozu auch das Finanzamt gehört, solltest Du Dir Kopien von Schecks oder Überweisungen und den Kontoauszügen machen, auf denen diese Beträge belastet sind. Nur so kannst Du jederzeit und ohne langes Suchen lückenlos nachweisen, daß Du Deinen Zahlungverpflichtungen pünktlich nachgekommen bist.
Für wiederkehrende Zahlungen, die Du von Dir aus selbständig leisten mußt, kannst Du Dir Eigenbelege erstellen, die Du ebenfalls in Dein Buch bei den entsprechenden Fälligkeitstagen eintragen kannst. Auf diese Weise kannst Du nichts vergessen. Erteile aber nur sparsam Einzugsermächtigungen, denn sie bieten Dir nicht die Erleichterungen, die Dir immer angepriesen werden.
Du mußt nämlich ganz gewissenhaft Deine Kontostände überwachen, damit immer ausreichende Deckung vorhanden ist. Zudem schwanken oftmals die Zeitpunkte, an denen die Abbuchungen vorgelegt werden, und das erschwert zusätzlich Deine Arbeit. Wenn Du dagegen selbst zahlst, dann kannst Du die Zahlung gerade von dem Konto leisten, auf dem ausreichende Guthaben vorhanden sind. Bei Fehlern in den Einzugsermächtigungen mußt Du sofort die Ermächtigung widerrufen. Tust Du das nicht, dann wird der Betrag erst einmal abgebucht und Du kannst sehen, wann und wo Du Dein Geld wieder zurückbekommst. Die damit verbundene Schreibarbeit ist zehnmal so aufwendig, wie das Ausfüllen der Überweisungen.

Mit Deinen Rechnungseingangs- und Rechnungsausgangsbüchern hast Du noch ein anderes wichtiges Hilfsmittel zur Hand. Du kannst nämlich sofort sehen, wie hoch Deine Verbindlichkeiten sind und welche Forderungen noch ausstehen, wenn Du die offenen Beträge in diesen Büchern addierst.

Deine Finanzdispositionen

Aus dem Rechnungsein- und -ausgang kannst Du wichtige Rückschlüsse für Deine Finanzdispositionen ziehen und gewinnst obendrein ein Gefühl dafür, in welchem Umfang Du Guthaben auf Deinen Konten vorhalten mußt, um nicht selbst in Zahlungsverzug zu kommen. Dies wiederum erleichtert Dir die Entscheidung, ob Du anstehende Investitionen mit Eigenmitteln finanzierst oder ob Du dafür lieber Kreditmittel beantragst, weil sonst Deine Kapitaldecke zu dünn wird.
Hier gilt eine Faustregel, die besagt, daß Du einen Monatsumsatz Deines Unternehmens immer als sofort verfügbare Gelder verteilt auf Deinen Konten halten mußt. Dies kann natürlich von Branche zu Branche unterschiedlich sein, doch die flüssigen Mittel mußt Du lieber etwas höher als zu niedrig halten, damit Du nicht wegen jeder Kleinigkeit eine Krediterhöhung beantragen mußt. Hinzu kommt, daß auch bei nur kurzfristigen Kontoüberziehungen, die über das beantragte Kreditlimit hinausgehen, zusätzliche Bankprovisionen fällig werden.
Hier bereichern sich die Banken sowieso schon durch die kaum nachvollziehbaren Wertstellungen für Einzahlungen und Belastungen, die für Deine Zinsberechnung maßgebend sind. Diese Wertstellungen können bis zu sieben Tage vom Buchungstag oder Einreichungstag zu Deinen Ungunsten abweichen und deshalb in der Zwischenzeit Überziehungszinsen auslösen. Diese Rechnung wird Dir sogar dann präsentiert, wenn eigentlich Deine Kontoführung nach Deiner tageweisen Berechnung im vereinbarten Limit erfolgt. Deshalb solltest Du Deine Dispositionen so wählen, daß Du

solche zusätzlichen Gebühren vermeidest. Hinzu kommt, daß bei jeder Kreditbewilligung unnötige Bearbeitungskosten oder Kosten für die Bereitstellung usw. anfallen. Zudem geht Deine kostbare Zeit verloren, bis Du sämtliche Unterlagen beschafft hast. Oftmals arbeiten Banken ebenso langsam wie Behörden und verlangen für jede zur Verfügung gestellte Mark zehnfache Sicherheiten von Dir. Da wird so ein Kreditantrag schnell zu einem zeitraubenden Geschäft.

Organisation besteht darin, weder den Dingen ihren Lauf, noch den Menschen ihren Willen zu lassen.
(Helmar Nahr)

Die Organisation, das A und O Deines Unternehmens

Nachdem Du Dein Büro in einer so vorbildlichen Weise organisiert hast, kannst Du natürlich dann auch einzelne Aufgabenbereiche auf Deine Angestellten übertragen, damit Du Dich hauptsächlich auf die Kontrollen beschränken kannst. Es ist nicht der Sinn eines Geschäftsmannes, alles selbst zu machen und dafür auch noch auf jegliche Freizeit zu verzichten. Geschäftsmann sein heißt, wichtige Entscheidungen selbst zu treffen, die Routinearbeiten aber von gewissenhaften Arbeitnehmern erledigen zu lassen und nur noch deren Aufsicht ausüben. Nur so hast Du Deinen Kopf wirklich für wichtige Entscheidungen frei.

Nach diesem kurzen Ausflug zu einigen Überlegungen, die Du vor oder mindestens kurz nach Deiner Unternehmensgründung anstellen mußt, will ich Dir jetzt Hinweise auf die Vorteile verschiedener Unternehmensformen geben.

Gesellschaftliche Zusammenschlüsse

Vor- und Nachteile verschiedener Unternehmensformen

Da ich bereits angesprochen hatte, daß Du Deine Firma auch als Gesellschaft und nicht bloß als Einzelunternehmer betreiben kannst, will ich Dir auch hier gleich die Besonderheiten erklären, die Du bei einer solchen Unternehmensform beachten mußt. Über die Vor- und Nachteile solcher Zusammenschlüsse herrschen oftmals nur nebulöse Vorstellungen in den Köpfen der Gründer. Bei einer Gesellschaft ist es aber wie bei einer Ehe. Geschlossen ist dieser Bund fürs Leben schnell. Erst danach siehst Du, was Du Dir eingehandelt hast und dann werden Scheidungen oftmals sehr, sehr teuer.

In der Gründungseuphorie wird nur der geschäftliche Sonnenschein gesehen, doch jeder Mensch neigt dazu, seine eigenen Leistungen überzubewerten und im gleichen Maße die Leistungen anderer herabzuwürdigen. Solche Differenzen dürfen von Anfang an gar nicht vorhanden sein, sondern es muß im Gegenteil ein großes Maß an Übereinstimmung zwischen den Beteiligten herrschen.

Einschalten von Subunternehmern

Es besteht natürlich auch die Möglichkeit, daß Du Dich als Einzelunternehmer der Hilfe von Subunternehmern bedienst. In diesem Fall trägst Du zwar das Risiko für deren ordnungsgemäße Arbeiten mit, weitere Verpflichtungen gehst Du aber nicht ein. Deshalb wird sich eine derartige Arbeitsteilung immer dann lohnen, wenn kurzfristig Fertigungsengpässe eintreten, die Du allein nicht bewältigen kannst.

Bewegt sich Dein Auftragseingang dann wieder in den normalen Fahrwassern, so hast Du gegenüber dem Subunternehmer keinerlei Verpflichtungen und kannst auf seine weitere Hilfe verzichten. Hierdurch begrenzt Du Deine Risiken besser, als wenn Du Dich mit einem Kompagnon zusammentust, mit dem Du mehr Zeit für Auseinandersetzungen aufwenden mußt als für Deine eigentliche praktische Arbeit.

Gründe für einen gesellschaftlichen Zusammenschluß

Für eine Gesellschaft oder Gemeinschaft können aber andere wichtige Gründe sprechen, etwa die Höhe des Kapitalbedarfs, den Du nicht allein aufbringen kannst oder die bessere Ausnutzung Deiner Fertigungskapazitäten oder die Arbeitsteilung und die Risikostreuung bei mehreren Beteiligten.
So wie sich die Mode, der Zeitgeschmack oder Dein Weltbild im Laufe der Zeit ändern, so kann es auch triftige Gründe dafür geben, das Kleid Deines Unternehmens zu ändern. Selbst bei einer Firmenneugründung durchläufst Du verschiedene Stadien, die Dir vielfach gar nicht bewußt sind.
Das Gesetz macht hier aber ganz genaue Unterscheidungen, die ich Dir in diesem Buch ebenfalls erklären will. Erst danach solltest Du Dir eine Checkliste aufstellen, um die für Dich zutreffenden Vor- und Nachteile gegenüberzustellen, um dann der einen oder der anderen Unternehmensform den Vorzug zu geben.
Manche Formen des Zusammenschlusses scheiden schon aus formellen Gründen aus, weil – wie beispielsweise die Offene Handelsgesellschaft (OHG) – immer ein Handelsunternehmen betrieben werden muß. Beschäftigst Du Dich dagegen mit Dienstleistungen (Handwerk oder Beratungen usw.), dann scheidet von vornherein diese Unternehmensform der OHG aus. Ferner sind in der OHG sämtliche Partner gleichberechtigt, so daß Du immer die Zustimmung Deiner Partner benötigst, um

Deine Vorstellungen durchzusetzen. Das erschwert natürlich die Führung eines solchen Unternehmens ganz erheblich.
Willst Du keine solche »Reinsager« neben Dir haben, so kannst Du höchstens eine Kommanditgesellschaft (KG) gründen und die Mitbestimmungsrechte der Kommanditisten auf das gesetzliche Mindestmaß beschränken. Als unbeschränkter Herrscher eines Imperiums kannst Du dagegen nur als Einzelunternehmer, bei einer stillen Gesellschaft oder bei der Verschachtelung von Gesellschaften Deinen Willen durchsetzen, wenn Du die Geschäftsführung sämtlicher Unternehmen allein betreibst, wie ich es Dir später beschreibe.
Partner für eine Gesellschaft findest du am ehesten im Freundes- oder Kollegenkreis. Da das Handelsgesetz auch Mischformen in beschränkter Zahl zuläßt, kannst Du natürlich auch die Vorteile der einen mit den Vorteilen einer anderen Gesellschaftsform verbinden. Doch dies klappt nur dann, wenn die Grundstrukturen von Dir richtig gewählt wurden.

Jede Organisation ist ein Transformator.
Aus billigen Ansprüchen der Mitglieder
werden die teuren Wünsche der Entscheidungsträger.
(Helmar Nahr)

Die BGB-Gesellschaft

Beginnen möchte ich deshalb mit der BGB-Gesellschaft, die auch als Gesellschaft des bürgerlichen Rechts GbR bezeichnet wird. Die Gesellschaftsform kann zu jedwedem Zweck eingegangen werden und braucht nicht unbedingt auf eine unternehmerische Tätigkeit ausgerichtet zu sein. So stellt auch eine Spielergemeinschaft mehrerer Lottospieler eine solche BGB-Gesellschaft dar, die sich zu dem Zweck zusammengeschlossen haben, Ihre Spielchancen zu vergrößern.
Daran siehst Du, daß dieser Gesellschaftstyp keinen formellen Gründungsakt braucht. Ja, noch nicht einmal ein schriftlicher

Vertrag ist dafür erforderlich. Die einzelnen Gemeinschafter bleiben nach wie vor rechtlich selbständige Personen, die jederzeit wieder auseinander gehen können. Solche Formen sind im Wirtschaftsleben häufig als Arbeitsgemeinschaften (ArGe) anzutreffen, bei denen sich mehrere Unternehmer zu einer Zweckgemeinschaft zusammengeschlossen haben (Baubranche), weil sie allein das Gesamtwerk nicht hätten herstellen können.
Bei Unternehmenszusammenschlüssen einer solchen Größe solltest Du aber unbedingt auf einem Vertragsabschluß bestehen, der einmal festlegt, in welchem Umfang Du Dein Unternehmen an dem Gesamtwerk beteiligst und wie die Gewinne bzw. die Verluste zu verteilen sind und wie die Auflösung der Gesellschaft stattfindet.
Diese Gesellschaftsform ist auch bei sämtlichen Gründungs- und Vorgründungsgesellschaften anzutreffen. In dem Stadium also, in dem Du zusammen mit anderen die Chancen auslotest, welches Unternehmen und welche Unternehmensform für Euch die beste ist.

Vertragsmuster
BGB-Gesellschaft

Frau Gretel Reich, wohnhaft in .... und Herr Max Schlau, wohnhaft in .... schließen sich zu einer Gesellschaft des bürgerlichen Rechts zusammen, um gemeinsam ein Modegeschäft unter der Bezeichnung »Neuer Chic« zu führen.

§ 1 Ort der Geschäftstätigkeit
Das Geschäft soll in .... betrieben werden, wo sich auch die Büroräume befinden, die den Sitz der Gesellschaft bilden.

§ 2 Kapitalausstattung
Das aufzubringende Startkapital für die Gesellschaft beträgt ...... DM in Worten .... Deutsche Mark.
Darauf leisten Frau Gretel Reich eine Einlage in Höhe von .... DM.
Herr Max Schlau eine Einlage in Höhe von .... DM
Diese Beträge können auch ratenweise erbracht werden, sofern dadurch die Zahlungsfähigkeit der Gesellschaft nicht gefährdet wird.

§ 3 Vertretung der Gesellschaft und deren Einschränkungen
Jeder Gesellschafter vertritt die Gesellschaft allein. Einzelne Geschäfte mit einem Volumen von mehr als 5000 DM können nur gemeinsam abgeschlossen werden. Diese Einschränkung ist den Geschäftspartnern vor Geschäftsabschlüssen mitzuteilen.

§ 4 Konkurrenzklausel
Jeder Gesellschafter verpflichtet sich, seine gesamte Arbeitskraft der Gesellschaft zu widmen. Über eventuelle Nebentätigkeiten ist der andere Gesellschafter unverzüglich zu unterrichten.

§ 5 Wirtschaftsjahr
Das Wirtschaftsjahr stimmt mit dem Kalenderjahr überein. Dabei kann das erste Wirtschaftsjahr ein Rumpfwirtschaftsjahr von weniger als zwölf Monaten sein.

§ 6 Jahresabschluß und Gewinnverteilung
Der Jahresabschluß ist nach handelsrechtlichen und steuerrechtlichen Grundsätzen zu erstellen. Der sich dabei ergebende Gewinn oder Verlust ist nach Köpfen zu verteilen. Bei der Entnahme von Gewinnen sind die Belange der Gesellschaft zu berücksichtigen. Das schließt ein, daß Gewinnteile auch darlehnsweise der Gesellschaft zur Verfügung zu stellen sind. Die Bedingungen sind in einem besonderen Vertrag zu regeln.

§ 7 Auflösung der Gesellschaft
Die Gesellschaft wird in der Weise aufgelöst, daß entweder beide Gesellschafter die Liquidation vornehmen oder ein Gesellschafter im Einvernehmen mit dem verbleibenden Gesellschafter seinen Anteil an einen Dritten verkauft.
Es ist auch einem Gesellschafter gestattet, den Anteil des ausscheidenden Gesellschafters zu übernehmen und das Unternehmen als Einzelfirma fortzusetzen. Letzteres gilt besonders dann, wenn über das Vermögen eines Gesellschafters das gerichtliche Vergleichs- oder Konkursverfahren eröffnet wird.

§ 8 Zwangsauflösung der Gesellschaft
Bei der Zwangsauflösung der Gesellschaft hat der ausscheidende Gesellschafter lediglich Anspruch auf sein Kapitalkonto am Ausscheidungstag. Auf die Feststellung und Ausschüttung der stillen Reserven besteht kein Anspruch.

§ 9 Salvatorische Klausel
Sollte eine Bestimmung dieses Vertrages mit gesetzlichen Vorschriften nicht übereinstimmen, so ist diese Bestimmung so auszulegen, daß der vereinbarte Zweck weitestgehend erreicht wird.

. . . . den . . . . . .

Unterschrift Unterschrift

Bauherrengemeinschaften

Komplizierter wird dieser Gesellschaftstyp schon bei den sogenannten Bauherrengemeinschaften, wenn die Bauherren nur daran interessiert sind, das fertige Bauwerk zu erhalten. Damit dieses Ziel erreicht wird, wird häufig ein Treuhänder eingeschaltet, der für die Bauherren handelt. Hier hat der Treuhänder im Innenverhältnis zu den Bauherren die Funktion eines Geschäftsführers. Nach außen hin tritt er jedoch so auf, als gehörte ihm das alles selbst, was er in Wirklichkeit nur verwaltet. Deshalb bedarf es ganz genauer Abmachungen darüber, wo die Vertretung der Bauherren beginnt und wo sie endet. In nicht wenigen Fällen haben solche Treuhänder ihre Treugeber in große Schwierigkeiten gebracht, weil sie die erteilten Vollmachten über das erlaubte Maß ausgedehnt haben.
Und damit komme ich zu einem ganz wichtigen Problem bei allem gemeinschaftlichen Handeln, nämlich der Haftung.

Wie sieht es mit Deiner Haftung aus?

Solange alles in den vorausbestimmten Bahnen verläuft, spielt die Haftung keine Rolle, denn haften heißt, einstehen müssen für eine fremde Schuld. Also erst, wenn durch Verträge die der Treuhänder in Deinem Namen abgeschlossen hat, der Bauaufwand über das vorgesehene Maß hinausgeht, muß Du möglicherweise für die entstandenen Mehrkosten einstehen und damit haften.
Du kannst Dich dann nicht damit herausreden, daß Du persönlich den Auftrag nicht erteilt hast. Du hättest zusätzlich den Treuhänder ständig kontrollieren müssen oder jeden Bauhandwerker einzeln davon unterrichten, bis zu welchem Umfang oder bis zu welchem Betrag der Treuhänder für Dich handeln darf. Nur so kannst Du die Risiken wirklich begrenzen. Doch

damit könntest Du gleich alles allein machen, denn dann wäre der Treuhänder nur noch eine Marionette.
Ist ein solcher Haftungsfall erst einmal entstanden, dann suchen sich die Gläubiger natürlich denjenigen als »Opfer« aus, von dem sie am ehesten den Ausgleich ihrer Forderungen erhoffen. Deshalb wird in solchen Fällen nichts unversucht gelassen, um dem zahlungskräftigsten Beteiligten die Zeche ans Bein zu binden.
Wie erfolgreich oder erfolglos ein solches Unterfangen ist, hängt dann natürlich davon ab, was Du in einem solchen Prozeß beweisen kannst. Deshalb solltest Du ab Größenordnungen von 10 000 DM, Dich nicht mehr mit bloßen mündlichen Absprachen einverstanden erklären, sondern diese Vereinbarungen schriftlich bestätigen oder abzeichnen lassen.
Dies ist natürlich immer noch kein Allheilmittel, denn es gibt sogenannte Anscheinsvollmachten, die die Tätigkeiten des Treuhänders nur in bestimmten Fällen einengen können. Im Außenverhältnis wirkt sich so etwas nur dann aus, wenn die Betroffenen die Einschränkung kannten.
In solchen Fällen kannst Du dann nicht untätig bleiben und darauf vertrauen, daß alles seine Richtigkeit haben wird. Ganz im Gegenteil wird von Dir ein sehr hohes Maß an eigener Kontrolle über den Treuhänder gefordert, wenn Du Dich wirkungsvoll vor Schaden schützen willst.
Du siehst, das ist eine äußerst windige Sache, bei der Du schnell um Dein sauer verdientes Geld kommen kannst. Laß Dich möglichst nicht darauf ein.

Der Staat ist nicht der Geschäftsführer einer Gesellschaft, die ihn in ihren Dienst gestellt hat, um ihm zu dienen, sondern er ist in Wirklichkeit beauftragt, die Gesellschaft auszubeuten.
(Reverding)

Personenhandelsgesellschaften

Die offene Handelsgesellschaft (OHG)

Als Personenhandelsgesellschaft ist zunächst die offene Handelsgesellschaft (OHG) zu nennen, die ich schon andeutete. Hier müssen mindestens zwei persönlich und unbeschränkt haftende Gesellschafter vorhanden sein. Zusätzlich muß das Unternehmen immer ein Handelsgewerbe betreiben und darf sich nicht überwiegend mit Dienstleistungen oder mit der Vermögensverwaltung beschäftigen. Dies sind nämlich keine Tätigkeiten, die als Handelsgeschäfte vom Handelsgesetzbuch anerkannt werden.

Dieser Gesellschaftstyp ist sehr selten geworden, weil bei risikoreichen Geschäften immer Dein Privatvermögen mit auf dem Spiel steht. In dieses Privatvermögen können nämlich Deine Geschäftsgläubiger im Ernstfall vollstrecken. Hinzu kommt, daß diese Gesellschaft sehr schwerfällig in der Beschlußfassung ist, weil die Gesellschafter meist gleichberechtigt nebeneinander stehen. Deshalb müssen wichtige Entscheidungen immer in Übereinstimmung aller Gesellschafter erfolgen, was zu endlosen Auseinandersetzungen führen kann, bis eine solche Einstimmigkeit erreicht wird.

Deshalb ist dieser Gesellschaftstyp nur dann zu empfehlen, wenn von vornherein volles Vertrauen und volle Übereinstimmung zwischen den Gesellschaftern besteht und die unternehmerischen Risiken überschaubar sind. Anderenfalls solltest Du die Finger davon lassen.

Die Firma dieser Gesellschaft (das ist wie Du weißt der Name des Unternehmens), muß entweder auf mindestens zwei Namen der haftenden Gesellschafter lauten oder darf einen Namen mit den Zusatz OHG oder & Co. führen. Daraus wird das Gesellschafts- und das Haftungsverhältnis nach außen hin deutlich.

Die Kommanditgesellschaft (KG)

Als Familiengesellschaft hat sich dagegen die Kommanditgesellschaft bewährt, weil hierbei handelsrechtliche Nachteile und steuerrechtliche Vorteile sich gegenseitig ausgleichen können. Die KG muß immer einen Komplementär, also einen unbeschränkt und persönlich haftenden Gesellschafter haben. Weiter ist mindestens ein Kommanditist erforderlich, der sich nur kapitalmäßig an dem Unternehmen beteiligt und nur geringe Mitspracherechte hat. Der Kommanditist haftet nur bis zur Höhe seiner gezeichneten Einlage. Hat er diese Einlage in voller Höhe geleistet, so ist er vor weiteren Zugriffen der Geschäftsgläubiger geschützt. Die KG braucht kein Handelsgewerbe zu betreiben, sondern kann sich auch mit Dienstleistungen oder der Vermögensverwaltung beschäftigen (sogenannte Schein-KG).
Deshalb ist diese Gesellschaftsform geeignet, um Kinder an die unternehmerischen Entscheidungen heranzuführen und sie so in ein Unternehmen hineinwachsen zu lassen. Da zwischen Eltern und Kindern keine Zusammenveranlagung (außer bei der Vermögensteuer) stattfindet, stehen den Kindern die Tariffreibeträge und die Eingangsprogression des Steuertarifs ebenso zu, wie den Eltern. Deshalb kannst Du auf diese Weise Deinen Kindern Einkünfte zuschanzen, die sehr niedrig oder gar nicht besteuert werden.
Solche Gewinnanteile brauchen dann noch nicht einmal tatsächlich an die Kinder ausgeschüttet zu werden, sondern sie können als Darlehn wieder an Deinen Betrieb zurückgegeben werden. Diese Konstruktion beschreibe ich ausführlich unter dem Kapitel Einkünfte aus Gewerbebetrieb.

Die GmbH & Co. KG

Nun kannst Du diese KG natürlich auch abwandeln und Dich damit aus Deiner persönlichen und unbeschränkten Haftung als Komplementär befreien. Dies geschieht dadurch, daß Du an Deine Stelle als Komplementär eine GmbH einsetzt. Das Handelsrecht schreibt nämlich nicht vor, daß sich nur natürliche Personen an solchen Handelsgesellschaften beteiligen dürfen. Deshalb können sich auch juristischen Personen oder andere Handelsgesellschaften gegenseitig und aneinander beteiligen und so einen Unternehmenskreis bilden, der letztendlich von einer einzigen Person beherrscht werden kann. Und diese Person kann sogar ein Kommanditist sein.
Diese GmbH braucht nur mit dem Mindestkapital von 50 000 DM ausgestattet zu werden. Damit wird auch die Haftung der Gesellschaft auf diesen Betrag zuzüglich der Einlage der oder des Kommanditisten begrenzt. Du aber bist damit völlig aus Deiner persönlichen Haftung befreit. Diese Gesellschaft heißt dann GmbH & Co. KG und darf deshalb auch einen Phantasienamen führen, wogegen die reine KG nur den oder die Namen der Komplementäre mit dem Zusatz & Co. KG oder KG führen darf.

Kapitalgesellschaften

Die Gesellschaft mit beschränkter Haftung (GmbH)

Nun glauben viele Firmengründer in einer anderen Gesellschaftsform, nämlich der reinen Kapitalgesellschaft das Allheilmittel gefunden zu haben. Deshalb will ich hier diesen Verlockungen auf den Grund gehen, damit Du Dir keine Illusionen machst.
Bei den Personenhandelsgesellschaften sagte ich Dir bereits, daß sich hierbei mehrere Personen zu einem gemeinsamen

Zweck zusammenschließen. Diese Personen stehen im Vordergrund des Unternehmens und verkörpern damit die Gesellschaft.

Bei den juristischen Personen ist das anders, denn diese stellt einen schützenden Mantel oder eine gläserne Trennscheibe zwischen den Kapitalgebern (Gesellschaftern) und der eigentlichen Gesellschaft dar. Über dem Mantel oder vor der Trennscheibe existiert die Gesellschaft als solche. Sie ist nur ein unsichtbares Gebilde, denn sie kann weder angefaßt noch in anderer Weise sichtbar gemacht werden.

Die Gesellschaft existiert nämlich nur als Name und kann nur dadurch zum Leben erweckt werden, indem die Gesellschafter oder Geschäftsführer für diese Gebilde tatsächlich handeln. Deshalb bestimmt das GmbH-Gesetz auch natürliche Personen zu Organen dieser Gesellschaft, die dann als Geschäftsführer oder Gesellschafterversammlung nach außen hin in Erscheinung treten und die Entscheidungen für die Gesellschaft treffen.

Diese Vorstände, Geschäftsführer, Verwaltungsräte usw. sind diejenigen, die nun im Namen der Gesellschaft tätig werden und für diese Gesellschaft handeln. Diese Handlungen muß sich die Gesellschaft mit allen negativen und positiven Folgen so zurechnen lassen, als hätte sie selbst gehandelt.

Daraus ergibt sich aber zwangsläufig, daß auch alles das, was unter dem Mantel oder hinter der Trennscheibe geschieht, darauf geprüft werden muß, ob es mit Recht und Gesetz übereinstimmt. Dies kann am leichtesten aufgrund von schriftlichen Aufzeichnungen geschehen. Nur daran kann abgelesen werden, was die Gesellschaft tun will und darf und was nicht.

Ebenfalls muß festgelegt werden, wer diese Entscheidungen in die Tat umsetzen darf und wie die Kontrolle darüber auszusehen hat. Erst wenn darüber Aufzeichnungen vorliegen, kann überhaupt geprüft werden, ob die getroffenen Vereinbarungen tatsächlich rechtmäßig und ob sie ordnungsgemäß ausgeführt sind.

Im Klartext heißt das, daß ein ganz erheblicher Verwaltungsaufwand erforderlich ist, wenn dieses Rechtsgebilde funktionieren

soll und wenn gleichzeitig Deine Haftung für das, was die Gesellschaft tut, auf Dein übernommenes Gesellschaftskapital beschränkt bleiben soll.
Deshalb ist vordringlich zu prüfen, welche Gefahren mit Deiner beabsichtigten Tätigkeit verbunden sind. Welches schützenswerte Privatvermögen von Dir vorhanden ist, daß es aus der Haftung herauszuhalten gilt und wie hoch die Gewinnerwartungen sind, die Du an die Gesellschaft stellst. Erst dann können Vor- und Nachteile gegeneinander abgewogen und eine für Dich sinnvolle Lösung gesucht werden.
Es ist auch durchaus in vielen Fällen empfehlenswert, eine Kapitalgesellschaft erst nach den ersten eigenen Gehversuchen zu etablieren, um nicht andauernd die Verträge den vor allem in der Anfangsphase sich ständig ändernden Verhältnissen anpassen zu müssen. Dadurch entsteht nämlich gerade in diesem Gründungsstadium ein unverhältnismäßig hoher aber gesetzlich notwendiger Verwaltungsaufwand, der bei Verstößen sofort mit Deiner persönlichen Haftung bestraft wird.
Siehst Du diese Gesellschaftsform als die wirklich einzige für Dich praktikable Lösung an, dann müssen einige Gründungsformalitäten beachtet werden. Eine GmbH kannst Du als Alleingesellschafter, d. h. in Personalunion als einziger Gesellschafter und gleichzeitig als einziger Geschäftsführer gründen. Damit bist Du fast ein Einzelunternehmer, der Herr im eigenen Hause ist. Doch die Gesellschaft entsteht nicht dadurch, daß Du das nur willst, sondern hier ist ein eigener Gründungsakt erforderlich.
Dazu muß eine Satzung oder ein Gesellschaftsvertrag aufgestellt werden. Darin müssen die grundsätzlichen Angaben enthalten sein, wo der Sitz der Gesellschaft ist, wie der Firmenname lautet, unter dem das Unternehmen betrieben werden soll. Wie hoch das Gesellschaftskapital ist und wer und in welcher Höhe diese Gesellschaftsanteile von Personen gezeichnet werden. Wie viele Geschäftsführer bestellt werden. In welcher Weise die Vertretung der Gesellschaft nach außen geschieht.

Sehr sinnvoll ist es außerdem, bei der Gründung bereits an die Erweiterung der Gesellschaft oder an deren Auflösung oder an den Austritt einzelner Gesellschafter zu denken. Ferner sind die Stimmrechte, die Beschlußfassung, die Einberufung der Gesellschafterversammlung usw. zu regeln, denn aus einer Ein-Mann-(Frau-)GmbH, kann sehr schnell ein größeres Gebilde werden. Damit Du eine Vorstellung von einem solchen Gesellschaftsvertrag erhältst, will ich Dir die unbedingt notwendigen Formulierungen in dem Vertragsmuster einmal vorstellen.

Vertragsmuster

Satzung einer Gesellschaft mit beschränkter Haftung

Frau Gretel Reich, wohnhaft in ....
und Herr Max Schlau, wohnhaft in ....
erklären vor dem unterzeichnenden Notar ....
Urkundenrolle Nr.: ....
die Gründung einer Gesellschaft mit beschränkter Haftung

§ 1 Sitz der Gesellschaft
Die Gesellschaft hat ihren Sitz in
Die Gesellschaft betreibt den Handel mit Bekleidung aller Art. Die Gesellschaft kann Zweigniederlassungen errichten, sich an anderen Firmen oder Gesellschaften beteiligen oder deren Geschäftsführung übernehmen.

§ 2 Name der Firma
Die Firma lautet: Neuer Chic – Reich und Schlau ....
Bekleidungsgesellschaft mit beschränkter Haftung

§3 gezeichnetes Kapital
Das gezeichnete Kapital der Gesellschaft wird auf
200 000 DM (zweihunderttausend Deutsche Mark) festgesetzt.
(als Mindestsumme sind 50 000 DM gesetzlich vorgeschrieben)
Darauf übernehmen Frau Gretel Reich 100 000 DM und Herr Max Schlau 100 000 DM.
Die Gesellschafter versichern zugleich, daß ein Viertel des gezeichneten Kapitals zur unbeschränkten Verfügung der Gesellschaft bereitsteht.

§ 4 Wirtschaftsjahr
Das Wirtschaftsjahr der Gesellschaft beginnt am 20. Februar und endet am 19. Februar.

§ 5 Geschäftsführung und Vertretung
Zu den ersten Geschäftsführern der Gesellschaft werden Frau Gretel Reich und Herr Max Schlau bestellt. Sie vertreten die Gesellschaft gemeinsam.
Sollen weitere Geschäftsführer bestellt werden, so vertreten jeweils zwei von ihnen die Gesellschaft gemeinsam.
Die arbeitsrechtlichen Bestimmungen sind in einem gesonderten Vertrag zu vereinbaren.

§ 6 Gesellschafterversammlung
Über wichtige Entscheidungen ist eine Gesellschafterversammlung abzuhalten und das Ergebnis zu protokollieren. Wichtige Entscheidungen sind:

1) ....
2) ....
3) ....

Die Einberufung erfolgt mit der Bekanntgabe der zu beschließenden Punkte in einer Tagesordnung. Dies muß zwei Wochen vor der Abhaltung der Versammlung mittels eingeschriebenen Brief geschehen.

§ 7 Beschlußfassung
Abgestimmt wird mit einfacher Mehrheit. Dabei gewähren je 100 DM des gezeichneten Kapitals eine Stimme. Bei Stimmengleichheit gilt der Antrag als abgelehnt.

§ 8 Feststellung des Jahresabschlusses, Entlastung der Geschäftsführer
Die Gesellschafterversammlung hat auch über die Feststellung des Jahresabschlusses, die Gewinnverwendung und die Entlastung der Geschäftsführer zu beschließen. Dazu haben die Geschäftsführer einen nach handelsrechtlichen Grundsätzen zu erstellenden Jahresabschluß vorzulegen.

§ 9 Übertragung von Gesellschaftsanteilen
Die Gesellschaftsanteile können nur mit Zustimmung der anderen Gesellschafter zum Ende eines Wirtschaftsjahres übertragen werden. Diese Übertragung muß der Gesellschaft mit eingeschriebenem Brief mindestens sechs Monate zuvor angezeigt werden.

§ 10 Einziehung von Gesellschaftsanteilen
Die Gesellschafter können auch die Einziehung von Gesellschaftsanteilen beschließen. Dies gilt besonders dann, wenn über das Vermögen eines Gesellschafters das gerichtliche Vergleichs- oder das Konkursverfahren eröffnet wurde. In diesem Fall hat der betroffene Gesellschafter kein Stimmrecht mehr, um sich gegen die Einziehung zu wehren.

§ 11 Liquidation der Gesellschaft
Wird die Gesellschaft durch Liquidation beendet, so ist aus den Reihen der Gesellschafter ein Liquidator zu bestellen. Dieser hat das Geschäftsvermögen zu versilbern, die Gläubiger zu befriedigen und den verbleibenden Überschuß entsprechend der Höhe der zuletzt von den Gesellschaftern gehaltenen Beteiligung zu verteilen.

§ 12 Salvatorische Klausel
Sollte eine Bestimmung dieses Vertrages mit gesetzlichen Vorschriften nicht übereinstimmen, so ist diese Bestimmung so auszulegen, daß der vereinbarte Zweck weitestgehend erreicht wird.

Gründungsformalitäten

Nachdem dieser Gesellschaftsvertrag oder auch die Satzung, wie sie genannt werden kann, aufgestellt wurde, muß sie von den Gründungsmitgliedern unterschrieben und von einem Notar beurkundet werden. Danach gilt der Vertrag als geschlossen. Jetzt müssen der oder die Geschäftsführer diesen notariell beurkundeten Gesellschaftsvertrag zum Handelsregister anmelden.
Gleichzeitig muß eine Erklärung mit abgegeben werden, aus der hervorgeht, in welcher Höhe die Geschäftsführer über Einzahlungen auf die übernommenen Gesellschaftsanteile verfügen können. Der Betrag muß mindestens ein Viertel des gezeichneten Kapitals betragen. Das gezeichnete Kapital muß mindestens auf insgesamt 50 000 DM lauten. Es kann von einem oder von mehreren Gesellschaftern in willkürlichen Anteilen gehalten werden. Dabei muß der kleinste Anteil jedoch durch hundert teilbar sein und mindestens 500 DM ausmachen.
Gründest Du die GmbH als Ein-Mann-Gesellschaft, oder handelt es sich nicht um eine Bar-, sondern um eine Sachgründung, so reicht hierfür ein Viertel des gezeichneten Kapitals zur Anmeldung zum Handelsregister nicht aus. Die Sach- und Bareinlagen müssen zusammengenommen mindestens 25 000 DM betragen. Bei der Ein-Mann-Gesellschaft muß der Gesellschafter darüber hinaus über den nicht eingezahlten Betrag Sicherheiten

leisten (dies kann in der Regel eine Bankbürgschaft sein).

Sachgründung einer GmbH

Daraus erkennst Du aber bereits, daß die Gesellschaft in jedem Fall über eine Mindestkapitalausstattung verfügen muß. Es ist weiter zu bedenken, daß ganz klar zwischen Bar- und Sachgründung zu unterscheiden ist und auch eine verschleierte Sachgründung dazu führen kann, daß dadurch erneut persönliche Haftungsrisiken für Dich aufleben, die Du ja eigentlich mit dieser Gesellschaftsform ausschließen wolltest.

Unter die Bestimmungen der Sachgründung fallen alle jene Gründungsgeschäfte, in denen ein bereits bestehendes Unternehmen in eine Kapitalgesellschaft eingebracht wird. Hierbei ist zu beachten, daß über die eingebrachten Gegenstände einschließlich eines etwa vorhandenen Geschäfts- oder Firmenwerts ein Gründungsbericht anzufertigen ist. Darin müssen alle der Gesellschaft übertragenen Gegenstände mit Ihrem Zeitwert angesetzt sein. Diesen Gründungsbericht braucht allerdings kein Wirtschaftsprüfer oder Steuerberater aufzustellen. Es genügt, wenn ihn eine Person mit Sachverstand fertigt, die nicht zu dem Kreis der Gesellschafter gehört.

Nun wurde versucht, Sachgründungen dadurch zu umgehen, daß ein Bar-Gründung vorgeschoben wurde und mit diesem der Gesellschaft zugeschanztem Barvermögen anschließend die Wirtschaftsgüter von dem Gesellschafter abgekauft wurden. Doch mit diesem einfachen Trick lassen sich die Registergerichte nicht an der Nase herumführen. Ihre Aufgabe ist es, festzustellen, ob tatsächlich das erforderliche Mindestvermögen bei der Gründung vorhanden war, denn schließlich vertrauen die Gesellschaftsgläubiger auf diese Angaben, die im Handelsregister eingetragen sind.

Aushöhlung Deiner Haftungsbeschränkung

Bei umfangreicher Geschäftstätigkeit werden sich die Gläubiger allerdings nicht mit dem Gesellschaftskapital zufrieden geben. Schon gar nicht dann, wenn es sich nur um die Mindestausstattung von 50 000 DM handelt. Deshalb wird Dein Haftungsausschluß dadurch durchlöchert, daß sich entweder die Banken für Geschäftskredite persönliche Sicherheiten von Dir übereignen lassen oder Deine Lieferanten solche Zahlungsvereinbarungen mit Dir treffen, die ein Risiko für die Lieferanten von vornherein ausschließen. Dies heißt im Klartext: Vorauskasse.

Bei dieser Zahlungsweise wirst Du sehr schnell merken, daß Dein Mindestkapital zusammenschmilzt wie Eis in der Sonne. Die weiteren Folgen sind entweder, den Konkursantrag beim Amtsgericht zu stellen, noch ehe die Geschäftstätigkeit richtig begonnen hat. Oder aber Du mußt eine Kapitalerhöhung beschließen und der Gesellschaft neues Kapital zuführen. Oder Du mußt als verdecktes Stammkapital Darlehn an Deine Gesellschaft gewähren.

Damit werden aber viele Vorteile dieser Gesellschaft in ihr Gegenteil verkehrt und der nicht zu unterschätzende Verwaltungsaufwand kann Dir zusätzlich das Leben schwermachen. Deshalb solltest Du schon sehr genau überlegen, ob Du tatsächlich gleich in eine GmbH einsteigen willst und nicht erst einen anderen, weniger aufwendigen Gesellschaftstyp wählst.

Jede Wirtschaft beruht auf dem Kreditsystem, das heißt auf der irrtümlichen Annahme, der andere werde gepumptes Geld zurückzahlen.
(Tucholsky)

Verflechtungen der Steuer- und Wirtschaftsgesetze

Doch nun will ich zu einem anderen Thema überleiten und Dir die Verflechtungen von wirtschaftlichen Zusammenhängen mit den Steuergesetzen aufzeigen, damit Du erkennst, welche Gefahren Du umgehen mußt.
Ich beginne deshalb mit der für Dich wichtigsten Steuer, der Einkommensteuer. Davon bist Du sowohl als Lohnempfänger als auch als Unternehmer betroffen. Als Unternehmer gleich doppelt, denn Du mußt für Deine Arbeitnehmer deren Lohnsteuer berechnen und an das Finanzamt abführen. Hier wird Dir vom Gesetz eine Verpflichtung auferlegt, von der Du Dich nicht befreien kannst. Weigerst Du Dich, dann wirst Du persönlich zur Haftung für die falschen oder gar nicht einbehaltenen Beträge herangezogen. Du bist insofern lediglich der Handlanger für das Finanzamt, doch zu einem, der zusätzlich zur Rechenschaft herangezogen wird.
Es lohnen sich hierbei weder Boykott noch Verzögerungstaktiken. Dadurch handelst Du Dir zusätzlich noch Zwangsgelder ein.
Das Finanzamt und die Sozialkassen prüfen nämlich alle drei Jahre, ob Du auch korrekt die Lohnsteuer und die Versicherungsbeiträge berechnet und abgeführt hast. Dafür mußt Du Lohnkonten, Lohnsteuerkarten und Lohnjournale vorlegen, aus denen sich die Zahlen für Deine Lohnberechnung und für die anschließenden Beitragsnachweise und Lohnsteuervoranmeldungen ergeben.

Doch es wird noch mehr geprüft, nämlich ob Du zusätzliche Leistungen wie Reisespesen, Fahrgelderstattungen, auswärtige Unterbringung, doppelte Haushaltsführung, Familienheimfahrten, Essensgeldzuschüsse, Telefonkostenerstattungen, Belegschaftsrabatte usw. an Deine Arbeitnehmer zusätzlich gewährst.
Hier wird dann geprüft, ob die Voraussetzungen bzw. die Grenzen eingehalten wurden, daß diese Zahlungen lohnsteuerfrei gelassen oder pauschaliert besteuert werden können, oder ob diese Beträge dem Arbeitslohn hinzuzurechnen sind. Bei Fehlern wirst Du dann wieder zuerst als Haftender für die nicht ordnungsgemäß einbehaltenen Beträge herangezogen. Das gleiche gilt für Betriebsveranstaltungen oder Gelegenheitsgeschenke, die Du Deinen Arbeitnehmern zugewendet hast und die über das Maß der bloßen »Annehmlichkeiten« hinausgehen.

Deine Buchführungs- und Aufzeichnungspflichten

Deshalb solltest Du in Deiner Buchführung vorsorgen, daß wenigstens die Belege einwandfrei sind und die betreffenden Vorgänge leicht nachvollzogen werden können, weil genaue Abrechnungen und Aufstellungen darüber existieren. Nur so kannst Du vermeiden, daß Dir vom Finanzamt oder von den Sozialkassen eigentlich steuerfreie oder beitragsfreie Beträge nur wegen Formfehlern als steuerpflichtig oder sozialversicherungspflichtig aufs Auge gedrückt werden.
Damit komme ich zu einem weiteren Erfordernis, nämlich der laufenden Aufzeichnung Deiner gesamten Geschäftsvorfälle. Hierfür kennt das Steuerrecht zwei Methoden, mit recht unterschiedlichen Auswirkungen. Die Pflichten hierzu stammen gleich aus mehreren Gesetzen. So haben das Handelsgesetzbuch, die Abgabenordnung, das Einkommensteuergesetz und das Umsatzsteuergesetz eigene Vorschriften. Doch dafür brauchst Du keine getrennten Buchhaltungen zu führen, son-

dern die Vorschriften können in einem einzigen Rechnungswesen verwirklicht werden. Lediglich bei der Bilanzerstellung kann es notwendig sein, daß Du für handelsrechtliche Zwecke und für Deine Besteuerung getrennte Bilanzen mit unterschiedlichen Wertansätzen erstellen mußt.

Die Bilanz ist das Jahreszeugnis des Managers.
(Helmar Nahr)

Gewinnermittlungsmethode Betriebsvermögensvergleich

Die gesetzlich bevorzugte Methode bei Deiner Gewinnermittlung ist der sogenannte Betriebsvermögensvergleich, der nicht nur dem Finanzamt, sondern auch Dir den besten Überblick über Deine Ertrags- und Vermögenslage vermittelt.
Die weiter zugelassene einfachere Methode ist die sogenannte Einnahmen-Überschuß-Rechnung, bei der lediglich die Betriebseinnahmen und die Betriebsausgaben eines Kalenderjahres gegenübergestellt werden, ohne dabei das Betriebsvermögen gesondert zu ermitteln. Dieses Verfahren ist nur bei kleinen Unternehmen oder bei freiberuflich Tätigen sinnvoll.
Den Betriebsvermögensvergleich fordert auch das Handelsrecht, wenn Du ein Handelsgewerbe betreibst wozu grundsätzlich der Betrieb einer OHG, KG oder GmbH gehören. In diesen Fällen hat das Einkommensteuergesetz einfach die handelsrechtlichen Verpflichtungen mit übernommen und die steuerlichen Besonderheiten nur noch draufgesattelt.
Doch was hat es mit dieser Gewinnermittlungsart auf sich, wirst Du fragen?
Bei der Neugründung eines Unternehmens sind die wirtschaftlichen und finanziellen Risiken am größten. Oftmals weißt Du in Deiner Gründerbegeisterung noch gar nicht, ob Du auf Dauer

Aufträge bekommen wirst und ob Du den Betrieb damit auslasten kannst. Doch selbst wenn Du das schaffst, ist es noch lange nicht sicher, ob Du immer Deine Kosten und einen ausreichenden Gewinnzuschlag in Deinen Rechnungen an Deine Kunden weitergeben kannst und Deine Kunden diesen auch bezahlen.
Weil Du noch neu im Geschäft bist und Dich Deine Lieferanten noch nicht gut genug kennen, bekommst Du schlechtere Konditionen, als ein alteingesessenes Unternehmen. Hinzu kommt, daß Du noch gar nicht wissen kannst, welche Mengen an Waren oder Materialien Du voraussichtlich in einem Jahr abnehmen wirst. Danach staffeln aber die Lieferanten ihre Rabatte, die sie Dir gewähren.
Zusätzlich gehst Du am Anfang mit Sicherheit manchen Irrweg, der zusätzlich Geld kostet, ehe Du Deinen »Laden« so im Griff hast, daß Dir Fehler und Ausrutscher nicht mehr passieren. Dazu rechnet auch, daß Du als Jungunternehmer oftmals leichter dazu neigst, Risiken etwas geringer einzuschätzen, als diese tatsächlich sind. Denn Du willst ja erst noch ins Geschäft kommen.
Du solltest eine gesunde Portion Mißtrauen haben und nicht zu sorglos Zugeständnisse machen. Rechne nie auf das Entgegenkommen Deiner Geschäftspartner. Jeder sucht nur seinen Vorteil, und dazu werden mitunter auch Mittel und Wege benutzt, die an den gesetzlichen Vorschriften haarscharf vorbeischrammen. Doch versuche Du das nicht. Die Mühlen der Behörden gehen zwar oftmals etwas langsam, doch nur Weniges fällt ungemahlen durch.

Reich zu sein hat seine Vorteile. Man hat zwar oft genug versucht das Gegenteil zu beweisen, doch so recht gelungen ist das bisher nie.
(Galbarit)

Behalte Dein Betriebsergebnis möglichst für Dich

Dein größter Feind ist Dein eigener Erfolg, denn der erzeugt Neid bei anderen. Und diese werden nichts unversucht lassen, Dir etwas am Zeuge zu flicken. Deshalb verzichte lieber auf einen »krummen« Auftrag und gehe Deinen Weg gerade. Sonst bist Du ständig in Sorge. Und am Ende erweist sich auch noch so manches, auf den ersten Blick gut aussehende Geschäft im nachhinein als großer Flop.
Hüte Dich auch vor den vielen gutgemeinten Ratschlägen der Besserwisser. Diese haben nämlich in den meisten Fällen solche Entscheidungen und solche Risiken eines Unternehmens überhaupt noch nicht selbst getragen. Nur deshalb können sie auch so sehr klug daherreden. Suche Dir vertrauenswürdige Personen in Deiner Umgebung, zu denen Du nicht in Konkurrenz trittst, die aber trotzdem in wirtschaftlichen Dingen eine Ahnung haben und Dir uneigennützig raten können.
Besprich mit ihnen schwierige Entscheidungen. Du bekommst zwar von ihnen das Risiko Deiner Entscheidung nicht abgenommen, aber aus den Anregungen und Gegenargumenten bekommst Du wichtige Entscheidungshilfen und oftmals aus einem solchen Blickwinkel, den Du selbst gar nicht bedacht hast oder den Du so nicht wahrhaben wolltest.
Nur so kannst Du in Dein immer größer werdendes Unternehmen langsam hineinwachsen. Und größer wird Dein Betrieb automatisch, wenn Du meine Hinweise beachtest, wenn Du nicht zum gefühllosen Roboter verkommst, sondern Mensch bleibst. Wenn Du Deine Mitarbeiter am Erfolg teilhaben läßt, aber auch Mißerfolge ihnen gegenüber nicht verschweigst. Nur

dann hast Du menschliche Größe, die Dir Achtung und Anerkennung gleichermaßen einbringt.
Und auf diese Hilfe Deiner Mitarbeiter bist Du ständig angewiesen. Deshalb lasse sie auch Entscheidungen mittragen und erkläre ihnen die Fehler. Nur wenn sie diese Fehler und ihre Folgen verstehen, kannst Du auch erwarten, daß sie so etwas künftig vermeiden werden.
Hier kann Dir eine Stunde Aufklärung der Mitarbeiter Tausende Mark an Schaden ersparen. Dies sollte Dir eine solche Stunde immer wert sein. Dazu mußt Du Dein Unternehmen so organisiert haben, daß Du diese Stunde jederzeit zur Verfügung haben kannst.
Das bedeutet aber nicht, alles selber machen, sondern Aufgaben den Mitarbeitern übertragen und diese an ihre Verantwortung gewöhnen. Du mußt wie bei einer Verteilerstelle alle Drähte in Deiner Hand vereinigen, die Richtung angeben und die Ergebnisse ständig kontrollieren. Dies sind die wahren Aufgaben eines Unternehmers und nicht, daß Du Dich regelmäßig und höchstpersönlich um die Bestellung jeder Schraube oder jedes Bleistiftes bemühst. So etwas ist nur sinnvoll, wenn Du ein entsprechend kleines Einzelhandelsunternehmen hast, welches mit derartigen Artikeln handelt.

Erfolg ist die Kunst,
dem Sinnvollen das Rentable vorzuziehen.
(Helmar Nahr)

Deine Kalkulation als Grundlage Deines Unternehmenserfolges

Zurück zu Deiner Buchführung. Hier hast Du nicht bloß ein Instrument, mit dem Du Deine »Vergangenheit« bewältigst und Geschichte schreibst, weil Du viel zu spät die Ergebnisse siehst und die Zahlen erhältst. Deine Buchführung muß das Fieberthermometer Deines Betriebes sein. Hier mußt Du schnell und zuverlässige Zahlen erhalten, die Du unbedingt für Deine Dispositionen benötigst.
Die Computer haben es möglich gemacht, daß Du Deine Forderungen, Verbindlichkeiten, Umsatz, Lohnkosten usw., usw. jederzeit, und zwar aktuell, auf Knopfdruck abrufen kannst. Deshalb mußt Du diese Buchhaltungsabteilung besonders sorgfältig ausstatten. Nur wenn Du sofort die Warnsignale von hier erhältst, kannst Du größeren Schaden von Deinem Unternehmen abwenden.
Dazu muß aber Buchhaltung und Kalkulation aus einem Guß sein. D. h. die im voraus geschätzten Zahlen Deiner Kalkulation müssen ständig durch den Vergleich mit den tatsächlich entstandenen Zahlen überprüft werden. Hier müssen dann auch wirklich alle Kosten erfaßt sein, daß Du sofort merkst, wenn sich Lücken oder Kostenquellen auftun, die Du nicht oder nicht richtig eingeschätzt hast und die es zu verschließen gilt.
Da nur die Differenz zwischen Verkaufserlös abzüglich aller entstandener Kosten (wozu auch die Steuern gehören) als Betriebsgewinn verbleibt, von dem Du dann auch noch Deinen privaten Lebensunterhalt bestreiten mußt, solltest Du schon im eigenen Interesse ständig darum bemüht sein, daß ein solcher

Gewinn tatsächlich entsteht. Doch darum mußt Du bei jedem Auftrag und bei jeder Fertigung erneut ringen. Merke: Deinen Gewinn kannst Du nur zuverlässig ermitteln, indem Du Dein Betriebsvermögen am Anfang der Periode mit dem Vermögen am betreffenden Stichtag vergleichst. In diesen Vergleich müssen alle Positionen und negativen Veränderungen eingehen, und es reicht eben nicht, bloß die Einnahmen und die Ausgaben gegenüberzustellen. Auch Forderungsausfälle, Schwund im Warenbestand und Abnutzung Deines Betriebsvermögens müssen unbedingt erfaßt werden.
Eine Maschine oder ein Auto, die Du kaufst, verursachen in dem Augenblick der Anschaffung zwar hohe Ausgaben, doch diese Ausgaben sind noch nicht sofort Kosten. Als Kosten entsteht nur der Teilbetrag zwischen Kaufpreis abzüglich Schrottwert, verteilt auf die voraussichtlichen Jahre der Nutzung in Deinem Unternehmen. Das ist die Abschreibung, auch Afa (Absetzung für Abnutzung) genannt.
Genauso führt ein Verkauf eines gebrauchten Gegenstandes aus Deinem Geschäft zu Einnahmen. Diese Einnahmen sind aber lediglich eine Vermögensumschichtung und kein betrieblicher Ertrag, den Du als betriebliche Leistung erwirtschaftet hast. Bestenfalls kann es zu einem außerordentlichen Ertrag kommen, wenn der Verkaufserlös höher als Dein Restbuchwert ist.
Damit will ich Dir zeigen, wie sorgfältig hier der Ertragsbereich und der Vermögensbereich voneinander getrennt werden müssen, wenn Du zuverlässige und aussagekräftige Ergebnisse aus Deiner Buchführung erhalten willst.

Ausstattung Deines Bürobereichs

Knausere deshalb nicht am Gehalt einer qualifizierten Kraft, die imstande ist, Dir solche Zahlen aus Deiner Buchführung vorzulegen. Ab einer Unternehmensgröße von zehn bis fünfzehn Mitarbeitern, kannst Du auf solche Zahlen nicht mehr verzichten,

wenn Du nicht plötzlich mit dem Gespenst der Zahlungsunfähigkeit konfrontiert werden willst.
Gerade in der Gründungsphase werden von der Steuerverwaltung und manchen öffentlichen Kassen noch nicht die eigentlich fälligen Vorauszahlungen gefordert. Dies kommt daher, daß diese Behörden erst Daten und ebenfalls »Kalkulationsunterlagen« über Dich sammeln müssen. Dadurch hast Du für einen Zeitraum von zwei bis zweieinhalb Jahren flüssige Mittel zur Verfügung, die Dir eigentlich gar nicht mehr gehören. Dies ist sehr trügerisch.
Diese Mittel sind nämlich nur ein Darlehn, welches irgendwann fällig wird. Dies mußt Du ebenfalls einkalkulieren und damit komme ich zu einer anderen Art der Kalkulation, nämlich Deiner Finanzplanung.
Genau wie Du von Deinen Kunden die Bezahlung Deiner Lieferungen oder Leistungen verlangst, genauso verlangen Deine Lieferanten für Ihre Lieferungen oder Leistungen Dir gegenüber den Ausgleich. Dies gilt genauso für Deine Arbeitnehmer, das Finanzamt, die Sozialkassen, Versicherungsunternehmen, Vermieter usw. Hier ergeben sich dann immer wiederkehrende Beträge in etwa gleicher Höhe und am gleichen Fälligkeitstag. Oder es fallen schwankende Beträge an, die von den von Dir erbrachten Leistungen abhängen, also der Bedarf an Materialien und Hilfsstoffen.

Ermittle Deine tatsächlichen Betriebskosten

Während die Material- und Hilfsstoffe in einem Prozentsatz Deines Umsatzes, dem sogenannten Wareneinsatz, pauschal errechnet werden können, sieht das bei den Lohnkosten anders aus. Je mehr Stücke oder Leistungseinheiten in einer bestimmten Zeitspanne fabriziert werden, um so geringer ist naturgemäß der Lohnanteil, sofern er nicht von vornherein als Stücklohn ausgestaltet ist und damit unabhängig von der Zeit wird.

Doch was Du brauchst, ist eine Rechengröße, wieviel Dich eine Lohnstunde mit allem drum und dran kostet. Mit dem ausgezahlten Lohn an Deine Arbeitnehmer ist es nämlich nicht getan, denn diese haben Anspruch auf Lohnausgleich im Krankheitsfall, bei Urlaub und an Feiertagen. Zusätzlich fallen Sozialbeiträge an, die Du als Arbeitgeber aus Deiner eigenen Tasche zahlen mußt. Doch damit nicht genug, verlangen auch noch Berufsgenossenschaften, berufsständische Versorgungswerke usw. ihren Anteil von Deinen Lohnkosten.
Hinzu kommen noch Deine Zusatzleistungen wie Belegschaftsrabatte, Firmenfahrzeuge, vermögenswirksame Leistungen, Fahrtkostenerstattungen, Kantinenzuschüsse, Weihnachtsgelder usw., die den tatsächlichen Lohn um einen beträchtlichen Betrag erhöhen. So können aus einem Stundenlohn von zehn DM im Handumdrehen Gesamtkosten von siebzehn oder achtzehn Mark für Dich werden. Also fast das Doppelte.
Bei Großbetrieben mit betrieblicher Altersversorgung, Betriebsärzten, Kantinen usw. haben alle diese Lohnnebenkosten einen Durchschnittsbetrag von über siebzehn DM pro Stunde erreicht, der zu den tatsächlichen Stundenlöhnen noch hinzugerechnet werden muß. Daraus siehst Du, mit welchen Größenordnungen Du rechnen mußt, wenn Dir unter dem Strich tatsächlich noch etwas übrig bleiben soll. Spätestens jetzt wirst Du aber auch verstehen, daß es sich aus diesen Gründen Konzerne sehr genau überlegen, in welchem Land und bei welchem Lohnniveau sie investieren und neue Arbeitsplätze schaffen.

Du mußt viele Kosten erst mal vorfinanzieren

Diese Kosten mußt Du als Unternehmer erst einmal vorfinanzieren, ehe Deine Kunden mit ihrer Kaufpreiszahlung Dir diese Kosten und einen zusätzlichen Gewinnanteil wieder erstatten. Du mußt aber möglicherweise Deine Lieferanten früher bezahlen und solltest in jedem Fall Rabatte, Skonto und sonstige

Nachlässe dabei ausnutzen. Dafür brauchst Du aber liquide Mittel. Den Umfang dieser Mittel mußt Du für Deinen speziellen Fall errechnen.
Dazu mußt Du Dir errechnen, wie hoch Dein fester monatlicher Kapitalbedarf ist. Für den schwankenden Bedarf mußt Du Dir Prozentsätze Deines Umsatzes (Rechnungsausgangs) ermitteln. Du solltest aber nicht weniger als einen Monatsumsatz dafür einkalkulieren. Diese Mittel müssen auch an jedem Tag des Monats verfügbar sein. Also auch am Lohnzahltag. Daraus erkennst Du bereits, daß Du Sicherheitszuschläge machen und jeden Tag auf diesen Geldbedarf hinarbeiten mußt, weil Du die Zahlungsmoral Deiner Kundschaft nur erahnen kannst.
Wenn Du nicht über genügend Eigenkapital verfügst, mußt Du Dir Kreditmittel beschaffen, um Dir diesen Rahmen zu schaffen, der Dir jederzeit ausreichende Zahlungsmittel bereitstellt. Hier solltest Du Dir dann einen sogenannten Kontokorrentkredit einräumen lassen, den Du jederzeit bis zu einer bestimmten Höhe in Anspruch nehmen kannst. Auf diese Weise brauchst Du Zinsen dafür nur in der Höhe zu zahlen, in der Du tatsächlich den Überziehungskredit beansprucht hast.
Für solche Kreditverhandlungen benötigst Du natürlich ebenfalls konkrete Zahlen aus Deiner Buchführung. Je aktueller diese Zahlen sind, um so aussagekräftiger sind sie natürlich auch. Zusätzlich wollen die Kreditgeber Sicherheiten von Dir, denn wenn Dein Geschäft einmal schlechter geht oder Dir gesundheitlich etwas passiert, so daß Deine Arbeitsleistung nachläßt, dann wollen die Kreditgeber Ihren Kredit nicht verlieren oder die Zinsen einbüßen.

Was ist Kapital?
Das was übrig bleibt,
wenn die Hauptbedürfnisse
der Gesellschaft befriedigt sind.
(Aldous Leonard Huxley)

Eigenes Kapital ist unerläßlich

Aus diesem Grunde solltest Du zuerst sehen, daß Du ein paar Mark ansparst oder aus dem Verkauf privater Gegenstände so viel als möglich an eigenem Geld beschaffst, welches Du als Notgroschen jederzeit verfügbar hältst. Bei diesem Grundstock weißt Du dann, daß weder Tilgungen noch Zinsbelastungen auf Dich zukommen. Diese Gelder mußt Du für solche Ausgaben zurückhalten, denen kein Gegenwert gegenüber steht.

Deine Einrichtungsgegenstände, Kraftfahrzeuge und Maschinen usw. bekommst Du zu günstigen Bedingungen von Deinen Lieferanten finanziert oder Du schließt Leasingverträge ab, um Deinen Aufwand für Investitionen so gering als möglich zu halten und zusätzlich damit noch steuerliche Vorteile zu erreichen.

Versäume auch nicht, Dich um Existenzgründungsdarlehn zu bemühen. Hierfür mußt Du allerdings Antragsfristen beachten, denn solche Darlehn erhältst Du nur selten zur Nachfinanzierung eines bereits von Dir geführten Unternehmens. Die Banken, die Industrie- und Handelskammern und die Handwerksverbände können Dir sagen, wohin Du Dich in solchen Fällen wenden mußt.

Auch bei diesen Darlehn wird von Dir ein bestimmter Eigenkapitalanteil gefordert, sonst erhältst Du diese zinsgünstigen Kredite überhaupt nicht.

Damit erkennst Du, daß es nicht ganz so einfach ist, wenn Du den Sprung in die Selbständigkeit wagst. Doch bei der richtigen Planung und viel Fleiß hast Du natürlich auch die Möglichkeit, wesentlich mehr zu verdienen, als Du es je als Arbeitnehmer erreichen könntest.

Der Neid ist die Seele des überall florierenden,
stillschweigend und ohne Verabredung
zusammenkommenden Bundes aller Mittelmäßigen,
gegen den einzelnen Ausgezeichneten,
in jeder Gattung.
(Schopenhauer)

Binde niemandem Deinen Geschäftserfolg auf die Nase

Damit aber hier bei Deinen Mitarbeitern kein Neid aufkommt, solltest Du von Anfang an mit halbwegs offenen Karten spielen. Du solltest die Risiken beschreiben, die Dich bei einem Mißerfolg treffen. Dann kann nämlich mit einem Schlag Dein ganzes Privatvermögen unter den Hammer kommen. Das ist vielen gar nicht bewußt.

Daß es ebenfalls bei Dir nicht mit einem Acht-Stunden-Tag getan ist, sondern daß neben der Arbeit, die Deine Mitarbeiter sehen, noch viel mehr an Organisation erforderlich ist, um den Betrieb wirklich am Laufen zu halten, auch das solltest Du nicht verschweigen. Dazu gehört auch, daß ein Essen mit Geschäftspartnern nicht in jedem Fall ein erquicklicher Anlaß zu sein braucht, denn hier geht es auch meist um handfeste geschäftliche Absprachen, so daß der Genuß des Essens oftmals völlig in den Hintergrund tritt.

Nur wenn Du auf diese Weise Deinen Mitarbeitern vermitteln kannst, wie umfangreich Dein Engagement für Deinen Betrieb ist, wird man Dir auch Deinen Mehrverdienst nicht mehr neiden.

Ein weiteres psychologisches Moment ist hierbei die Überlegung, ob Du Dir monatlich einen festen Betrag auf ein privates Konto überweisen sollst und die Kontenbewegungen des Privatkontos Deinen Angestellten nicht preisgibst.

Genau aus dem gleichen Grund kann es sinnvoll sein, Dein privates Geld, welches Du in Dein Unternehmen hineingesteckt hast, als Darlehnskonto zu führen. Hier kannst Du dann regelmäßige Zins- oder Tilgungsbeträge ebenfalls in Deine Privatsphäre abzweigen. Auf diese Weise erscheinen die Beträge, die Du als Darlehnstilgung entnimmst, nicht als private Entnahme und erregen dadurch weniger Aufsehen.

Wir Menschen neigen nun einmal dazu, unsere eigenen Leistungen mit denen anderer zu vergleichen. Damit mußt Du auch bei Deinen Angestellten rechnen, daß diese Deine Privatentnahmen mit ihren Gehaltszahlungen vergleichen. Selbst wenn dies ein Vergleich zwischen Äpfeln und Birnen ist, wirst Du das nicht aus der Welt schaffen können. Dabei tritt dann Deine Mehrleistung nicht in den Vordergrund, sondern wird eher als selbstverständlich oder gar als Deine Pflicht angesehen.

Solche Überlegungen brauchst Du allerdings dann nicht anzustellen, wenn Deine Familienangehörigen, also beispielsweise Deine Frau oder Deine Kinder an dieser Schaltstelle im Unternehmen sitzen und die Buchführung erstellen und leicht unter Verschluß halten können.

Auch wenn Du Dein Unternehmen als Gesellschaft betreibst, entstehen derlei Probleme nicht. Entweder wirst Du als Gehaltsempfänger wie Deine Angestellten behandelt, oder die Entnahmen werden über Kapitalunterkonten verrechnet, so daß ein Vergleich dann gar nicht mehr für Außenstehende möglich ist. Das solltest Du aus den genannten Gründen aber auch bewußt so gestalten.

Du merkst also auch, daß Du rechtzeitig vorsorgen mußt, wenn Du ein ungestörtes Betriebsklima behalten willst. Bei Deinen Angestellten mußt Du Dich förmlich dafür entschuldigen, daß Du tüchtig bist, wenn diese Einblick in Deine Ertrags- und Vermögenslage haben. Mit ein paar zulässigen Buchungstricks kannst Du das aber von vornherein aus der Welt schaffen.

Doch das ist allemal das geringere Übel, wenn Du die von mir vorgeschlagenen Vorkehrungen triffst, damit Dein Privatverbrauch nicht offensichtlich wird. Viel schlimmer ist es natürlich, wenn Dein Unternehmen ständig mit Verlusten zu kämpfen hat.

Dann erübrigen sich solche Klimmzüge von selbst, doch dann mußt Du bald zaubern, um noch ein paar Mark zur Regulierung Deiner Schulden aufzutreiben.
An dieser Stelle treten dann erstmals handfeste steuerliche Überlegungen in Dein Blickfeld, denn es ist selbstverständlich, daß Du Deine mitarbeitenden Familienangehörigen wie alle anderen Mitarbeiter entlohnen kannst. Genau so solltest Du, wenn Du Deinen Betrieb in Deinem oder Eurem Haus betreibst, dafür eine Miete festsetzen und auch bezahlen. Diese Kosten müssen nämlich in Deiner Kalkulation ebenfalls erfaßt werden, weil ein Fremder Dir auch nicht unentgeltlich Räume zu Nutzung überläßt (auf die steuerlichen Gestaltungen weise ich in dem Kapitel Einkünfte aus Gewerbebetrieb hin).

Die Einkommensteuer hat mehr Menschen zu Lügnern gemacht als der Teufel.
(Rogers)

Die Einkommensteuer als leistungsabhängige Ertragssteuer

Nach unserem deutschen Ertragssteuerrecht wirst Du nach Deiner Leistungsfähigkeit besteuert. Dies macht sich auf verschiedene Arten bemerkbar. Dabei ist der Besteuerungsabschnitt das volle Kalenderjahr.
Das ist deshalb für Dich wichtig, weil der Tarif- oder Tabellenfreibetrag in Höhe von 5 669 DM bei Ledigen oder 11 339 DM bei Verheirateten Dir als Steuerzahler für jedes Kalenderjahr zusteht. Es ist dabei gleichgültig, ob Du vom 1. Januar bis zum 31. Dezember gleichhohe Einkünfte hattest, oder ob Du nur in einem oder in einigen Monaten viel verdient hast und in den anderen Monaten nichts. In jedem Fall wird Dein Gesamteinkommen ermittelt und darauf wird die Jahressteuertabelle angewendet, die automatisch diese Freibeträge enthält.
Danach beginnt der gleitende Steuertarif zu wirken, der von der untersten Grenze nach dem Tariffreibetrag sofort mit 19% beginnt und am oberen Ende der Skala bei 120 000 DM für Ledige und bei 240 000 DM für Verheiratete den Spitzensteuersatz von derzeit 53% erreicht. D. h. für Dich, daß Du mit steigendem Einkommen auch mit einem immer höher werdenden Steuersatz belastet wirst. Dieser steigende Steuersatz drückt ebenfalls das Prinzip der Leistungsfähigkeit aus, weil Dir zugemutet wird, von immer höherem Einkommen auch immer höhere Steuern abzuführen. Diese Spitzenbelastung findet erst dann ihr Ende, wenn sie 53% erreicht hat. D. h. über die Hälfte Deines Einkommens fließen auf Nimmerwiedersehen in die Staatskasse.

Doch es werden dabei nicht Deine Bruttoeinnahmen besteuert, sondern Du kannst davon Werbungskosten oder Betriebsausgaben abziehen.

Was sind Werbungskosten?

Der Begriff Werbungskosten ist von »Erwerben« abgeleitet und bedeutet, daß Du alle Aufwendungen steuerlich von den Einnahmen abziehen kannst, die zur Sicherung und Erhaltung dieser Deiner Einkunftsquellen erforderlich sind. Dabei kommt es grundsätzlich nicht darauf an, ob die Aufwendungen unbedingt erforderlich sind oder nicht. Es reicht aus, wenn Du die Aufwendungen für erforderlich hältst.
Doch diese allzu schönen Worte werden leider von der Wirklichkeit in ein anderes Licht gerückt, denn der Gesetzgeber hat noch eine andere Vorschrift erlassen, die da lautet, daß alle Aufwendungen, die Deine private Lebensführung betreffen, Dein Einkommen nicht mindern dürfen. Und damit entbrennt ein dauernder Streit zwischen der Finanzverwaltung und Dir als Steuerzahler, weil jede Seite auf die für sie günstige Auslegung von Vorschriften pocht.

TIP: Deshalb solltest Du, obwohl es der Gesetzgeber anders formuliert hat, trotzdem für alle Deine Werbungskosten eine plausible Erklärung parat haben, weshalb Deine Aufwendungen erforderlich waren, um Deine Einkünfte zu sichern.

So beteiligst Du das Finanzamt an Vermögensverlusten

Dieser Erklärungszwang gilt ganz besonders, wenn es um Vermögensverluste geht, an denen Du das Finanzamt beteiligen willst. Hier haben die Finanzrichter in verschiedenen Fällen den Abzug als Werbungskosten zugelassen, wenn der Untergang des Vermögens mit einer Einkunftsart in Verbindung zu bringen war.
Als leitender Angestellter z. B. bist Du in aller Regel enger mit dem Unternehmen verbunden, in dem Du arbeitest, als die übrigen Arbeitnehmer. Ja, Du kannst in dieser Position sogar als Gesellschafter-Geschäftsführer die Geschicke oder Mißgeschikke eines oder Deines Unternehmens allein in Deinen Händen halten. Deshalb kann es auch hier leichter als anderswo dazu kommen, daß Du aus Fürsorge für das Unternehmen Bürgschaften übernimmst oder Darlehn gewährst, um das Unternehmen zu erhalten oder um finanzielle Engpässe zu überbrücken.
Rettest Du dadurch die wirtschaftliche Situation des Unternehmens, dann ist die Sache problemlos. Denn nach der Gesundung kann Dir das Unternehmen die vorgestreckten Geldmittel wieder zurückerstatten oder Dich von den übernommenen Verpflichtungen wieder freistellen. Doch dieser Idealfall tritt nicht immer ein. Deshalb ist es wichtig, daß Du weißt was Du zu tun hast, wenn Deine Bemühungen vergebens waren.

TIP: Als nicht gesellschaftsvertraglich gebundener Arbeitnehmer hast Du es relativ einfach. Hierbei muß Deine Argumentation aber darauf gerichtet sein, daß die Aufwendungen »zur Erhaltung Deiner Einkünfte aus nichtselbständiger Arbeit« erfolgten und nicht, um mit dem Darlehn beispielsweise Kapitaleinkünfte, also Zinseinkünfte zu erzielen.

Im letztgenannten Fall führt nämlich der Verlust der Einkunftsquelle nicht automatisch zu Werbungskosten, weil die Vermögensverluste in Deine Privatsphäre gehören und damit zu den nichtabzugsfähigen Lebenshaltungskosten zählen und höchstens bei den außergewöhnlichen Belastungen zu einer Steuerminderung führen.
Bist Du an das Unternehmen auch gesellschaftlich gebunden, dann müssen noch weitere Voraussetzungen hinzutreten, um die Vermögensverluste als Werbungskosten deklarieren zu können. Zu dem Zeitpunkt der Darlehnsgewährung oder der Bürgschaftsübernahme, darf das Unternehmen noch nicht konkursreif gewesen sein.
Weiter darf Deine Stellung im Unternehmen nicht so beherrschend sein, daß angenommen werden kann, Du wolltest auch Deinen Gesellschaftsanteil dadurch retten. Hierfür hast Du ein Gegenargument, wenn das Unternehmen in den Vorjahren wegen fehlender Mittel keine Gewinne (Dividenden) ausschütten konnte, sondern lediglich zur Zahlung Deiner Gehälter imstande war.

TIP: Wenn Dir durch den Konkurs Deines Arbeitgebers (wozu auch Deine eigene GmbH zählt) Vermögensverluste wegen dem Ausfall von Darlehnsforderungen oder der Inanspruchnahme aus Bürgschaftsverpflichtungen entstanden sind, dann müssen diese Aufwendungen überwiegend zur Erhaltung Deines Arbeitsplatzes und damit zur Erhaltung Deiner Einkünfte aus nichtselbständiger Arbeit aufgewendet worden sein. Nur in dem Fall kannst Du die Verluste als Werbungskosten bei diesen Einkünften geltend machen.

Viele Regeln sind eigentlich nur geregelte
gemaßregelte Ausnahmen.
(Baschnonga)

Was sind Betriebsausgaben?

Der Begriff der Betriebsausgaben ist etwas anders gefaßt, denn es kommt hierbei nicht darauf an, ob Deine Aufwendungen sinnvoll oder notwendig sind. Sie müssen nur durch Deinen Betrieb veranlaßt, also ausgelöst worden sein. Damit allerdings diese Kosten nicht ins Uferlose steigen, hat der Gesetzgeber eine Bremse eingebaut.
Diese wirkt bei allen jenen Aufwendungen, die einen geldwerten Vorteil bei den Empfängern darstellen oder Deine privaten Lebenshaltungskosten berühren. Das sind vor allem Geschenke an Geschäftsfreunde, die nur bis zu einer Höhe von 75 DM pro Jahr und pro Person steuerfrei sind. Oder es sind die Aufwendungen für die Bewirtung von Geschäftsfreunden, die nur noch zu 80% als Betriebsausgaben geltend gemacht werden können.
Als weiteres sind Jachten, Ferienhäuser, Luxusgüter usw. zu nennen, die Du in Deinem Betriebsvermögen bilanziert hast und die Du kostengünstig oder völlig kostenlos Deinen Geschäftsfreunden zur Verfügung stellst. Bei allen diesen Aufwendungen ist das Finanzamt knauserig.
Bei Fahrzeugen der gehobenen Klasse hatten die Finanzrichter allerdings ein Einsehen mit den Steuerzahlern und gaben dem Neidkomplex der Finanzbeamten nicht nach. Sie sagten, daß Du Dich als erfolgreicher Unternehmer nicht beim Finanzamt entschuldigen mußt, wenn Du Dir ein teureres Fahrzeug leistest.
Mußt Du geschäftlich große Fahrtstrecken zurücklegen und machst Du mit Deinem Unternehmen überdurchschnittliche Gewinne, dann darfst Du Dir auch ein Luxusauto leisten.
Auf die gesetzlich zulässigen Aufwendungen gehe ich bei der Besprechung der Einkünfte aus Gewerbebetrieb noch gesondert ein. Wichtig ist an dieser Stelle lediglich, daß Du weißt, daß Du

von Deinen Einnahmen die Betriebsausgaben abziehen darfst und nur der Differenzbetrag als Gewinn oder Überschuß besteuert wird. Genauso ist es mit den Werbungskosten. Hier könne sogar Pauschalen oder andere Freibeträge abgezogen werden, wenn Dir keine höheren Aufwendungen, als eben diese gesetzlichen Pauschalbeträge entstanden sind. In allen andern Fällen mußt Du sämtliche Dir entstandenen Aufwendungen einzeln nachweisen, die Du geltend machen willst.

Die sieben Einkunftsarten

Die folgenden Einkunftsarten sind danach getrennt von Dir zu ermitteln. Dabei müssen auch die jeweils bei den einzelnen Einkünften entstandenen Werbungskosten oder Betriebsausgaben bei eben diesen Einkünften abgezogen werden. Danach können positive und negative Einkünfte von Dir saldiert werden und nur der verbleibende Restbetrag ist die Summe Deiner Einkünfte und damit ein erster Ausgangspunkt für Deine Besteuerung.

Berechnungsschema

1. Einkünfte aus Land- und Forstwirtschaft
2. Einkünfte aus Gewerbebetrieb
3. Einkünfte aus selbständiger Tätigkeit
4. Einkünfte aus nichtselbständiger Tätigkeit
5. Einkünfte aus Kapitalvermögen
6. Einkünfte aus Vermietung und Verpachtung
7. sonstige Einkünfte

= Summe der Einkünfte aus den Einkunftsarten

– Altersentlastungsbetrag
– Ausbildungsplatz-Abzugsbetrag
– Abzug für Land- und Forstwirte

= Gesamtbetrag der Einkünfte

– Sonderausgaben
– außergewöhnliche Belastungen
– Steuerbegünstigung der zu eigenen Wohnzwecken genutzten Wohnung
– Verlustabzug

= Einkommen

– Kinderfreibetrag
– Haushaltsfreibetrag

= zu versteuerndes Einkommen

Nach diesem vorstehenden Berechnungsschema haben Eheleute die zusätzliche Möglichkeit, positive Einkünfte des einen Ehegatten mit negativen Einkünften des anderen Ehegatten auszugleichen. Auf die von Dir dabei zu beachtenden Besonderheiten komme ich beim Verlustvor- oder -rücktrag zu sprechen, den ich bei den Sonderausgaben behandle.

Doch damit ist Deiner Leistungsfähigkeit immer noch nicht vollständig Rechnung getragen. Wie Du gesehen hast, können noch weitere Aufwendungen von Deinem Gesamtbetrag der Einkünfte abgezogen werden.

Sonderausgaben

Zu den Sonderausgaben zählen Aufwendungen, die eigentlich zu den Kosten der privaten Lebensführung gehören. Der Gesetzgeber hat sich aber entschlossen, unter bestimmten Voraussetzungen diese Beträge auch steuerlich anzuerkennen. Dabei wurde eine Auswahl entweder der Höhe oder dem Grunde nach getroffen. Es steht dem Gesetzgeber dabei frei, willkürlich durch Gesetzesänderungen diesen Katalog zu erweitern oder einzuengen.

Als Sonderausgaben sind abzugsfähig:

1. Unterhaltskosten an den geschiedenen oder dauernd getrennt lebenden Ehegatten bis 27 000 DM im Jahr, wenn der geschiedene Ehegatte seinerseits die Einkünfte versteuert.
2. Auf besonderen Verpflichtungsgründen beruhende Renten oder dauernde Lasten, die nicht mit Einkünften in wirtschaftlichem Zusammenhang stehen.
3. Vorsorgeaufwendungen, wie Beiträge zur Kranken-, Unfall-, Haftpflichtversicherung, zur gesetzlichen Rentenversicherung und zur Bundesanstalt für Arbeit, Lebensversicherungs-, Rentenversicherungsbeiträge mit und ohne Kapitalwahlrecht sowie Kapitalversicherungen. Die Versicherungen mit Kapitalwahlrecht müssen mindestens über eine Laufzeit von 12 Jahren abgeschlossen werden.
4. Beiträge an Bausparkassen, um ein Bauspardarlehn zu erlangen.
5. Zinsen nach den §§ 233a, 234 und 237 der Abgabenordnung.

6. Gezahlte Kirchensteuer.
7. Steuerberatungskosten.
8. Berufsausbildungskosten in einem nicht ausgeübten Beruf bis zu 900 DM, bei auswärtiger Unterbringung bis zu 1200 DM im Jahr.
9. Aufwendungen für ein hauswirtschaftliches Beschäftigungsverhältnis bis zu 12 000 DM im Jahr.
10. Spenden zur Förderung mildtätiger, religiöser, kirchlicher, wissenschaftlicher und staatspolitischer Zwecke und der als besonders förderungswürdig anerkannten gemeinnützigen Zwecke.
11. Mitgliedsbeiträge an politische Parteien bis zu 1200 DM bei Ledigen und 2400 DM bei verheirateten Arbeitnehmern im Jahr.
12. Verlustabzug.
13. Steuerbegünstigung der zu eigenen Wohnzwecken genutzten Wohnung im eigenen Haus.

Unterhaltskosten an den geschiedenen Ehegatten

Nicht nur Deine Eheschließung wird in Form des günstigen Ehegatten- oder Splittingtarifs und der Verdoppelung einer Reihe von Freibeträgen steuerlich begünstigt, nein, auch Deine Scheidung und ihre Folgen werden vom Staat steuerlich mitgetragen.
Unterhaltsleistungen an den geschiedenen, oder dauernd getrennt lebenden Ehegatten werden als »Realsplitting« bezeichnet und sind bis zum Höchstbetrag von 27 000 DM im Jahr als Sonderausgaben abzugsfähig. Voraussetzung ist allerdings, daß der geschiedene oder dauernd getrennt lebende Ex-Ehegatte diese Beträge als eigene Einkünfte versteuert.
Das mußt Du als zahlender Ehegatte in Deiner Steuererklärung in einem besonderem Vordruck erklären und der empfangende Ex-Ehegatte muß dies mit seiner Unterschrift bestätigen. Nur

dann kannst Du diese Zahlungen als Sonderausgaben geltend machen. Die einmal gegebene Zustimmung gilt so lange, bis sie dem Finanzamt gegenüber widerrufen wird.
Beantragst Du als zahlender Ehegatte einen Lohnsteuerfreibetrag, so muß der andere Ehegatte bereits in diesem Verfahren seine verbindliche Zustimmung erklären. Wenn dies geschieht, ist es später nicht mehr erforderlich, bei der Abgabe der Steuererklärung oder des Lohnsteuer-Jahresausgleichs erneut die Zustimmung einzuholen.
Habt Ihr als Eheleute bereits bei der Auseinandersetzung des Familienvermögens das Realsplitting gerichtlich vereinbart, dann kann die Zustimmung und die Unterschrift des ehemaligen Ehegatten sogar gerichtlich erzwungen werden. Es reicht aber in diesen Fällen im allgemeinen aus, wenn Du dem Finanzamt den entsprechenden Auseinandersetzungsbeschluß des Gerichts vorlegst, in dem die Vereinbarung steht.
Weigert sich dagegen der Ex-Ehegatte von vornherein die Zustimmung zu erteilen, so kannst Du als zahlender Ehegatte nur im Rahmen der außergewöhnlichen Belastungen die Beträge geltend machen. Dies bedeutet für Dich aber eine Schlechterstellung, weil Du in diesem Fall eine zumutbare Belastung entsprechend Deinem Einkommen tragen mußt. In Höhe dieses Prozentsatzes gehen Dir die Aufwendungen steuerlich verloren. Zusätzlich sind auch die Beträge der Höhe nach begrenzt, was ich Dir bei den außergewöhnlichen Belastungen erkläre.

Leibrente

Die Versorgung von nahen Angehörigen (Eltern, Großeltern usw.), führt bei der richtigen Gestaltung zu ganz erheblichen Steuereinsparungen bei Dir. Dazu ist es aber notwendig, daß Du als Zahlender Dich in einer wesentlich höheren Steuerprogression befindest als der oder die Empfänger Deiner Zahlungen. Meist werden Dir für eine solche Versorgungszusage oder

Rente Vermögenswerte wie Häuser, Wertpapiere usw. übertragen.
Hier kannst Du dann das »Steuergefälle« zur Steuereinsparung ausnutzen. Sind diese Steuerbelastungen bei dem, der Dir die Vermögenswerte überträgt etwa ebenso hoch wie bei Dir, dann mußt Du einen regelrechten Kaufvertrag über die Vermögenswerte abschließen. Nur durch einen entsprechend hohen Kaufpreis hast Du dann in der Zukunft höhere Abschreibungsgrundlagen, die bei Dir zu einer Steuerermäßigung führen.
In der Praxis sind solche Fälle häufig anzutreffen, da viele Angehörige nur eine unzureichende Altersversorgung haben und aus diesem Grunde zu Lebzeiten erworbenes Vermögen in vorweggenommener Erbfolge weitergeben wollen und sich dabei zur eigenen Alterssicherung von den Empfängern eine lebenslängliche Rente versprechen lassen.
Geschieht dies durch eine Leibrente, dann kannst Du als Kind oder Enkel nur den Ertragsanteil der Zahlung steuermindernd abziehen. Dieser ergibt sich nach einer besonderen Tabelle zum § 22 des Einkommensteuergesetzes und ist an das Lebensalter beim Renteneintritt gekoppelt. Diese Beträge sind um so geringer, je höher das Lebensalter des Rentenempfängers beim Rentenbeginn ist. Der Steuervorteil dabei ist relativ gering, wie Du aus der folgenden Tabelle ersehen kannst.

Tabelle der Ertragsanteile

Vollendetes Lebensalter bei Rentenbeginn	Ertragsanteil in Prozent	Vollendetes Lebensalter bei Rentenbeginn	Ertragsanteil in Prozent
0 bis 2	72	42	48
3 bis 5	71	43 bis 44	47
6 bis 8	70	45	46
9 bis 10	69	46	45
11 bis 12	68	47	44
13 bis 14	67	48	43
15 bis 16	66	49	42
17 bis 18	65	50	41
19 bis 20	64	51	39
21 bis 22	63	52	38
23 bis 24	62	53	37
25 bis 26	61	54	36
27	60	55	35
28 bis 29	59	56	34
30	58	57	33
31 bis 32	57	58	32
33	56	59	31
34	55	60	29
35	54	61	28
36 bis 37	53	62	27
38	52	63	26
39	51	64	25
40	50	65	24
41	49	66	23

Der Jahreswert der Ruhegeld- oder Rentenzahlungen ist mit dem jeweiligen Prozentsatz zu vervielfältigen. Der sich daraus ergebende Betrag ist der steuerpflichtige Ertragsanteil.

Dauernde Last

Vereinbarst Du dagegen unter Bezugnahme auf die die gesetzliche Bestimmung des § 323 der Zivilprozeßordnung, daß die Zahlungen schwanken können, dann ergeben sich daraus völlig andere steuerliche Folgen. In einem solchen Fall wird nicht mehr von einer Leibrente mit Rentenstammrecht ausgegangen, sondern von einer dauernden Last.
Diese Änderungsmöglichkeit der Zahlungen können nach der gesetzlichen Bestimmung immer dann vom Empfänger verlangt werden, wenn er entweder altersbedingt oder aus sonstigen Gründen notwendigerweise höhere Leistungen für seinen eigenen Lebensunterhalt aufwenden muß. Doch diese Beträge mußt Du ohnehin aufwenden, wenn sich z. B. der Gesundheitszustand Deiner Eltern oder Großeltern usw. verschlechtert und öffentliche Einrichtungen dafür nicht einstehen.
Solche Änderungen kannst aber auch Du verlangen, wenn sich Deine Vermögenslage verschlechtert hat. Wurde eine solche Vereinbarung mit der Änderungsmöglichkeit getroffen, dann kannst Du die gesamten Zahlungen (und zwar nicht bloß beschränkt auf den Ertragsanteil) als Sonderausgaben geltend machen. Der Empfänger muß diese Zahlungen zwar in voller Höhe versteuern. Da aber in vielen Fällen beim Empfänger Altersfreibeträge, außergewöhnliche Belastungen, Eingangstarif und sonstige Freibeträge anfallen, wird regelmäßig die Steuerbelastung bei ihm wesentlich geringer sein als die Steuerersparnis bei Dir durch den Abzug der Beträge in voller Höhe.
Zu beachten ist lediglich der Fall, bei dem für die übernommene dauernde Last erhebliches Vermögen von dem Empfänger der Leistungen mit übertragen wird. Hierbei wird von der Finanz-

verwaltung eine dauernde Last erst gelten gelassen, wenn durch die laufenden Zahlungen der Vermögenswert aufgezehrt und überschritten wurde.

TIP: Du solltest solches Vermögen durch einen normalen Kaufvertrag erwerben und nicht in dem eigentlichen Vertrag über die Versorgungsleistungen mit aufnehmen. Eine dauernde Last kann auch ohne Vermögensübertragung vereinbart werden, weil der Empfänger keinesfalls völlig mittellos sein muß, um die Voraussetzungen dafür zu erfüllen. Der Empfänger muß nur eine gesicherte Rechtsposition haben, die ihm die Leistungen garantiert und die er notfalls gerichtlich durchsetzen können muß. Auf diese Weise sicherst Du Dir optimal Deine höchstmöglichen Steuervorteile.

Kirchensteuer

Die im Kalenderjahr gezahlten Kirchensteuern abzüglich etwaiger Erstattungen kannst Du als unbeschränkt abzugsfähige Sonderausgaben steuerlich geltend machen. Diese Beträge mindern sich auch nicht, wenn bei Eheleuten nur einer der Ehegatten einer Glaubensgemeinschaft angehört.
In den letztgenannten Fällen halbiert sich lediglich die zu zahlende Kirchensteuer. Der Gesetzgeber unterstellt in diesen Fällen, daß beide Ehegatten das Einkommen gemeinsam erwirtschaften. Dabei ist es gleichgültig, ob beide Ehegatten erwerbstätig sind oder nur einer Einkünfte erzielt.
Bei einem Kirchenaustritt während des Jahres ist die zu zahlende Kirchensteuer entsprechend zu zwölfteln.
In verschiedenen Kirchengemeinden tritt an die Stelle der Kirchensteuer bei glaubensverschiedenen Ehen ein sogenanntes

Kirchgeld. Dieses richtet sich nach dem zu versteuernden Einkommen der Eheleute und ist von 216 DM bis 3 996 DM gestaffelt.

Bemessung des Kirchgelds bei Eheleuten die verschiedenen Glaubensgemeinschaften angehören

Stufe	Bemessungsgrundlage (gemeinsames zu versteuerndes Einkommen) in DM			jährliches Kirchgeld	monatliches Kirchgeld
1	54 001	bis	64 999	216	18
2	65 000	bis	79 999	300	25
3	80 000	bis	99 999	396	33
4	100 000	bis	149 999	552	46
5	150 000	bis	199 999	996	83
6	200 000	bis	249 999	1 512	126
7	250 000	bis	299 999	2 100	175
8	300 000	bis	349 999	2 760	230
9	350 000	bis	399 999	3 492	291
10	400 000		und mehr	3 996	333

Hauswirtschaftliches Beschäftigungsverhältnis

Eine weitere Möglichkeit der Steuervergünstigung für Dich ist ein hauswirtschaftliches Beschäftigungsverhältnis. Hierbei sind sogar bis zu 12 000 DM im Kalenderjahr als Sonderausgaben abzugsfähig, wenn Du für die betreffende Person Beiträge zur gesetzlichen Rentenversicherung abführst.
Als weitere Voraussetzung müssen zu Deinem Haushalt als lediger Steuerzahler mindestens ein Kind unter 10 Jahren oder eine hilflose Person gehören. Bei Verheirateten müssen minde-

stens zwei Kinder oder eine hilflose Person zum Haushalt gehören, um diese Vergünstigung zu beanspruchen.

Spenden

Wenn Du Dich für andere Mitmenschen einsetzt, dann gehst Du dabei steuerlich in aller Regel leer aus. Ausnahmen machen dabei lediglich Spenden für gemeinnützige, mildtätige, wissenschaftliche und staatspolitische Zwecke, die Du als Sonderausgaben abziehen kannst.
Doch sollen hier nur die Spenden behandelt werden, die auf einen Höchstbetrag von insgesamt 5% des Gesamtbetrags der Einkünfte begrenzt sind.
Bei Beträgen bis zu 100 DM pro Empfänger gilt der Einzahlungsbeleg als Spendenquittung. Bei höheren Beträgen ist eine besondere Spendenbescheinigung des Empfängers erforderlich. In aller Regel übersenden Dir die zum Empfang von Spenden befugten Organisationen unaufgefordert solche Bescheinigungen, wenn im Einzelfall die 100-DM-Grenze überschritten ist.
Zu den Spenden zählen auch Sachspenden. Werden beispielsweise durch Vermittlung des Roten Kreuzes, anderer karitativer oder kirchlicher Organisationen oder Einrichtungen, Päckchen oder Pakete an bedürftige Personen in aller Welt geschickt (dazu gehören selbstverständlich auch die osteuropäischen Länder), dann kann die Organisation über den Wert der Sachleistungen eine Spendenbescheinigung ausstellen. Auf diese Weise können auch Beträge steuerlich geltend gemacht werden, bei denen die Voraussetzungen als außergewöhnliche Belastungen (hier müssen die Zuwendungsempfänger immer Angehörige sein) nicht zutreffen.

Die schwierigste Turnübung
ist immer noch die,
sich selbst auf den Arm zu nehmen.
(Finck)

Sachspenden

Doch es gibt noch einen anderen Anwendungsfall, nämlich den, wenn Du für einen Verein tätig bist, der selbst Spendenbescheinigungen ausstellen darf. In dem Fall können Dir auch Sachleistungen als Spende bescheinigt werden. Dazu wurde höchstrichterlich entschieden, daß sogar Fahrtkosten und ähnliche Leistungen diese Voraussetzungen als Spende erfüllen, die Du geltend machen kannst. In dem Streitfall handelte es sich um einen als besonders förderungswürdig und gemeinnützig anerkannten Verein zur Betreuung von Heimkindern.
Die Steuerzahlerin hatte mindestens einmal wöchentlich ein betreutes Heimkind mit ihrem Auto abgeholt und wieder zurückgebracht. Die dabei entstandenen Kosten summierten sich auf über 1600 DM im Jahr, die sie als Spende geltend machen konnte.
Zur Anerkennung ist es aber unbedingt erforderlich, daß dem Finanzamt eine entsprechende Spendenbescheinigung zum Nachweis vorgelegt wird. Nach dem neuen Spendenrecht muß der Verein aber die Möglichkeit der Kostenerstattung in seiner Satzung verankert haben. Nur dann darf er seinen Mitgliedern bei deren Verzicht auf die Kostenerstattung eine Spendenbescheinigung ausstellen.
Was allerdings nicht möglich ist, sind die steuerliche Anerkennung von Mitgliedsbeiträgen für Deinen Sportverein usw. Für den Mitgliedsbeitrag werden Dir als Mitglied in aller Regel Einrichtungen des Vereins zur Verfügung gestellt. In dieser »Gegenleistung« des Vereins ist keine »unentgeltliche« Zuwendung von Dir zu sehen, so daß die Voraussetzungen für eine Spende bei derartigen Beträgen nicht mehr gegeben sind.

Verlustabzug

Ich hatte den Verlustvortrag/Verlustrücktrag bereits angesprochen, der ebenfalls wieder einige Haken und Ösen hat, die Du kennen mußt.
Verluste können auf mancherlei Art und Weise entstehen. Einmal, weil Du erst neu ins Berufsleben eingetreten bist und nur in einem Teil des Jahres Einkünfte erzielt hast, die aber geringer waren als Deine Werbungskosten. Oder Du hast Dich an anderen Unternehmen beteiligt oder bist selbst Unternehmer geworden, und die Ertragslage hat nicht sofort das erhoffte Ergebnis gebracht. Oder zu guter Letzt können Dir auch aus Vermietungseinkünften, wie aus der Beteiligung an sogenannten Bauherrenmodellen Werbungskostenüberschüsse zuzurechnen sein, die Deine positiven Einkünfte übersteigen. Hier ist dann steuerliche Planung gefragt.
Die Verrechnung erfolgt zuerst mit den laufenden Einkünften von Dir oder denen Deines Ehegatten. Hier kommt bei der Zusammenveranlagung alles in einen Topf. Reichen diese Einkünfte nicht zum Ausgleich der Verluste aus, dann wird der verbleibende Verlust zwei Jahre zurück verlagert. Dieser sogenannte Verlustrücktrag soll zu einer schnellen Steuererstattung führen, weil in aller Regel für dieses zurückliegende Jahr schon ein Steuerbescheid existiert, der schnell geändert werden kann.
Sind die Verluste aber so hoch, daß auch hier ein völliger Ausgleich nicht stattfinden kann, dann wird der verbleibende Betrag nur ein Jahr zurückgetragen. Kann immer noch kein völliger Ausgleich erfolgen, dann muß der Verlust in der Zukunft mit Deinen positiven Einkünften ausgeglichen werden.
Damit diese Verluste nun nicht mehr wegfallen, ist es aber erforderlich, daß Du die Verluste unbedingt erst einmal in einem Steuerbescheid vom Finanzamt feststellen läßt. Deshalb ist eine Einkommensteuererklärung auch dann beim Finanzamt abzugeben, wenn Du in dem betreffenden Jahr keine

Steuererstattung erwartest und wegen fehlender Einkünfte in den Vorjahren kein Verlustrücktrag stattfinden kann.
Doch der Verlustrücktrag hat auch seine Schattenseiten. Der Verlust wird nämlich wie Sonderausgaben in den Vorjahren behandelt und nicht an allerletzter Position bei der Ermittlung Deines steuerpflichtigen Einkommens abgezogen. Deshalb fallen bei dieser Berechnung Deine außergewöhnlichen Belastungen, wie Kinderfreibeträge und andere Freibeträge, unter den Tisch. Das ist natürlich gerade dann ein ungerechtes Ergebnis, wenn Du ohnehin finanziell durch die Verluste belastet bist.
Noch gravierender sind die Nachteile im Entstehungsjahr der Verluste. Hier entfallen dann sämtliche persönlichen Steuererleichterungen. Deshalb mußt Du in solchen Jahren versuchen, diese Aufwendungen, die in meinem Schema nach dem Verlustabzug kommen, so gering als möglich zu halten oder diese Deinem Ehegatten zurechnen zu lassen. Dann kann wenigstens einer von euch die Beträge steuermindernd ansetzen.

TIP: Dieses Ergebnis kannst Du nur dann zu Deinen Gunsten verändern, wenn Du in solchen Jahren mit Deinem Ehegatten getrennte Veranlagung wählst. Ein Steuervorteil stellt sich aber leider nur dann ein, wenn Dein Ehegatte positive Einkünfte erzielt. In dem Fall kann er dann die außergewöhnlichen Belastungen tragen und soweit als möglich die Freibeträge auf sich übertragen lassen, damit er sich diese Steuervorteile erhält. Diese Veranlagungsart kannst Du in diesem speziellen Fall auch für jene zurückliegenden Jahre wählen, in denen sich der Verlustrücktrag auswirkt.

Vollverzinsung

Beim Erfinden von Abgaben und Nebenleistung sind staatliche Institutionen nicht zu überbieten. So wurde auch unter dem Deckmantel der »Gleichmäßigkeit der Besteuerung« nach einem Mittel gesucht, um Dich als Steuerzahler wieder einmal zur Kasse zu bitten. Es wurde nämlich die Zinspflicht von Steuerzahlungen eingeführt, die über einen bestimmten Zeitraum hinaus, also im Sinne des Gesetzes »verspätet« festgesetzt werden. Hierdurch wird Dir ein Zinsvorteil unterstellt, den der Staat Dir abknöpft, obwohl Du effektiv meist gar keinen hattest. Und damit das niemand so leicht nachvollziehen kann, was da so alles berechnet wird, wurde ein Gesetzestext gezimmert, den kein normaler Bürger versteht. Doch offenbar war dem Gesetzgeber am Ende dann doch nicht ganz wohl in seiner Haut, denn er läßt als Trostpflaster die einkassierten Zinsen dann wieder bei den Sonderausgaben zum Abzug zu.
Die Vollverzinsung gilt nicht für alle, sondern nur für folgende Steuerarten: Einkommen-, Gewerbe-, Körperschaft-, Umsatz- und Vermögensteuer. Hierbei zählen zur Einkommensteuer auch die Lohnsteuererstattungsfälle im Lohnsteuerjahresausgleichsverfahren.
Diese Aufzählung ist vollständig. Eine noch weitere Ausdehnung enthält das Gesetz nicht. Die Vollverzinsung greift auch nur dann ein, wenn Deine Steuern nach Überschreiten der Karenzzeit (15 im Normalfall oder 21 Monate bei Land- und Forstwirten) nachzuzahlen oder zu erstatten sind. Das ist der Fall, wenn Deine Vorauszahlungen entweder überhaupt nicht, zu niedrig oder zu hoch festgesetzt wurden, und sich deshalb bei der Steuerveranlagung eine Steuernachzahlung oder eine Erstattung ergibt.
Nach der Frage, für welche Steuerarten die Vollverzinsung gilt, ist natürlich der Zeitpunkt interessant, ab dem diese Zinspflicht beginnt. Hierunter fallen alle die genannten Steuern, die nach dem 31. 12. 1988 entstehen. Auch dieser Satz muß durch eine

Gebrauchsanleitung verständlich gemacht werden, denn er bedeutet ganz einfach, daß es sich um Steuern handeln muß, die ab dem Jahr 1989 ihren Ursprung haben.
Für 1988 entstanden die Steuern nämlich eine gedachte Sekunde vor dem 1. 1. 1989, deshalb fallen diese Steuern nicht mehr unter die Zinspflicht. Sie werden auch nicht bei späterer Festsetzung oder Berichtigung nachträglich hineingezogen. Darauf mußt Du ganz besonders bei nachträglichen Steuerbescheiden achten. Häufigster Fall ist die Berichtigung aufgrund einer späteren Außenprüfung.
Die oben genannten Steueransprüche des Fiskus entstehen also für 1989 genau wie 1988 am 31. Dezember um 24 Uhr (mit Ablauf des Kalenderjahres). Deshalb kannst Du sie frühestens 1990 dem Finanzamt erklären. Mit dem 1. 1. 1990 beginnt aber gleichzeitig die 15- bzw. 21monatige Karenzzeit. Der Zinslauf kann damit frühestens am 1. 4. 1991 beginnen.
Das gilt sogar für die Vermögensteuer. Obwohl für diese Steuer der Hauptfeststellungszeitpunkt auf den 1. 1. 1989 festgesetzt ist, und bereits für 1989 auf diese Feststellung hin die Vorauszahlungen erhoben werden, entsteht trotzdem diese Steuer erst mit Ablauf des Kalenderjahres 1989. (BMF, Schreiben vom 24. 7. 1989 AZ: IV AE – S 0460a – 8/89)
Du siehst daraus, mit welchen juristischen Spitzfindigkeiten heute Gesetze formuliert und angewendet werden. Und die soll dann auch noch jeder verstehen.
Auch rückwärtig wird der Zinslauf in Gang gesetzt, wenn Verluste in späteren Jahren zu einem Verlustrücktrag bei Dir führen und damit alte Veranlagungen von Gesetzes wegen zu ändern sind. Weil nun dieser Verlustrücktrag zuerst das vorletzte Kalenderjahr erfaßt, also ein Verlust aus 1991 zu einer Änderung der Einkommensteuerveranlagung von 1989 führt, wird damit immer die Karenzzeit durchbrochen.
Das bedeutet aber leider nicht, daß die Verzinsung von Anfang an erfolgt. Es muß statt dessen auch hier die Karenzzeit von 15 bzw. 21 Monaten abgerechnet werden, so daß die Verzinsung

ebenfalls frühestens am 1. 4. 1991 beginnt. Daraus wird deutlich, daß neben den anderen Nachteilen, die ein Verlustrücktrag mit sich bringt, das Finanzamt für Dich nicht zu einem Geldinstitut für lukrative Kapitalanlagen wird. Eineinviertel Jahre lang mußt Du das »eingesetzte Kapital« nämlich zum Nulltarif dem Finanzamt überlassen. (FinMin Schleswig-Holstein Erlaß vom 9. 1. 1989 AZ: VI 320a – SS 0460 – 13)
Und da ich nun schon einmal die komplizierten Fristen erkläre, will ich Dich weiter darauf hinweisen, daß angefangenen Monate nicht mitzählen. Dies gilt sowohl für den ersten, als auch für den letzten angefangenen Monat, bis zu dem die Steuerfestsetzung erfolgt. Ferner ist noch zu erwähnen, daß der Zinslauf auf vier Jahre begrenzt ist. Mit 48 Monaten ist also endgültig Schluß. Das hat natürlich auch Nachteile, wenn es um Erstattungen geht.

TIP: Hier solltest Du in aussichtsreichen Verfahren immer eine Untätigkeitsklage erheben, um wenigstens in den Genuß von Prozeßzinsen zu gelangen.

Bei der Zinshöhe von 0,5% pro Monat oder 6% im Kalenderjahr sah sich der Gesetzgeber zu dieser Begrenzung auf vier Jahre genötigt. Bei Konzernprüfungen und langwierigen Außenprüfungen passiert es sehr schnell, daß erst nach Jahren der Prüfungsbericht erstellt wird und daran anschließend auch erst die Steuerfestsetzung erfolgt.

TIP: Wenn Du schon mit solchen Zinsen zur Kasse gebeten wirst, dann mache sie auch in Deiner Steuererklärung bei den Sonderausgaben geltend. So erhältst Du wenigstens die Staatsbeteiligung in Höhe Deiner Steuerprogression.

Wohnraumförderung der eigengenutzten Wohnung oder des eigengenutzten Hauses

Bis zum 31. 12. 1986 erfolgte die Wohnraumförderung in der Weise, daß bei den Einkünften aus Vermietung und Verpachtung Verluste entstehen konnten, die mit anderen Einkünften ausgleichsfähig oder vor- oder rücktragsfähig waren, wie ich es Dir bereits beschrieben habe. Dadurch entstand steuerlich ein niedrigeres zu versteuerndes Einkommen. Dies wiederum ließ eine niedrigere Einkommensteuerlast entstehen und diese Vergünstigung verbilligte das eigene Wohnen.
Seit der ab 1. 1. 1987 geltenden Wohnraumförderung ist die Förderung aus der Einkünfteermittlung herausgenommen und in die Sonderausgaben »umgebettet« worden. Gefördert wird zudem nur noch die zu eigenen Wohnzwecken genutzte eigene Wohnung (im Inland). Die Förderung fremdvermieteter Wohnungen geschieht jetzt in anderer Weise. Deshalb kommt es nicht mehr darauf an, ob sich Deine eigengenutzte Wohnung im eigenen Einfamilienhaus oder in einem Hochhaus befindet. So konnten auch die alten Begriffe wie Einfamilienhaus, Sonderabschreibung, Nutzungswert, vorweggenommene Werbungskosten usw. bei der neuen Wohnraumförderung nicht mehr verwendet werden. An diese Stelle sind die Begriffe Abzugsbetrag, Höchstförderung, Abzugszeitraum, eigene Wohnung usw. getreten.

Wesentliche Verschlechterung gegenüber vorher

Mit der Gesetzesformulierung »eigengenutzte eigene Wohnung« ist eine Einschränkung gegenüber der alten Rechtslage verbunden. Einmal stehen Dir bei nur anteiligem Eigentum auch nur die anteilige Wohnraumförderung zu, denn nur der Anteil ist Dein eigener. Die Folgen habe ich unter dem Stichwort »mehrere Beteiligte« beschrieben.
Werden Teile der Wohnung von Dir zu gewerblichen oder be-

ruflichen Zwecken genutzt, dann sind diese Grundflächen aus der Förderung ebenfalls auszuscheiden, denn es handelt sich nicht um Wohnzwecke, zu denen die Wohnungsteile genutzt werden.
Doch noch eine vielfach unbemerkte Verschlechterung ist allein damit eingetreten, daß die Förderung aus den Vermietungseinkünften in die Sonderausgaben umgeschichtet wurde.
Sonderausgaben sind im Einkommensteuerrecht Kosten der privaten Lebensführung, die nur durch den ausdrücklichen Willen des Gesetzgebers zum Abzug zugelassen werden. Daraus ergeben sich erhebliche Einschränkungen gegenüber der Altregelung. Es bleibt nämlich jetzt einzig und allein dem Gesetzgeber überlassen, ob und wie er den Katalog der begünstigten Kosten ausdehnen oder einschränken will. Bei der gegenwärtigen Finanznot ist da eher mit Einschränkungen als mit Erweiterungen zu rechnen. Deshalb nutze die Möglichkeiten jetzt aus, Du weißt nicht, wie lange sie noch gelten werden.
Daraus folgt auch, daß der Begriff der Sonderausgaben über den Gesetzeswortlaut hinaus nicht durch die Gerichte auslegungsfähig ist. Es gibt also keine Möglichkeit, auf wirtschaftlich vernünftige Lösungen diese Vorschrift anzuwenden, wenn der Gesetzgeber dies nicht ausdrücklich zugelassen hat.
Zum anderen fallen immer dann die Sonderausgaben aus der Steuervergünstigung heraus, wenn anderweitige Verluste so hoch sind, daß für den Ausgleich der Sonderausgaben kein positives Einkommen mehr zur Verfügung steht.
Sonderausgaben sind weder vor- noch rücktragsfähig, sondern müssen in dem Jahr abgezogen werden, in dem sie angefallen sind. Ist das nicht möglich, dann fallen sie ersatzlos weg. Auch in späteren Jahren kannst Du sie nicht mehr nachholen. Deshalb solltest Du meine Gestaltungsvorschläge besonders genau beachten, wenn bei Dir Verluste anfallen, die Deine positiven Einkünfte übersteigen.
Die Förderung erfaßt nur den zu eigenen Wohnzwecken genutzten Wohnraum. In allen anderen Fällen handelt es sich um

Vermietungseinkünfte. Auf jeden Fall solltest Du für Dich die höchstmögliche Förderung errechnen, um zu entscheiden, in welcher Höhe Du die Wohnraumförderung in den einzelnen Jahren überhaupt in Anspruch nehmen willst. Die Möglichkeiten der Verteilung hast Du nur in den ersten drei Jahren, und diese Jongliermöglichkeit mußt du gegebenenfalls konsequent nutzen.

Dein persönlicher Abzugsbetrag

Als Abzugsbetrag wird nun der Betrag bezeichnet, der sich aus 5% des Kaufpreises des Gebäudes oder der Baukosten zuzüglich der halben Kosten für den Grund und Boden errechnet und den Du tatsächlich als Wohnraumförderung in den jeweiligen Jahren beantragst.
Insgesamt darfst Du aber in den ersten acht Jahren nicht mehr als 141 900 DM geltend machen. Dabei werden die halben Grund- und Bodenkosten mit in diese Berechnung einbezogen, die Bemessungsgrundlage heißt.
Mit dieser Bemessungsgrundlage errechnest Du Deine höchstmögliche Förderung, die bei Kosten in Höhe von 330 000 DM ihre Obergrenze hat. Das, was Du dann tatsächlich als Steuervergünstigung bei den Sonderausgaben beantragst, ist der Abzugsbetrag. Dabei errechnet sich der Abzugsbetrag aus 6% für vier Jahre (höchstens aber 19 800 DM im Jahr) und 5% für weitere vier Jahre (höchstens aber 16 500 DM im Jahr), wenn Du Kosten von 330 000 DM nachweisen kannst.
Für Dich wichtig ist die Tatsache, daß Du mit dem Abzugsbetrag in den ersten vier Jahren Gestaltungsmöglichkeiten in Deinen Händen hast, die Du behutsam einsetzen solltest. Gehst Du nämlich zu großzügig damit um, dann verschenkst du bares Geld. Das wird immer dann der Fall sein, wenn die Wohnraumförderung Dein Einkommen unter die Tabellenfreibeträge, Kinderfreibeträge, sonstigen Freibeträge und außergewöhnlichen Belastungen absinken läßt. Dies kannst Du aber

nur feststellen, wenn Du die Steuer überschlägig selbst berechnen kannst oder von einer dazu befähigten Person berechnen läßt.

Bist Du darin unsicher, dann mußt Du die Steuererklärung ohne die Wohnraumförderung abgeben und den Steuerbescheid abwarten. Mit einem »Antrag auf schlichte Änderung«, den ich Dir unter diesem Stichwort beschreibe, kannst Du dann den Betrag der Wohnraumförderung noch nachträglich geltend machen. So sicherst Du Dir die optimale Steuerentlastung.

Dazu ist weiter wichtig, daß Du die Kosten vor der erstmaligen Eigennutzung (Vorbezugskosten) unbedingt in dem Jahr ansetzen mußt, in dem sie angefallen sind bzw. bezahlt wurden. Hier ist eine Verteilung nicht möglich.

Daraus siehst Du, wie wichtig es ist, daß hier genau geplant wird, damit keine Vorteile unter den Tisch fallen. Diese sind in aller Regel unwiederbringlich verloren.

Eine weitere ganz neue Möglichkeit der Wohnraumförderung ist diejenige, für eigengenutzte Baudenkmäler (erhaltungswürdige Gebäude, Türme, Bahnhöfe usw.). Hierbei kannst Du aus den von Dir selbst getragenen Aufwendungen sogar 10 Jahre lang 10% als Höchstförderung abziehen.

In dem Fall ist eine Begrenzung auf 330 000 DM nicht im Gesetz festgeschrieben worden. Statt dessen müssen die Kosten von einer Landesbehörde für den Denkmalschutz als erforderlich bescheinigt werden. Diese Bescheinigung ist zwingende Voraussetzung für die Steuervergünstigung. Für solche Baumaßnahmen brauchst Du aber besonders gute Nerven, denn neben den Überraschungen und dem Ärger mit den Bauhandwerkern hast Du gleich auch noch die Denkmalschützer in Form von pingeligen Beamten dauernd am Hals. Für das Steuerrecht gelten allerdings hier die gleichen Voraussetzungen wie für die Eigennutzung zu eigenen Wohnzwecken.

TIP: Damit Du die Höhe des Abzugsbetrages optimal feststellen kannst, mußt Du errechnen, welche Beträge sich überhaupt auswirken. Dazu sind zuerst die Kosten, welche anfallen, bevor Du das Haus beziehst, in voller Höhe zu berücksichtigen, weil es hierbei keine Verlagerungsmöglichkeit in spätere Jahre gibt. Der Abzugsbetrag kann dagegen in unterschiedlicher Höhe, also auch nur mit 1 DM beantragt werden. Diese 1 DM mußt Du aber ansetzen, sonst wird dies als ein genereller Verzicht auf die Wohnraumförderung gewertet.

Abzugszeitraum

Die Wohnraumförderung für eigengenutzte Wohnungen erstreckt sich über einen Zeitraum von acht Jahren. Dieser Zeitraum beginnt normalerweise im Jahr Deines Einzugs. Er kann aber auch schon vorher beginnen, wenn die Wohnung schon vorher bewohnbar war, Dir ein Bewohnen zugemutet werden konnte und Du aus freiem Entschluß die Wohnung nicht bezogen hast.
Deshalb mußt Du sehr darauf achten, ab wann die Wohnraumförderung zu laufen beginnt. Es kann sonst passieren, daß Dir ein Jahr verlorengeht und das ist für Dich endgültig weg, ohne Steuererleichterung.
Diese Fälle kommen immer dann vor, wenn bereits fertige Wohnungen oder Häuser kurz vor dem Jahresende erworben oder bezugsfertig werden. In dem Augenblick nämlich, in dem die Nutzungen und Lasten auf Dich übergegangen sind, wirst Du steuerlich als wirtschaftlicher Eigentümer angesehen. Ab diesem Zeitpunkt steht Dir auch die Wohnraumförderung nach dem Gesetz zu.
Wenn dieser Übergang der Nutzungen und Lasten am 31. Dezember vereinbart wurde, dann mußt Du an diesem Tag auch noch einziehen, um für dieses Jahr in voller Höhe die Wohnraumförderung beantragen zu können. Dazu reicht es

aus, wenn Du die Wohnung nur notdürftig mit Möbeln ausstattest. Tust Du das aber nicht, dann nutzt Du die Wohnung noch nicht zu eigenen Wohnzwecken, gleichwohl beginnt aber der achtjährige Förderzeitraum an diesem letzten Tag des Jahres zu laufen.

Die bösen Folgen sind die, daß Dir ein Jahr des Förderzeitraums verloren geht, denn Dir konnte ein Bewohnen der Wohnung oder des Hauses zugemutet werden. Dem Gesetzgeber ist es gleichgültig, ob Du in einer sehr kurzen Zeit den Umzug überhaupt schaffst, oder ob der Vormieter oder Voreigentümer die Wohnung rechtzeitig räumt.

Du hast die rechtlichen Möglichkeiten, beim Abschluß des Kaufvertrages diesen Eigentumsübergang frei zu bestimmen. Treten dabei Fehler auf, so mußt Du Dir die daraus entstehenden Folgen zurechnen lassen, und das kann steuerlich sehr teuer werden.

Damit wird Dein freiwilliger Verzicht auf die Eigennutzung steuerlich bestraft. Überlege es Dir also genau, an welchem Tag die Nutzungen und Lasten auf Dich übergehen sollen. Es ist besser, Dich mit dem Voreigentümer auf den Ausgleich eventuell von ihm noch zu tragender Kosten zu einigen und dafür den Zeitpunkt des Nutzungsübergangs auf einen Tag im nächsten Jahr zu legen, als daß Du Dir durch einen zu frühen Eigentumsübergang steuerliche Nachteile einhandelst.

Das gleiche Problem stellt sich, wenn Du in eigener Regie das Haus oder die Wohnung erstellst und vor Jahresende die Wohnung bereits bezugsfertig hast, aber noch nicht in die Wohnung einziehst.

Das eben Geschilderte gilt auch für eigengenutzte Baudenkmäler. Hier beträgt der Abzugszeitraum allerdings nicht nur acht, sondern zehn Jahre. Der Zeitraum beginnt ebenfalls mit dem Übergang der Nutzungen und Lasten, wenn sich die Förderung nicht nur auf Erhaltungsmaßnahmen, sondern auch auf die Anschaffungskosten erstreckt.

Dies, und der Umfang und die Notwendigkeit von Erhaltungs-

maßnahmen, muß in jedem Fall durch eine Bescheinigung der zuständigen Landesbehörde nachgewiesen werden. In Fällen von Erhaltungsmaßnahmen beginnt der Zeitraum frühestens am 1. 1. 1992, wenn die Baumaßnahmen nach diesem Stichtag beendet wurden.
Wird das Baudenkmal zu eigenen Wohnzwecken genutzt, dann steht es Dir natürlich frei, für die Anschaffungskosten die Wohnraumförderung nach § 10e EStG zu beantragen. Dann gilt allerdings auch hier nur der achtjährige Abzugszeitraum. Für die weiteren Erhaltungsaufwendungen kannst Du unabhängig davon die genannte zehnjährige Förderung nach § 10f EStG in Anspruch nehmen.
Damit erhältst Du einen kleinen Einblick, wo der Gesetzgeber die Steuervergünstigungen versteckt hat, die ein Laie auf Anhieb nicht finden kann.

Bemessungsgrundlage

Wenn Du die Wohnraumförderung beantragen willst, mußt Du natürlich auch wissen, von welchem Betrag sich die Förderung berechnet. Die Bemessungsgrundlage dafür bilden einmal die Anschaffungskosten oder Bau- bzw. Herstellungskosten des Gebäudes oder der Wohnung. Zusätzlich kommt noch die Hälfte der Kosten des Grund und Bodens hinzu.
Kaufst oder kauftest du den Grund und Boden mit einem besonderen Kaufvertrag, dann sind diese Kosten relativ einfach zu ermitteln. Wesentlich schwieriger wird es dagegen, wenn für Gebäude oder Gebäudeteile und Grundstück oder Grundstücksteile ein einheitlicher Kaufpreis festgelegt wurde. Hier ergeben sich dann regelmäßig Streitigkeiten mit der Finanzverwaltung über die Höhe des Bodenwertes, wenn dieser für die Höchstförderung mit ausschlaggebend ist.
Die gleichen Schwierigkeiten ergeben sich bei älteren Gebäuden, die vor allem in ländlichen Gebieten oft sehr große Grundstücksflächen haben. Wird darauf der Bodenrichtwert des Gut-

achterausschusses angewendet, so kann das zu einem Mißverhältnis und damit zu Deiner Benachteiligung führen.

Berechnung der Bemessungsgrundlage:

1. Baukosten		200 000 DM
Grund und Boden		80 000 DM
davon 1/2	40 000 DM	
Bemessungsgrundlage für die Wohnbauförderung		240 000 DM
2. Kaufpreis einschl. Grund u. Boden	400 000 DM	
Grund u. Boden laut Bodenrichtwert	300 000 DM	
davon 1/2		150 000 DM
verbleibt als Gebäudewert		100 000 DM
Bemessungsgrundlage für die Wohnbauförderung		250 000 DM

In diesem letztgenannten Fall kann der hohe Grund- und Bodenwert zu einem Mißverhältnis führen. Deshalb solltest Du bei gebrauchten Objekten durch einen Sachverständigen ein Wertgutachten erstellen lassen. Nur so kommst Du zu realen Werten, die dann auch für die Festsetzung der Wohnraumförderung zu beachten sind.

TIP: Vor allem bei bebauten Grundstücken ergeben sich immer wieder Streitigkeiten mit der Finanzverwaltung, wenn es um die Höhe des anzusetzenden Grund- und Bodenwertes geht. Dabei neigt die Finanzverwaltung dazu, hier zu hohe Werte anzusetzen, weil damit Deine Steuervorteile beschnitten werden können. Um dem entgegenzuwirken ist es sinnvoll, entweder gleich ein Wertgutachten zur Grundlage des Kaufvertrages zu machen und die Werte hierin festzulegen, oder durch eigene Berechnungen und Bestätigungen von Bauämtern, Maklern, Architekten usw. den tatsächlichen Wert des Grund und Bodens und des Gebäudes festzustellen. Nur so kannst Du Nachteile bei der Wohnraumförderung vermeiden.

Mehrere Beteiligte

Erwirbst Du zusammen mit einem Partner, Eltern, Kindern oder anderen Personen ein einziges Objekt, dann steht jedem Beteiligten nur die seinem Anteil entsprechende Wohnraumförderung zu. Ob es sich dabei um ein Mehrfamilienhaus, ein Einfamilienhaus oder gar nur um eine einzige Wohnung handelt, spielt dabei keine Rolle. Nur dann, wenn Du mit zwei Parteien ein Zweifamilienhaus erwirbst oder baust, und jede Partei eine Wohnung zu eigenen Wohnzwecken nutzt, werden nach der neuen Auffassung der Finanzverwaltung zwei Objekte anerkannt.
Um nun in allen anderen Fällen ebenfalls dieses günstige Ergebnis zu erreichen, mußt Du für jeden Beteiligten eigenes Wohnungseigentum bilden. Dies kannst Du nach dem Wohnungseigentumsgesetz beantragen. Nur dann erwirbt jeder ein eigenes Objekt und damit den Anspruch auf die volle Wohnraumförderung. Dabei braucht es sich bei dem jeweiligen Eigentumsanteil nicht unbedingt um eine abgeschlossene Wohnung zu handeln. Es können auch Teile einer Wohnung zu Wohnungseigentum erklärt werden. Welche unterschiedlichen steuerlichen Auswirkungen das hat, kannst Du an den folgenden Beispielen ersehen:

A, B und C erwerben gemeinsam ein Haus für 600 000 DM, jeder zahlt einen Anteil von 200 000 DM, und alle gemeinsam nutzen das Haus.

Wohnraumförderung Höchstförderung 5% aus 300 000 DM			15 000 DM
Davon können	A	5 000 DM	
	B	5 000 DM	
	C	5 000 DM	
also insgesamt wie oben geltend machen.			15 000 DM

Du siehst daraus, daß erhebliche Beträge dabei verschenkt werden.

Teilen der A, B und C das Haus vorher in Wohnungseigentum auf, dann kann jeder von ihnen ein eigenes Objekt erwerben. Die Förderung sieht dann folgendermaßen aus:

Wohnraumförderung	
A Höchstförderung 5% aus 200 000 DM	10 000 DM
B ebenfalls	10 000 DM
C ebenfalls	10 000 DM

Damit hat sich allein in meinem Beispielsfall die Wohnraumförderung für die Beteiligten verdoppelt. Bei noch höheren Kosten kann sich das Ergebnis bis zu 15 000 DM für jeden Beteiligten sogar verdreifachen.

TIP: Wenn für Dich eine solche Gestaltung als einzige Möglichkeit in Frage kommt, dann beantrage gleich beim Abschluß des Kaufvertrages die Aufteilung in Teileigentum nach dem Wohnungseigentumsgesetz. Nur so sicherst Du Dir wirklich die höchstmögliche Wohnraumförderung. Das Hessische Finanzgericht hat eine Entscheidung gefällt, die auch die Finanzverwaltung inzwischen anerkennt. Trotzdem solltest Du schon in Deinem eigenen Interesse die Eigentumsverhältnisse von Anfang an klären und den Weg über die Bildung von Wohnungseigentum als Teileigentum nicht scheuen. Für die dabei entstehenden Mehrkosten ersparst Du Dir später einen ganze Menge Ärger, denn Deine Rechtssicherheit ist schwerlich in Geld auszudrücken.

Höchstmögliche Förderung

Die höchstmögliche Förderung richtet sich nach den von Dir tatsächlich aufgewendeten Kosten für die Wohnung oder das Haus. Dabei spielt es keine Rolle, ob Du die Kosten aus eigenen Mitteln bestreitest oder finanzieren läßt.

Zu den förderungsfähigen Aufwendungen rechnen:

Für den Grund und Boden
- Anschaffungskosten der Grundstücksfläche
- Vermessungskosten
- Grundbuchkosten
- Notargebühren
- Erschließungskosten
- erstmaliger Anschluß von Ver- und Entsorgungsleitungen

Für das Gebäude
- Anschaffungs- oder Baukosten des Gebäudes
- nachträgliche Baukosten (Umbaukosten)
- Abbruchkosten vorhandener Bauwerke
- vergebliche Kosten für Baumängelbeseitigung
- vergebliche Kosten wegen Konkurs des Bauunternehmers
- Kosten der Einfriedung, Hof- und Wegebefestigungen

Von den Kosten für den Grund und Boden kannst Du nur die Hälfte der angefallenen Aufwendungen bei der höchstmöglichen Förderung berücksichtigen. Der Ansatz dieser Beträge führt darüber hinaus nur dann zu einer Steuervergünstigung, wenn Du den absoluten Höchstförderbetrag von 330 000 DM noch nicht durch die Baukosten erreicht hast.
Sind Deine Aufwendungen so gering, daß Du mit den halben Grundstücks- und Baukosten die Höchstgrenze von 330 000 DM nicht erreichst, dann ist es leider nicht möglich, den nicht ausgeschöpften Differenzbetrag auf ein anderes Objekt zu über-

tragen. Lediglich dann, wenn innerhalb des achtjährigen Abzugszeitraums noch nachträgliche Baukosten anfallen, kann bis zum Höchstförderbetrag damit aufgefüllt werden.
In den ersten vier Jahren ist es sogar möglich, die Beträge willkürlich in unterschiedlicher Höhe zu beantragen. Das bedeutet aber, daß Du spätestens im achten Jahr die bisher nicht beantragten Beträge steuerlich verbrauchen mußt.

Ein Beispiel soll das verdeutlichen:

Angenommen, Du hast in den ersten drei Jahren noch anderweitige Verluste, so daß Du von der Wohnraumförderung nur teilweise Gebrauch machen willst, um keine Steuervorteile zu verschenken.

1. Jahr möglicher Betrag 19 800 DM. Du machst geltend			5 000 DM
2. Jahr			1 000 DM
3. Jahr			9 000 DM
4. Jahr			10 000 DM
5. bis 7. Jahr	3 x 16 500 DM		= 49 500 DM
Verbrauchte Abzugsbeträge			74 500 DM
	1. bis 7. Jahr		
	höchstmögliche Förderung		
	4 x 19 800 DM	79 200 DM	
	4 x 16 500 DM	66 000 DM	
		145 200 DM	
	verbrauchte Abzugsbeträge	– 74 500 DM	
	im achten Jahr abzuziehen	70 700 DM	

Damit ist die mögliche Höchstförderung im Abzugszeitraum ausgeschöpft worden.
Auf diese Weise hast Du in den ersten drei Jahren ein Wahlrecht, mit dem Du die höchste Steuerersparnis erreichen kannst. Anderenfalls verschenkst Du sehr leicht erhebliche Beträge der sowieso nicht üppigen Wohnraumförderung.

Fallen die Baukosten nicht auf einmal, sondern nach und nach an, dann kannst Du folgendermaßen verfahren:

Kosten des Gebäudes		200 000 DM
Kosten des Grund und Bodens 40 000 DM davon 1/2		20 000 DM
		220 000 DM
1. Jahr Höchstförderung 6% aus 220 000 DM		13 200 DM
2. Jahr weitere Baukosten 50 000 DM;		
Höchstförd. 6% aus 270 000 DM	16 200 DM	
+ 6% aus 50 000 DM für 1.Jahr	3 000 DM	19 200 DM
3. Jahr weitere Baukosten 10 000 DM		
Höchstförd. 6% aus 280 000 DM	16 800 DM	
+ 6% aus 10 000 DM für das		
1. u 2. Jahr	1 200 DM	18 000 DM
4. Jahr Höchstförderung 6% aus 280 000 DM		16 800 DM
5. Jahr Höchstförd. 5% aus 280 000 DM	14 000 DM	
zusätzlich wurde ein Anbau fertiggestellt		
weitere Baukosten 40 000 DM		
Förderung 1. bis 4. Jahr 4 mal 6%	9 600 DM	11 600 DM
5. Jahr 1 mal 5 %	2 000 DM	
6. bis 8.Jahr einheitlich 5% aus 320 000 DM		16 000 DM

Daran erkennst Du, daß auch nachträgliche Kosten innerhalb des achtjährigen Abzugszeitraums nicht verlorengehen, sondern zurückgerechnet werden können.

TIP: Sogar nachträgliche Aufwendungen, die noch den Abzugsbetrag erhöhen, kannst Du für die zurückliegende Zeit beantragen. In späteren Jahren mußt Du aber aufpassen, daß Du die Förderprozentsätze der ersten vier Jahre (6% aus 330 000 DM) und der folgenden vier Jahre (5% aus 330 000 DM), also insgesamt 44%, in dem Abzugszeitraum von acht Jahren nicht überschreitest. Steigt Dein Einkommen als Lediger in einem Jahr über 120 000 DM (Verheiratete über 240 000 DM), dann entfällt für das betreffende Jahr die Wohnraumförderung.

Objektverbrauch

Die Wohnraumförderung des eigengenutzten Wohnungseigentums kannst Du nur für ein einziges Objekt beanspruchen. Diese Möglichkeit gilt auch für Eheleute, denn auch hier kann nur jeder für sich für ein oder beide zusammen für zwei Objekte die Wohnraumförderung beanspruchen. Die letztgenannte Möglichkeit bedeutet aber nicht, daß für ein einziges teures Objekt, jeder der Eheleute für sich die Wohnraumförderung in voller Höhe beantragen kann.
Nein, es muß sich immer um zwei räumlich getrennt voneinander liegende Objekte handeln. Befinden sich die Wohnungen in einem Haus und liegen sie neben- oder übereinander, so daß mit nur geringem Bauaufwand eine einzige Wohneinheit daraus gemacht werden könnte, so wird das von der Finanzverwaltung als ein einziges Objekt mit der höchstmöglichen Förderung bis 330 000 DM behandelt.
Wollt Ihr als Eheleute für zwei Objekte gleichzeitig die Wohnraumförderung erhalten, dann kann dies nur für eine Zweitwohnung entweder am Arbeitsort aus Anlaß einer doppelten Haushaltsführung oder für die Unterbringung studierender unterhaltspflichtiger und noch zum Haushalt gehörender Kinder oder

anderer unterhaltsberechtigter Personen geschehen. Ansonsten ist es nicht möglich, gleichzeitig als Ehepaar zwei Objekte zu eigenen Wohnzwecken zu nutzen.
Als Objektverbrauch gilt aber nicht nur, daß Du schon für ein Objekt die neue Wohnraumförderung in Anspruch genommen hast. Wegen der kurzen Zeit, welche diese Gesetzesbestimmungen in Kraft sind, hättest Du noch die Möglichkeit ein Folgeobjekt fördern zu lassen.
Als Objektverbrauch gilt vielmehr auch, wenn Du schon die Altförderung nach § 7b Einkommensteuergesetz gültig seit 1963, § 15 Berlinförderungsgesetz ab 1976 in Anspruch genommen hast. Auch diese Förderung wird als Objekt behandelt, gleichgültig ob Du die damals geltenden Höchstbeträge ausgeschöpft hattest oder ob Du vor dem Ende des Dir zustehenden Abschreibungszeitraums die Wohnung veräußert oder anderweitig aufgegeben hast.

Objektverbrauch bei Eheleuten

Euch als Eheleuten stehen grundsätzlich zwei Objekte zu, für die Ihr die Wohnraumförderung beantragen könnt. Dazu müßt Ihr allerdings die Voraussetzungen der Zusammenveranlagung erfüllen (beide unbeschränkt steuerpflichtig sein und nicht dauernd getrennt leben). Im Falle der Ehescheidung tritt aber für beide Ehepartner Objektverbrauch ein.
Es besteht dann lediglich die Möglichkeit, daß derjenige Ehepartner, der vorher noch keinerlei Wohnraumförderung in Anspruch genommen hatte, das gesamte Objekt übernimmt und bis zum Ende des Abzugszeitraums selbst nutzt. Damit schöpft er die Wohnraumförderung vollständig aus, denn er kann mit dem hinzuerworbenen Anteil bis zur Höchstförderung von 330 000 DM seinen bisherigen Abzugsbetrag auffüllen.
Ist es bei dem anderen Ehegatten ebenfalls das Erstobjekt, dann muß dieser in dem ihm verbleibenden Abzugszeitraum ein Folgeobjekt erwerben. Nur dann kann er die Wohnraumförderung wenigstens noch teilweise für den ihm verbleibenden restlichen Förderzeitraum nutzen. Anderenfalls besteht für ihn auch in

späteren Jahre keine Möglichkeit mehr, die verlorenen Beträge in irgendeiner Form nachzuholen.
Ein zusätzliches Objekt steht Dir nur dann zu, wenn Du in den neuen Bundesländern ein Haus oder eine Wohnung erwirbst und dort Deinen tatsächlichen Wohnsitz nimmst. Hierdurch soll die Bautätigkeit im Beitrittsgebiet angekurbelt werden. Das Schlagwort dafür ist als »Aufschwung Ost« aus den Medien bekannt.

Fördermöglichkeiten bei Schenkung oder Erbschaft

Bevor Du Dein Haus oder Deine Wohnung erstmals zu eigenen Wohnzwecken nutzen kannst, fallen regelmäßig Kosten an. Diejenigen Kosten die unmittelbar mit dem Kauf oder dem Bau des Hauses oder der Wohnung zusammenhängen sind im Rahmen der Höchstförderung den Anschaffungs- oder Baukosten zuzurechnen.
Im Rahmen dieser Höchstförderung werden alle Deine Anschaffungs- oder Baukosten zur Bemessungsgrundlage addiert und können dann im Wege der jährlichen Abzugsbeträge wie Sonderausgaben bei der Einkommensberechnung steuermindernd berücksichtigt werden.
Doch es gibt auch Fälle, in denen Du ein solches Haus oder eine solche Wohnung geschenkt bekommst. Dann fehlt es bei Dir an einem »Anschaffungsvorgang«. Deshalb kannst Du in solchen Fällen keine Anschaffungskosten geltend machen. Lediglich dann, wenn Du nachträgliche Herstellungskosten für Anbauten, Ausbauten oder Erweiterungen aufwendest, bilden diese ein eigenes Objekt und fallen unter die normale Wohnraumförderung.
Hast Du dagegen das Haus oder die Wohnung geerbt, dann wirst Du vom Gesetz so behandelt, als ob Du von Anfang an Eigentümer gewesen wärst. Es tritt nur mit dem Erbfall eine Unterbrechung ein. Die Zeit bis zum Todestag wird noch dem Verstorbenen zugerechnet, und Dir die Zeit danach.

Vorbezugskosten

Entstehen kleinere Reparaturkosten oder Kosten für die Geldbeschaffung, Damnum, Zinsen oder Erbbauzinsen vor Deiner erstmaligen Eigennutzung, dann kannst Du diese Beträge zusätzlich wie Sonderausgaben geltend machen. Diese Kosten werden als Vorbezugskosten bezeichnet.
Deshalb ist es bei der Kreditbeschaffung besonders wichtig, daß die Gutachterkosten, Grundbuchkosten, Schreibgebühren, Damnum, Bereitstellungszinsen usw. noch vor Deinem Einzug bezahlt werden. Klappt das aus irgendwelchen Gründen nicht, dann soll Dir wenigstens die Bank eine Aufstellung darüber anfertigen, welchen Zeitraum die Beträge betreffen. Die Kosten vor Deinem Einzug sind dann in jedem Fall neben der Höchstförderung als Vorbezugskosten abzugsfähig und müssen notfalls geschätzt werden. Besser ist es allerdings, wenn bereits aus den Belegen einwandfrei hervorgeht, für welchem Zeitraum die Leistungen erbracht wurden bzw. angefallen sind.

TIP: Achte darauf, daß Du derartige Beträge noch vor Deinem Einzug bezahlst. Geht das nicht, dann bestehe darauf, daß der Handwerker wenigstens bestätigt, wann er die Arbeiten ausgeführt hat (das kann auch noch einen Tag vor Deinem Einzug sein, an dem er fertig wurde) oder für welchen Zeitraum die Bank die Zinsen und Gebühren berechnet hat. Wenn Du diese Aufteilung hast, spielt der Zeitpunkt der Zahlung keine ausschlaggebende Rolle mehr, denn die Kosten sind einwandfrei zuzuordnen. Wichtig ist auch, daß Du Dir die Umzugsrechnung oder ähnliche Nachweise aufbewahrst, aus denen der tatsächliche Tag Deines Einzugs ersichtlich ist. Benachteilige Dich nicht selbst, weil Du Dich zu früh in der neuen Wohnung anmeldest.

Vorschalten einer Vermietungsphase (Vorvermietungsphase)

Wie Du gesehen hast, ist die Wohnraumförderung durchaus nicht als üppig zu bezeichnen, deshalb schlage ich Dir vor, zuerst zu vermieten, ehe Du zur Eigennutzung übergehst. Diese Fälle hat der Gesetzgeber zwar nicht ausdrücklich geregelt, es muß aber folgende Regelung dafür gelten:
Die Wohnraumförderung begünstigt Kosten in einem achtjährigen Abzugszeitraum. Dieser Zeitraum beginnt mit der Fertigstellung der Wohnung oder des Hauses bzw. mit dem Übergang der Nutzungen und Lasten auf Dich.
Weitere Voraussetzung ist die Nutzung zu eigenen Wohnzwecken. Bei einer Fremdvermietung beginnt zwar ebenfalls der Abzugszeitraum mit der Fertigstellung bzw. dem Nutzungsübergang auf Dich, wegen fehlender Nutzung zu »eigenen« Wohnzwecken kann aber die Wohnraumförderung nicht beansprucht werden. Es fehlt ja an einer grundsätzlichen Voraussetzung.
Durch die Fremdvermietung gelten hier aber die Grundsätze der Vermietung und Verpachtung, so daß sämtliche Kosten wie Suche eines Mieters, die Suche des Objekts überhaupt, die vergeblichen Kosten, die Finanzierungskosten in voller Höhe für den gesamten Zeitraum der Fremdvermietung, Abschreibung der Gebäudekosten ohne Beschränkung auf den Höchstbetrag von 330 000 DM wie bei der Wohnraumförderung, als Werbungskosten abgezogen werden.
Sogar Reparaturen bis zur Höhe von 20% des Kaufpreises können sofort als Werbungskosten geltend gemacht werden. Und was nicht zu vergessen ist: Sollten bei dieser Berechnung die Kosten so hoch werden, daß diese höher sind als Deine positiven Einkünfte, dann kannst Du die darüber hinausgehenden Verluste sogar im Wege des Verlustrücktrags in zurückliegenden Jahren ausgleichen.
Alles in allem siehst Du daraus, daß diese Lösung tatsächlich erhebliche Vorteile hat, die die Wohnraumförderung bei weitem in den Schatten stellt.

Der Nachteil, daß Dir in dem oder den Jahren der Fremdvermietung die Wohnraumförderung verlorengeht, nimmt sich dagegen recht bescheiden aus, wie die nachfolgende Beispielsrechnung zeigt.

1. Jahr

Vorbezugskosten	20 000 DM
Baukosten	500 000 DM
Kosten für Grund und Boden	100 000 DM
Mieteinnahmen	12 000 DM
laufende Werbungskosten	40 000 DM

Überschuß der Werbungskosten über die Einnahmen

Mieteinnahmen		12 000 DM
Vorbezugskosten	20 000 DM	
AfA 5% aus 500 000 DM	25 000 DM	
laufende Werbungskosten	40 000 DM	– 85 000 DM
Verlust aus Vermietung und Verpachtung		73 000 DM

2. Jahr

Vermietung nur für 11 Monate wegen anschließender Eigennutzung

Mieteinnahmen		11 000 DM
AfA 5% aus 500 000 DM für 11 Mo.	23 000 DM	
laufende Werbungskosten für 11 Mo.	37 000 DM	– 60 000 DM
Verlust aus Vermietung und Verpachtung		49 000 DM

Übergang zur Wohnraumförderung

Höchstförderung 6% aus 330 000 DM	19 800 DM
zusammen	68 800 DM

Bei einer Eigennutzung ab dem ersten Jahr wären folgende Beträge abzugsfähig gewesen:

Vorbezugskosten	20 000 DM
Höchstförderung 1. Jahr	19 800 DM
Schuldzinsen	12 000 DM
Höchstförderung 2. Jahr	19 800 DM
Schuldzinsen	12 000 DM
Summe	83 600 DM

Durch die vorgeschobene Fremdvermietung errechnen sich folgende Beträge:

Verlust aus Vermietung und Verpachtung 1. Jahr	73 000 DM
Verlust 2. Jahr	49 000 DM
Wohnraumförderung 2. Jahr	19 800 DM
Summe	141 800 DM

Bei höheren Kosten kann dieser Unterschiedsbetrag natürlich noch höher ausfallen, denn bei den Verlusten aus Vermietung und Verpachtung gibt es keine Begrenzung.

Du siehst daraus, daß Dir die Steuervorteile nicht frei Haus geliefert werden, sondern daß Du schon eine Menge selbst dazu tun mußt, damit für Dich annehmbare Ergebnisse herauskommen. Die Gesetze schaffen nur den Rahmen. Es liegt aber allein bei Dir, die Sachverhalte so zu gestalten, daß sie in diesen Rahmen hineinpassen. Tust Du das nicht, so kennt das Gesetz kein Mitleid, und Du wirst kräftig zur Kasse gebeten.

Außergewöhnliche Belastungen

Der letzte Ausgleich Deiner Leistungsfähigkeit wird schließlich mit den außergewöhnlichen Belastungen hergestellt. Hierbei muß es sich für Dich um zwangsläufige Aufwendungen handeln, denen Du Dich nicht ohne weiteres entziehen kannst und die bei der Masse der Steuerzahler in dem Umfang nicht vorkommen.
Bei den außergewöhnlichen Belastungen, die aufgrund von Krankheit, Unfall, Tod, Unwetterschäden usw. auf Dich zukommen und denen Du nicht ausweichen kannst, wird nur ein Teilbetrag steuermindernd anerkannt. Der nichtabzugsfähige Teil wird als »zumutbare Belastung« bezeichnet und richtet sich nach der Höhe Deines Einkommens und nach der Anzahl der von Dir zu unterhaltenden Kinder. Diese zumutbare Belastung ist aus der nachfolgenden Tabelle ablesbar und schwankt zwischen 1 und 7 v. H. des Gesamtbetrags Deiner Einkünfte.

Bei einem Gesamtbetrag der Einkünfte	bis 30 000 DM	über 30 000 DM bis 100 000 DM	über 100 000 DM
1. bei Steuerpflichtigen ohne Kinder und bei Veranlagung nach			
a) § 32a Abs. 1	5%	6%	7%
b) Splitting-Tabelle	4%	5%	6%
2. a) bei einem oder zwei Kindern	2%	3%	4%
b) bei drei oder mehr Kindern	1%	1%	2%

Als Kinder des Steuerpflichtigen zählen die, für die er einen Kinderfreibetrag erhält.

Fallen bei Dir Kosten zur Heilung oder Linderung einer Krankheit an – dazu zählen alle Deine Aufwendungen für ärztliche Behandlung, Krankenhaus, Medikamente, medizinische Hilfsmittel, Fahrtkosten von und zum Arzt, Kurkosten, therapeutische Maßnahmen – oder Kosten zur Wiederbeschaffung von Hausrat und Kleidung nach Unwetterschäden, oder Beerdigungskosten soweit sie den Nachlaß übersteigen usw., so wirken sich diese Kosten um so mehr aus, je höher Deine dafür in einem Jahr gezahlten Beträge sind. Ist die zumutbare Belastung erst einmal überschritten, dann mindern die darüber hinausgehenden Kosten in voller Höhe Dein steuerliches Einkommen und damit Deine zu zahlende Steuer.

TIP: Aus steuerlichen Gesichtspunkten ist es sinnvoll, soviel derartiger Kosten in einem Jahr auszugeben als möglich ist. Auch wenn Du die Zahlungen aus einem eigens dafür aufgenommenen Darlehn bezahlst, sind sie nach der neuen Rechtsprechung des Bundesfinanzhofes im Jahr des Abflusses und nicht erst im Jahr der Tilgung des Darlehns abzugsfähig. Deshalb lohnt sich hier ebenfalls die Steuerplanung.

Badekuren

Aufwendungen für Badekuren von Dir, Deinem Ehegatten oder einem Deiner Kinder sind im Rahmen der außergewöhnlichen Belastungen steuerlich abzugsfähig. Dafür ist es aber erforderlich, daß Dir derartige Kosten zwangsläufig entstehen. Damit die Finanzverwaltung die Zwangsläufigkeit anerkennt, mußt Du vor Kurantritt ein amtsärztliches Attest einholen, in dem Dir die Notwendigkeit der Heilmaßnahme bestätigt wird. Beantragst Du dieses Dokument erst nach Beendigung der Kur, so werden Dir die Kurkosten nur in den seltenen Fällen anerkannt, in denen

der Krankheitsverlauf den sofortigen Kurantritt erforderlich machte und dies von einem Arzt bescheinigt wird.
Neben den reinen Behandlungskosten zählen auch Kur- u. Heilmittel, Verpflegungsmehraufwendungen nach Abzug einer Haushaltsersparnis von 20%, aber höchstens bis 64 DM pro Tag, Fahrtkosten mit öffentlichen Verkehrsmitteln, Kosten einer Begleitperson bei alten und hilflosen Steuerpflichtigen zu den berücksichtigungsfähigen Aufwendungen. In Ausnahmefällen können auch die Fahrtkosten mit dem eigenen Kraftfahrzeug anerkannt werden. Dafür ist aber Voraussetzung, daß Du, Deine Ehegatte oder Dein Kind schwer gehbehindert ist.
Die Badekur kann auch im Ausland erfolgen. In diesen Fällen werden aber nur Kosten in der Höhe anerkannt, die auch im Inland angefallen wären.
Vorsorgekuren können nur anerkannt werden, wenn ein Amtsarzt Dir bescheinigt, daß die Gefahr einer Krankheit durch die Kur abgewendet werden soll.
In einem ganz neuen Urteil haben die Richter des Finanzgerichts Schleswig-Holstein einem Bundeswehrpiloten sogar seine Kurkosten zur Erhaltung der Flugzeugführertauglichkeit als Werbungskosten anerkannt. Bei den Werbungskosten brauchte er sich keine zumutbare Belastung abziehen lassen, sondern konnte die Aufwendungen in voller Höhe geltend machen.

TIP: Solltest Du an einer Berufskrankheit leiden, dann nutze den Urteilsspruch des Piloten auch für Dich aus. Wenn der Arzt die Notwendigkeit der Kur zur Erhaltung oder Wiederherstellung Deiner Arbeitsfähigkeit bescheinigt, dann mache ebenfalls die selbst getragenen Kosten als Werbungskosten und nicht als außergewöhnliche Belastungen geltend. Auf diese Weise ersparst Du den Abzug der zumutbaren Belastung. Spielt das Finanzamt nicht mit, dann bleibt Dir immer noch die Möglichkeit, die Kosten als außergewöhnliche Belastungen anzusetzen.

Diebstahl

Erleidest Du durch eine Straftat einen Vermögensschaden, für den Du keinen Ersatz erhältst (keine oder nur geringere Versicherungsleistungen als der Schaden war usw.), so ist der eingetretene Vermögensverlust entweder bei den Werbungskosten oder als außergewöhnliche Belastungen abzugsfähig. Werbungskosten sind es für Dich immer dann, wenn es sich um den Verlust oder die Zerstörung von Arbeitsmitteln handelt. Doch wie schwierig hier die Anerkennung ist, habe ich Dir unter dem Stichwort Vermögensverluste beschrieben.
Auch die Kosten zur Beseitigung von Schäden anläßlich eines Einbruchdiebstahls oder sonstiger Fremdeinwirkung auf Dein während der Arbeit abgestelltes oder auf einer Dienstreise beschädigtes Kraftfahrzeug, sind Werbungskosten. In den letztgenannten Fällen mußt du aber sofort Anzeige bei der zuständigen Polizeidienststelle erstatten.
Das Protokoll und eine Bestätigung des Arbeitgebers oder Schriftwechsel, der Deine Fahrt als Dienstreise beweist, solltest Du Dir ebenfalls besorgen.
Zu den außergewöhnlichen Belastungen hat das Finanzgericht des Saarlands entschieden, daß das Risiko, Opfer einer Straftat zu werden, mit dem Risiko gleichzusetzen ist, schwer zu erkranken. Denn weder einer Krankheit, noch der Möglichkeit, durch eine Straftat geschädigt zu werden, kann sich ein Steuerzahler willentlich entziehen. Werden aber Krankheitskosten als außergewöhnliche Belastungen anerkannt, dann kann für Deinen durch Diebstahl oder Unterschlagung eingetretenen Vermögensverlust keine andere Gesetzesauslegung gelten.

TIP: Wenn Du schon den Schaden aus der eigenen Tasche zahlen mußt, dann vergiß nicht, das Finanzamt daran zu beteiligen. Beachte aber, ob Du den Schaden als Werbungskosten (Verlust von Arbeitsmitteln, Diebstahl des Autoradios oder Beschädigung oder Zerstörung während der Geschäftszeit) geltend machen kannst, dies ist nämlich für Dich die steuergünstigere Lösung. Anderenfalls kannst Du den Verlust nur bei den außergewöhnlichen Belastungen ansetzen. In letzterem Fall mußt Du immer die zumutbare Belastung selbst tragen.

Hausgehilfin – Haushaltshilfe – Aufwartefrau

Die Aufwendungen für eine Aufwartefrau, Hausgehilfin oder Haushaltshilfe sind als außergewöhnliche Belastungen bis zu einem Betrag von 1200 DM im Jahr abzugsfähig, wenn Du selbst oder Dein Ehegatte das 60. Lebensjahr vollendet hat.
Der Pauschbetrag wird auch gewährt, wenn Du oder eine von Dir unterhaltende Person in einem Heim untergebracht ist und hier die gleichen Leistungen erbracht werden, wie sie eine Hausgehilfin auch leisten würde.
Ist eine zu Deinem Haushalt gehörende Person, die überwiegend unterhalten wird, nicht nur vorübergehend d. h. länger als drei Monate körperlich hilflos oder schwer körperbehindert, dann erhöht sich der Pauschbetrag sogar auf 1800 DM im Jahr. Das gilt ebenfalls bei der Unterbringung in einem Pflegeheim.
Für jeden Kalendermonat, in dem diese Voraussetzungen nicht erfüllt sind, ermäßigt sich allerdings dieser Pauschbetrag um 1/12. Bei Ehegatten verdoppeln sich diese Beträge leider nicht, auch wenn beide Eheleute die Voraussetzungen dafür erfüllen.

Pflegepauschale

Nicht nur wenn Du selbst oder eine zu Deinem Haushalt gehörende Person pflegebedürftig ist, kannst Du die damit zusammenhängenden Kosten als außergewöhnliche Belastungen geltend machen.
Auch denjenigen Personen, die die Pflege für Dich übernehmen, steht ein sogenannter Pflegepauschbetrag in Höhe von 1800 DM im Jahr zu. Dabei ist der Grund für die Pflegebedürftigkeit nicht wichtig, sondern nur, daß eine nicht nur vorübergehende Hilflosigkeit und damit eine Pflegebedürftigkeit besteht. Als nicht nur vorübergehend werden mindestens drei Monate verlangt, in denen die Hilflosigkeit angedauert hat.
Die gepflegte Person muß dabei die täglichen Arbeiten nicht mehr selbst verrichten können. Die Pflege braucht aber nicht unbedingt in einem fremden Haushalt zu erfolgen. Die pflegebedürftige Person kann auch in ihrer eigenen Wohnung betreut werden. Die Hilflosigkeit muß aber durch einen Schwerbehindertenausweis oder durch eine gleichwertige amtsärztliche Bescheinigung nachgewiesen werden.
Teilen sich mehrere Personen in die Pflege, so ist der Pauschbetrag aufzuteilen. Erfolgt die Pflege nicht für das gesamte Kalenderjahr, sondern nur für einige Monate, dann ist der Pauschbetrag zu zwölfteln. Für jeden Monat in dem die Voraussetzungen erfüllt sind, können dann 150 DM geltend gemacht werden.

Scheidungskosten

Neben den Unterhaltsleistungen für den geschiedenen Ex-Ehepartner, die ich schon beschrieb, und die in den meisten Fällen als Sonderausgaben abzugsfähig sind, zählen die Gerichts-, Rechtsanwalts-, Gutachterkosten usw. zu den als außergewöhnliche Belastungen anerkannten Scheidungskosten. Diese schließen auch die Scheidungsfolgenregelung mit ein.

So gehören die Kosten für die Regelung des elterlichen Sorgerechts und für die Regelung der Unterhaltspflichten gegenüber den Kindern und Deinem ehemaligen Ehegatten, der Regelung der güterrechtlichen Verhältnisse, und über das Recht an der Ehewohnung und am Hausrat auch mit hierzu. Dies gilt sogar für Gutachterkosten für die Vermögensbewertung des Ehegutes.
Auch die Scheidungskosten aufgrund eines gerichtlichen Vergleiches und der dabei getroffenen güterrechtlichen Regelungen sind bei den außergewöhnlichen Belastungen zu berücksichtigen.
Doch Achtung! Bei diesen Aufwendungen, die als außergewöhnliche Belastungen abzuziehen sind, kommt es auf das Jahr der Zahlung an. Deshalb ist es erforderlich, daß Du nicht erst der Ausgang des Prozesses abwartest. Dieser kann sich möglicherweise noch in das nächste Jahr und länger hinziehen.

TIP: Sofort in dem Jahr, in dem die ersten Rechtsanwalts- oder Gerichtskostenvorschüsse gezahlt werden, mußt Du auch den steuerliche Abzug beantragen.

Unterhaltsleistungen

Unterhaltszahlungen werden nur in den seltensten Fällen an nicht Unterhaltsberechtigte gezahlt. Die Finanzrichter haben dies nur in wenigen Ausnahmefällen, nämlich bei einer nicht mehr arbeitsfähigen langjährigen Hausgehilfin und bei einem Lebensretter anerkannt.
Wegen dieser Besonderheiten macht das Gesetz keine Einschränkungen, ob die Zahlungen an Unterhaltsberechtigte oder an nicht Unterhaltsberechtigte gezahlt werden. Die Schwierigkeit für Dich, diese Kosten anerkannt zu bekommen, liegt aber

darin, daß die Aufwendungen für Dich »zwangsläufig« sein müssen. Dies wird nur dann anerkannt, wenn sittliche oder persönliche Gründe derartige Aufwendungen geradezu erzwingen.
Für Personen über 18 Jahre können bis zu 6300 DM und für Personen unter 18 Jahren bis zu 4104 DM im Jahr steuermindernd als außergewöhnliche Belastungen aufgewendet werden. Weitere Voraussetzung ist allerdings, daß die unterhaltene Person nur ein geringes Vermögen (bis zu 30 000 DM oder ein kleines Hausgrundstück, in dem sie lebt) und nur geringe Einkünfte oder Bezüge hat.
Übersteigen die eigenen Bezüge den Betrag von 4500 DM, so ermäßigt sich Dein Abzugbetrag um den übersteigenden Betrag.

TIP: Unterhaltsleistungen kannst Du nicht für zurückliegende Zeiträume zahlen, deshalb rate ich Dir, entweder laufend kleine Beträge zu überweisen, oder größere Beträge bereits am Jahresanfang im voraus zu zahlen.

Werden dagegen größere Zahlungen erst am Jahresende geleistet, so kann es Dir passieren, daß sich Teile davon nicht steuermindernd auswirken. Wegen der Abschnittsbesteuerung können die nicht verbrauchten Teile auch nicht als Vorauszahlung des nächsten Jahres gelten, denn es kommt für die steuerliche Anerkennung ausschließlich auf den Zeitpunkt Deiner Zahlung und das Jahr an, in dem die Zahlung bei Dir abgeflossen ist.

Beispiel: Du unterstützt im Kalenderjahr Deinen Vater mit 7000 DM. Der Vater erhält zusätzlich Versorgungsbezüge in Höhe von 4800 DM, eine Altersrente von 3000 DM (Ertragsanteil 24%) und Wohngeld in Höhe von 1400 DM in diesem Kalenderjahr.

Die abzugsfähigen Unterhaltsleistungen errechnen sich wie folgt:

a) Versorgungsbezüge	4 800 DM	
Versorgungsfreibetrag 40%	– 1 920 DM	
Arbeitnehmerpauschbetrag	– 2 000 DM	
	= 880 DM	+ 880 DM
b) Altersrente 3 000 DM		
davon steuerpflichtiger Ertragsanteil 24%	720 DM	
Werbungskostenpauschbetrag	– 200 DM	
	= 520 DM	+ 520 DM
Summe der eigenen Einkünfte		1 400 DM
c) Steuerfreier Ertragsanteil der Rente (3 000 DM – 720 DM)	+ 2 280 DM	
d) Wohngeld	+ 1 400 DM	
	= 3 680 DM	
Kostenpauschale	– 360 DM	
Summe der eigenen Bezüge	= 3 320 DM	+ 3 320 DM
als eigene Einkünfte und Bezüge sind anzurechnen		= 4 720 DM
Absoluter Höchstbetrag		6 300 DM
eigene Einkünfte und Bezüge	4 720 DM	
sind um 220 DM höher als der Höchstbetrag	4 500 DM	– 220 DM
Von den 7 000 DM Unterhaltsleistungen sind damit als außergewöhnliche Belastungen zu berücksichtigen		6 080 DM

Unterstützung im Ausland lebender Angehöriger

Für die Anerkennung von Unterstützungsleistungen an Deine im Ausland lebenden Angehörigen, ist auf die Kaufkraft in dem jeweiligen Land abzustellen. Deshalb müssen in verschiedenen Ländern Kürzungen von 1/3 bis 2/3 der zulässigen Höchstbeträge vorgenommen werden. Während für die meisten west- und südeuropäischen Länder keine Kürzungen zu erfolgen brauchen, werden für die Unterstützungen von Personen in Osteuropa, Portugal, Türkei und Zypern nur 2/3 der tatsächlich gezahlten Beträge anerkannt.

Genauso wichtig ist es, daß die unterstützte Person ein eigenes Konto hat, worüber sie selbst verfügen kann. Anderenfalls ist es für Dich nicht einwandfrei nachweisbar, von wem das Geld für den Unterhalt wirklich gekommen ist. Du solltest auch alle Einzahlungsbelege aufbewahren und Dir in all den Fällen Quittungen von den Geldempfängern ausstellen lassen, wenn Du anläßlich einer Familienheimfahrt Deinen unterstützten Angehörigen Bargeld aushändigst.

TIP: Der Bundesfinanzhof hat jetzt einen Rechtsstreit entschieden, nach dem auch Zahlungen an die im Ausland lebende Ehefrau berücksichtigungsfähig sind. Du kannst danach auch die oben genannten Beträge an Deine im Heimatland lebende Ehefrau steuerlich geltend machen. Wichtig dabei ist aber, daß die Beträge nachgewiesen werden und die Ehefrau selbständig darüber verfügen kann. Wer Einspruch eingelegt hatte, kann sich auf das Aktenzeichen GrS 1/87 Beschluß vom 28. 11. 1988 berufen.

Für die folgenden Länder können entweder der volle Betrag, 2/3 des Betrages oder nur 1/3 der tatsächlichen Leistungen anerkannt werden (Kaufkraftabschlag).

Die Unterhaltsleistungen sind in voller Höhe anzuerkennen, wenn die unterhaltene Person lebt in:

Andorra, Australien, Bahamas, Belgien, Bermudas, Dänemark, Finnland, Frankreich, Gibraltar, Griechenland, Großbritannien, Irland, Island, Israel, Italien, Japan, Kanada, Katar, Kuwait, Liechtenstein, Luxemburg, Monaco, Neuseeland, Niederlande, Österreich, San Marino, Saudi-Arabien, Schweden, Schweiz, Spanien, Trinidad und Tobago, USA, Vereinigte Arabische Emirate.

Die Unterhaltsleistungen sind mit 2/3 der gezahlten Beträge anzuerkennen, wenn die unterhaltene Person lebt in:

Albanien, Algerien, Argentinien, Bahrain, Barbados, Bulgarien, Chile, China (Taiwan), Fidschi, Grönland, Hongkong, Jugoslawien, Korea (VDR), Libanon, Libyen, Macao, Malta, Mexiko, Namibia, Oman, Panama, Polen, Portugal, Rumänien, Singapur, Sowjetunion, Südafrika, Tschechoslowakei, Türkei, Ungarn, Uruguay, Venezuela, Zypern.

Die Unterhaltsleistungen sind mit 1/3 der gezahlten Beträge anzuerkennen, wenn die unterhaltene Person lebt in:

Ägypten, Äquatorial-Guinea, Äthiopien, Afghanistan, Angola, Bangladesch, Belize, Benin, Birma, Bolivien, Botsuana, Brasilien, Burundi, China (VR), Costa Rica, Dominikanische Republik, Dschibuti, Ecuador, Elfenbeinküste, El Salvador, Gabun, Gambia, Ghana, Guatemala, Guinea, Guinea-Bissau, Guyana, Haiti, Honduras, Indien, Indonesien, Irak, Iran, Jamaika, Jemen, Jordanien, Kamerun, Kamputschea, Kenia, Kiribati, Kolumbien, Komoren, Kongo, Korea (VR), Kuba, Laos, Lesotho, Liberia, Madagaskar, Malaysia, Malediven, Malwi, Mali, Marokko, Mauretanien, Mauritius, Mongolei, Mosambik, Nicaragua, Nepal, Niger, Nigeria, Obervolta, Pakistan, Papua-Neuguinea, Paraguay, Peru, Philippinen, Ruanda, Salomonen, Sambia, Samoa, Senegal, Seychellen, Sierra Leone, Simbabwe, Somalia, Sri Lanka, Sudan, Surinam, Swasiland, Syrien, Tansania, Thailand, Togo, Tonga, Tschad, Tunesien, Tuvalu, Uganda, Vanuatu, Vietnam, Zaire, Zentralafrikanische Republik.

Kinderbetreuungskosten

Ist Dir als Alleinstehender oder Verheirateter ein Kind zuzurechnen, so kannst Du auch Kinderbetreuungskosten geltend machen, wenn Du die nachfolgenden Voraussetzungen erfüllst.

1. Dir müssen überhaupt Aufwendungen für die Betreuung des Kindes entstehen;
2. ein alleinstehender Steuerzahler muß erwerbstätig sein
3. oder darf wegen körperlicher, seelischer, geistiger Behinderung oder längerer Krankheit nicht imstande sein, das Kind selbst zu beaufsichtigen
4. oder, wenn bei einem verheirateten Steuerzahler einer der Ehegatten körperlich, geistig, seelisch behindert, oder sonst länger krank ist und der andere Ehegatte einer Berufstätigkeit nachgeht (länger krank heißt hier länger als drei Monate).

Zu den Kinderbetreuungskosten gehören Aufwendungen, die Dir wegen der Beaufsichtigung des Kindes oder wegen der Beaufsichtigung der Schulaufgaben entstehen. Dazu gehören auch die Unterbringung des Kindes in einem Kindergarten, Kindertagesstätte, Kinderhort, Kinderheim, Kinderkrippe sowie bei Tagesmüttern, Wochenmüttern und Ganztagspflegestellen, ebenso die Beschäftigung von Kinderpflegerinnen, Erzieherinnen, Kinderschwestern, Hausgehilfinnen und Haushaltshilfen. Die beiden Letztgenannten nur, wenn sie auch die Kinder zu beaufsichtigen haben.
Nicht berücksichtigungsfähig sind Aufwendungen für jede Art

von Unterricht, Nachhilfeunterricht, Schreibmaschinen- u. Stenokurse, Tanz- u. Fahrschulunterricht sowie Kurse für sportliche und andere Freizeitbetätigungen. Natürlich gibt es auch da wieder eine Ausnahme, denn unser höchstes Steuergericht hat die Aufwendungen für den Einzelmusikunterricht eines Kindes als Kinderbetreuungskosten anerkannt.
Die für die Betreuung aufgewendeten Kosten kannst Du bis zu einem Betrag von 4 000 DM für jedes weitere Kind bis zu 2 000 DM im Jahr als außergewöhnliche Belastungen geltend machen. Die Beträge mindern sich für jeden Kalendermonat um 1/12, in dem die Voraussetzungen 1–4 bei Dir nicht vorgelegen haben. Weist Du keine Kosten nach, dann können für jedes Kind 480 DM im Jahr als außergewöhnliche Belastungen berücksichtigt werden.

TIP: Die obengenannten Tätigkeiten können auch durch nahe Angehörige ausgeübt werden, wenn diese durch einen klaren und eindeutigen Vertrag von Dir zu diesem Zweck angestellt wurden. Hierbei können sogar Kinderbetreuungskosten und Kosten für die Beschäftigung einer Hausgehilfin oder ein hauswirtschaftliches Beschäftigungsverhältnis nebeneinander zu berücksichtigen sein, wenn die dafür erforderlichen Voraussetzungen vorliegen. Es ist allerdings steuerlich nicht möglich, den eigenen Ehegatten anzustellen.

Ausbildungsfreibetrag

Entstehen Dir Kosten für die Berufsausbildung Deiner Kinder, so kannst Du zusätzlich zu einem Kinderfreibetrag folgende außergewöhnliche Belastungen geltend machen:
Für ein Kind unter 18 Jahren 1800 DM im Jahr, wenn es auswärtig untergebracht ist.

Für ein Kind über 18 Jahre, wenn es zu Hause wohnt, 2400 DM, wenn es auswärtig untergebracht ist, 4200 DM im Kalenderjahr.
Dafür dürfen die eigenen Einkünfte und Bezüge des Kindes 3600 DM im Jahr nicht übersteigen. Zu diesen Einkünften und Bezügen gehören Vergütungen, die Dein Kind aus einem gelegentlichen oder dauernden Arbeitsverhältnis bezieht. Davon sind allerdings der Arbeitnehmerpauschbetrag und die darüber hinausgehenden Werbungskosten des Kindes abzuziehen.
Nur der Restbetrag gehört zu den anrechenbaren Einkünften. In vollem Umfang werden dagegen Zuschüsse nach dem Berufsausbildungsförderungsgesetz, Ausbildungsförderungsgesetz, gewerbliche Berufsbeihilfen, Ausbildungsvergütungen und steuerfreie Stipendien als Einkünfte oder Bezüge angerechnet.
Diese Grundsätze gelten auch, wenn sich Dein Kind zur Ausbildung im Ausland aufhält. In diesen Fällen ist allerdings zu prüfen, ob ein Kaufkraftabschlag wegen der wirtschaftlichen Verhältnisse in dem jeweiligen Land vorzunehmen ist. In einem solchen Fall mindern sich die obengenannten Höchstbeträge um 1/3 oder sogar um 2/3.
Ist Dein Kind nicht das ganze Kalenderjahr in der Ausbildung, dann mindern sich die Höchstbeträge um jeweils 1/12 für jeden Monat, in dem keine Ausbildung mehr stattfindet oder das Kind höhere Einkünfte erzielt.
Der Ausbildungsfreibetrag wird normalerweise für Kinder bis zum 28. Geburtstag gewährt. Er kann ausnahmsweise bis zum 30. Geburtstag gewährt werden, wenn das Kind bis dahin ausgebildet wird und seinen Grundwehr- oder Zivildienst abgeleistet hat. Deshalb kannst Du den Ausbildungsfreibetrag auch dann noch beantragen, wenn Dir für das Kind kein Kinderfreibetrag mehr gewährt wird.
Willst Du allerdings Kinder unterstützen, die älter als 27 Jahre sind und keinen Wehr- oder Zivildienst abgeleistet haben, so kannst Du diese Leistungen nur als Unterhalt mit den unter diesem Stichwort beschriebenen Höchstbeträgen abziehen.

TIP: Es ist in solchen Fällen durchaus möglich, daß sowohl der Ausbildungsfreibetrag als auch Unterhaltsleistungen nebeneinander in einem Kalenderjahr zu Steuerermäßigungen bei Dir führen. Hier ist dann allerdings anteilig zu zwölfteln, für die Monate, für die die eine oder die andere Vergünstigung zutrifft. Das kommt vor, wenn Dein Kind beim Abschluß seiner Ausbildung noch nicht oder gerade 28 oder 30 Jahre alt geworden ist.

Freibeträge

Haushaltsfreibetrag

Wenn Du als Alleinstehender überwiegend die Kosten für den Unterhalt Deines Kindes trägst (mindestens 150 DM monatlich), kannst Du Dir das Kind auch steuerlich zurechnen lassen. Dafür ist es lediglich erforderlich, daß das Kind auch tatsächlich zu Deinem Haushalt gehört. Dies wird unterstellt, wenn das Kind im Melderegister seit Beginn des Kalenderjahres unter Deiner Anschrift gemeldet ist.
Darauf, wo sich das Kind tatsächlich aufgehalten hat, kommt es für die steuerliche Anerkennung dann nicht mehr an. So kann das Kind auch wegen seiner Berufsausbildung an einem auswärtigen Ort wohnen, ohne daß Dir daraus ein steuerlicher Nachteil entsteht.
Bei geschiedenen Ehegatten haben damit die Eltern ein Gestaltungsrecht, wer von beiden die Haushaltsbescheinigung für das Kind erhalten soll. Dies sollte aus steuerlichen Gründen der Besserverdienende sein.
Derjenige, bei dem das Kind nach dieser Meldebescheinigung mit Hauptwohnsitz gemeldet ist, erhält auch den Haushaltsfreibetrag von 5616 DM im Jahr in voller Höhe.

TIP: Eine Ummeldung muß also bereits im alten Jahr erfolgen. Nur dann ist das Kind »seit Beginn« des nächsten Kalenderjahres gemeldet. Auf solche Spitzfindigkeiten mußt Du unbedingt achten.

Nach den außergewöhnlichen Belastungen werden an letzter Stelle noch Freibeträge gewährt, die sich ebenfalls auf Deine Leistungsfähigkeit auswirken. Es ist dies vor allem der sogenannte Kinderlastenausgleich, der Dir hier zu einer Steuerentlastung verhilft. Doch dieses System hat einen erheblichen Nachteil, wenn Dir in einem Jahr Verluste entstehen, die Du nicht mit Deinen positiven andern Einkünften oder denen Deines Ehegatten ausgleichen kannst, dann fallen die Freibeträge unwiederbringlich weg.
In den Fällen wirken sich nämlich bei Dir weder die Sonderausgaben, noch die außergewöhnlichen Belastungen oder die Kinder- und Haushaltsfreibeträge aus, weil das Gesetz dies nicht vorsieht. Und damit bricht das Gesetz gerade an der Stelle die Besteuerung nach der Leistungsfähigkeit ab, wo sie gerade am nötigsten wäre, nämlich wenn Du Verluste finanziell zu verkraften hast.

Kinderfreibetrag

Kinder im Sinne des Einkommensteuergesetzes sind eheliche Kinder, für ehelich erklärte Kinder, Adoptivkinder und Pflegekinder. Kinder werden steuerlich nur berücksichtigt, wenn sie auch im Inland leben, bzw. mit Hauptwohnsitz hier gemeldet sind.
Für Kinder können bis zu ihrem 27. Lebensjahr steuerliche Vorteile gewährt werden, wenn die Kinder

1. für einen Beruf ausgebildet werden
2. wegen fehlendem Ausbildungsplatz die Berufsausbildung nicht beginnen oder fortsetzen konnten
3. den gesetzlichen Grundwehrdienst oder Zivildienst ableisten
4. anstelle des Grundwehrdienstes auf die Dauer von nicht mehr als 3 Jahren Wehr- oder Polizeivollzugsdienst leisten

5. als Entwicklungshelfer Tätigkeiten anstelle des gesetzlichen Grundwehr- oder Zivildienstes leisten
6. ein freiwilliges soziales Jahr ableisten
7. wegen körperlicher, geistiger oder seelischer Behinderung außerstande sind, sich selbst zu unterhalten.

Beim Vorliegen der Ziffer 7 wird das Kind auch über das 27. Lebensjahr hinaus auf Antrag berücksichtigt, solange es zum Haushalt des Arbeitnehmers gehört.
Für Kinder, die die o. g. Voraussetzungen erfüllen, erhält jeder Ehegatte einen Kinderfreibetrag in Höhe von 2052 DM im Jahr. Im Falle der Zusammenveranlagung werden diese Beträge zusammengerechnet, also zu 4104 DM verdoppelt.

Altersentlastungsbetrag

Der Altersentlastungsbetrag steht Dir als 65jähriger Steuerzahler zu, wenn Du noch weiterhin Einkünfte beziehst. Diese Einkünfte können Dir entweder aus Gewerbebetrieb, aus Land- und Forstwirtschaft, aus selbständiger Tätigkeit, aus nichtselbständiger Tätigkeit, aus Kapitalvermögen oder aus Vermietung und Verpachtung zufließen. Fallen nur Versorgungsbezüge oder Renten an, so wird der Altersentlastungsbetrag nicht gewährt, weil diese Einkünfte schon steuerlich begünstigt werden.
Achte aber bei jedem Steuerbescheid darauf, daß Dir der Freibetrag auch tatsächlich gewährt wird. Die Rechenzentren der Finanzverwaltung erfassen diese Beträge nur dann, wenn ein entsprechendes Geburtsdatum bei Dir eingegeben wurde. Im Massenverfahren der Steuerveranlagung kommt es aber häufig vor, daß bei der Eingabe der Daten Tippfehler unterlaufen. Damit kann auch Dein Altersentlastungsbetrag unter den Tisch fallen, was nicht sein darf.
Der Altersentlastungsbetrag errechnet sich aus 40 v. H. Deiner positiven Einkünfte und beträgt höchstens 3720 DM im Jahr.

Weil der Gesetzeswortlaut recht schwierig zu verstehen ist, muß ich dies an einem Beispiel erklären.

Ein 65jähriger Arbeitnehmer bezog im Kalenderjahr 1988 folgende Einkünfte:

Arbeitslohn		18 000 DM
(darin enthaltene Versorgungsbezüge	12 000 DM)	
Einkünfte aus Kapitalvermögen		1 000 DM
Verlust aus Vermietung und Verpachtung		– 3 000 DM

In diesem Falle beträgt der Altersentlastungbetrag 40 v. H. des Arbeitslohns abzüglich der darin enthaltenen Versorgungsbezüge, das sind insgesamt 2400 DM
(18 000 DM – 12 000 DM = 6000 DM x 40% = 2400 DM).

Die Einkünfte aus Kapitalvermögen und aus Vermietung und Verpachtung werden nicht in die Berechnungen einbezogen, weil ihre Summe nicht positiv, sondern negativ ist
(+ 1000 – 3000 = – 2000 DM).
Weiter ist darauf zu achten, daß sich dieser Altersentlastungsbetrag bei Eheleuten nicht automatisch verdoppelt, wenn beide Ehegatten die Altersgrenze erreicht haben. Voraussetzung für die Gewährung ist vielmehr, daß beide Eheleute eigene Einkünfte haben.

TIP: Die Verdoppelung kannst Du leicht dadurch erreichen, daß z. B. bei einem Mietwohngrundstück beide Eheleute ins Grundbuch eingetragen werden oder daß bei einem Wertpapierdepot beide als Inhaber bei der Bank geführt werden. Nur in diesen Fällen werden die Einkünfte jedem der Ehegatten zur Hälfte zugerechnet. Du mußt dann aber jeweils die halben Beträge im Steuererklärungsvordruck bei Ehemann und Ehefrau eintragen. Nur so gewährt das Finanzamt Euch beiden auch den Altersentlastungsbetrag.

Erfahrung ist eine strenge Lehrmeisterin,
sie stellt zuerst die Prüfungsaufgaben
und beginnt dann mit dem Unterricht.
(Sprichwort)

Einkunftsarten

Einkünfte aus Land- und Forstwirtschaft

Zu den Einkünften aus Land- und Forstwirtschaft zählen die traditionellen Tätigkeiten wie Ackerbau, Weinbau, Obstbau, Gemüseanbau, Baumschulen, Viehzucht bei entsprechend großer Futtergrundlage, Binnenfischerei, Teichwirtschaft, Imkerei, Jagd im Zusammenhang mit der Land- und Forstwirtschaft usw. Hierbei stehen die Ausnutzung der Kräfte des Bodens und der Kräfte der Natur im Vordergrund. Zu diesen Einkünften zählen deshalb auch solche, die eine Personenvereinigung erwirtschaftet und die dann auf die jeweils beteiligten Personen aufzuteilen sind.
Bei der Land- und Forstwirtschaft gibt es immer ein abweichendes Wirtschaftsjahr. Dieses reicht entweder vom 1. 7. des Jahres 01 bis zum 30. 6. des Jahres 02. Oder es kann sogar vom 1. 10. des Jahres 01 bis zum 30. 9. des Jahres 02 reichen. Immer wird dabei der Ertrag aus einer Periode halbiert und somit bilden zwei Halbjahresergebnisse Deine zu versteuernden Einkünfte aus dieser Einkunftsart.
Hier erkennst Du eine Abweichung zu den gewerblichen Einkünften, bei denen eine solche Aufteilung nicht vorgenommen wird. Deshalb sind auch bei der Land- und Forstwirtschaft die Abgabefristen für die Steuererklärungen um ein halbes Jahr verlängert worden, weil ja erst die Gewinnermittlung des zweiten Wirtschaftsjahres abgewartet werden muß.
Zu den Einkünften aus der Tierhaltung und Tierzucht können

auch Pferdezucht und die Unterhaltung eines Rennstalles gehören. Voraussetzung ist jedoch, daß hierfür eine ausreichende Futterfläche zur Verfügung steht und der Betrieb nicht als Gewerbebetrieb anzusehen ist, weil andere Tätigkeiten als die Tierhaltung und Tierzucht im Vordergrund stehen. Dies wird der Fall sein, wenn die Tiere zu Reitzwecken vermietet werden und hierin die Haupteinnahmequelle liegt.
Fehlt es bei der Tierhaltung an der erforderlichen Futtergrundlage, dann wird diese Tätigkeit in die gewerbliche Tierzucht eingestuft und nicht mehr bei den land- und forstwirtschaftlichen Einkünften erfaßt. Dies hat zusätzlich den Nachteil, daß hierbei auftretende Verluste nur mit späteren Gewinnen der gleichen Betätigung ausgeglichen werden können. Eine Verrechnung mit Deinen anderen positiven Einkünften oder ein Verlustrücktrag oder Verlustvortrag ist dabei nicht möglich.
Etwas Besonderes gilt auch bei der Gewinnermittlung insgesamt. In den meisten Fällen wird der Gewinn nämlich in einem besonderen Verfahren geschätzt. Dazu ermitteln die Landwirtschaftsminister Ertragsrichtsätze, die dann mit Deinen eigenen und Deinen gepachteten Flächen multipliziert werden. Von dieser Berechnungsgrundlage sind dann noch Deine persönlichen Freibeträge und die Deiner mithelfenden Familienangehörigen abzuziehen. Auf diese Weise werden die Gewinne nur zu einem Bruchteil für die Besteuerung erfaßt und damit staatlich subventioniert.
Doch bei einer solchen Besteuerung brauchst Du kein schlechtes Gewissen zu haben, denn das Verfahren ist gesetzlich so geregelt. Nur wenn Dir sehr hohe Fremdkosten entstehen, mußt Du Deine Buchführung genauer machen. Sonst werden Dir nämlich zu hohe Einkünfte zugeschätzt, die bei Dir gar nicht entstanden sind.

Einkünfte aus Gewerbebetrieb

Abweichendes Wirtschaftsjahr

Bei den Einkünften aus Gewerbebetrieb mußt Du beachten, daß Du als Abrechnungsperiode nicht an das Kalenderjahr gebunden bist. Wenn Du als Einzelkaufmann ein Handelsgewerbe betreibst, welches ins Handelsregister eingetragen ist oder werden soll, oder wenn Du zusammen mit anderen Gesellschaftern eine Personenhandelsgesellschaft betreibst, kannst Du Deinen Betriebsgewinn nach einem anderen Zeitraum als dem Kalenderjahr berechnen. Dieser Zeitraum darf zwar auch nicht länger als zwölf Monate sein, er braucht aber nicht am 1. 1. zu beginnen und am 31. 12. zu enden.
Dies könnte z. B. vom 1. April des einen bis zum 31. März des Folgejahres sein. Es kann aber ebensogut auch vom 6. Januar bis zum 5. Januar des Folgejahres reichen. Auf diese Art und Weise kommst Du nämlich zu einer Steuerpause, die ich Dir später noch erklären werde.
Dieses Wirtschaftsjahr kann also zu ganz willkürlichen Zeitpunkten beginnen und ist vor allem dann sinnvoll, wenn Du einen Saisonbetrieb hast, der gerade am Ende des Kalenderjahres, also am 31. Dezember einen besonders hohen Warenbestand besitzt. Diese Bestandsaufnahme, die auch als Inventur bekannt ist, kann für Dich zu einer übergebührlichen Arbeitsbelastung führen. Zusätzlich sind die Auswertungen solcher umfangreicher Bestandsaufnahmen auch entsprechend langwierig und arbeitsintensiv und deshalb mit hohen Kosten verbunden.
Deshalb kannst Du diesen Abschlußzeitpunkt Deines Wirtschaftsjahres so bestimmen, daß er gerade in eine solche Phase fällt, zu der Dein Warenbestand naturgemäß seinen geringsten Umfang hat.
Auf der anderen Seite kann so ein großes Warenlager aber auch Vorteile bringen, denn darin sind sehr leicht stille Reserven zu verstecken. D. h. durch Wertabschläge, die Du auf diesen Wa-

renbestand vornimmst, wird naturgemäß bei einem großen Warenlager auch ein größerer Betrag entstehen, der dadurch Deinen Gewinn entsprechend mindert.
Solche Verschiebungen stellen jedoch nur eine Steuerstundung dar, denn beim Verkauf der Ware, wird der darin liegende Gewinn durch den höheren Verkaufserlös aufgedeckt und muß versteuert werden.
Du solltest aber von Anfang an sehr genau überlegen, ob Du eine solche Verschiebung Deines Wirtschaftsjahres auf einen vom 31. Dezember abweichenden Zeitpunkt vornehmen willst, denn dies mußt Du auch beim Handelsregister anmelden. Bei späteren Umstellungen ist die Zustimmung des Finanzamts dazu erforderlich. Diese wird Dir regelmäßig nur dann gewährt, wenn Du ganz besonders schwerwiegende Gründe dafür vortragen kannst, die eine solche Abweichung erzwingen.

TIP: Anderenfalls bleibt Dir nur die Neugründung eines weiteren Unternehmens mit abweichendem Wirtschaftsjahr übrig, in welches Du dann Dein bisheriges Unternehmen einbringst. Auf diese Weise gilt dann das Wirtschaftsjahr des neuen Unternehmens.

Steuerpause

Damit erreichst Du am Anfang noch einen weiteren Steuervorteil für Dich, nämlich die schon angesprochene Steuerpause. Während Du bei einem Bilanzstichtag am 31. 12. auch in dem alten Jahr den Gewinn des Wirtschaftsjahres versteuern mußt, ist das beim abweichenden Wirtschaftsjahr anders. Angenommen Dein Bilanzstichtag sei der 5. Januar, dann brauchst Du den Gewinn vom 6. Januar des Jahres 01 bis zum 31. 12. des Jahres 01 weder zu ermitteln noch zu versteuern.

Dein Abschlußstichtag fällt erst in das Kalenderjahr 02. Dadurch verschiebt sich die Besteuerung fast um ein ganzes Jahr. Es wird auch nicht aufgeteilt in die Zeit vom 1. 1. bis 31. 12. 01 und vom 1. 1. bis zum 5. 1. 02, sondern der ganze Gewinn gilt steuerlich als im Jahr 02 entstanden und Dir erst jetzt zugeflossen.
So etwas ist natürlich bei einem neuen Unternehmen schon zu überlegen, obwohl sich dieser Steuerspareffekt nur in einem Jahr auswirkt. In den folgenden Jahren gleicht er sich dann wieder aus. Es kommt aber bei Dir wenigstens in der Anfangsphase, in der Du jeden Pfennig dringendst brauchst, zu einer gewissen Steuerstundung. Es fließt nämlich nicht sofort der Löwenanteil Deiner mühsam erwirtschafteten Erträge in die Staats- und in die Gemeindekasse.

Wechsel vom abweichenden Wirtschaftsjahr zum Kalenderjahr

Der nächste Trick liegt darin, daß Du zu einem mit dem Kalenderjahr übereinstimmenden Wirtschaftsjahr immer umstellen kannst. Wenn Du also die Anfangsphase überstanden hast, kannst Du Dir immer noch überlegen, jetzt das Kalenderjahr als Abrechnungszeitraum zu nehmen. Dazu solltest Du Dich dann entscheiden, wenn unerwartet schnell Gewinne entstehen und noch vortragsfähige Verluste aus der Gründungsphase vorhanden sind.

TIP: Auf diese Weise entstehen dann in einem Jahr zwei Abschlußzeitpunkte. Der eine für das abweichende Wirtschaftsjahr und ein zweiter für das Ende des ersten Rumpfwirtschaftsjahres am 31. Dezember. Dieser Verlust des einen und der Gewinn des zweiten Besteuerungsabschnitts werden dann bereits in einem Jahr gegenseitig verrechnet, und Du hast damit unnötige Steuerzahlungen vermieden.

Deine Eröffnungsbilanz

Die Eröffnungsbilanz mußt Du auf den Zeitpunkt aufstellen, auf den Du Dein Unternehmen eröffnet hast.
Hierbei kann es sich natürlich auch um eine Bargründung handeln, in der Du auf der einen Seite einen Kassenbestand hast und in der gleichen Höhe den Betrag als Eigenkapital ausweist.

Eröffnungsbilanz zum 2. 5. 19...

der Firma Lehmann Nachf. Max Schlau

Aktiva			Passiva
Kassenbestand	150 000 DM	Eigenkapital	150 000 DM
Summe	150 000 DM	Summe	150 000 DM

Doch eine solche Eröffnungsbilanz kann auch wesentlich umfangreicher sein, nämlich dann, wenn Du ein bereits bestehendes Unternehmen, wie z. B. in den neuen Bundesländern nach der DM-Eröffnungsbilanz bewerten mußt. Oder wenn Du bereits Wirtschaftsgüter besessen hast, die Du in Dein neu gegründetes Unternehmen einbringst. Hier muß eine Bewertung nach den Zeitwerten zu diesem Stichtag erfolgen. Auch hierfür stellt der Gegenwert dann Dein Eigenkapital dar.
Die Zeitwerte kannst Du Dir auch selbst errechnen, wenn Du die Gegenstände in den vergangenen drei Jahren gekauft hattest. In den Fällen wird von Deinen Anschaffungskosten bis zum Zeitpunkt der Einlage eine Abschreibung von 10% pro Jahr abgezogen. Der verbleibende Wert ist dann Dein Zeitwert.
Sind diese Wirtschaftsgüter noch nicht vollständig bezahlt, dann mußt Du Dich auch zu diesem Zeitpunkt entscheiden, ob Du die darauf lastenden Schulden in Deinem Privatvermögen halten willst und deshalb nicht bilanzierst, oder ob Du diese Verbindlichkeiten in Deine Eröffnungsbilanz aufnimmst.

TIP: Die letzte Alternative ist die günstigere für Dich, da sich die Schuldzinsen ja in Deiner Privatsphäre nicht abziehen lassen. Anders dagegen bei Deinen Betriebsausgaben, denn hier wird eine Fremdfinanzierung grundsätzlich anerkannt. Versuche auch, viele Privatgegenstände einzubringen. Die kannst Du dann auf Kosten der Steuer später abschreiben.

Neuanschaffung von Gegenständen für Dein Unternehmen

Wenn Du Wirtschaftsgüter für Deinen Betrieb anschaffst, dann kannst Du die Vorsteuer nur dann vom Finanzamt zurückfordern, wenn auch die Rechnung auf den Namen Deiner Firma lautet. Deshalb mußt Du bei solchen Rechnungen ganz genau auf die Anschrift und das Rechnungsdatum achten.
Hast Du nämlich als Privatmann noch diese Wirtschaftsgüter gekauft, weil Du zu dem Zeitpunkt noch kein eigenes Unternehmen hattest, und legst Du diese Gegenstände anschließend in Dein Betriebsvermögen ein, dann ist der Vorsteueranspruch verloren. Die Einlage in ein Betriebsvermögen führt nämlich nicht automatisch dazu, daß die bisher nicht abzugsfähige Vorsteuer zu neuem Leben erweckt wird.
Das Umsatzsteuergesetz schreibt ganz eindeutig vor, daß es sich hierbei um Waren oder Dienstleistungen handeln muß, die für Dein Unternehmen und von einem anderen Unternehmer erbracht wurden. Die Voraussetzung »für Dein Unternehmen« ist zwar erfüllt, aber als Unternehmer hast Du auch eine Privatsphäre. Bringst Du nun Wirtschaftsgüter aus dieser Privatsphäre in Deine Unternehmenssphäre, dann erfüllt das eben nicht die Voraussetzungen, daß ein anderer »Unternehmer« diese Gegenstände geliefert hat.
Das mag zwar nach Haarspalterei klingen, ist aber die rauhe steuerliche Wirklichkeit.

TIP: Gerade bei solchen Geschäften werden sehr oft Fehler gemacht, die Du vermeiden kannst. Deshalb lasse von Deinen Lieferanten noch rechtzeitig die Anschriften in eventuell falschen Rechnungen ändern, damit Dir die Vorsteuer nicht verlorengeht. Sie ist gerade in der Anfangsphase ein nicht zu verschenkendes Finanzierungsinstrument. Genauso ist es mit dem Rechnungsdatum. Du solltest mindestens so lange warten, bis Du Dein Gewerbe beim zuständigen Ordnungsamt angemeldet hast.

Investitionsförderung

In den neuen Bundesländern werden Investitionen unterschiedlich gefördert. Einmal kannst Du von dem Amt für Wirtschaftsförderung regionale Zuschüsse erhalten. Du kannst aber auch nach dem Fördergebietsgesetz Investitionszulage oder Sonderabschreibung beantragen. Dafür mußt Du Dich aber spätestens bis zum 31. 12. 1994 entscheiden.

Beginne sofort mit Deiner Buchführung

In diesem Stadium mußt Du natürlich dann auch schon gleich entscheiden, wie Du es denn nun mit Deiner Buchhaltung hältst. Ob Dein Unternehmen schon am Anfang so umfangreich ist, daß es sich gleich lohnt, diese Dinge in eigener Regie zu machen. Dann mußt Du allerdings sehen, daß Du gerade im Hinblick auf die steuerlichen Voraussetzungen entsprechend geschultes Personal hast, damit Dir keine Fehler unterlaufen.
Zusätzlich mußt Du Deinen Kontenplan so aufgliedern, daß er Dir jederzeit aussagekräftige Zahlen vermittelt. Nur dann hat

Deine eigene Buchführung wirklich einen Sinn, denn sie wird auf diese Weise zum Herzstück Deines Unternehmens.
Wenn Du Dich für eine solche Lösung entscheidest, die in jedem Fall vorzuziehen ist, dann solltest Du Dir auch schon entsprechende Gedanken bei der Anschaffung der dafür erforderlichen Geräte machen. Zum Glück sind sie heute in einer solchen Preisklasse zu haben, die für jeden Bedarf und für jeden Unternehmer erschwinglich ist.
Doch knausere nicht bei der Speicherkapazität und vor allem nicht an ausgereiften Programmen, die Dir in großer Zahl angeboten werden.
Entscheide Dich lieber für ein solches Programm, welches mehr kann, als Du vielleicht am Anfang benötigst. Du wirst später noch sehr dankbar dafür sein, wenn Du auf das »etwas mehr« zurückgreifen kannst.
Die Überlegungen beginnen schon damit, daß eine automatische Verwaltung Deiner Kunden und Lieferanten in diesem Programm vorhanden sein sollte. Dies erspart Dir auf der einen Seite viel lästige Schreibarbeit beim Ausfüllen von Überweisungs- oder Scheckvordrucken, die Du zur Bezahlung Deiner Lieferantenrechnungen oder Deiner Gehälter und Löhne benötigst. Derartige Routinearbeiten erledigen die Programme auf Knopfdruck.
Umgekehrt ist es so, daß Du mit Deinen Rechnungen sofort einen Überweisungsträger ausdrucken kannst, der für Deinen Kunden natürlich eine wesentliche Erleichterung darstellt. Es ist auch ein nicht zu unterschätzendes Mittel, um damit bei Dir zu einem schnelleren Geldeingang zu kommen.
Wenn Deine Kunden erst nach eigenen Überweisungsformularen suchen oder gar erst zur Bank hinlaufen und diese beschaffen müssen, dann wird die Regulierung Deiner Rechnungen viel länger dauern, als wenn gleich der fix und fertig ausgefüllte Vordruck mitgeschickt wird, in den die Betreffenden lediglich noch ihre Kontonummer und ihre Unterschrift einzutragen haben.

Nicht umsonst wird dieses Verfahren von Großbetrieben schon seit Jahren mit Erfolg praktiziert. Weshalb sollst Du dann nicht diese erfolgreichen Methoden für Dich ebenfalls anwenden?
Genauso sollte Dein Programm imstande sein, auf Knopfdruck automatisch Mahnungen zu schreiben, wenn Deine Kunden säumig sind. Gerade in diesem Bereich wird von vielen Betrieben sehr, sehr viel Geld verschludert, weil sie erst viel zu spät Ihren Forderungen hinterher rennen. Oftmals rennst Du dann im wahrsten Sinne des Wortes hinterher, weil Deine Kundschaft verzogen ist und Du erst die neue Adresse ermitteln mußt. Jeder Tag, den eine Rechnung zu spät gezahlt wird, kostet Dich bares Geld. Daran mußt Du immer denken.
Am Anfang, wenn Dein Unternehmen noch keinen all zu großen Umfang hat, ist es auch für Dein Personal wesentlich einfacher, sich in die Programme einzuüben, denn sie haben dann noch ausreichende Zeit, um Fehler auszugleichen. Wenn erst Dein Unternehmen auf vollen Touren läuft, dann muß die Handhabung der Programmabläufe wie im Schlaf klappen. Müssen erst dann die Fehler ausgebügelt werden, dann kommst Du sehr schnell ins Hintertreffen.
Gerade ein geordneter Ablauf in Deinem Rechnungswesen ist aber das A und O in einem gesunden Unternehmen.
Damit das hier nun nicht alles gar zu trocken wird, habe ich Dir nachfolgend auch noch eine Reihe überlegenswerter Steuertips zusammengestellt, die für Dich als Unternehmen in jedem Fall in der einen oder anderen Form anwendbar sind.
Doch mit Steuertricks ist es nun einmal so, daß zuerst das wirtschaftliche Fundament Deines Unternehmens stehen muß, ehe sich solche Dinge überhaupt lohnen oder ehe sie Erfolg versprechen. Deshalb habe ich auch so viel Wert darauf gelegt, Dich auf die Fehlerquellen hinzuweisen, die die Wirtschafts- und Finanzkraft Deines Unternehmens gefährden.
In dem Augenblick, in dem Du noch in der unteren Ertragszone herumpaddelst, also da, wo Du gerade mal Kostendeckung erwirtschaftest, haben die besten Steuergestaltungen keinen Sinn,

denn weniger als null DM Steuer kannst Du nicht zahlen. Hier ist es dann nur sinnvoll, sämtliche unvermeidbaren Betriebsausgaben zu erfassen, daß Du wenigstens in den späteren »fetten Jahren« von eventuellen Anfangsverlusten zehren kannst. Denn einmal verschenkte Betriebsausgaben kannst Du in späteren Jahren nie mehr nachholen.
Hast Du diese aber einmal festgestellt, dann kannst Du die späteren Gewinne gegenrechnen und brauchst keine oder nur niedrigere Steuern zu zahlen. Doch es lohnt sich nicht, bereits in einer solche Phase unnötige Beträge auszugeben, nur damit Deine Verluste noch größer werden.

TIP: Denke daran, daß in der Eingangsprogression nur ein Eingangssteuersatz von 19% anfällt, d. h. von Deinen Aufwendungen in Höhe von 100 DM trägst Du 80 DM aus der eigenen Tasche und nur 20 DM steuert Vater Staat hinzu. Bei einem Spitzensteuersatz von 53% sieht die Rechnung natürlich ganz anders aus. In dem Fall ist dann auch die Staatsbeteiligung so beträchtlich, daß es sich lohnt, die ersparten Steuern in die Investitionsüberlegung mit einzubeziehen.

Besondere Steuergestaltungen

Ausbildungsdienstverhältnis

Wie ich es Dir schon bei den Kinder- und Ausbildungsfreibeträgen geschildert habe, werden in unserem Lande für die Ausbildung Deiner Kinder nur verschwindend geringe Steuerermäßigungen gewährt, wenn Du Deine tatsächlichen Kosten dagegenstellst. Denn wer kann heute ein über 18jähriges Kind bei einem auswärtigen Studium für 4200 DM ein ganzes Jahr lang unterhalten?
Da haben die Richter des Bundesfinanzhofs, unseres höchsten Steuergerichts, ein Schlupfloch geöffnet. In mehreren Urteilen entschieden sie, daß Ausbildungskosten dann nicht zu den Kosten der privaten Lebensführung gehören, wenn sie Gegenstand eines »Ausbildungsdienstverhältnisses« sind. Damit wurde nicht nur anerkannt, daß der Studierende die ihm entstehenden Kosten als Werbungskosten geltend machen kann, sondern auch, daß überhaupt die Ausbildung Deines Kindes zum Inhalt eines Dienstverhältnisses gemacht werden kann.
Deshalb kannst Du als Elternteil aus der Not eine Tugend machen, wenn Du Deinen Sprößling auf die Übernahme des eigenen Unternehmens oder auf eine dementsprechende Geschäftsführerposition vorbereiten willst.
Wichtig ist dabei allerdings, daß die Ausbildung Deines Kindes zu dieser geplanten Tätigkeit befähigt und nicht, daß ein völlig abwegiger Studiengang gewählt wird. Daraus ergibt sich, daß dies alles nur dann einen steuerlichen Sinn gibt, wenn Du diese Kosten in Deinem Betrieb als Betriebsausgaben geltend machen kannst oder Dein Arbeitgeber (beispielsweise Deine eigene GmbH) mit Deinem Kind entsprechende Vereinbarungen trifft. In den Fällen mußt Du dann allerdings auf den Ausbildungsfrei-

betrag Deines Kindes verzichten, denn dessen Einkünfte liegen meist über der Grenze von 3600 DM im Jahr.
Wenn Dein Kind also Ambitionen hat, später einmal Deine Position einzunehmen, dann solltest Du nach dem Schulabschluß (Realschulabschluß oder Abitur oder nach dem Abschluß der Lehre) mit dem Kind einen Dienstvertrag abschließen, der eine entsprechende Ausbildung oder ein Studium zum Inhalt hat. Das Kind muß sich darin verpflichten, zügig zu studieren. Dafür erhält es ein ausreichendes Gehalt (als Maßstab können hier die Bezüge im öffentlichen Dienst gelten, die in derartigen Fällen zwischen 1200 und 2500 DM im Monat liegen).
Von diesen Kosten muß dann Dein Kind selbst seinen Lebensunterhalt und die Lernmittel sowie die sonstigen Kosten bestreiten, die mit dem Studium zusammenhängen. Ferner sollte vereinbart werden, daß außer einem angemessenem Urlaub in den Semesterferien die Arbeitskraft Deines Kindes dem Betrieb zur Verfügung zu stellen ist. Weiter sollte nach Beendigung der Ausbildung eine Sperrfrist von drei bis fünf Jahren vereinbart werden, in der das Kind im Betrieb mitzuarbeiten hat und bei einer vorzeitigen Kündigung anteilig die gewährten Vergütungen, die es während der Ausbildung erhalten hat, zurückzahlen muß.

TIP: Bei dieser Gestaltung ergeben sich für beide Seiten Vorteile. Du als Zahlender, kannst sämtliche im Rahmen dieses Ausbildungsdienstverhältnisses anfallenden Beträge als Betriebsausgaben geltend machen. Dein Sohn oder Deine Tochter hat die Tariffreibeträge nach dem Einkommensteuertarif und kann darüber hinaus Werbungskosten – wie Fahrtkosten, auswärtige Unterbringung, Lehr- und Lernmittel usw. – geltend machen. Dadurch fällt hier nur ein relativ geringer Steuerbetrag an und die zuviel einbehaltene Lohnsteuer wird im Jahreslohnsteuerausgleich erstattet. Auf diese Weise trägt dann wirklich der Staat den Löwenanteil der Ausbildungskosten und nicht nur einen lächerlichen Teilbetrag.

Verträge mit Angehörigen

Bei Vereinbarungen mit nahen Angehörigen vermutet die Finanzverwaltung immer verdeckte Unterhaltszahlungen, die eigentlich in Deine Privatsphäre gehören und so keine steuerlichen Auswirkungen haben. Deshalb muß es sich bei den Vereinbarungen um eindeutige und klare Absprachen handeln, die auch tatsächlich wie vereinbart durchgeführt werden. Zusätzlich muß der Empfänger von Geldleistungen über ein eigenes Konto verfügen oder Barbeträge erhalten. Nur dadurch kann der Vermögensabfluß aus dem Vermögen des Leistenden und der Vermögenszufluß beim Zahlungsempfänger nachgewiesen werden. Solche Transaktionen müssen nämlich fein säuberlich zu trennen sein.
Weiter darf kein Mißbrauch der Gestaltungsmöglichkeiten des Rechts vorliegen. Letzteres wird immer dann angenommen, wenn die Konstruktion wirtschaftlich unvernünftig ist und als einzig sinnvoller Zweck, die Steuerersparnis offensichtlich wird.
Diese Grundsätze werden auf alle Verträge mit nahen Angehörigen angewendet (dazu gehören übrigens auch jene Verträge, die Du als Gesellschafter mit Deiner Gesellschaft abschließt). Auch Du als Gesellschafter bist im Innenverhältnis zu Deiner Gesellschaft eine nahestehende Person. Der Begriff »Person« ist im Steuerrecht nämlich nicht auf natürliche Personen beschränkt, sondern auch juristische Personen zählen hierzu.
Ja, solche Verträge zwischen nahestehenden Personen werden sogar noch um einen Zusatz erschwert, denn es wird ein Fremdvergleich gefordert. Dieser Fremdvergleich besagt, daß ein fremder Dritter, der keine persönlichen Beziehungen zu Dir hat, auch zu den gleichen Bedingungen mit Dir diesen Vertrag eingehen müßte.
Deshalb mußt Du zu allererst nach wirtschaftlich vernünftigen Gründen für solche Abmachungen suchen, ehe Du überhaupt einen derartigen Vertrag formulierst. Ob es sich dann dabei um Darlehns- oder Anstellungsverträge, um Miet- oder Pachtver-

träge handelt, immer müssen Leistung und Gegenleistung einander ziemlich ausgewogen gegenüberstehen.
Daß in solchen Fällen wegen fehlender oder ungenügender Sicherheiten ein Darlehn mit höherem Zinssatz vereinbart wird, ist akzeptabel. Wenn aber ohne Sicherheitsleistungen auch noch die fälligen Zinsen in eine ferne Zukunft verschoben werden, dann spielt das Finanzamt nicht mehr mit.
Zusätzlich mußt Du bei solchen Verträgen die bürgerlich-rechtlichen Formvorschriften beachten. Etwa die Einschaltung eines Ergänzungspflegers bei Verträgen mit minderjährigen Kindern, die Schriftform bei Schenkungen, die notarielle Beurkundung bei Verfügungen über Grundstücke usw.
Bei einmal abgeschlossenen Verträgen kommst Du um einen späteren Verwaltungsaufwand nicht herum, denn auch Änderungen solltest Du sofort festhalten. Nur so ist es Dir jederzeit möglich, den aktuellen Vertragstext vorzulegen und die exakte Durchführung des Vertrages nachzuweisen.

TIP: Schließe Verträge mit Deinen Angehörigen so ab, als handle es sich hierbei um fremde Personen. Nur so kannst Du die Anerkennung durch das Finanzamt erreichen. Schließlich sollen ja derartige Verträge auch dazu dienen, das Finanzamt an Aufwendungen zu beteiligen, die Du in Deinem Privatbereich sowieso hast, die sich da aber nicht steuermindernd auswirken. Oder wenn Einkünfte auf mehrere Schultern verteilt werden sollen, um durch die Freigrenzen und den sinkenden Steuersatz Deine Steuerlast zu mindern. Das sind Deine ganz legitimen Rechte, die auch das Bundesverfassungsgericht anerkannt hat. Danach steht es jedem Bürger frei, die für sich günstigste Gestaltung zu wählen. Das schließt nicht aus, daß er dabei auch die für sich steuerlich günstigsten Vorschriften ausnützt und den Weg wählt, der zu einer höchstmöglichen Steuerersparnis führt.

Betriebsaufspaltung

Die den Städten und Gemeinden allein zufließende Gewerbesteuer wird seit jeher als wettbewerbsverzerrend empfunden.
Zur Vermeidung bzw. zur Verringerung dieser Steuer bieten sich Betriebsausgaben an, die den Gewerbegewinn mindern und auf diese Weise gleichfalls die Bemessungsgrundlage für die Gewerbesteuer mit ermäßigen. Neben den Verträgen mit nahen Angehörigen, die ich schon beschrieben habe, ist es auch die Aufsplittung eines einzelnen Unternehmens, die zu einer Gewerbesteuerminderung führt.
Allein schon durch die mehrfache Ausnutzung der doppelten Freibeträge, 48 000 DM für den Gewerbegewinn und 500 000 DM für das Gewerbekapital, erreichst Du eine Steuerminderung.
Bei der eigentlichen Betriebsaufspaltung in ein Besitz- und ein Betriebsunternehmen wird gleich noch ein weiteres erreicht: eine Haftungseinschränkung, wenn die Gestaltung richtig durchgeführt wird.
Dabei bietet es sich an, wenn Du das wertvolle Betriebsvermögen in einem sogenannten Besitzunternehmen zusammenfaßt und diese Vermögensgegenstände an eine Betriebsgesellschaft, die die eigentliche gewerbliche Tätigkeit ausübt, lediglich vermietest. Das Besitzunternehmen kann dabei ein Einzelunternehmen oder eine BGB-Gesellschaft aus Ehemann und Ehefrau sein.
Mit der Vermietung der gesamten Betriebseinrichtung wird nur eine vermögensverwaltende Tätigkeit ausgeübt, die nicht gewerbesteuerpflichtig ist.
Die Betriebsgesellschaft muß allerdings die Hälfte der Miete, die sie für die beweglichen Wirtschaftsgüter zahlt (also ohne Miete für die Grundstücke), ihrem Gewerbegewinn wieder hinzurechnen. Die andere Hälfte bleibt steuerfrei.
Mit dieser Aufspaltung kannst Du aber nur dann die oben erwähnte Haftungsbeschränkung erreichen, wenn Du Dich für die richtige Firmenkonstruktion entscheidest. Wird nämlich die Betriebsgesell-

schaft in der Rechtsform einer GmbH geführt, dann erreichst Du eine Haftungsbegrenzung auf das Vermögen eben dieser GmbH. Das gilt sogar dann noch, wenn dieses Unternehmen wegen hoher Geschäftsführergehälter, hoher Mieten und schlechter Ertragslage in Konkurs fallen sollte. Das wertvolle Betriebsvermögen bleibt vor den Zugriffen der Gläubiger verschont, denn ein »Durchgriff« durch die GmbH auf die dahinter stehenden Gesellschafter, denen das wertvolle Betriebsvermögen gehört, ist nur dann möglich, wenn ihnen strafbare Handlungen anläßlich des Vermögensverfalls angelastet werden können.

TIP: Diese Trennung mit dem Ziel, steuerliche Vorteile zu erreichen, funktioniert allerdings nur dann, wenn nicht ein einziger Gesellschafter seinen Willen sowohl in dem Besitzunternehmen als auch in der Betriebsgesellschaft durchsetzen kann. In einem solchen Fall erkennt das Steuerrecht zwar trotzdem eine Aufspaltung an, das Besitzunternehmen wird aber nach wie vor als gewerbliches Unternehmen eingestuft, und muß den Gewinn aus der Vermietung in voller Höhe der Gewerbesteuer unterwerfen. Aber wozu hat man Familienangehörige? Unter ihnen wird sich wohl einer finden, der den Gesellschafter spielen kann.

Doch noch eine andere Steuerauswirkung ist dabei zu beachten. Erfolgt diese Aufspaltung in Besitz- und Betriebsunternehmen nicht von Anfang an, sondern wird das Besitzunternehmen aus einem bestehenden Gesamtunternehmen herausgelöst, dann kann die Überführung der Wirtschaftsgüter von einem Unternehmen in das andere nach dem Umwandlungssteuergesetz (und damit ertragsteuerfrei) erfolgen. Diese Art der Umwandlung setzt aber voraus, daß es sich auch nachher noch um zwei gewerbliche Unternehmen handelt.
Du kannst auch die in den Wirtschaftsgütern enthaltenen stillen Reserven aufdecken und versteuern. Damit hast Du in

der Zukunft höhere Werte für die Abschreibung. Zum Zeitpunkt der Übertragung fallen aber oftmals ganz gewaltige Steuern an. Und die sind nur dann als Veräußerungsgewinne steuerbegünstigt, wenn Du zugleich alle in dem aufgelösten Unternehmen angesammelten stillen Reserven aufdeckst. Hierzu zählt möglicherweise auch ein vorhandener Geschäfts- oder Firmenwert.
Um diese steuererträgliche Gestaltung zu erreichen, sind weitere Konstruktionen erforderlich, die ich unter dem Stichwort »Betriebsveräußerung, Betriebsaufgabe, Veräußerung von Gesellschaftsanteilen« erläutert habe.
Bleibt als letzte Alternative noch die Betriebsverpachtung. Hierzu mußt Du den gesamten Betrieb als »ruhenden Gewerbebetrieb« behandeln und so verpachten, daß Du jederzeit das Unternehmen im bisherigen Umfang wieder aufnehmen kannst. In dem Fall vermeidest Du die sofortige Versteuerung der stillen Reserven.

TIP: Du brauchst weder die stillen Reserven aufzulösen noch mußt Du die Pachteinnahmen als gewerbliche Einkünfte versteuern, wenn Du Dich für den ruhenden Gewerbebetrieb entscheidest. Der Pächter kann in einem solchen Fall sogar Deine Kapitalgesellschaft (z. B. eine GmbH) sein, an der Du selbst als Geschäftsführer ohne Kapitalbeteiligung die Fäden weiterhin in der Hand hältst, oder aber Du darfst lediglich als nicht beherrschender Gesellschafter daran beteiligt sein.

Du siehst daraus, daß diese Modelle schon eine sehr genaue Kenntnis des Steuerrechts und des Gesellschaftsrechts erfordert, wenn die Gestaltungen auf der ganzen Linie erfolgreich sein sollen. Hier mußt Du auch von Fall zu Fall so oder anders entscheiden und es ist nicht möglich, alles über einen Kamm zu scheren. Deshalb kann für Dich nur eine Individuallösung erfolgreich sein, zu der ich hiermit Denkanstöße geben will. Doch zuerst mußt Du ja mal wissen, was alles möglich ist. Nur dann kannst Du Dir über die Umsetzung für Deinen persönlichen Bereich Gedanken machen.

Steuerfreie Entnahme von Wohnungen aus dem Betriebsvermögen

Die Wohnungsnot in unserem Lande hat den Gesetzgeber veranlaßt, sowohl bei der Entnahme eigengenutzter Wohnungen als auch bei der Umwandlung von bisher betrieblich, aber nicht zu Wohnzwecken genutzten Gebäuden, eine nicht gewinnerhöhende Entnahme aus dem Betriebsvermögen zu gestatten. Doch davon kannst Du auch dann profitieren, wenn Du auf dem Grundstück einer Personengesellschaft (in einer Wohnung oder einem Haus) wohnst, welches als gewillkürtes Betriebsvermögen in der Gesellschaftsbilanz steht.
Zu guter Letzt kannst Du auch eine »Bilanzberichtigung« durch Entnahme erreichen, wenn Du in früherer Zeit einmal den Fehler begangen hast, privat genutztes Grundvermögen in die Firmenbilanz als obengenanntes gewillkürtes Betriebsvermögen aufzunehmen, um die Bonität Deines Unternehmens gegenüber Kreditinstituten zu verbessern.
Diese Zurückverlagerung in die Privatsphäre hat ganz wesentliche steuerliche Vorteile, wenn sie ohne Gewinnauswirkung, also zu Deinen Buchwerten, möglich ist.
Bei Veräußerungsvorgängen, die sich in Deiner Privatsphäre abspielen, fällt regelmäßig keine Steuer mehr an. Das heißt, daß dann, wenn die erfolgsneutrale Ausbuchung einmal erfolgt ist, eine späterer Verkauf zu keiner weiteren Ertragssteuerbelastung für Dich führt.
Gibst Du dagegen Deinen Betrieb auf oder veräußerst Du die-

sen, so mußt Du die anläßlich dieser Veräußerung – oder den bei der Entnahme Deiner Wirtschaftsgüter – entstehenden Gewinne versteuern. Selbst wenn darauf nur ein ermäßigter Steuersatz anzuwenden ist, kann der bei Dir immer noch 23,5% ausmachen. Auch von der Höhe her darfst Du die Beträge beim Grundvermögen nicht unterschätzen. Hierbei geht es immer um größere Summen.
Befindet sich das Grundvermögen schon lange im Betriebsvermögen, dann sind durch Wertsteigerungen im Grund und Boden und oft auch in den Gebäuden ganz erhebliche »stille Reserven« entstanden. Diese Unterschiedsbeträge zwischen Deinen Bilanzansätzen und den heutigen tatsächlichen Realwerten führen bei einem Verkauf oder bei einer Entnahme regelmäßig zu erheblichen steuerpflichtigen Gewinnen.
Das gilt selbst dann, wenn Du von dritter Seite dafür keinen Pfennig bekommst, sondern nur durch die »Umwidmung« von Betriebs- in Privatvermögen, Gewinne auf dem Papier entstehen.

TIP: Schaffe durch die Eigennutzung die Voraussetzungen für eine steuerfreie Entnahme von Grundvermögen und nutze diese Chance möglichst sofort. Es ist nämlich nicht sicher, wie lange der Gesetzgeber diese Möglichkeit bestehen läßt, wenn andauernd von Subventionsabbau (das sind ja nichts anderes als Steuervorteile) gesprochen wird.

Entnahme zu eigenen Wohnzwecken

Du solltest also du jede sich bietende Möglichkeit ergreifen, um die Vermögenswerte bereits dann in Dein Privatvermögen zu überführen, ehe Du den Betrieb veräußerst oder aufgibst. Dazu hat der Gesetzgeber mehrere Bestimmungen geschaffen. Nutzt

Du die Wohnung oder das Haus erst ab dem 1. 1. 1987 zu eigenen Wohnzwecken, dann gilt für Dich § 10e in Verbindung mit § 52 Abs. 15 des Einkommensteuergesetzes. Nach diesen Vorschriften kann die Wohnung oder das Haus einschließlich eines Bodenwertanteils von 1000 m² steuerfrei entnommen werden.

Zu eigenen Wohnzwecken heißt auch, daß nahe Angehörige von Dir das Haus oder die Wohnung nutzen können. Hast Du mehrere Wohnungen oder Häuser im Betriebsvermögen, dann lohnt es sich für Dich, in das wertvollste Objekt einzuziehen und anschließend dessen Entnahme zu erklären.

Solch ein Umzug oder »Auszug«, um die Wohnung kurzfristig an fremde Dritte zu vermieten, ehe Du diese wieder selbst nutzen kannst, ist auch dann notwendig, wenn Du die Wohnung oder das Haus seit einem Zeitpunkt vor dem 1. 1. 1987 bereits zu eigenen Wohnzwecken nutzt.

Der Gesetzestext ist hier nämlich erklärungsbedürftig, und das wird von der Finanzverwaltung ausgenützt. Da die betreffende Vorschrift erst ab dem 1. 1. 1987 in Kraft getreten ist, können auch nur solche Eigennutzungen mit anschließender Entnahme begünstigt werden, die nach diesem Stichtag erfolgt sind, und nicht solche, die schon vorher bestanden haben.

TIP: Bei den oft sehr hohen stillen Reserven und einer dementsprechend zu erwartenden hohen Steuerbelastung lohnt sich dieser Umweg. Noch bis zum 31. 12. 1998 steht Dir die Möglichkeit offen, diese steuerfreie Überführung in Dein Privatvermögen vorzunehmen. Also noch genug Zeit, um nach Mitteln und Wegen dafür zu suchen. Zum eindeutigen Nachweis der Entnahmehandlung reicht es übrigens aus, daß Du den Buchwert mit einem entsprechenden Vermerk in Deiner Buchführung auf Dein Privatkonto umbuchen läßt.

Entnahme bei Personengesellschaften

Bei Personengesellschaften muß für eine solche Transaktion zuerst mit Zustimmung aller Gesellschafter Sonderprivatvermögen der Gesellschaft an denjenigen Grundstücken gebildet werden, die anschließend in das jeweilige Privatvermögen der Gesellschafter überführt werden sollen. (Ich gebe zu, daß dies eine ungewöhnliche Gestaltung ist. Die Fachliteratur ist sich aber in diesem Punkt einig, daß es anders nicht geht. Ein cleverer Berater kann Dir da weiterhelfen.)

TIP: Handelt es sich um ein einziges Haus, in dem einige oder alle Gesellschafter wohnen, dann sollte bei dieser Gelegenheit Wohnungseigentum nach dem Wohnungseigentumsgesetz gebildet werden, um klare Verhältnisse und später eine bessere Verwertbarkeit zu erreichen. Die Entnahmehandlung muß auch in diesen Fällen eindeutig aus der Buchführung der Gesellschaft ersichtlich sein.

Entnahme von Gebäuden, die bisher nicht Wohnzwecken dienten

Eine andere Möglichkeit ist die steuerfreie Entnahme, wenn das Gebäude bisher noch nicht zu Wohnzwecken genutzt wurde und zu einem Betriebsvermögen gehört.
Bis zum 31. 12. 1992 kannst Du solche Gebäude und den anteiligen Grund und Boden steuerfrei entnehmen. Die Gebäude müssen allerdings anschließend so hergerichtet werden, daß sie an fremde Dritte vermietet werden können. Zusätzlich ist eine Sozialbindung vorgeschrieben.
Diese Sozialbindung muß 10 Jahre lang aufrecht erhalten bleiben und bedeutet, daß Du für die Wohnungen nur die örtlich genehmigte Sozialmiete verlangen und nur an solche Mieter

vermieten darfst, die die Voraussetzungen dafür erfüllen. Mit dieser Maßnahme sollen vor allem in Ballungsgebieten ungenutzte Bausubstanzen für den Wohnungsbau erschlossen werden (§ 7k in Verbindung mit § 6 Abs. 4 Satz 4 Einkommensteuergesetz).

TIP: Du solltest hier allerdings überlegen, ob ein Verkauf solcher Grundstücke gegen Meistgebot, oder eine Parzellierung und anschließender Verkauf, für Dich nicht die wirtschaftlich bessere Lösung ist. Trotz der dabei eintretenden Steuerbelastung (der Verkauf ist nicht steuerbegünstigt), kannst Du Dich finanziell besser stellen, als mit einer steuerfreien Entnahme, erheblichen Umbaukosten und einer 10jährigen Mietbindung. Mache deshalb eine sorgfältige Kalkulation auf, um das beste Ergebnis für Dich dabei zu erzielen.

Darlehn

DARLEHNSVERTRAG

Herr/Frau/Firma ....

in .... gewährt

Herrn/Frau/Firma ....

ab dem .... ein Darlehn

in Höhe von .... Deutsche Mark.

Die Verzinsung beträgt ... vom Hundert für die gesamte Laufzeit. (Bei steigendem Bundesbankleitzins um über ... Prozentpunkte kann eine Anpassung zum nächsten ..... verlangt werden).

Das Darlehn wird bis zum ..../auf unbestimmte Zeit gewährt.

Eine vorzeitige Kündigung ist frühestens zum ...... möglich und muß mindestens ... Monate vorher erfolgen.

Die Tilgung erfolgt in einem Betrag/in ... Raten jeweils am ..... Bei Verzug sind für die verspäteten Zahlungen Verzugszinsen in Höhe von ... vom Hundert zu entrichten.

Zur Sicherung der Darlehnsschuld erfolgt ....(z.B.. Eintragung einer Grundschuld, Abtretung von Ansprüchen aus ..... Versicherung, Forderungsabtretung, Sicherungsübereignung von ...., selbstschuldnerische Bürgschaft des/der .... usw.).

Gerichtsstand für Streitigkeiten aus diesem Vertrag ist für beide vertragschließende Parteien ....

Datum Unterschrift Unterschrift

Darlehn sind ein bewährtes Mittel, um Betriebsausgaben oder Werbungskosten zu finanzieren. Noch lukrativer wird allerdings dieses Instrument, wenn es sich bei den Darlehnsgebern um Deine Angehörigen handelt, die entweder ihren Arbeitslohn oder ihre Gewinnanteile nicht aus Deinem Betrieb entnehmen, sondern auf diese Weise dem Betrieb wieder zur Verfügung stellen. Oder die Dir aus ihrem eigenem Vermögen ein solches Darlehn zu etwas besseren Bedingungen gewähren, als dies von einem Kreditinstitut möglich wäre. Dies gilt vor allem bei den Sicherheiten und der Laufzeit.

Als weiteren Nebeneffekt können die Empfänger der Zinsen ihrerseits Werbungskosten und den Sparerfreibetrag bei den Einkünften aus Kapitalvermögen ausnutzen. Dadurch fällt dann oft gar keine zusätzliche Steuer dafür an.
Die gewünschten steuerlichen Vorteile treten aber nur bei Dir ein, wenn sowohl das Arbeits-, Dienst-, Miet-, Leasingverträge oder das Beteiligungsverhältnis als auch der darauf aufbauende Darlehnsvertrag anzuerkennen sind. Dazu kommt es auf den Dir bereits bekannten Fremdvergleich an, wenn es sich um Abmachungen zwischen nahen Angehörigen handelt.
Die Finanzverwaltung vermutet in solchen Fällen immer, daß derartige Vereinbarungen private Zuwendungen von Dir verdecken sollen. Nicht nur das: Sie vermutet insbesondere, daß ein solcher Darlehnsvertrag getürkt ist und nur proforma abgeschlossen wurde, um sich vor der Steuer zu drücken. Schrecklich, wie sie dies von den treuen Staatsbürgern annehmen kann, wo sich die führenden Leute und Abgeordneten des Staates so vorbildlich und beispielhaft verhalten... Also: Erst muß der Arbeitsvertrag, Mietvertrag, Leasingvertrag, Gesellschaftsvertrag usw. steuerlich anerkannt sein muß, ehe eine »Umwandlung« der daraufhin zu zahlenden Beträge in ein Darlehn erfolgen kann.
Für diese Anerkennung des Darlehns und der zu zahlenden Zinsen bzw. der Umwandlung von Gehalt in eine Darlehnsforderung usw. ist es sehr wesentlich, daß die Zahlungen von einer Vermögenssphäre in die andere und gegebenenfalls wieder zurück,

TIP: Am besten ist es, wenn hierfür nicht nur Umbuchungsbelege existieren, sondern Kontenbewegungen stattfinden (diese können z. B. als Barbeträge im Kassenbuch zu ersehen sein). Erst wenn die Auszahlung der Beträge nachgewiesen werden kann, die damit in das Vermögen des Empfängers eingegangen sind, kann auch eine Rückzahlung, sogar des gleichen Betrages und am gleichen Tag, als Darlehn anerkannt werden.

nachweisbar sind. Dies sollte aus entsprechenden Quittungen oder Bankbelegen in Deiner Buchführung ersichtlich sein.
Stellen Deine Angehörigen Deinem Betrieb regelmäßig solche Beträge wieder zur Verfügung, dann ist jedesmal eine neue Darlehnsvereinbarung zu treffen. In gewissen Abständen oder beim Erreichen runder Summen können die einzelnen Darlehn zu einem Gesamtdarlehn zusammengefaßt werden.
Ist der Darlehnsgeber Dein noch minderjähriges Kind, so sind ganz besonders die Formvorschriften zu beachten, die möglicherweise einen Ergänzungspfleger für dieses Kind vorschreiben. Dieser Ergänzungspfleger muß jedem dieser Verträge zustimmen. Hier sind die formellen Anforderungen sehr streng, deshalb solltest Du rechtzeitig einen solchen Pfleger bestellen lassen, der außer Deinem Ehepartner jedes andere geschäftsfähige Familienmitglied sein kann.
Die Darlehnsvereinbarungen müssen Verzinsung, Sicherheiten, Kündigungsfrist usw. enthalten, die marktüblich sind.
Bedenke auch, daß der Darlehnsempfänger diese Zinsen möglicherweise versteuern muß. Deshalb sind Vereinbarungen darüber wichtig, wie und wann die Darlehnstilgung und Verzinsung erfolgen soll.

TIP: Es kann von Dir vereinbart werden, zuerst das Darlehn ratenweise zu tilgen und die Zinsen dem Restdarlehn jeweils zuzurechnen, so daß der Empfänger die Zinsen erst bei der tatsächlichen Auszahlung zu einem späteren Zeitpunkt zu versteuern hat. Diese späte Versteuerung beim Empfänger ändert aber nichts daran, daß Du in Deiner Bilanz die Zinsen bereits im Jahr ihrer Entstehung als Betriebsausgaben abziehen kannst. Wenn Du diese Grundsätze beachtest, dann sind Deine Zinszahlungen für diese Darlehn als Betriebsausgaben oder Werbungskosten anzuerkennen.

Drei-Konten-Modell

Nachdem im Privatbereich Schuldzinsen nur noch im Zusammenhang mit außergewöhnlichen Belastungen steuerlich abzugsfähig sind, und dabei zusätzlich die zumutbare Belastung überschritten sein muß, oder wenn von Dir Zinsen wegen verspäteter Steuerfestsetzung an das Finanzamt zu zahlen sind, solltest Du alle anderen Schuldzinsen in den betrieblichen Bereich oder zu den Werbungskosten hin verlagern.
Dazu ist es allerdings erforderlich, daß die Schuldaufnahme in einem engen zeitlichen Zusammenhang mit der Anschaffung von Vermögensgegenständen oder der Bezahlung anderer Aufwendungen entsteht. Beides muß sich bei Deiner Einkunftsermittlung steuermindernd auswirken.
Zusätzlich dürfen die Schuldzinsen und anderen Werbungskosten nicht so hoch sein, daß dadurch auf Dauer ein Überschuß Deiner Einkünfte gar nicht mehr entstehen kann. Dann fehlt es nämlich bereits an Deiner »Einkunftserzielungsabsicht« und damit wird Deine Betätigung in die steuerlich unbeachtliche Vermögenssphäre, also wieder in Deinen Privatbereich abgedrängt und Du bleibst auf Deinen Zinsen allein sitzen.
Nun kann es aber auch sein, daß Du eine bereits schuldenfreie Einkunftsquelle hast, beispielsweise ein Mietwohngrundstück, Kapitalvermögen, einen Gewerbebetrieb oder eine freiberufliche Praxis. Du benötigst für private Zwecke Gelder, die Du nicht zur Verfügung hast, sondern durch Schuldaufnahme finanzieren mußt.
Aus den dabei anfallenden Zinszahlungen entstehen Dir dann aber keine steuerlichen Vorteile, denn Du kannst diese Darlehn nicht willkürlich Deinen schuldenfreien Einkunftsquellen zuordnen und damit die Schuldzinsen in diesem steuerlichen Bereich geltend machen.
Hierfür gibt es trotzdem einen Umweg, der zu einem steuergünstigen Ergebnis führt. Du mußt dazu nur mehrere Konten unterhalten und diese strikt voneinander trennen.

Ein Konto auf dem Deine betrieblichen oder freiberuflichen Einnahmen, Mieteinnahmen oder Kapitalerträge angesammelt werden. Dieses Konto kannst Du regelmäßig »plündern« und auf Dein zweites Konto, Dein Privatkonto übertragen. Über dieses Privatkonto mußt Du dann alle Deine privaten Zahlungen tätigen.
Von dem dritten Konto schließlich werden ausschließlich Deine Betriebsausgaben oder Werbungskosten bezahlt. Hier mußt Du aber darauf achten, daß keinerlei private Aufwendungen von diesem Konto bezahlt werden. Nur dann häufen sich hier die Schulden an, die mit der Einkunftserzielung zusammenhängen und deshalb vom Finanzamt anerkannt werden müssen. Dieses Konto kannst Du auch, wenn es eine Höhe von mehr als 5000 DM erreicht hat, in ein zinsgünstigeres Darlehn umwandeln und dafür als Sicherheiten Dein schuldenfreies Privatvermögen verpfänden. Zur Sicherheit verpfändetes Privatvermögen macht das Konto deshalb nicht zu einem Privatkonto ohne Steuerauswirkung.

TIP: Die auf diesem Konto anfallenden Schuldzinsen sind ebenfalls steuerlich abzugsfähig. Das gilt auch dann noch, wenn Du dieses Kontokorrentkonto in ein Darlehnskonto umwandelst und dafür (falls erforderlich) als Sicherheit Dein inzwischen unbelastetes Privatvermögen verpfändest. Durch diese einfache Gestaltung kannst Du den Staat eben doch an Deinen »privaten« Schuldzinsen beteiligen.

Verkauf von Vermögen an den anderen Ehegatten

Ein davon abweichender Fall ist der, daß Du beispielsweise das schuldenfreie Vermögen an Deinen Ehegatten verkaufst, der diesen Kaufpreis sofort mit Darlehn finanziert. Auch hier ist dann ein enger Zusammenhang mit dem Erwerb der Einkunftsquelle und damit mit der künftigen Gewinnerzielung gegeben, der zum Abzug der Schuldzinsen bei den Betriebsausgaben oder den Werbungskosten führt.

TIP: Du mußt aber auch hierbei darauf achten, daß bei Deinem Ehegatten auf Dauer gesehen ein Überschuß wenigstens rechnerisch überhaupt entstehen kann. Wenn Du dauernde Verluste erzielst, kann das Finanzamt Dir vorhalten, Du wolltest das nur auf seine Kosten tun und hat so einen Grund, sie nicht zum Abzug zuzulassen.
Du mußt es immer so deichseln, daß Du noch behaupten kannst, es ginge Dir nur ums Gewinnemachen. Da müßte man auch mal Durststrecken durchstehen.

Schenke nicht selbst, sondern lasse schenken

Für Geschenke an Geschäftsfreunde sind Deine steuerfreien Zuwendungen auf 75 DM pro Jahr und pro Person begrenzt. Zusätzlich mußt Du diese Kosten auf einem gesonderten Konto aufzeichnen, damit die Beträge und die Empfänger jederzeit leicht festzustellen sind. Bei Sammelrechnungen mußt Du die einzelnen Empfänger vermerken, damit auch hier die Einhaltung der Höchstgrenze festgestellt werden kann.
Übersteigen diese Geschenke (außer Versandkosten) nun die genannte Grenze, dann entfällt der Abzug als Betriebsausgaben gänzlich, es sei denn, daß Du die Versteuerung als geldwerten Vorteil zusätzlich übernimmst. Dies wird aber ein sehr kostspieliges Unterfangen, denn der Steuersatz kann fast 50% betragen.
Da aber nun einmal kleine Geschenke bekanntlich die Freund-

schaft erhalten, bietet sich der Umweg über Deine Außendienstmitarbeiter an. Du schenkst die Dinge nicht selbst, sondern läßt sie schenken. Jetzt muß das Finanzamt bei Deinen Mitarbeitern diese Beträge erst einmal finden und sich dann auch noch die Empfänger benennen lassen, ehe es auf Deine Geschäftsfreunde stößt.

Bis zu dem Betrag von 75 DM werden von der Finanzverwaltung keine weiteren Nachforschungen angestellt. Handelt es sich dagegen um höhere Beträge, dann besteht die Gefahr, daß der Empfänger den Wert des empfangenen Geschenks als »geldwerten Vorteil« versteuern muß. Doch damit ist ja der eigentliche Sinn des Schenkens verfehlt.

Diese Besteuerung bei Deinen Geschäftsfreunden geht natürlich nur dann, wenn das Finanzamt den Namen und die Anschrift des Empfängers kennt.

Hier bleibt es Dir bzw. Deinem Arbeitnehmer überlassen, ob Ihr dieses Risiko mit der Verärgerung der Kunden oder Geschäftsfreunde eingehen wollt, oder ob Ihr lieber auf die Anerkennung dieser Beträge gänzlich verzichtet.

TIP: Diese Gefahr erkennst Du daran, daß das Finanzamt von Deinem Arbeitnehmer die Anschrift des Empfängers verlangt. Zu diesem Zeitpunkt kannst Du dann noch entscheiden, ob Du diese dem Finanzamt bekanntgeben lassen willst. Tust Du das nicht, dann passiert dem Empfänger nichts und es werden auch keine weiteren Nachforschungen angestellt. Nur bei den Werbungskosten Deines Arbeitnehmers werden diese Beträge dann nicht mehr anerkannt. In einem solchen Fall bleibt dann allerdings noch der Ausweg über zusätzlichen Arbeitslohn, Provisionen, Tantiemen usw. den Betriebsausgabenabzug bei Dir doch noch herzustellen.

Dienstreisen

Wenn einer eine Reise tut ..., dann muß er versuchen, den Staat an den Kosten zu beteiligen. Besonders willkommen sind da natürlich Auslandsreisen, die ebenfalls zu Betriebsausgaben oder Werbungskosten führen. Doch dafür ist erforderlich, daß die Reise aus überwiegend betrieblichem oder beruflichem Anlaß von Dir unternommen wird. Deshalb mußt Du Messeausweise, Schriftwechsel mit Kunden usw. aufbewahren, aus denen die Notwendigkeit der Reise nachzuweisen ist.
Wenn Du Dich aus dienstlichem Anlaß vorübergehend außerhalb Deiner Betriebsstätte aufhältst, dann kannst Du die dabei entstehenden Aufwendungen als Betriebsausgaben oder Werbungskosten geltend machen oder steuerfreien Ersatz von Deinem Arbeitgeber (dies kann Deine eigenen GmbH sein) erhalten.

Fahrtkosten

Für Fahrtkosten kannst Du die Kosten der öffentlichen Verkehrsmittel in voller Höhe abrechnen. Zu diesen öffentlichen Verkehrsmitteln zählen natürlich auch Schiffe oder Flugzeuge. Bei Fahrten mit dem eigenen Kraftfahrzeug kannst Du wählen, ob Du die tatsächlich entstandenen Kosten oder aus Vereinfachungsgründen die Kilometerpauschbeträge von 0,52 DM bei Benutzung eines Pkws, von 0,23 DM bei Benutzung eines Motorrads oder Motorrollers, 0,14 DM bei Benutzung eines Mopeds oder Mofas und 0,07 DM bei einem Fahrrad für jeden dienstlich gefahrenen Kilometer ansetzen willst.
Benutzt Du Deinen betrieblichen Pkw, dann erübrigt sich eine solche Rechnung, denn dann wird umgekehrt gerechnet. Die gesamten angefallenen Kosten werden als betrieblich bedingt bei Dir anerkannt. Lediglich für Deine privat gefahrenen Kilo-

meter mußt Du Dir einen Privatanteil von 35% der gesamten Kosten zurechnen lassen.
Führt diese Pauschale zu einem ungerechten Ergebnis bei Dir, weil Du Dein Geschäftsfahrzeug nur in geringerem Umfang privat benutzt, dann mußt Du als Nachweis für die geringere Nutzung ein Fahrtenbuch führen, aus dem einwandfrei Deine dienstlichen und Deine privaten Kilometer zu errechnen sind.

Verpflegungsmehraufwendungen

Als Verpflegungsmehraufwendungen gelten je nach Dauer Deiner Abwesenheit gestaffelte Beträge. Zusätzliche Voraussetzung ist, daß Dich die Dienstreise mindestens an einen 20 km von der Betriebsstätte entfernten Ort führen muß und Deine Abwesenheit mindestens sechs Stunden dauert.

Ohne Nachweis können folgende Pauschbeträge geltend gemacht werden:

Reisekostenpauschbeträge Inland

Abwesenheit in Stunden	über 12	über 10	über 8	über 6
eintägige Reisen	35 DM	28 DM	17 DM	10 DM
mehrtägige Reisen	46 DM	36 DM	23 DM	13 DM

Übernachtungskosten

Übernachtungskosten sind grundsätzlich nur auf Nachweis abzugsfähig. Dieser Nachweis kann nur dann entfallen, wenn die Übernachtung im Ausland stattfindet und dafür keine höheren, als die in den Tabellen aufgeführten Beträge als Betriebsausgaben angesetzt werden, oder wenn Dein Arbeitgeber (Deine Gesellschaft) bei Übernachtungen im Inland Dir keine höheren Beträge als 39 DM erstattet.

Reisekosten – Einzelbelegnachweis

Rechnest Du Deine Reisekosten nicht nach den Pauschbeträgen, sondern auf Einzelbeleg ab, dann mußt Du von den Gesamtkosten eine Haushaltsersparnis abziehen. Diese beträgt pro Tag 20% der nachgewiesenen Kosten ohne Übernachtungskosten.
Dazu ein Beispiel: Von den tatsächlich nachgewiesenen Verpflegungskosten pro Tag in Höhe von angenommen 100 DM, müssen 20%, das sind 20 DM, abgezogen werden. Es verbleiben dann noch 80 DM. Ist der so errechnete Betrag niedriger als in der nachfolgenden Tabelle, so kann nur der niedrigere Betrag angesetzt werden. Ist der danach verbleibende Betrag aber höher, so kann höchstens der Betrag in der nachfolgenden Tabelle, also 64 DM angerechnet werden. Deshalb mußt Du prüfen, ob für Dich die Pauschbeträge nicht insgesamt günstiger sind, weil Du Dir das Belegesammeln ersparst.

Reisekosten Inland

Abwesenheit in Stunden	über 12	über 10	über 8	über 6
	64 DM	51 DM	32 DM	19 DM

Reisekosten Ausland

Schon fast zum Kreuzworträtsel sind die Auslandsreisekosten verkompliziert worden. Wie Du aus den nachfolgenden Tabellen ersiehst, kennt die Vielfalt keine Grenzen mehr. Besonders undurchsichtig sind die Maßstäbe, nach denen die Übernachtungspauschbeträge festgelegt wurden. Da hilft Dir leider nur eines, nämlich das betreffende Land zu suchen. Ich hoffe trotzdem, daß mir die Aufstellung so übersichtlich wie irgend möglich gelungen ist.

Bei Auslandsreisen nach	Verpflegungsmehraufwendungen Höchstbetrag für nachgewiesene Verpflegungskosten (Abwesenheitszeit)			
	über 12 Stunden	über 10 Stunden	über 8 Stunden	über 6 Stunden
	DM	DM	DM	DM
Ägypten	82	66	41	25
Äquatorialguinea	152	122	76	46
Äthiopien	113	90	57	34
Afganistan	152	66	41	25
Albanien	133	106	67	40
Algerien	88	70	44	26
Andorra	116	93	58	35
Angola	222	178	111	67
Argentinien	116	93	58	26
Australien	128	102	64	38
Bahamas	152	122	76	46
Bahrein	121	97	61	36
Bangladesch	81	65	41	24
Barbados	152	122	76	46
Belgien	134	107	67	40
Benin	126	100	63	38
Bolivien	85	68	43	26
Botsuana	71	57	36	21
Brasilien	107	86	54	32
Brunei (Darussalam)	102	82	51	31
Bulgarien	120	96	60	36
Burkina Faso	60	48	30	18
Burundi	144	115	72	43
Chile	68	54	34	20
China	109	87	55	33
(China) Taiwan	152	122	76	46
Costa Rica	79	63	40	24
Côte d'Ivoire	144	115	72	43
Dänemark	148	118	74	44
Dominikanische Republik	77	62	39	23
Dschibuti	152	122	76	46
Ecuador	40	32	20	12
El Salvador	65	52	33	20
Estland	98	78	49	29
Fidschi	85	68	43	26

Verpflegungsmehraufwendungen Pauschales Auslandstagegeld (Abwesenheitszeit)				Pauschales Auslandsübernachtungsgeld
über 12 Stunden	über 10 Stunden	über 8 Stunden	über 6 Stunden	
DM	DM	DM	DM	DM
59	47	30	18	70
109	87	55	33	100
81	65	41	24	100
109	87	55	33	100
95	76	48	29	50
63	50	32	19	90
83	66	42	25	100
159	127	80	48	50
83	66	42	25	70
92	74	46	28	120
109	87	55	33	100
87	70	44	26	90
58	46	29	17	100
109	87	55	33	100
96	77	48	29	90
90	72	45	27	100
61	49	31	18	50
51	41	26	15	80
77	62	39	23	80
73	58	37	22	120
86	69	43	26	90
43	34	22	13	60
103	82	52	31	80
49	39	25	15	90
78	62	39	23	80
109	87	55	33	100
57	46	29	17	100
103	82	52	31	100
106	85	53	32	90
55	44	28	17	100
109	87	55	33	100
29	23	15	9	60
47	38	24	14	60
70	56	35	21	100
61	49	31	18	90

Bei Auslandsreisen nach	Verpflegungsmehraufwendungen Höchstbetrag für nachgewiesene Verpflegungskosten (Abwesenheitszeit)			
	über 12 Stunden	über 10 Stunden	über 8 Stunden	über 6 Stunden
	DM	DM	DM	DM
Finnland	127	102	64	38
Frankreich	117	94	59	35
Gabun	155	124	78	47
Gambia	67	54	34	20
Gemeinschaft unabhängiger Staaten – GUS – (früher UdSSR)	98	78	49	29
Ghana	127	102	64	38
Griechenland	99	79	50	30
Großbritannien (s. u. Vereinigtes Königreich)				
Guatemala	56	45	28	15
Guinea	117	94	59	35
Guinea-Bissau	86	69	43	26
Guyana	152	122	76	46
Haiti	89	71	45	27
Honduras	72	58	36	22
Hongkong	142	114	71	43
Indien	63	50	32	19
Indonesien	130	104	65	39
Irak	152	122	76	46
Iran, Islamische Republik	233	186	117	70
Irland	154	123	77	46
Island	253	202	127	76
Israel	140	112	70	42
Italien	161	129	81	48
Jamaika	98	78	49	29
Japan	218	174	109	65
Jemen	128	102	64	38
Jordanien	121	97	61	36
Jugoslawien	81	65	41	24
Kambodscha	109	87	55	33
Kamerun	135	108	68	41

Verpflegungsmehraufwendungen Pauschales Auslandstagegeld (Abwesenheitszeit) über 12 Stunden DM	über 10 Stunden DM	über 8 Stunden DM	über 6 Stunden DM	Pauschales Auslandsüber-nachtungsgeld DM
91	73	46	27	110
84	67	42	25	80
111	89	56	33	100
48	38	24	14	90
70	56	35	21	100
91	73	46	27	100
71	57	36	21	80
40	32	20	12	110
84	67	42	25	100
62	50	31	19	70
109	87	55	33	100
64	51	32	19	70
52	42	26	16	90
102	82	51	31	170
45	36	23	14	80
93	74	47	28	120
109	87	55	33	100
167	134	84	50	130
110	88	55	33	120
181	145	91	54	160
100	80	50	30	80
115	92	58	35	110
70	56	35	21	90
156	125	78	47	120
92	74	46	28	90
87	70	44	26	90
58	46	29	17	80
78	62	39	23	120
97	78	49	29	80

Bei Auslandsreisen nach	Verpflegungsmehraufwendungen Höchstbetrag für nachgewiesene Verpflegungskosten (Abwesenheitszeit)			
	über 12 Stunden	über 10 Stunden	über 8 Stunden	über 6 Stunden
	DM	DM	DM	DM
Kanada	119	95	60	36
Kap Verde	70	56	35	21
Katar	110	88	55	33
Kenia	71	57	36	21
Kolumbien	58	46	29	17
Komoren	113	90	57	34
Kongo	161	129	81	48
Korea, Demokrat. Republik	135	108	68	41
Korea, Republik	156	125	78	47
Kuba	105	84	53	32
Kuwait	218	174	109	65
Laotische Demokratische Volksrepublik	65	52	33	20
Lesotho	64	51	32	19
Lettland	98	78	49	29
Libanon	165	132	83	50
Liberia	152	122	76	46
Libysch-Arabische Dschamahirija	208	166	104	62
Liechtenstein	137	110	69	41
Litauen	98	78	49	29
Luxemburg	152	122	76	46
Madagaskar	77	62	39	23
Malawi	64	51	32	19
Malaysia	82	66	41	25
Malediven	155	124	78	47
Mali	169	135	85	51
Malta	147	118	74	44
Marokko	113	90	57	34
Mauretanien	116	93	58	26
Mauritius	152	122	76	46
Mexiko	103	82	52	31
Monaco	117	94	59	35
Monogolei	77	62	39	23

Verpflegungsmehraufwendungen Pauschales Auslandstagegeld (Abwesenheitszeit)				Pauschales Auslandsüber-nachtungsgeld
über 12 Stunden	über 10 Stunden	über 8 Stunden	über 6 Stunden	
DM	DM	DM	DM	DM
85	68	43	26	100
50	40	25	15	50
79	63	40	24	80
51	41	26	15	80
42	34	21	13	80
81	65	41	24	70
115	92	58	35	80
97	78	49	29	70
112	90	56	34	150
75	60	38	23	60
156	125	78	47	170
47	38	24	14	40
46	37	23	14	50
70	56	35	21	100
118	94	59	35	140
109	87	55	33	100
149	119	75	45	80
98	78	49	29	100
70	56	35	21	100
109	87	55	33	100
55	44	28	17	80
46	37	23	14	70
59	47	30	18	100
111	89	56	33	100
121	97	61	36	90
105	84	53	32	90
81	65	41	24	90
83	66	42	25	60
109	87	55	33	100
74	59	37	22	110
84	67	42	25	80
55	44	28	17	80

Bei Auslandsreisen nach	Verpflegungsmehraufwendungen Höchstbetrag für nachgewiesene Verpflegungskosten (Abwesenheitszeit)			
	über 12 Stunden	über 10 Stunden	über 8 Stunden	über 6 Stunden
	DM	DM	DM	DM
Mosambik	113	90	57	34
Myanmar (früher Burma)	99	79	50	30
Namibia	60	48	30	18
Nepal	39	31	20	12
Neuseeland	103	82	52	31
Nicaragua	95	76	48	29
Niederlande	112	90	56	34
Niger	140	112	70	42
Nigeria	103	82	52	31
Norwegen	147	118	74	44
Österreich	91	73	46	27
Oman	169	135	85	51
Pakistan	85	68	43	26
Panama	138	110	69	41
Papua-Neuguinea	131	105	66	39
Paraguay	57	46	29	17
Peru	173	138	87	52
Philippinen	119	95	60	36
Polen	51	41	26	15
Portugal	109	87	55	33
Ruanda	103	82	52	31
Rumänien	53	42	27	16
Sambia	88	70	44	26
Samoa	64	51	32	19
San Marino	161	129	81	48
São Tomé und Principe	152	122	76	46
Saudi-Arabien	120	96	60	36
Schweden	229	183	115	69
Schweiz	137	110	69	41
Senegal	117	94	59	35
Sierra Leone	88	70	44	26
Simbabwe	61	49	31	18
Singapur	124	99	62	37
Somalia	152	122	76	46

Verpflegungsmehraufwendungen Pauschales Auslandstagegeld (Abwesenheitszeit)				Pauschales Auslandsüber-nachtungsgeld
über 12 Stunden	über 10 Stunden	über 8 Stunden	über 6 Stunden	
DM	DM	DM	DM	DM
81	65	41	24	80
71	57	36	21	60
43	34	22	13	60
28	22	14	8	70
74	59	37	22	100
68	54	34	20	80
80	64	40	24	90
100	80	50	30	90
74	59	37	22	110
105	84	53	32	100
65	52	33	20	90
121	97	61	36	100
61	49	31	18	80
99	79	50	30	100
94	75	47	28	140
41	33	21	12	60
124	99	62	37	70
85	68	43	26	100
37	30	19	11	60
78	62	39	23	90
74	59	37	22	60
38	30	19	11	90
63	50	32	19	60
46	37	23	14	90
115	92	58	35	110
109	87	55	33	100
86	69	43	26	80
164	131	82	49	150
98	78	49	29	100
84	67	42	25	70
63	50	32	19	100
44	35	22	13	60
89	71	45	27	120
109	87	55	33	100

Bei Auslandsreisen nach	Verpflegungsmehraufwendungen Höchstbetrag für nachgewiesene Verpflegungskosten (Abwesenheitszeit)			
	über 12 Stunden	über 10 Stunden	über 8 Stunden	über 6 Stunden
	DM	DM	DM	DM
Spanien	116	93	58	26
Sri Lanka	68	54	34	20
Sudan	267	214	134	80
Südafrika	72	58	36	22
Swasiland	152	122	76	46
Syrien, Arabische Republik	224	179	112	67
Tansania, Vereinigte Republik	72	58	36	22
Thailand	99	79	50	30
Togo	124	99	62	37
Tonga	71	57	36	21
Trinidad und Tobago	124	99	62	37
Tschad	154	123	77	46
Tschechoslowakei	77	62	39	23
Türkei	92	74	46	28
Tunesien	71	57	36	21
Uganda	44	35	22	13
Ungarn	51	41	26	15
Uruguay	67	54	34	20
Vatikanstadt	161	129	81	48
Venezuela	116	93	58	26
Vereinigte Arabische Emirate	120	96	60	36
Vereinigte Staaten	140	112	70	42
Vereinigtes Königreich	126	100	63	38
Vietnam	91	73	46	27
Zaire	211	169	106	63
Zentralafrikanische Republik	180	144	90	54
Zypern	81	65	41	24

Verpflegungsmehraufwendungen Pauschales Auslandstagegeld (Abwesenheitszeit)				Pauschales Auslandsüber-nachtungsgeld
über 12 Stunden	über 10 Stunden	über 8 Stunden	über 6 Stunden	
DM	DM	DM	DM	DM
83	66	42	25	100
49	39	25	15	70
191	153	96	57	140
52	42	26	16	70
109	87	55	33	100
160	128	80	48	130
52	42	26	16	80
71	57	36	21	110
89	71	45	27	90
51	41	26	15	60
89	71	45	27	100
110	88	55	33	100
55	44	28	17	110
66	53	33	20	90
51	41	26	15	60
32	26	16	10	100
37	30	19	11	80
48	38	24	14	60
115	92	58	35	110
83	66	42	25	80
86	69	43	26	100
100	80	50	30	120
90	72	45	27	120
65	52	33	20	60
151	121	76	45	130
129	103	65	39	100
58	46	29	17	70

Nebenkosten

Die anläßlich einer Reise entstandenen Nebenkosten, wie Gepäckaufbewahrung, Parkgebühren, Telefon, Porto, Trinkgelder, Geschenke an Geschäftspartner usw., sind gesondert als Werbungskosten abzugsfähig, oder können steuerfrei vom Arbeitgeber erstattet werden. Sind für diese Aufwendungen keine Belege vorhanden, dann empfiehlt es sich für Dich, einen Eigenbeleg anzufertigen. Dazu reicht auch ein Vermerk in Deinem Reisebericht aus, wenn Du die verauslagten Beträge täglich einträgst.

Großspenden – über 50 000 DM

Spenden sind freiwillige Zuwendungen von Dir an Institutionen oder Vereine, die einer besonderen behördlichen Aufsicht unterliegen. Diese Institutionen und Vereine werden steuerlich begünstigt, wenn die von ihnen übernommenen Aufgaben als besonders förderungswürdig anerkannt wurden. Dies ist dann der Fall, wenn der Staat diese Aufgaben nur mit einem unverhältnismäßig hohem Kostenaufwand selbst erfüllen könnte.
Wenn ein Verein, dem diese Spende zufließt, zu den wissenschaftlichen oder als besonders förderungswürdigen kulturellen Vereinen zählt, dem Du solche Zuwendungen machen willst, dann können z. B. Großspenden über 50 000 DM zu einer sofortigen Steuereinsparung bei Dir führen, wenn der Verein selbst Spendenbescheinigung ausstellen kann und darf.
Ähnlich wie bei betrieblichen Verlusten, wirken sich Spenden bei Dir als Spender sofort aus, wenn Du die Spendenhöchstbeträge in den Vorjahren noch nicht ausgeschöpft hast. Zwei Jahre rückwärts kannst Du auf diese Weise die noch nicht ausgenutzten Höchstgrenzen auffüllen.
Ist der Spendenbetrag damit noch nicht verbraucht, dann kann ein Jahr rückwärts der gleiche Versuch von Dir unternommen werden. Bleiben dann immer noch Beträge übrig, dann sind diese in den kommenden fünf Jahren auszugleichen.

In aller Regel sind von den zurückliegenden Jahren bereits Steuerbescheide vorhanden, so daß es zu einer sofortigen Änderung und damit zu einer Steuerrückzahlung kommen kann, weil diese Bescheide sehr leicht zu ändern sind. Diese Auswirkung wurde vom Gesetzgeber gewollt.
Doch auch Unternehmen in der Rechtsform einer Kapitalgesellschaft (z. B. eine GmbH) können derartige Spenden mit steuerlicher Sofortauswirkung leisten. Hier wurde allerdings ein Rücktrag nicht vorgesehen. Dafür ist der Zeitraum des Spendenabzugs auf sieben Jahre in die Zukunft festgeschrieben worden.
Diese Spenden führen sogar zu einer Gewerbesteuerersparnis, wenn die Spende nicht von Dir als Privatmann, sondern von Deinem Unternehmen an den Spendenempfänger gezahlt wird.

TIP: Durch diese Neuregelung hast Du ein Wahlrecht erhalten, ob Du solche Großspenden aus Barmitteln leisten willst, die Du im Rahmen Deiner Gewinnermittlung abziehen kannst, oder ob Du im Wege der Errichtung einer eigenen Stiftung, der Übertragung von Vermögen auf den Bund, ein Land oder eine Gemeinde solche Vermögenswerte zu Buchwerten auf den neuen Rechtsträger übertragen willst und damit (ähnlich wie bei der steuerfreien Entnahme von Wohnungen) keine Gewinnauswirkung bei Dir eintritt. Die günstigste Lösung kannst Du als Unternehmer für Dich selbst bestimmen. Deshalb ist eine vergleichende Berechnung unerläßlich.

Die Stiftung & Co. KG

Du wirst Dich über diese Überschrift sicherlich wundern, denn Dir ist bestimmt bekannt, daß es sehr schwierig ist, ein gewerbliches Unternehmen unter das Dach einer Stiftung zu bekom-

men. Diese hier genannte Rechtsform ist deshalb auch nicht unbestritten.
Wenn Du jedoch die Geschichte zur GmbH & Co. KG kennst, dann war es hierbei ähnlich. Die Rechtsform hatte sich längst durchgesetzt, ehe die Gerichte eine juristische Person als persönlich haftenden Gesellschafter anerkannten.
Dabei lebt jede Stiftung aus sich selbst heraus. Das bedeutet, daß dann, wenn die Stiftung errichtet wurde und das Vermögen auf dieses Gebilde übertragen ist, eine vollständige Haftungsbeschränkung auf das Stiftungsvermögen vorhanden ist. Der Vorstand der Stiftung kann schalten und walten wie er will und kann nur bei strafrechtlichen Handlungen zur Rechenschaft herangezogen werden. Darum ist eine solche Stiftung der ideale Komplementär.
Nach der Errichtung der Stiftung kann die Landesregierung höchstens die Stiftungsgenehmigung zurückziehen, wenn das Stiftungsvermögen untergegangen ist.
Gläubiger können nicht darauf klagen, daß das Stiftungsvermögen an die Gesellschafter ausgeschüttet wurde, denn einen Regreß der Destinatäre oder einen Durchgriff auf die Gesellschafter wie bei einer GmbH, gibt es bei der Stiftung nicht.
Bei der letztgenannten Gesellschaft können die Gläubiger nämlich von den Gesellschaftern das ausgeschüttete Stammkapital zurückverlangen oder bei ungesetzlicher Verwendung des Gesellschaftsvermögens die persönliche Inanspruchnahme der Gesellschafter oder Geschäftsführer erstreiten. Dies gibt es bei der Stiftung nicht. Damit ist hier eine totale Haftungseinschränkung auf das Stiftungsvermögen und die Kommanditeinlagen möglich.
Doch noch andere Vorteile bietet eine solche Gesellschaftsform, wenn eine bereits existierende Stiftung anschließend die Komplementärrolle einer Personengesellschaft übernimmt. So wird auf diese Weise die »Erbersatzsteuer« eingespart, die Familienstiftungen alle 30 Jahre erneut auf das vorhandene Stiftungsvermögen zu entrichten haben.

Für die Anerkennung der Gemeinnützigkeit der Stiftung ist es unschädlich, wenn ein Drittel der Stiftungseinkünfte an die Familienmitglieder des Stifters ausgeschüttet werden. Dabei kann die Vergütung für die Komplementärrolle der Stiftung so bemessen werden, daß ein Drittel ebenfalls wieder an diesen Personenkreis weiterfließt.

Der Rest kann über die Gewinnausschüttungen der KG an die Kommanditisten gelangen, denn hierbei geht die genannte Vorschrift ins Leere. Weiter wird die Beschränkung der gewerblichen Tätigkeit auf diese Weise nicht mehr zu einer Genehmigungsvoraussetzung. Denn gewerbliche Betätigung und gemeinnützige Stiftung schließen sich gegenseitig aus. Ferner gelten für diese Gesellschaftsform weder das Mitbestimmungsrecht noch die Publizitätspflicht und bei richtiger Gestaltung kann das Unternehmen sogar vor der Zerfledderung bei Erbstreitigkeiten bewahrt werden.

Es ist klar, daß nicht in jedem Fall zu einer solchen Konstruktion zu raten ist. Ich wollte Dir aber trotzdem dieses Modell vorstellen, weil die Möglichkeiten so vielfältig sind, daß immer wieder Impulse davon ausgehen, die zu vernünftigen und damit steuergünstigen Lösungen führen können.

Die stille Gesellschaft

Nach dem Handelsrecht liegt eine stille Gesellschaft nur vor, wenn Du Dich am Handelsgewerbe eines Kaufmanns mit einer Kapitaleinlage beteiligen und dafür als Verzinsung einen Anteil am Geschäftsgewinn oder einen fest vereinbarten Zinssatz der Einlage erhältst.

Wesentlich ist dabei weiter, daß Du die Herrschaft über Dein hingegebenes Vermögen vollständig verlierst und der Kaufmann damit schalten und walten kann, wie er will. Ein weiteres Indiz für eine stille Gesellschaft stellt die Beteiligung am Unternehmensverlust dar. Dadurch unterscheidet sich diese Beteiligung von einer bloßen Darlehnsgewährung.

Eine abgeschwächte Form der stillen Gesellschaft stellt ein sogenanntes partiarisches Darlehn dar. Der Unterschied zur stillen Gesellschaft besteht darin, daß in einem solchen Fall keine Verlustbeteiligung vereinbart ist. Im Konkursfall des Kaufmanns kannst Du die Forderung zur Masse anmelden. Die Verzinsung wird bei solchen partiarischen Darlehn meist als Prozentsatz vom Unternehmenserfolg bemessen und stellt bei Dir Einkünfte aus Kapitalvermögen dar, ebenso wie bei Deinen stillen Beteiligungen.

Durch die Tatsache, daß es sich bei einer stillen Gesellschaft um eine Beteiligung am Handelsgewerbe eines anderen Kaufmanns handeln muß, ist der Schritt sehr klein, daß aus der stillen Gesellschaft eine Mitunternehmerschaft mit gewerblichen Einkünften wird.

Zu den Kaufleuten nach dem Handelsrecht zählen nämlich auch Gesellschaften wie eine offene Handelsgesellschaft (OHG), Kommanditgesellschaft (KG) oder Gesellschaft mit beschränkter Haftung (GmbH), Aktiengesellschaft (AG) usw.

Hier mußt Du deshalb bei den Vertragsgestaltungen darauf achten, daß Du neben dem möglichen Verlust Deiner Einlage nicht noch weitere Risiken des Handelsgeschäfts übernimmst. Es kommt nämlich dabei nicht allein auf die vertragliche Bezeichnung »stille Gesellschaft« an, sondern darauf, was in diesem Vertrag tatsächlich vereinbart wurde. Deshalb solltest Du derartige Verträge vorher durch einen rechtlich versierten Berater überprüfen lassen.

Solche Gestaltungen bieten sich deshalb hauptsächlich innerhalb von Familienverbänden an, wo zum Zwecke der Einkünfteverlagerung solche Beteiligungen an lukrativen Einkunftsquellen vereinbart werden. Durch die Einkunftsverteilung auf mehrere Köpfe wird die Steuerlast gesenkt und die Freibeträge bei allen Beteiligten ausgenutzt.

Die Mitspracherechte des stillen Gesellschafters sind unbedeutend, so daß Du als der Chef nach wie vor der Herr im eigenen Hause bleibst und keine überraschenden Gesellschafterbeschlüsse zu befürchten hast, wie das bei anderen Beteiligungsformen der Fall sein kann.

TIP: Zusätzlicher Vorteil ist der, daß eine stille Gesellschaft nicht ins Handelsregister eingetragen werden muß, so daß nach außen eine solche Beteiligung nicht sichtbar wird.

Bei der Auszahlung der Vergütungen an den stillen Gesellschafter mußt Du Kapitalertragsteuern einbehalten und abführen, die aber in voller Höhe beim »Stillen« als Einkommensteuervorauszahlungen gelten. Darüber mußt Du eine besondere Bescheinigung ausstellen, aus der sich der Steuerbetrag und der Bruttoertrag der Auszahlungen ergibt.

Betriebsveräußerung, Betriebsaufgabe, Veräußerung von Gesellschaftsanteilen

Zu einer Betriebsveräußerung oder Betriebsaufgabe gehört auch die Veräußerung sämtlicher Anteile an einer Kapitalgesellschaft. Solche »Geschäfte« führen zu ganz erheblichen Steuerauswirkungen, wenn Du dafür keine der gesetzlich zulässigen Vermeidungsgestaltungen wählst.
Der Staat will zwar diesen letzten Akt Deiner Betätigung steuerlich durch Freibeträge (maximal 120 000 DM) erleichtern und Dir unter bestimmten Voraussetzungen (Lebensalter über 55 Jahre oder Berufsunfähigkeit, Höhe des gesamten Veräußerungs- oder Entnahmegewinns maximal 300 000 DM) diesen Entschluß leichter machen. Doch das alles wird Dir nicht auf dem silbernen Tablett serviert, sondern hierfür mußt du selbst die entsprechenden vertraglichen Voraussetzungen schaffen.
Der Veräußerungsgewinn zählt zu den außerordentlichen Ein-

künften, die mit dem halben Durchschnittssteuersatz veräußert werden. Doch die Finanzgerichte sind bei weitem nicht so großzügig mit diesen Segnungen, wie es der Gesetzestext auf den ersten Blick vermuten läßt, deshalb ist Dein eigenes Handeln vonnöten.

Veräußerungsmodell

Die Richter unterscheiden sehr scharf zwischen einer »Betriebsveräußerung im ganzen«, bei der in einem Akt und in einem zeitlichen Zusammenhang (maximal 25 Monate), von Dir Dein gesamtes Betriebsvermögen veräußert wird. Dabei ist es unschädlich, wenn einzelne Wirtschaftsgüter des Betriebsvermögens in Dein Privatvermögen überführt werden. Doch auch die hierdurch entstehenden Papiergewinne mußt Du versteuern.

TIP: Die Vorteile sind die, daß Dir dann immer die steuerliche Vergünstigung als Veräußerungsgewinn zusteht. Dabei kannst Du die für Dich maßgebenden Freibeträge beanspruchen. Übersteigt der Veräußerungsgewinn die Höchstgrenzen, dann erhältst Du auf alle Fälle den halben Durchschnittssteuersatz, zusätzlich ist dieser Gewinn gewerbesteuerfrei.

Betriebsaufgabe, Betriebsaufspaltung

Anders sieht es dagegen aus, wenn Du Deinen Betrieb aufgibst oder eine Aufspaltung in Besitz- und Betriebsunternehmen vornimmst. Es sind aber auch die Fälle, in denen Dein Betrieb abgewickelt wird, indem der Warenbestand usw. ausverkauft wird, die Betriebsgebäude in das Privatvermögen übernommen werden und das übrige Anlagevermögen versilbert oder ebenfalls in das Privatvermögen überführt wird.

Hier mußt Du dann sorgfältig auseinanderdividieren, was als laufender Gewinn, und damit zum vollen Steuersatz ohne Freibeträge zu versteuern ist, und welche Gewinnteile als Veräußerungsgewinn anzusehen sind. Der Verkauf Deines Warenlagers wird von den Finanzämtern immer als laufender Gewinn ohne Steuerermäßigung angesehen. Dies ist eine sehr ungerechte Lösung. Eine Betriebsaufgabe wird nämlich nur dann angenommen, wenn der betriebliche Organismus mit einem Schlag in seiner bisherigen Form nicht mehr besteht.
Hierüber gibt es regelmäßig Streit mit der Finanzverwaltung. Deshalb solltest Du versuchen, eine Betriebsveräußerung im ganzen zu »konstruieren«.

Betriebsveräußerung im ganzen

Dies kannst Du so erreichen, indem ein Verwandter Dir den Betrieb zu üblichen Marktpreisen abkauft (der Käufer kann sogar Dein Ehegatte sein). Du kannst aber auch eigens eine GmbH gründen, die als Gesellschaftszweck den Erwerb und die Abwicklung von Betrieben in ihre Satzung schreibt.
Bei dieser Gesellschaft kannst Du sogar selbst als Geschäftsführer fungieren, wenn die Kapitalanteile der Gesellschaft der andere Ehegatte hält. Nun kannst Du dieser Gesellschaft Dein komplettes Unternehmen, einschließlich eines eventuell noch vorhandenen Firmenwertes verkaufen. Auf diese Weise sicherst Du Dir sämtliche Vorteile der Betriebsveräußerung bei Deinem alten Unternehmen und hast keinen Streit mit dem Finanzamt zu befürchten. Diese Betriebsveräußerung ist ein einziger Akt, zu dem dann auch die Veräußerung Deines gesamten Warenbestandes gehört.
Diese neue Gesellschaft übernimmt die Abwicklung und damit die Versilberung der Vermögensgegenstände. Auf diese Weise kannst Du bei richtiger Preisgestaltung und bei Veräußerung im richtigen Augenblick, die Steuervorteile optimal ausnutzen.

TIP: Erwirbt ein Verwandter den Betrieb, so kann auch dieser, wenn er das Unternehmen kurze Zeit weiterführt, ebenfalls die genannten Freibeträge beanspruchen, wenn er in seiner Person die Voraussetzungen dafür erfüllt. Damit könnt Ihr praktisch eine Verdoppelung der steuerfreien Gewinne erreichen. Wie lange der Erwerber das Unternehmen weiterführt ist dabei nebensächlich. Freunde und Verwandte bieten sich hierbei an. Besonders, weil sich so schnell ein guter Batzen nebenbei verdienen läßt.

Veräußerung von Gesellschaftsanteilen einer Personengesellschaft

Die eben genannten Grundsätze gelten auch, wenn Du eine Beteiligung an einer Personengesellschaft veräußerst oder aufgibst. In solchen Fällen ermäßigen sich allerdings dann Deine Freibeträge auf den Teil, der Deinem Anteil am Gesamtunternehmen entspricht.

Bei einer 50prozentigen Beteiligung beispielsweise würde sich der Freibetrag von 120 000 DM auf 60 000 DM halbieren. Dabei dürfte dann auch der bei Dir entstandene gesamte Veräußerungsgewinn nicht höher als 150 000 DM sein. Es wird nämlich angenommen, daß die anderen im Unternehmen verbleibenden stillen Reserven noch im gleichen Verhältnis vorhanden sind wie diejenigen, die bei Deinem Veräußerungs- oder Aufgabevorgang aufgedeckt wurden.

Die Vergünstigung des halben Durchschnittssteuersatzes für die übersteigenden Gewinnteile bleibt aber unverändert bestehen. Hiervon macht das Gesetz keine Abstriche.

Veräußerung von Gesellschaftsanteilen einer Kapitalgesellschaft

Bei Gesellschaftsanteilen an Kapitalgesellschaften gibt es eine »Schallgrenze« von 25% des Gesellschaftskapitals, bis zu der Gewinne steuerfrei sind. Wird die Grenze nicht überschritten, so dürfen zusätzlich die Anteile nicht zu Deinem Betriebsvermögen gehören. Im betrieblichen Bereich sind Veräußerungsgewinne immer steuerpflichtig, und zwar zum vollen Steuersatz.
Deshalb wird eine solche Zurechnung von den Finanzämtern immer wieder versucht, indem eine Abhängigkeit Deiner Beteiligung mit Deinem Unternehmen unterstellt wird. Liegen solche Verbindungen nicht vor, dann kannst Du in der Gesellschaft Gewinne anhäufen lassen. Dadurch erhöht sich automatisch der »innere Wert« der Anteile.

TIP: Wenn Du nun nicht mehr als 25% der Anteile des Unternehmen hältst, kannst Du die Anteile en bloc, und zwar zu dem hohen inneren Wert, veräußern. Dann sind diese Gewinne völlig steuerfrei. Eine weitere Gestaltung habe ich Dir unter dem Stichwort Anteilekarussell beschrieben.

Zero Bonds – Null-Coupon-Anleihen

Eine Anleihe ist ein festverzinsliches Wertpapier, das verschiedenartig ausgestattet sein kann. So gibt es Anleihen mit jährlicher Zinszahlung oder solche, bei denen sich Zins und Zinseszins bis zum Einlösungstag am Ende der Laufzeit anhäufen und hier zusammen mit Deinem eingezahlten Kapital in einem Betrag zurückerstattet werden.

Dieser Rückzahlungsbetrag muß dann aufgeteilt werden, weil am Ende der Laufzeit Wertsteigerungen oder Wertverluste eingetreten sein können, die nicht den steuerlichen Ertrag beeinflussen. Solche Wertsteigerungen können bei ausländischen Anleihen in einer Kurssteigerung dieser Währung liegen, was automatisch zu einem höheren Rückzahlungsbetrag führt, weil für steuerliche Zwecke die Währung in Deutsche Mark umgerechnet werden muß.

Eine Besteuerung dieses Kursgewinns tritt aber nur dann ein, wenn Du innerhalb einer sechsmonatigen Spekulationsfrist zwischen Ankauf und Verkauf, diese Gewinne realisierst. Ferner ist das von Dir eingezahlte Kapital abzuziehen, denn steuerpflichtig ist nur der auf die Emissionsrendite berechnete Zins in Deiner Besitzzeit. (Die Begriffe erkläre ich Dir bei den Einkünften aus Kapitalvermögen.)

Solche Bonds können für Dich als Unternehmer auch eine gut zu nutzende steuerliche Manövriermasse sein, wenn Du die wirtschaftlichen Auf- und Abwärtsbewegungen Deiner Unternehmensgewinne glätten willst.

Hier ist es durchaus steuerlich sinnvoll, wenn Du in einer Verlustphase Deines Unternehmens vorzeitig Bonds verkaufst, um Deine Zinsgewinne zu realisieren. Dadurch kannst Du die Verluste ausgleichen. Genauso kannst Du bei richtiger Dosierung noch Deine persönlichen Freibeträge und Freigrenzen sowie Deine Sonderausgaben und außergewöhnlichen Belastungen optimal ausnutzen, wie ich es beim Verlustvor- und Verlustrücktrag beschrieben habe.

Bist Du Unternehmer, dann kannst Du natürlich der Gestaltung dadurch eine Krone aufsetzen, daß Du selbst derartige Schuldverschreibungen ausgibst, die sogar Deine Familienangehörigen erwerben können. Es muß sich dabei aber hauptsächlich um solche Schuldverschreibungen handeln, die das bürgerliche Recht erlaubt und die nicht börsenfähig sind.

Mit diesem kleinen Einblick in die steuerliche Trickkiste der Steuergestaltungen siehst Du, daß Steuern einsparen auch etwas damit zu tun hat, wie Du die jeweiligen Gestaltungen als für Dich vernünftige Lösungen erklären kannst und wie sorgfältig Du das vertragliche Fundament dafür gestaltest. Bei der Vielzahl von Variationsmöglichkeiten ist sicher die eine oder andere Anregung gerade für Dich dabei, die Du in die Tat umsetzen kannst. Hierfür mußt Du dann aber auch das Umfeld bestellen, denn oftmals sind eben handelsrechtliche oder zivilrechtliche Voraussetzungen zu erfüllen, ehe auch das Steuerrecht diese Gestaltungen anerkennt.

Zusammenschluß und Nachfolgeregelung bei Freiberuflern

Wenn Du eine selbständige Tätigkeit ausübst, dann gelten für Dich praktisch die gleichen Regeln wie für einen Gewerbetreibenden. Lediglich von der Gewerbesteuer bleibst Du verschont.
Doch dafür ist es hier nicht ganz so einfach, Deine Tätigkeit auch als freiberuflich beim Finanzamt anerkannt zu bekommen. Es existiert dazu nämlich im § 18 des Einkommensteuergesetzes ein sogenannter Katalog, in dem die betreffenden Berufe aufgezählt sind.
Insbesondere sind hier folgende Berufsgruppen genannt: Ärzte, Zahnärzte, Tierärzte, Rechtsanwälte, Notare, Patentanwälte, Vermessungsingenieure, Ingenieure, Architekten, Handelschemiker, Wirtschaftsprüfer, Steuerberater, beratende Volks- und Betriebswirte, vereidigte Buchprüfer, Steuerbevollmächtigte, Heilpraktiker, Dentisten, Krankengymnasten, Journalisten, Bildberichterstatter, Dolmetscher, Übersetzer, Lotsen und diesen ähnliche Berufe.
Aus dieser Aufzählung ersiehst Du bereits, daß es sich hierbei durchweg um Berufe handelt, die eine besondere Zulassung erfordern, um Dir einen solchen Status zu verleihen.
Doch auch mit dieser Zulassung allein ist noch immer nicht sicher, daß es sich bei Dir auch tatsächlich um eine freiberufliche Tätigkeit handelt. Schließt Du Dich nämlich mit Kollegen in der Rechtsform einer GmbH zusammen, dann erzielt Ihr mit dieser Gesellschaft immer gewerbliche Einkünfte, auch wenn Ihr die gleichen Tätigkeiten ausübt wie als einzelne Freiberufler.
Doch noch auf andere Weise kannst Du Deine Freiberuflichkeit und damit die Gewerbesteuerbefreiung verlieren. Dann nämlich, wenn Deine eigene Arbeitsleistung nur noch in ganz ge-

ringem Umfang ins Gewicht fällt und Du hauptsächlich Gehilfen oder anderes Personal einsetzt, um Deine Tätigkeiten zu erfüllen. Solch Fälle wurden bei Architekten angenommen, die ein großes Bauzeichnerbüro oder bei Diagnoseärzten, die einen Laborbetrieb unterhielten, den sie nur noch notdürftig selbst überwachen konnten.
Hieraus schlossen die Richter, daß bei einer solchen Konstellation nicht mehr die Beratungsleistung des Freiberuflers, sondern lediglich die mechanische Auswertung von Daten und Fakten im Vordergrund stand. Dies ist aber keine freiberufliche Tätigkeit im eigentlichen Sinne mehr.
Eine gewerbliche Tätigkeit übst Du natürlich auch dann aus, wenn Du zwar die Qualifikation als Freiberufler besitzt, in Wirklichkeit aber eine völlig andere gewerbliche Tätigkeit ausübst. Dann helfen Dir auch Deine Voraussetzungen als Freiberufler nicht weiter.
Doch gerade heute sind umfangreichere Probleme von jedem Freiberufler zu lösen, und so ist es kaum noch möglich, daß Du als »Einzelkämpfer« diese Anforderungen noch erfüllen kannst. Deshalb solltest Du ernsthaft darüber nachdenken, Dich mit Kollegen zu einer Gemeinschaft, Sozietät oder Gesellschaft zusammenzuschließen. Da ich Dir schon die Grundzüge der gewerblichen Selbständigkeit erklärt habe, will ich Dich auch als Freiberufler nicht im Stich lassen, weil hier die Probleme doch noch ein bißchen anders liegen.
Hiermit wende ich mich an alle Einzelkämpfer, um die Frage zu klären, ob die von Dir gewählte Unternehmensform noch zeitgemäß ist. Zum zweiten will ich die Probleme einer Nachfolgeregelung besonders bei den freien Berufen erklären, weil hier auch steuerliche Besonderheiten zu beachten sind, die bei unglücklichen Gestaltungen zu einer ganz erheblichen Steuerbelastung führen können.
Deshalb ist auch eine Strategie zur Vermeidung dieser Unglücksfälle dabei, die Dich aber nicht dazu verleiten sollte, derartige Verträge ohne jeglichen fachlichen Beistand zu verfassen.

Gerade die Übertragung von ganzen Freiberuflerpraxen und das Erbrecht sind die schwierigste Steuer- und Rechtsmaterie überhaupt, die ohne entsprechendes Fachwissen nicht zu den erfolgversprechenden Vertragsgestaltungen führt.

Auf vernünftige und steuergünstige Lösungen kommt es aber entscheidend an, damit von Anfang an Streitigkeiten unter Kollegen gar nicht erst entstehen können.

In den Handwerks- und Industriebetrieben hat sich schon seit den Gründerjahren eine Aufgabenteilung entwickelt, die durch den Einsatz von Maschinen und Geräten bedingt war. Die Angehörigen der sogenannten freien Berufe dagegen sträuben sich häufig dagegen.

Sei es, daß es in Deiner Erziehung begründet ist, sei es, daß alte Überlieferungen daran Schuld tragen, die Dein Ich überbetonen. In jedem Fall gilt es erst einmal diese Hemmschwelle zu überwinden, ehe ein Zusammenschluß mit anderen Kollegen zustande kommt. Dabei sind die Zeichen der Zeit für solche Zusammenschlüsse unübersehbar.

Die zunehmende Komplizierung der gesamten Verwaltung, der rasante Fortschritt der Technik, die Flut von Informationen die es zu bewältigen gilt und die immer größeren Anforderungen, die die Ratsuchenden an Dich stellen, um sie zu bewältigen, gilt es, mit der zur Verfügung stehenden Zeit hauszuhalten und zu delegieren, was eben zu delegieren geht.

Doch damit bin ich schon wieder bei meiner anfänglichen Überlegung, daß der Allround-Freiberufler das alles eben nicht mehr allein bewältigen kann. Oder er arbeitet so uneffektiv, daß der Arbeitseinsatz in keinem Verhältnis zum wirtschaftlichen Erfolg steht.

Der zweite Punkt ist der betriebswirtschaftliche Aspekt, der als Wahnwitz anprangert, wenn Du mit Deiner Qualifikation selbst die Post frankierst, weil das nun einmal bei einem Ein-Mann-Betrieb nicht anders geht. Hierdurch wird von Dir eine Verschwendung Deiner Arbeitskraft betrieben, die nur dann zu rechtfertigen ist, wenn Du tatsächlich in der Zwischenzeit nichts

anderes zu tun hast. Doch da wäre es noch immer ratsamer, die Fachlektüre zur Hand zu nehmen, als Briefmarken anzufeuchten.
Damit will ich natürlich nicht sagen, daß so etwas nicht durchaus in Engpässen einmal vorkommen kann und daß bei Terminsachen auch einmal der Chef selbst mit Hand anlegt. Doch das sollte für Dich die Ausnahme sein und bleiben.

Die Bürogemeinschaft

An dieser Stelle ist sogleich der erste Hinweis angebracht, ob Du Dich nicht mit zwei oder mehreren Berufskollegen zusammenschließt, um Deine Verwaltung neu zu organisieren. Damit sollte der Einsatz von moderner Technik und qualifiziertem Personal einhergehen, so daß sich diese, häufig recht mechanischen Abläufe, sinnvoller und ökonomischer erledigen lassen.
Die modernen Textautomaten oder Personal-Computer erledigen vom Schreiben der Rechnungen über den Ausdruck von Überweisungsträgern und Schecks bis hin zur Buchführung mit Lohnabrechnung und automatischem Mahnwesen praktisch alle anfallenden Büroarbeiten.
Wenn Ihr Euch zu mehreren an diesen Investitionen beteiligt, könnt ihr auch leistungsfähige Geräte und komfortable Bedienungsprogramme anschaffen, die diese Arbeiten zum Kinderspiel werden lassen. Viele Abläufe können darüber hinaus automatisiert werden, so daß beispielsweise wenige Eingaben genügen, um den gesamten Rechnungsausgang zu bewältigen.
Die heutigen Programme verfügen auch über Kontrollfunktionen, so daß Rechenfehler oder falsche Bezeichnungen schon bei der Eingabe bemerkt und blockiert werden. Weiter können die Daten dazu genutzt werden, für das eigenen Unternehmen zu werben. Das kann in einer sich ständig wiederholenden Textpassage geschehen, die unter Anschreiben, Rechnungen, Mahnungen usw. gesetzt wird.

Diese Werbung (die ja bekanntlich gerade bei Freiberuflern von deren Berufskammern sehr kritisch unter die Lupe genommen wird) kann aber auch in der Erinnerung bestimmter Termine bestehen oder in gezielten Anschreiben, die Deine Patienten oder Klienten auf besondere Ereignisse aufmerksam machen sollen.
Auch diese Arbeiten erledigt der Computer mit wenigen Eingaben fast vollautomatisch. Diese Eingaben können beispielsweise auch mit dem Tagesdatum gekoppelt sein und werden vom Gerät automatisch abgefragt, wenn dieses Datum eingegeben wird. Gleiches gilt für Terminüberwachungen, automatische Mahnungen oder Zahlungsanweisungen, die auf diese Weise nicht vergessen werden können.
Ein anderer Vorteil ist der, daß die Automaten um so rationeller arbeiten, je größer die zu verarbeitenden Datenmengen sind. Das gilt auch für die Datenausgabe oder die Druckvorgänge, die dann über mehrere Drucker verteilt, den ständigen Formularwechsel überflüssig machen. Sogar die zeitliche Benutzungsdauer der jeweiligen Bediener kann durch das Gerät automatisch ermittelt werden, was eine genaue Kostenverteilung ermöglicht.
Du siehst, daß sich damit der ganze Verwaltungsbereich spielend vereinfachen läßt und Deinem Personal dadurch erhebliche Freiräume für andere Aufgaben eröffnet. Damit der Einsatz dieser Technik aber wirklich sinnvoll geschieht, ist es erforderlich, daß Du Dich einmal mit den Anwendungsmöglichkeiten etwas genauer befaßt.
Hüte Dich aber vor übertriebenen Speicherkapazitäten und eigens dafür zusammengestrickten Individualprogrammen. In den meisten Fällen handelst Du Dir dadurch mehr Ärger ein. Wenn Du eine standardisierte Version erwirbst, dann erhältst Du trotzdem ein reichhaltiges Angebot an fertigen Anwendungsprogrammen für jeden Zweck und für jede denkbare Variante, so daß Du auf die Individuallösungen getrost verzichten kannst.
Durch den internationalen Preisverfall kommt hinzu, daß diese Investitionen überhaupt kein finanzielles Problem mehr darstel-

len, da diese Textsysteme in der Zwischenzeit fast so billig wie eine Schreibmaschine geworden sind.
Die Einsatzmöglichkeiten sind dagegen um ein Vielfaches höher. Die dazu erhältlichen Nadeldrucker, Tintenstrahldrucker oder Laserprinter haben bereits Druckqualitäten, die den höchsten Ansprüchen genügen.

Laborgemeinschaften

Doch nicht nur die Verwaltung läßt sich organisieren. Im ärztlichen Bereich sind Zusammenschlüsse zu Apparate- und Laborgemeinschaften inzwischen ebenfalls keine Seltenheit mehr. Genau wie im Verwaltungsbereich wird hierbei der Umstand ausgenützt, daß ein Berufsangehöriger allein die Geräte oder das Personal nicht sinnvoll einsetzen oder auslasten kann. In der Gemeinschaft dagegen lohnt sich die Investition in die Geräte und entsprechend qualifiziertes Bedienerpersonal.

So bleibt Deine Selbständigkeit voll erhalten

Alle diese Zusammenschlüsse sind nun auf einen bestimmten gemeinsamen Zweck gerichtet, ohne Dich als daran Beteiligten in Deiner Entscheidungsfreiheit oder gar in Deiner Selbständigkeit zu beeinträchtigen. Doch dieser Zusammenschluß sollte auch nicht dazu führen, daß damit die freiberufliche Tätigkeit zu einer der industriellen Massenfabrikation vergleichbaren mechanischen Abarbeitung degradiert wird.
Im Vordergrund muß nach wie vor Deine individuelle Leistung als Freiberufler stehen, der sich die mechanischen Abläufe unterzuordnen haben und deren Ergebnis nur als Entscheidungshilfe für Deine eigentliche Beratung dienen sollen.
Erreichen dagegen diese Hilfstätigkeiten einen solchen Umfang, daß für die Koordination und Abwicklung ein wesentlicher Teil

Deiner Arbeitsleistung gebunden wird, dann solltest Du diese Teilbereiche ganz verselbständigen und ausgliedern.
Es ist dann wesentlich wirtschaftlicher, die Leistungen dieser Teilbetriebe dafür entsprechend vorgebildeten Personen anzuvertrauen, als Deine hochqualifizierte Arbeitskraft dafür zu verschwenden. Hinzu kommt, daß bei diesen Größenordnungen völlig andere Arbeitsstrukturen und Kontrollmechanismen erforderlich sind, die mit der übrigen Organisation nur noch wenig Gemeinsamkeit haben.
Deshalb empfiehlt sich auch schon aus Gründen der Risikoverteilung eine solche Verselbständigung und Trennung.
Bist Du aber bereits so weit vorgedrungen, dann hast Du den ersten Schritt in die zukunftweisende Richtung schon getan, denn durch das Delegieren kannst Du Dich von allerlei Belastungen und täglicher Routine befreien, die einen wesentlichen Teil Deiner Arbeitszeit bisher blockiert hat.
Zusätzlich hast Du damit Deine ersten Berührungsängste verloren, die Dich heraus aus dem Einzelkämpferstadium, hin zur Gemeinschaftsarbeit führt.
Solche Zusammenschlüsse in jedweder Art, sollten aber immer vertraglich festgeschrieben werden. Das ist einmal für Dich als daran Beteiligten wichtig, damit jeder weiß, worauf er sich eingelassen hat. Als weiterer Punkt kann nur anhand dieser schriftlichen Fixierung ein Außenstehender bei einem Streit Rückschlüsse daraus ziehen, was Ihr ursprünglich vorhattet.
Bei den genannten Büro-, Apparate- oder Laborgemeinschaften ist das recht einfach zu regeln. Hier ist vor allem darauf zu achten, daß Vereinbarungen bestehen, wie die Mittel für die beabsichtigten Investitionen aufgebracht werden und wie die laufend entstehenden Betriebskosten zu verteilen sind. Da bei diesen Vereinigungen regelmäßig keine Gewinne entstehen, sondern nur Kostendeckung erreicht werden soll, müssen alle Beteiligten möglichst einen Modus aushandeln, der auf dem Verursacherprinzip beruht.

Sozietät oder BGB-Gesellschaft

Nun kann es durchaus sein, daß bereits ein relativ geringer Organisationsstand für Deine Praxis oder Kanzlei ausreicht. Das wird vor allem dann der Fall sein, wenn Du Dich bereits im vorgerückten Alter befindest und Dein Unternehmen einmal an einen Nachfolger verkaufen willst, um danach nur noch zu privatisieren.

Fühlst Du Dich dagegen bei solchen Zukunftsperspektiven nicht richtig wohl, dann wäre der nächstgrößere Schritt nach der Büro- oder Praxisgemeinschaft der Zusammenschluß als Sozietät mit anderen Berufskollegen. Hierbei ist dann lediglich zu unterscheiden, ob Du als Mentor jungen Kollegen den Weg in die Selbständigkeit ebnen willst, oder ob Du Dich in einem größeren Verbund etablierter Berufskollegen besser aufgehoben fühlst.

Eines mußt Du jedoch bedenken. Eine Sozietät ist eine gesellschaftliche Vereinigung, die meist als Gesellschaft des bürgerlichen Rechts konzipiert ist. Jeder Gesellschafter bringt entweder seine bisherige Praxis oder Kanzlei in die Gesellschaft ein oder leistet eine Bareinzahlung und erhält dafür einen ideellen Gesellschaftsanteil.

Der Patienten- oder Klientenstamm wird dadurch Gesamthandseigentum, genau wie die eingebrachten Geräte und Einrichtungsgegenstände. Verfügungen über das Gesellschaftsvermögen können ab jetzt nur noch gemeinsam getroffen werden, so daß jedem ein Vetorecht zusteht. Von der Geschäftsführung kann niemand gegen seinen Willen ausgeschlossen werden. Damit werden die Nachteile wieder ausgeglichen, die durch den Verlust der Verfügungsgewalt über das eingebrachte Vermögen entstehen.

Selbstverständlich stehen allen Beteiligten gemeinsam das Personal und die Einrichtungsgegenstände zur Verfügung. Das heißt jedoch nicht, daß eine solche Gesellschaft ausschließlich an einem ganz bestimmten Ort ihre gesamte Tätigkeit verrichten

muß. Es ist durchaus möglich, auch bei räumlicher Trennung eine solche Gesellschaft einzugehen und damit die bisherige Praxis oder Kanzlei an ihrem Ort beizubehalten.
Wichtig ist dabei lediglich, daß insgesamt in einen gemeinsamen Topf gewirtschaftet wird, aus dem dann alle Beteiligten entsprechend ihrer Leistung, die ihnen zustehenden Gewinnanteile erhalten. Aus diesem Grund ist es natürlich für ein reibungsloses Funktionieren der Gesellschaft erforderlich, daß der Sozietätsvertrag die allseitige Zustimmung findet.
Das ist deshalb so wichtig, weil sonst die Gemeinschaft zur Untätigkeit verurteilt ist. Dadurch, daß sämtliche Beschlüsse einstimmig gefaßt werden müssen, würde die hauptsächliche Betätigung in der Meinungsbildung der Gesellschafter liegen, wenn nicht eine einvernehmliche Aufgabenteilung vereinbart wird.
Diese Vereinbarung ist deshalb genau so wichtig wie die Klärung der finanziellen Belange, zu denen die Fragen der Einlagen aber auch die Gewinnverteilung und die darauf zu entnehmenden Vorschüsse zählen. Doch auch hierüber kannst Du Dir sehr schnell Klarheit verschaffen, wenn Du den Gedankenaustausch mit Deinen Kollegen suchst, die dieses Stadium schon hinter sich haben und deren Erfahrungen Du in Deine Überlegungen mit einfließen läßt.
Eines ist jedoch gewiß. In einer größeren Gemeinschaft besteht neben den größeren personellen Möglichkeiten viel eher die Gelegenheit, auch einmal abstrakte und mehr wissenschaftliche Problemstellungen zu durchdenken und die dabei gewonnenen Erkenntnisse mit den anderen Kollegen zu erörtern.
Hierdurch werden sich für Dich bisher nicht wahrgenommene Abfallprodukte für die tägliche Arbeit ergeben, die eine wesentliche Bereicherung Deiner Tätigkeit sein werden. Es ist auch viel selbstverständlicher, die eigene Fortbildung zu betreiben, weil der Termindruck weicht und die Zeit dazu bleibt, die Fachliteratur nicht nur zu überfliegen, sondern auch einmal einen interessanten Aufsatz bis zum Ende zu lesen.
Doch das Positive ist damit noch nicht erschöpft. Da Du mit

den Kollegen schwerpunktmäßig die Fachgebiete aufteilen kannst, bietest Du in dieser gesellschaftlichen Verbundenheit Deinen Patienten oder Klienten einen wesentlich umfassenderen Service, und dies wird Deinem beruflichen Erfolg sehr förderlich sein.
Du weißt ja selbst, wie lästig es ist, wenn Du von einem Spezialisten zum nächsten geschickt wirst. Jedesmal mußt Du im vorhinein zeitraubende Terminvereinbarungen vornehmen. Jeder Kollege muß sich von neuem in Deine Materie einarbeiten.
Wenn sich dagegen das alles im gleichen Hause abklären läßt, etwa durch eine kurze Rückfrage bei dem Kollegen oder durch ein einfaches Weiterreichen in den nächsten Raum, dann wird das von allen Ratsuchenden sehr dankbar aufgenommen werden. Und diese »Grenzüberschreitungen« im Fachbereich sind die Anforderungen, die an eine umfassende Beratung heute und in Zukunft gestellt werden.
Gerade dieses über den fachlichen Zaun Hinwegschauen führt zu einer ständigen Erweiterung und Festigung Deines Wissens und damit zu einer immer höherwertigeren Qualifizierung.
Natürlich nimmt Dir niemand übel, ab einem bestimmten Alter die Arbeit nur noch als »Beschäftigung« zu betreiben. Das kann aber keinesfalls bedeuten, daß Du Dein Spezialwissen nur noch zum Bildzeitunglesen einsetzen willst.
Gerade die Nachrückenden brauchen Deine Erfahrungen. Sei es, daß Du im Bedarfsfall mit Rat und Tat zur Seite stehst, oder daß Du Dich an der akademischen Diskussion mit Beiträgen in der Fachpresse beteiligst. Beides sind wichtige und wie ich meine unverzichtbare Aufgaben, die die Wissenden gegenüber den Lernenden haben und denen sie sich nicht entziehen sollten.
So wichtig wie es ist, das gefestigte Wissen weiterzuvermitteln, so sollten wir Althergebrachtes doch immer auf seine Tauglichkeit hin im Licht der neueren Erkenntnisse überprüfen. Nur so entsteht eine fruchtbare Vorwärtsentwicklung, die wir alle brauchen.

So findest Du den geeigneten Sozius

Strebst Du ernsthaft den Zusammenschluß in einer Sozietät an, dann stellt sich natürlich die Frage, wie Du den geeigneten Sozius findest. Willst Du dabei mit einem jungen Kollegen eine solche Gesellschaft eingehen, dann empfiehlt es sich, diesen zunächst als Angestellten in der Tageszeitung oder den Fachorganen zu suchen.

Durch die Vereinbarung einer Probezeit kannst Du Dein Risiko eingrenzen, wenn der Bewerber nicht Deinen Vorstellungen entspricht. Anderenfalls kannst Du natürlich den Anstellungsvertrag in einen Sozietätsvertrag, dem erklärten Ziel, einmünden lassen.

Zusammenschluß mit erfahrenem Kollegen

Willst Du Dich dagegen mit einem bereits erfahrenen Nachfolger zusammenschließen, dann kannst Du nur in der Fachpresse inserieren, oder Du überläßt die Vorauswahl einem sogenannten Personalberatungsunternehmen. Diese Unternehmen machen tagaus, tagein nichts anderes, als qualifizierte Arbeitskräfte zu suchen.

Deshalb wissen sie auch, wie und wo sie die gesuchten Personen am besten erreichen, denn sie verfügen über Kenntnisse des Verbreitungsgebietes und der Zusammensetzung der Leserschaft der jeweiligen Medien, in denen sie ihre Suchaktionen starten. Und auf ein großes Verbreitungsgebiet kommt es nun einmal dabei an, damit am Ende mehr als nur ein Bewerber zur Wahl steht.

Bei einer solchen Suchaktion mußt Du natürlich konkrete Vorstellungen haben, wen Du eigentlich suchst. Darüber hinaus mußt Du Dir aber auch über Deine finanziellen Möglichkeiten im Klaren sein, denn einen Nachfolger ohne finanzielle Beteiligung suchst Du ja mit Sicherheit nicht, denn den erwählst Du Dir höchstens aus dem Familienkreis.

Hast Du dann den Nachfolger gefunden, dem Du die Weiterführung Deines Unternehmens zutraust, so erfolgt dieser Zusammenschluß nach anderen Maßstäben als bei einem einfachen Unternehmenskauf.
Am leichtesten ist es deshalb auch hier, wenn der Zusammenschluß zwischen Kollegen geschieht, die bisher entweder allesamt selbständige Praxen oder Kanzleien betrieben oder die aus einem bisherigen Anstellungsverhältnis heraus in die Selbständigkeit überwechseln wollen.

Die Bewertung der Unternehmen

Hierbei geht es vordringlich darum, diejenigen Unternehmen zu bewerten, die in die Sozietät eingebracht werden sollen. Denn diese Werte sind bei mehreren Beteiligten in den seltensten Fällen der Höhe nach gleich. Dasselbe Problem stellt sich für diejenigen, die noch keine Unternehmen besitzen und hauptsächlich mit ihrer künftigen Arbeitsleistung zum Wohl der Gemeinschaft beitragen wollen.
Hier muß nun zu Beginn der Gesellschaft ein finanzieller Ausgleich dergestalt geschaffen werden, daß die Wertunterschiede durch Barleistungen ausgeglichen werden. Denn bei der Gründung der Gesellschaft sollte in jedem Fall ein finanzielles Gleichgewicht herrschen.
Mache deshalb Bestandsaufnahme und lasse möglichst von einem unbeteiligten Dritten den Wert Deiner Kanzlei oder Praxis einmal in Heller und Pfennig ausdrücken. Dies muß völlig emotionslos erfolgen, denn nur so bekommst Du einen realen Wert, der bei Deinen Verhandlungen die Untergrenze darstellen muß, die Du bei Deinen Kollegen durchsetzt.
Bei einer solchen Bewertung darfst Du aber demjenigen, der die Bewertung durchführt, auch die Risiken nicht verschweigen. Diese könnten einmal in der Bonität Deiner Klientel liegen, zum anderen kann eine Gefahr darin bestehen, daß Deine Praxis

oder Dein Kundenkreis nicht mehr ausbaufähig ist oder sich auf kleine Leute beschränkt.
Bei derartigen Konstellationen ist die wirtschaftliche Basis des Unternehmens natürlich wesentlich mehr gefährdet als in Fällen weiter Streuung. Deshalb ist es auch hier erforderlich, einen entsprechenden Risikoabschlag vorzunehmen. Denn gerade bei einer solchen Inventur hat es keinen Sinn, sich selbst etwas in die Tasche mogeln zu wollen. Dies schafft von vornherein ein Spannungsverhältnis zu Deinem möglichen Partner.
Wie sich dieser Wert zusammensetzt, will ich folgendermaßen erklären: Einmal ist es die Summe der zu Deiner Berufsausübung von Dir eingesetzten Einrichtungs- und Ausstattungsgegenstände. Dazu zählen die Einrichtungsgegenstände, Werkzeuge, Instrumente, Materialien, Fachliteratur. Kurzum alle jene Gegenstände, die Du für Dein Unternehmen im Laufe der Zeit angeschafft hast und die Du benötigst.
Doch da Dein Unternehmen durch Deinen unermüdlichen Arbeitseinsatz regelmäßig Gewinne aus der Betreuung oder Behandlung von einem mehr oder weniger großen Personenkreis erwirtschaftet, entsteht dadurch ein sogenannter Kundenstamm. Jene Patienten oder Klienten also, die sich bei Dir in guter Obhut fühlen und deshalb wiederkommen.
Auch dieses mögliche Wiederkommen stellt einen Wert dar, weil ein Nachfolger damit rechnen kann, daß nicht sofort alle Patienten oder Klienten wegbleiben, wenn er als Neuer das Unternehmen fortführt. Hinzu kommt, daß eine gut funktionierende Organisation vorhanden ist, daß angelerntes Personal und meist umfangreiche Karteien oder Dateien vorhanden sind und daß auch die einzelnen Handakten der Klienten einen Wert repräsentieren, der in Geld bewertet werden muß.
Das alles läßt sich nun allerdings nicht an jedem einzelnen Patienten oder Klienten errechnen und dann zusammenzählen. Dafür hat die Betriebswirtschaftslehre Methoden herausgefunden, die diesen Wert einigermaßen realistisch ermitteln. Es wird

dabei auf den durchschnittlichen Gewinn einer drei- oder fünfjährigen Periode abgestellt.
Nun wird unterstellt, daß dieser Gewinn auch in der Zukunft erzielt werden kann. Davon werden jetzt verschiedene Abschläge vorgenommen wie Unternehmerlohn und Kapitalverzinsung des Eigenkapitals. Diese Positionen würden nämlich normalerweise als Aufwand den Gewinn schmälern, wenn eine fremde Person die Leistung erbringt und dafür entlohnt werden müßte, oder wenn fremde Kapitalgeber dem Unternehmen Kapital zur Verfügung stellen.
Der danach verbleibende sogenannte Übergewinn wird wie bei einer Rente kapitalisiert und stellt den inneren Wert oder den Goodwill des Unternehmens dar. Hier kommt dann der Wert der Einrichtungsgegenstände und der sonstigen Betriebsgegenstände noch hinzu und diese Summe wird als Geschäfts- oder Praxiswert bezeichnet.
Bei dieser Berechnung ist Dir sicher aufgefallen, daß der Unternehmerlohn eine schwer bewertbare Größe ist. Je höher deshalb die eigene Arbeitsleistung eingeschätzt wird, um so geringer fällt Dein Geschäftswert aus. So hat sich hier in einigen Berufszweigen eine andere Methode durchgesetzt, nämlich ein bestimmter Prozentsatz oder ein Vielfaches des Jahresumsatzes als Geschäfts- oder Praxiswert.
Diese vereinfachte Rechnung hat ihre Wurzel darin, daß bei vielen freien Berufen in etwa die gleichen Kosten anfallen. Deshalb ist es auch leicht möglich, daraus den Gewinnanteil zu berechnen, der dem Übernehmer zufließt, wenn er das Unternehmen unverändert weiterführt.
Auf diese Weise wird vom Umsatz auf die Kostenstruktur und den Gewinn geschlossen. Gleichzeitig entsteht dann eine Rechengröße als Marktwert eines Unternehmens, wenn die Berufsangehörigen insgesamt eine solche Ermittlung als geeignet ansehen und die daraus errechneten Werte auch tatsächlich zur Grundlage ihrer Verhandlungen machen.
In derartigen Fällen kannst Du Dich also an Deine zuständige

Berufsvertretung oder Berufskammer wenden, die Dir diese Prozentsätze sagen wird. Steuerliche Auswirkungen hat allerdings nicht der hypothetische Wert, der sich rechnerisch ergibt, sondern allein jener, der sich in den Verträgen als mit den Kollegen ausgehandelter Wert der Geschäftsübergabe oder der Sozietätsgründung wirklich niedergeschlagen hat.
Und hier mußt du aufpassen, daß bei diesen Transaktionen das Finanzamt nicht der lachende Dritte ist und den größten Teil des von Dir mühsam erworbenen Geschäftswertes in seine Tasche ableitet.

Wie soll die Gewinnverteilung erfolgen?

Der nächste zu vereinbarende Punkt ist dann die Festlegung der Quoten, nach denen die entstehenden Gewinne verteilt werden sollen. Auch hier ist demjenigen Gesellschafter eine höhere Quote zuzugestehen, von dessen eingebrachtem Unternehmen die Sozietät am meisten profitiert.
Diese Zusatzentlohnung kann in einer befristeten Vorwegvergütung erfolgen. Im Laufe der Zeit wird sich dieser Betrag aber verringern müssen, wenn nicht durch die laufende Mehrarbeitsleistung dieses Gesellschafters diese höhere Quote weiterhin gerechtfertigt bleibt.
Der alte Geschäfts- oder Praxiswert verflüchtigt sich nämlich beim Übernehmer und entsteht durch die Leistungen der Gesellschafter in ihrer Gesamtheit von neuem. Daher muß als weiterer Punkt auch die Berechnung des Abfindungsanspruchs beim Ausscheiden eines Gesellschafters festgeschrieben werden.
Bei dieser Vereinbarung können ebenfalls besondere Aufbauleistungen einzelner Gesellschafter berücksichtigt werden. Oder es können Sonderregelungen für den Fall des Ausscheidens im Todesfall getroffen werden, die der Witwe oder minderjährigen Kindern des verstorbenen Gesellschafters eine Versorgung garantieren.

Was geschieht, wenn plötzlich einer aus der Rolle fällt?

Doch so schön diese Vereinbarungen auch sein mögen, sie taugen nichts, wenn sich ein Querulant in dieser Gesellschaft befindet. Deshalb prüfe, wer sich länger bindet. Bei der Gesellschaftsgründung sollten die Gesellschafter so einig sein, daß sie alle an einem Strang ziehen.

Daraus wird aber klar, daß sogar für derartige Notfälle Vorsorge getroffen sein sollte und entsprechende Druckmittel in den Sozietätsvertrag einzubauen sind. Die Wirklichkeit wird aber leider auch dann so aussehen, daß den verbleibenden Gesellschaftern meist nichts anderes übrigbleibt, als durch eine großzügige finanzielle Abfindung den Quertreiber zum freiwilligen Austritt zu bewegen.

Obwohl das Zivilrecht darauf gerichtet ist, das bestehende Unternehmen zu erhalten und durch Austritte nicht wahllos Vermögenswerte zerschlagen zu lassen, so ist doch die Stellung des einzelnen so stark gesichert, daß er nicht entschädigungslos sein Vermögen verlieren kann.

Dies leuchtet auch ein, denn wie ich bereits eingangs erwähnte, wird das eingebrachte Unternehmen Gesamthandsvermögen aller Gesellschafter. Der einzelne verliert also dadurch seinen Zugriff auf sein ehemaliges Vermögen, er kann es nur noch im Interesse der Gesellschaft nutzen. Logischerweise kann es auch gar nicht anders sein, denn in aller Regel wird nach dem Zusammenschluß nicht mehr in meine Patienten und seine Patienten unterschieden, denn der Arbeitsanfall wird den Anforderungen entsprechend abgewickelt.

Diese Vermischung kann letztendlich nur sinnvoll durch einen finanziellen Ausgleich des Ausscheidenden abgegolten werden. Eine andere Möglichkeit ist eine Realteilung. Hier kommt es aber auf die Art und Weise an, wie die Sozietät betrieben wird, ob hier eine sinnvolle Aufteilung überhaupt geschehen kann.

Du siehst daraus, daß Du bei jeder Gesellschaftsgründung auch schon an deren Auseinandersetzung denken mußt. Diese Vereinbarungen werden leider in der Gründungseuphorie oftmals zu stiefmütterlich behandelt und führen dann zu langwierigen Streitigkeiten, wenn dieses Ereignis tatsächlich eintritt.
Daneben ist es natürlich genauso wichtig, daß der Umfang der zu erbringenden Leistungen der einzelnen Gesellschafter geregelt wird. Dies schließt auch die Regelung ausbleibender Leistungen bei Urlaub und Krankheit mit ein. Deshalb wirst Du meine Worte verstehen, daß solche Vertragswerke nur von versierten Fachleuten erstellt werden sollten, weil sonst der Zeitzünder der Auseinandersetzung bereits im Gründungsvertrag schlummert.

Eintritt in eine bereits existierende Sozietät

Sind bereits Gesellschafter vorhanden, denen Du Dich anschließen willst, dann bedeutet der vorhandene Sozietätsvertrag für Dich die Basis, auf der ein Zusammenschluß möglich ist. Eine wahllose Änderung dieses Vertrages könnte nämlich für die Beteiligten schlimme steuerliche Konsequenzen nach sich ziehen. Deshalb ist lediglich eine Modifizierung anzuraten, die Deinen Eintritt betrifft.
Eine Prüfung dieses alten Vertragswerkes mit allen Nebenabreden ist deshalb grundsätzlich vorzunehmen. Erkennst Du darin erhebliche Mängel, dann solltest Du Deinen Beitritt von der Neukonzeption abhängig machen. Es ist allemal besser, in diesem Stadium den Vertrag zu verbessern, als später die unliebsamen Folgen mittragen zu müssen. Auch hier müssen durch die richtige Gestaltung für die Altgesellschafter negative Auswirkungen vermieden werden.

Die Freiberufler-GmbH

Sozietäten sind aber nicht unbedingt an die Rechtsform der Personengesellschaft gebunden. Mit Ausnahme der Heilberufe, bei denen mir die Gesellschaftsform der Kapitalgesellschaft nur bei Krankenhaus- und Klinikbetrieben bekannt geworden ist, wird in zunehmendem Maße dieser Gesellschaftstyp für solche Zusammenschlüsse favorisiert. Hier hauptsächlich die Gesellschaft mit beschränkter Haftung, weil deren Gründung sehr einfach ist.
Diese Gesellschaftsform hat den Vorteil, daß Kapitalbeteiligung und Geschäftsführung nicht identisch zu sein brauchen. Lediglich in den wirtschafts- und steuerberatenden Berufen wird verlangt, daß Kapitaleigner nur Berufsangehörige sein dürfen. Doch zu diesen Berufsgruppen brauche ich hier keine weiteren Erläuterungen zu geben, denn die wissen selbst, was für sie das Richtige ist.
Gleichzeitig können die Kapitaleigner auch noch Geschäftsführer sein. Für diese Tätigkeit erhalten sie eine Vergütung und zusätzlich, sofern vereinbart, noch gewinnabhängige Beteiligungen. Damit sind die Geschäftsführer praktisch Angestellte der Gesellschaft und damit Arbeitnehmern vergleichbar. Damit diese Anstellungsverträge aber von der Finanzverwaltung anerkannt werden, müssen sie von Anfang an abgeschlossen werden. Und: Alles was sich nicht durch Schriftstücke beweisen läßt, gilt als nicht vereinbart.
Das gilt auch für alle anderen Absprachen, die die Geschäftsführer zu Lasten der Gesellschaft treffen. Die Gesellschaft als solche kann sich ja nicht wehren und hat auch keinen eigenen Willen. Sie ist nur ein rechtlich anerkanntes Gebilde, welches durch die Geschäftsführer als sogenannte Organe handelt. Es kann natürlich auch eine Konstellation gewählt werden, die einem Gesellschafter eine beherrschende Stellung verschafft. Dies ist der Fall, wenn er mehr als die Hälfte der Anteile in seinem Besitz hält.

Ja, es ist sogar möglich, daß ein Alleingesellschafter eine Gesellschaft mit beschränkter Haftung gründet und sämtliche Anteile in seinem Besitz hält. In dem Augenblick ist er natürlich als Geschäftsführer unantastbar und kann unangefochten die Geschicke oder auch Mißgeschicke des Unternehmens leiten. Hält er sich von der Geschäftsführung fern, dann kann er jederzeit den von ihm bestellten Geschäftsführer auswechseln, wenn dieser nicht nach seiner Pfeife tanzt.

Doch Einflußnahme über die Kapitalbeteiligung ist bis hin zu der Großindustrie ein beliebtes und zuverlässiges Mittel, um den Willen der Kapitalgeber auch in der Geschäftsführung durchzusetzen.

Das bedeutet, daß beim Ausscheiden von Geschäftsführern oder bei einem Erbfall, trotzdem die Kapitalbeteiligung und damit die Dividendenberechtigung aufrechterhalten bleiben kann. Die Bewertung der Anteile erfolgt nach dem gleichen betriebswirtschaftlichen Modus, wie bei der Unternehmensbewertung. Der Verkauf der Anteile ist relativ unproblematisch und auch den Erben noch jederzeit möglich.

Doch der wesentlichste Punkt bei einer solchen Gesellschaft neben der Versorgung der Geschäftsführer ist die Haftungsbeschränkung. Mit ganzen fünfzigtausend Mark als Gründungskapital kannst Du dabei sein. Das hat vor allem den großen Vorteil, wenn sich der Freiberufler wie etwa ein Architekt, Statiker, Bauingenieur usw. erheblichen Haftungsrisiken ausgesetzt sieht, wenn ihm bei seiner Tätigkeit ein Fehler unterläuft.

In dem Fall kann dann nur von den Gläubigern auf das Firmenvermögen zugegriffen werden. Das Privatvermögen bleibt unangetastet. Auf diese Weise ist dann wenigstens die Existenz der Familie gesichert.

Bevor ich im folgenden auf steuerliche Einzelheiten eingehen kann, müssen zuerst einige grundsätzliche Dinge erklärt werden. Das Steuerrecht hat seine eigene Terminologie entwickelt, mit der leider nur Fachleute etwas anfangen können. Deshalb will ich versuchen, diese Begriffe verständlich zu machen.

TIP: Das Gründen einer GmbH kostet 5000 bis 6000 DM. Günstiger kommst Du weg, wenn Du einen bereits bestehenden GmbH-Mantel erwirbst. Anzeigen dazu – oft mit steuerlich abzugsfähigen Verlustvorträgen – findest Du in der FAZ.

Der Veräußerungsgewinn

Sind Deine Verhandlungen endlich zu einem Ergebnis gekommen und hast Du Dich mit den künftigen Partnern auf Beträge geeinigt, dann hat das auch Auswirkungen auf Dein altes abzuwickelndes Unternehmen. Hier werden in aller Regel die alten Forderungen noch eingezogen, die Verbindlichkeiten beglichen und dann geht es daran, den Veräußerungsgewinn festzulegen. Der errechnet sich aus Deinen Buch- oder Bilanzwerten am Tag der Praxis- oder Kanzleiübertragung und den dafür mit den Partnern vereinbarten Gesamtkaufpreis oder Übernahmepreis.
Ob Du diesen Betrag auf einmal oder ratenweise erhältst, oder ob er nur auf dem Papier entsteht, weil eine Zahlung gar nicht erfolgt, ist für die Berechnung nicht ausschlaggebend. Immer ist der Veräußerungsgewinn steuerpflichtig, wenn sich ein solcher ergibt. Bei dieser Berechnung macht sich der innere Wert des Unternehmens in voller Höhe bemerkbar.
Dieser Wert ist ja im Laufe der Zeit entstanden, deshalb steht auch regelmäßig kein Bilanz- oder Buchwert zur Verfügung, der dagegengerechnet werden könnte, um den Veräußerungsgewinn zu verringern.
Die anderen Betriebsgegenstände bringen meist keinen erwähnenswerten Gewinn. Denn hierbei handelt es sich in aller Regel um Artikel, die jederzeit neu zu erwerben sind. Deshalb werden auch die neuen Kollegen dafür keine Traumpreise bezahlen. Aber: Dieser Veräußerungsgewinn ist in vielen Fällen ein wesentlicher Teil Deiner Altersversorgung als Freiberufler.
Darum will das Finanzamt hier auch keine Totalbesteuerung

vornehmen, sondern wendet nach den Gesetzesvorschriften des Einkommensteuerrechts den halben Durchschnittssteuersatz an. Das sind in der höchsten Steuerprogression, also bei einem Spitzensteuersatz von dreiundfünfzig Prozent, etwas mehr als die Hälfte. Genau gesagt 26,53 Prozent.
Liegt der gesamte Veräußerungsgewinn unter einhunderttausend Mark, dann sind davon vorweg dreißigtausend Mark völlig steuerfrei. Werden die hunderttausend Mark überschritten, dann verringert sich auch der Freibetrag von dreißigtausend Mark. Und zwar um den gleichen Betrag, um den die hunderttausend Mark überschritten werden. Einfacher übersetzt: Was den höheren Betrag übersteigt, wird vom niedrigeren Betrag abgezogen, bis dieser Null ist.
Bist Du zum Zeitpunkt der Veräußerung oder des Zusammenschlusses über fünfundfünfzig Jahre alt oder dauernd erwerbsunfähig, dann kann der Veräußerungsgewinn sogar dreihunderttausend Mark betragen. In dem Fall sind dann nicht nur dreißigtausend, sondern sogar einhundertzwanzigtausend Mark steuerfrei. Aber auch dieser Freibetrag ermäßigt sich jeweils um denselben Betrag, um den der Veräußerungsgewinn die dreihunderttausend Mark übersteigt.
Hält sich also der Veräußerungsgewinn in diesen Grenzen und erfüllst Du die Voraussetzungen dafür, dann bleibt ein wesentlicher Teil davon völlig steuerfrei. Auf diese Möglichkeit solltest Du besonders achten. Wenn Du ein Unternehmen in eine Sozietät einbringst oder wenn Du Dein Unternehmen an einen Dritten verkaufst und Dich anschließend an einer Sozietät beteiligst, dann kannst Du beim Ausscheiden aus dieser Sozietät die Freibeträge im Verhältnis Deiner Beteiligung noch einmal ausnutzen.
Übersteigt der Veräußerungsgewinn die genannten Grenzen, so hast Du immer noch die Vergünstigung der Besteuerung mit dem halben Durchschnittssteuersatz. Ein besseres Steuergeschenk kannst Du Dir bei richtiger Planung gar nicht machen, obschon ich es für eine Sauerei halte, die Abgabe eines Unternehmens überhaupt zu versteuern.

Verkauf auf Raten- oder Rentenbasis

Die nächste Möglichkeit, die allerdings nur einen Stundungseffekt darstellt, ist die, den Kaufpreis in eine Kaufpreisrente umzuwandeln. Dann sind nur die jährlichen Rentenzahlungen zu versteuern. Dafür aber kann nicht mehr der ermäßigte Steuersatz beansprucht werden, sondern die Raten müssen voll versteuert werden.
Die Freibeträge bleiben allerdings auch in diesem Fall erhalten, wenn die Voraussetzungen der Höhe nach oder wegen Alters erfüllt sind. Bevor Du eine solche Vereinbarung triffst, mußt Du eine entsprechende Absicherung des Kaufpreises vereinbaren. Diese sollten für den vorzeitigen Todesfall oder bei wirtschaftlichen Schwierigkeiten des Erwerbers in Form von Versicherungsleistungen oder Bankbürgschaften geschehen. Sonst bist Du Dein Unternehmen los und kannst auch noch dem Kaufpreis hinterherrennen.

Zusammenschluß nach dem Umwandlungssteuergesetz

Beim Zusammenschluß zu einer Sozietät schließlich kann der Veräußerungsgewinn und seine Versteuerung auf ferne Zeiten verschoben werden. Ob dies sinnvoll ist, mußt Du für Deinen Fall entscheiden. Die Möglichkeit für die vorübergehende Steuerfreiheit bildet das sogenannte Umwandlungssteuergesetz. Es läßt nach ganz bestimmten Regeln zu, daß solche Unternehmensvereinigungen mit den Buchwerten der letzten Bilanz vollzogen werden können.
Der Sinn ist der, daß der Staat wirtschaftlich sinnvollen Zusammenschlüssen nicht dadurch im Wege stehen will, daß er sie durch steuerliche Belastungen finanziell aushöhlt und damit uninteressant macht.
Im Regelfall werden bei solchen Zusammenschlüssen von dritter

Seite keine Zahlungen geleistet. Es wird also kein flüssiges Kapital zugeführt, sondern die gebundenen Vermögenswerte werden lediglich zu einer größeren wirtschaftlichen Einheit zusammengefaßt. Deshalb müßten die Steuerzahlungen aus der Substanz der Unternehmen herausgezogen werden. Das führt naturgemäß zu einer Schwächung der Kapitalkraft.

Die steuerneutrale Übertragung geht nur in den Fällen nicht, in denen die Sozietät nicht als Personengesellschaft, sondern in der Rechtsform einer Gesellschaft mit beschränkter Haftung oder gar als Aktiengesellschaft betrieben wird. Entstehen aber bei einem Zusammenschluß Veräußerungsgewinne, die zu versteuern sind, dann kann die Gesellschaft von diesen hohen Übernahmewerten in der Zukunft auch die Abschreibung berechnen.

Also auch der gekaufte innere Wert der Unternehmen führt auf diesem Weg wieder zu einer Steuereinsparung. Die Kapitalgesellschaften unterliegen einem gleichmäßig hohen Steuersatz von fünfzig Prozent. In dieser Höhe machen sich auch die Abschreibungen bemerkbar, die die Gesellschaft vornehmen kann. Bei gutgehenden Unternehmen ist das gar keine schlechte Überlegung, denn der Veräußerungsgewinn braucht ja bei dem, der sein Unternehmen einbringt, höchstens mit 26,53 Prozent versteuert werden.

Wenn die Gesellschaft aber dadurch 50 Prozent und mehr an Steuern spart, der einbringende Gesellschafter nur 26,53 Prozent Steuern darauf zahlt, dann bleibt noch fast die Hälfte als Steuerersparnis übrig. Stehen dem Gesellschafter dann auch noch die genannten Freibeträge ganz oder teilweise zu, so ist es ganz wichtig, erst die Steuerauswirkungen zu errechnen, ehe Du Dich für die Versteuerung oder für die steuerfreie Lösung entscheidest.

Aufnahme eines Gesellschafters durch Bareinzahlung

Zu einer ganz unglücklichen Gestaltung kann es kommen, wenn Du in Dein bestehendes Unternehmen einen Sozius ohne Unternehmen, sondern gegen Barzahlung des Ausgleichsbetrages aufnimmst. Bei dieser Gestaltung wird von der Finanzverwaltung angenommen, daß Du nur einen Teil Deines Unternehmens verkaufst.

Für ein halbes Unternehmen gibt es aber weder Freibeträge noch den ermäßigten Steuersatz, denn diese Steuervergünstigungen sind entweder dem Verkauf des ganzen Unternehmens oder einer Beteiligung vorbehalten. Deshalb sollte bei derartigen Fallgestaltungen der Sozius zuerst ohne zusätzliche Zahlung eines »Eintrittsgeldes« aufgenommen werden.

TIP: Ist die Sozietät auf diese Weise erst einmal entstanden, dann ist steuerrechtlich Dein Unternehmen darin aufgegangen und es besteht nur noch Sozietätsvermögen. Von diesem Sozietätsvermögen oder Gesellschaftsvermögen kannst Du dann einen Teil, der als Gesellschaftsanteil oder Beteiligung bezeichnet wird, an den eingetretenen Sozius verkaufen. Dabei bleiben Dir die Steuervergünstigungen erhalten.

Damit wäre wieder einmal bewiesen, wie unlogisch doch das Steuerrecht ist, und mit welchen Winkelzügen in Wirklichkeit die vielgelobte Gleichmäßigkeit der Besteuerung von den Steuerzahlern zu unterlaufen ist. Es wäre ja auch sonst zu einfach, wenn jeder die Steuergesetze verstehen könnte . . .

Erbrecht

Ähnlich kompliziert ist es auch, wenn eine Praxis oder eine Beteiligung nicht freiwillig aufgegeben wird, sondern wenn wegen eines Todesfalls die Auflösung den Erben überlassen bleibt. Sei es, daß die Erben eine bestehende Einzelpraxis oder Kanzlei veräußern oder daß ein Anteil an einer Sozietät zur Erbmasse gehört.

Die freiberufliche Tätigkeit ist in den meisten Fällen an eine bestimmte berufliche Qualifikation geknüpft, die dann wiederum eine staatliche Genehmigung zur Berufsausübung erfordert. Deshalb kann diese freiberufliche Tätigkeit nur derjenige ausüben, der die dazu erforderlichen Voraussetzungen in seiner Person erfüllt.

Das bedeutet nun, daß das Unternehmen im Falle des Todes des Praxis- oder Kanzleiinhabers zwangsläufig veräußert werden muß.

Das ist in der Tat sehr traurig. Vor allem dann, wenn Kinder da sind, die in das Unternehmen hineinwachsen sollen und wollen.

Verpachten statt verkaufen

Noch schlimmer ist es, wenn dazu nur noch wenige Jahre erforderlich wären, damit die Kinder die Befähigung zur selbständigen Berufsausübung erhalten. In solchen Fällen sollte deshalb überlegt werden, ob die Erben das Unternehmen nicht so lange verpachten können, bis einer der Erben die erforderliche Berufsqualifikation erworben hat.

Treuhänder als vorläufiger Verwalter

Die andere Möglichkeit ist die Einschaltung eines Treuhänders, der bereits zur Berufsausübung befähigt ist. Dieser kann dann allerdings wie ein Eigentümer über das Unternehmen verfügen, muß es aber bei Beendigung des Treuhandverhältnisses in mindestens dem Zustand zurückgeben, in dem er es übernommen hat. Und das bedeutet, daß sowohl die Praxis als auch der geschäftliche Bereich weiter funktionsfähig erhalten bleiben müssen. Kurzum das Unternehmen wird für die Erben gerettet.

Damit nun die Erben jederzeit überwachen können, daß tatsächlich das Unternehmen in ihrem Sinne betrieben wird, sollten dafür einige Sicherheitsmechanismen in den Treuhandvertrag eingebaut werden. So kann beispielsweise die Vergütung des Treuhänders von einem testierten Jahresabschluß abhängig gemacht werden.

Auch hinsichtlich der Personalpolitik können Mitspracherechte ausbedungen werden. Das für eine solche Berufung nur eine besonders vertrauenswürdige Person ausgewählt werden kann, versteht sich eigentlich von selbst. Auf diese Weise wird, wenn der Treuhänder auch den wesentlichen Erfolg für sich behalten kann, das Unternehmen wenigstens im Sinne der Erben weitergeführt.

Ob dann der Erbe, der das Unternehmen weiterführt, mit dem Treuhänder später eine Sozietät eingeht oder allein oder mit anderen sich verbündet, ist dann nicht mehr entscheidend. Sind allerdings derartige Konstellationen schon von vornherein klar, dann kann man auch den Treuhänder bereits fest daran binden. Das hat den weiteren Vorteil, daß dieser sich dann noch intensiver um den Fortbestand und eine etwaige Erweiterung des Unternehmens bemühen wird, als wenn er damit rechnen muß, mit dem Eintritt des Erben seine Stellung zu verlieren. Solche Befürchtungen können dadurch von vornherein entfallen, daß Du im Bekanntenkreis bereits für diesen Notfall einen geeigneten Kandidaten suchst, der einspringen kann. Denn das wichtigste hierbei ist ein von Anfang an bestehendes Vertrauensverhältnis.

Du weißt ja selbst, daß die besten Verträge zur Makulatur werden, wenn sie nicht mit Leben erfüllt sind und die Beteiligten das Vereinbarte tatsächlich gar nicht wollen. Deshalb ist es auch wichtig, daß beide Parteien die gleichen Worte für die gleichen Sachverhalte verwenden. Sonst meint zwar jeder das Richtige, aber doch jeder etwas anderes.

Sind solche Nachfolgeprobleme nicht da, dann sollten die Erben schnellstens einen Käufer suchen, der das Unternehmen übernimmt. Ist der Patienten- oder Klientenstamm erst einmal abgewandert, dann ist das Unternehmen nicht mehr viel wert. Deshalb ist es auch für den Fall wichtig, schon im vorhinein für den Ernstfall einen cleveren Berater zu suchen. Das ist nur entbehrlich, wenn die Erben geschäftstüchtig genug sind, um diesen Unternehmensverkauf abzuwickeln.

Eine gewisse Eile ist aber auch deshalb geboten, weil sich daraus ganz erhebliche steuerliche Folgen ergeben. Ist noch ein überlebender Ehegatte vorhanden, dann steht diesem für das Todesjahr und das Folgejahr der Splittingtarif zu. Dieser bedeutet natürlich eine ganz erhebliche steuerliche Erleichterung, die sich zumindest auf die Höhe bei der Anwendung des ermäßigten Steuersatzes auswirkt.

Steuerlich ist das Ganze ziemlich kompliziert

Sind die Erben oder dieser überlebende Ehegatte nicht zur Berufsausübung befähigt, so fallen ab dem Todestag bei diesen Personen gewerbliche Einkünfte an. Das gilt auch für den Veräußerungsgewinn der Erben, der ebenfalls wie bei der Veräußerung durch den Freiberufler selbst, dem ermäßigten Steuersatz unterliegt.

Die weiteren genannten Freibeträge von dreißigtausend bzw. einhundertzwanzigtausend Mark werden den Erben aber nur gewährt, wenn diese die dafür erforderlichen Voraussetzungen in ihrer Person erfüllen: über 55 Jahre alt oder dauernd erwerbsunfähig, Veräußerungsgewinn insgesamt unter 300 000 DM. Das gilt auch für den überlebenden Ehegatten.

Auf den Verstorbenen kommt es in den Fällen nicht mehr an, denn der hatte ja bis zum Zeitpunkt des Todes sein Unternehmen weder veräußert noch in eine Sozietät eingebracht. Deshalb können weder ihm der Veräußerungsgewinn noch die Freibeträge zuerkannt werden. Dies steht einzig und allein den Erben zu.

Ob und wie lange die Erben das ererbte Unternehmen geführt oder fortgeführt haben, ist für die steuerlichen Erleichterungen ebenfalls ohne Bedeutung.

Das Finanzamt kennt keine Rücksichten, wenn es um die Durchsetzung seiner Steueransprüche geht. Ganz im Gegenteil, wird besonders die Unwissenheit der Erben ausgenutzt, wenn hier kein Fachmann mit am Werke ist, der die Behörden in ihre Schranken weist.

Es ist auch nicht möglich, testamentarische Verfügungen mit steuerlicher Wirkung zu vereinbaren. Dies geht nur, wenn das Vermögen in eine Stiftung eingebracht wird. Doch dazu eignet sich eine freiberufliche Einzelpraxis sehr schlecht.

Das bisher Gesagte ist allerdings noch nicht die Lösung des Erbfalls schlechthin, denn neben den steuerlichen Problemen gibt es auch noch zivilrechtliche Besonderheiten, die die Höhe der Erbteile bestimmen und darüber, was den Erben zuzurechnen ist.

Nach unserem Erbrecht wird das Erbe nach Stämmen, das heißt nach Familien vererbt. Zuerst sind deshalb der überlebende Ehegatte und die gemeinsamen oder für ehelich erklärten Kinder erbberechtigt. Sind auch diese nicht mehr vorhanden, dann geht das Erbe an deren Kinder weiter. Ist der Stamm zu den jüngeren Abkömmlingen erschöpft, dann ist ein Erbe in dieser Richtung nicht möglich.

Danach geht es zurück zu den Eltern des Verstorbenen und damit zu den Erben der zweiten Ordnung. Sind auch diese nicht mehr am Leben, dann erben die Geschwister des Erblassers oder deren Kinder. Die Erben der dritten Ordnung schließ-

lich sind die Großeltern, Onkeln, Tanten, Vettern und Basen des Verstorbenen.
An diese zivilrechtliche Einteilung hält sich auch das Steuerrecht und weist den Ordnungen oder Stämmen einzelne Steuerklassen zu. Die hier geschilderte Reihenfolge wird als gesetzliche Erbfolge bezeichnet. Und wo es eine gesetzliche Norm gibt, da existiert normalerweise auch ein Ausnahmemöglichkeit.
So gestattet das Gesetz die sogenannte gewillkürte Erbfolge. Das wiederum bedeutet, daß in einem Testament oder Erbvertrag, gesetzliche Erben von der Erbfolge ausgeschlossen werden und andere damit bedacht werden können. Dies können sogar Nichterbberechtigte sein. Die Erben der ersten Ordnung gehen dabei aber nicht völlig leer aus, denn denen steht ein sogenannter Pflichtteilsanspruch zu. Der beträgt der Höhe nach die Hälfte des gesetzlichen Erbteils und ist grundsätzlich nur auf einen Geldbetrag gerichtet.
Ein solchermaßen eingeschränkter Erbe kann also weder die Übertragung eines Gebäudes, schon gar nicht die eines ganzen Unternehmens oder einer Beteiligung daran erzwingen. Er kann lediglich in das Erbe als solches klagen, so daß eine Auseinandersetzung stattfinden muß, die ihm dann den ersehnten finanziellen Anteil einbringt.
Ferner können in einem solchen Testament oder Erbvertrag Vermächtnisse an Personen oder Institutionen bestimmt werden, die die Erben zu erfüllen haben. Diese Zuwendungen gehen meist an nicht Erbberechtigte, denen sich der Erblasser, aus welchen Gründen auch immer, zu besonderem Dank verpflichtet fühlte.
Wie Du gemerkt haben wirst, sprach ich bisher von dem Erbe als Oberbegriff der Hinterlassenschaft. Doch dieses Erbe umfaßt nur dann das gesamte Vermögen des Verstorbenen, wenn dieser unverheiratet war.
Bei Verheirateten muß das Erbe erst einmal ermittelt werden, weil nicht alles, was der Erblasser besaß, diesem unbedingt auch zuzurechnen ist. Es können nämlich Teile davon dem

überlebenden Ehegatten oder gar den Kindern zuzurechnen sein. Und für diese Rechnung ist der Güterstand maßgebend, in dem die Eheleute bisher lebten.
Wenn ich vom häufigsten Fall, der Zugewinngemeinschaft ausgehe, dann muß zuerst das sogenannte Vorbehaltsgut ermittelt werden. Das umfaßt alle Vermögenswerte abzüglich der Schulden jedes einzelnen Ehegatten zum Zeitpunkt der Eheschließung. In vielen Fällen, vor allem bei schon lange bestehenden Ehen, sind diese Vermögensgegenstände nur noch schwer feststellbar. Denn zum Zeitpunkt der Eheschließung dachten die wenigsten Eheleute daran, erst einmal Inventur zu machen.
Daher läßt das Gesetz ein nachträglich erstelltes Verzeichnis gelten und erkennt diesem den Rechtsschein des Richtigen zu. Es sollte aber von beiden Ehegatten unterschrieben werden, um spätere Anfechtungen zu vermeiden. Dieses Vorbehaltsgut nun geht auch in der ehelichen Gemeinschaft nicht unter, sondern zieht sich wie ein roter Faden bis zum Erbfall durch.
Genauso verhält es sich, wenn während der Ehe ein Ehegatte eine Erbschaft macht oder Geschenke erhält. Auch diese Vermögenswerte sind dem Vorbehaltsgut zuzurechnen und betreffen den Ehegatten allein, dem diese Vermögenswerte zugeflossen sind. Die Rechenoperation zur Ermittlung des tatsächlichen Erbes sieht dann folgendermaßen aus.
Zuerst wird das Gesamtvermögen der Eheleute am Todestag ermittelt. Dann wird für jeden Ehegatten getrennt das Vorbehaltsgut ermittelt, also das Vermögen im Zeitpunkt der Eheschließung zuzüglich etwaiger Schenkungen und Erbschaften.
Diese zwei Summen werden nun vom Endvermögen am Todestag abgezogen.
Was verbleibt ist der sogenannte Zugewinn.
Dieser wiederum wird jedem Ehegatten zur Hälfte zugerechnet. Dieser Zugewinnanteil gehört beim überlebenden Ehegatten aber nicht zum Erbe, sondern gilt als von ihm während der ehelichen Gemeinschaft erworbenes eigenes Vermögen. Daher umfaßt das Erbe des verstorbenen Ehegatten nur dessen Vorbe-

haltsgut zuzüglich etwaiger Schenkungen und Erbschaften und zuzüglich des halben Zugewinnes.
Auf dieses verbleibende Erbe haben dann die Erben Anspruch nach der gesetzlichen Erbquote und diese lautet, daß der überlebende Ehegatte und die Kinder zu gleichen Teilen erben. Bei einem einzigen Kind erben also der überlebende Ehegatte und das Kind je die Hälfte, bei zwei Kindern jeder ein Drittel und bei drei Kindern jeder ein Viertel usw.
Komplizierter wird dagegen die Ermittlung des Erbes beim ehelichen Güterstand der Gütertrennung. Hier kann der Zugewinn nicht als Rechengröße benutzt werden, denn es gibt ihn nicht. Jedem Ehegatten ist nämlich nur der Anteil der Vermögensmehrung während der Ehe zuzurechnen, den er selbst erwirtschaftet hat.
Das kann zu erheblichen Vermögensverlagerungen zu dem Ehegatten führen, der der gewinnbringenden Beschäftigung nachging. Da auf diese Weise dem überlebenden Ehegatten praktisch der Zugewinn vorenthalten werden kann, obwohl er im Rahmen der ehelichen Gemeinschaft unstreitig zu Vermögensmehrung beigetragen hat, wird er am Erbteil des verstorbenen Ehegatten mit mindestens einem Viertel beteiligt.
Sind nur ein oder zwei Kinder da, so wird das Erbe an den überlebenden Ehegatten und die Kinder zu gleichen Teilen verteilt. Dies ändert aber nichts an der Tatsache, daß auch hierbei das Erbe erst ermittelt werden muß. Es setzt sich ebenfalls aus dem Vorbehaltsgut zuzüglich etwaiger Schenkungen und Erbschaften zusammen und dem von diesem Ehegatten allein erworbenen Vermögen während der Ehe.
Auf dieses Vermögen ist dann die genannte Erbregelung anzuwenden. Der überlebende Ehegatte seinerseits hat ebenfalls sein eigenes Vermögen und kann auch Vermögenswerte durch Schenkung von dem verstorbenen Ehegatten erhalten haben. Diese Zuwendungen können aber als Vorwegzuwendungen auf das Erbe anzusehen sein. Das gilt nur dann nicht, wenn es sich bei den Geschenken um übliche Geschenke handelt oder wenn

unübliche Geschenke mit einem eigenen Schenkungsvertrag übertragen wurden.

Und aus dieser kurzen Darstellung, die nur oberflächlich die Probleme anreißt, siehst Du, zu welchen Streitigkeiten die Erbfälle Anlaß geben können. Denn wenn mehrere Erben vorhanden sind, fühlt sich immer einer schlecht behandelt. Und daraus entstehen eine Fülle von Verfahren, die die Gerichte zu entscheiden haben.

Nun gibt es natürlich auch hier wieder zwei Möglichkeiten: Entweder Du sagst Dir, nach mir die Sintflut. Sollen sich doch die Erben streiten. Dann erfolgt eine Umverteilung von Deinem Vermögen an die Rechtsanwälte, die diese Streitigkeiten dankbar annehmen. Oder Du regelst Deine Vermögensverhältnisse zu Lebzeiten, indem Du mit den Mitteln der Schenkung und des Erbverzichts, des Erbvertrags oder des notariellen Testaments ohne Geheimniskrämerei Deiner Familie gegenüber die Dinge regelst.

Das hat den wesentlichen Vorteil, daß Du in diesem Stadium noch die Herrschaft über Dein Vermögen hast und Dir zusätzlich Sicherungsmaßnahmen vorbehalten kannst, wenn nicht in der von Dir gewünschten Weise mit dem übertragenen Vermögen umgegangen wird. Der zweite wesentlich wichtigere Aspekt ist aber der, daß Du Deine Familie nicht unmündig halten darfst, sondern auch die Kinder rechtzeitig an die Rechte, aber ebenso an die Pflichten der Vermögensverwaltung heranführen mußt.

Und etwas Besseres kannst Du Deinen Nachkommen gar nicht antun, als diese rechtzeitig an den Umgang mit eigenem Vermögen zu gewöhnen. Und dieser Umgang wiederum läßt für Dich Rückschlüsse zu, wem Du denn nun das wertvollste Deiner Vermögenswerte einmal endgültig anvertrauen willst.

Einkünfte aus nichtselbständiger Arbeit

Auf Deine nichtselbständige Tätigkeit will ich hier nur insoweit eingehen, als sie Dich als Geschäftsführer betrifft. Ich hatte Dir ja schon gesagt, daß Du Dich sogar als Ein-Mann-Gesellschafter-Geschäftsführer in einem Anstellungsverhältnis Deiner eigenen GmbH gegenüber befinden kannst.

Dieser besondere Fall wird zwar von der Sozialversicherung nicht anerkannt, weil Du nicht weisungsgebunden bist, denn Du erteilst Dir die Weisungen ja höchstens selbst. Doch für die Lohnsteuer gelten diese Regeln der Sozialversicherung nicht.

Deshalb mußt Du Deinen Anstellungsvertrag immer den gegebenen Verhältnissen anpassen, denn Du darfst Vereinbarungen nur für die Zukunft und nicht für zurückliegende Zeiträume treffen.

Wenn Du schon nicht aus dem Sozialversicherungstopf Deine Rente beziehen kannst, dann muß Dir Deine Firma als Ersatz dafür eine ausreichende Altersversorgung zusprechen.

Solche sogenannte Pensionszusagen sind ein bewährtes Mittel, um gleichzeitig den Firmengewinn zu regulieren, ohne sofort riesige Beträge tatsächlich ausgeben zu müssen. Ganz im Gegenteil werden hier nur Schuldposten in die Bilanz eingesetzt, die erst in späteren Jahren, nämlich dann, wenn tatsächlich die Beträge an Dich ausgezahlt werden, zu finanziellen Abflüssen bei Deiner Gesellschaft führen.

Doch Du mußt mit Deiner Gesellschaft auch vereinbaren, ob Du nebenbei noch für andere Firmen tätig sein darfst. Dies ist besonders wichtig, wenn Du Geschäftsführer mehrerer verschachtelter Firmen bist, die Du allesamt dirigierst. In solchen Fällen mußt Du dann ganz klare Vereinbarungen treffen, die Dir das erlauben.

Nach der neueren Rechtsprechung hast Du nämlich als Geschäftsführer Deine gesamte Arbeitskraft Deinem Unternehmen zur Verfügung zu stellen. Tust Du das nicht, oder erzielst Du sogar noch anderweitig Einkünfte, dann schädigst Du damit Deine Gesellschaft. Die Gesellschaft hat dann Schadenersatzansprüche gegen Dich. Wenn Du diese nicht erfüllst, dann wird das steuerlich als eine verdeckte Gewinnausschüttung Deiner Gesellschaft an Dich angesehen und hat ganz schlimme steuerliche Nachteile für die Gesellschaft. Dies mußt Du unter allen Umständen vermeiden.

Abfindungen aus einem Dienstverhältnis

Als Arbeitnehmer kannst Du im Fall der Kündigung des Arbeitsverhältnisses steuerfreie Abfindungen erhalten. Damit sollen Deine finanziellen Nachteile, die durch den Verlust des Arbeitsplatzes entstehen, etwas gemildert werden. Für die Steuerfreiheit ist aber Voraussetzung, daß die Kündigung durch den Arbeitgeber erfolgt. Auch eine Änderungskündigung gilt als durch den Arbeitgeber veranlaßt, wenn die Bedingungen, unter denen Du weiterbeschäftigt werden könntest, Dir nicht zumutbar sind. Das ist der Fall, wenn Du als leitender Angestellter plötzlich keine Weisungsbefugnis gegenüber Deinen Untergebenen mehr hast. Als Kündigung gilt aber nicht, wenn das Arbeitsverhältnis von vornherein befristet war und nach Ablauf der festgesetzten Zeit nicht verlängert wird.
Als Abfindung sind für jeden Arbeitnehmer bis zu 24 000 DM im Jahr steuerfrei.
Hat Dein Arbeits- oder Dienstverhältnis 15 Jahre bestanden und bist Du zum Zeitpunkt der Kündigung mindestens 50 Jahre alt, dann erhöht sich der Betrag auf 30 000 DM.
Wenn Du über 55 Jahre alt bist und Dein Arbeitsverhältnis mindestens 20 Jahre ohne Unterbrechung bestand, dann kannst Du sogar 36 000 DM steuerfrei erhalten.

Als Abfindung gelten immer die Zahlungen nach dem Vorruhestandsgesetz. Bei allen anderen Beträgen muß es sich um Abfindungen handeln, auf die Du als Arbeitnehmer während der Dauer Deiner Arbeits- oder Dienstzeit keinen Rechtsanspruch erworben hattest. In den Fällen, in denen Du für entgehende oder entgangene Einnahmen Einmalzahlungen oder Ratenzahlungen von Deinem früheren Arbeitgeber erhältst, sind die Beträge so lange steuerfrei, bis die obengenannten Freibeträge überschritten werden.
Erhältst Du höhere Beträge als die obengenannten oder werden Zukunftssicherungsleistungen oder Arbeitnehmererfindungen usw. durch einen Einmalbeitrag durch Deinen Arbeitgeber abgefunden, dann handelt es sich hierbei nicht mehr um steuerfreie Abfindungen, sondern um außerordentliche Einkünfte, die mit einem ermäßigten Steuersatz zu versteuern sind.

TIP: Bei Abfindungsverträgen solltest Du besonders auf folgendes achten: Es muß deutlich hervortreten, daß der Arbeitgeber das Arbeits- oder Dienstverhältnis beenden will. Bei der Bemessung der Abfindung ist es nicht schädlich, wenn sich die Berechnung danach richtet, was ohne vorzeitige Kündigung zu zahlen gewesen wäre. Es können aber nur solche Zahlungen als Abfindung bezeichnet werden und damit steuerfrei bleiben, auf die im Zeitpunkt der Kündigung noch kein Rechtsanspruch bestand. Dies gilt natürlich auch für Dich als angestellter Geschäftsführer.

Arbeitnehmer oder Mitunternehmer

Gerade für Dich als leitender Angestellter ist es sehr wichtig, ob Du noch als Arbeitnehmer, oder aber steuerlich bereits als Mitunternehmer angesehen wirst. Im ersten Fall unterliegen Deine Bezüge der Lohnsteuer, mit all ihren Folgen. Im

zweiten Fall erzielst Du gewerbliche Einkünfte mit entsprechender Gewerbesteuerpflicht der Dir insgesamt zugeflossenen Beträge.
Das gilt auch für die abgeführte Lohnsteuer, die Sozialbeiträge, Zukunftssicherungsbeiträge und vieles mehr. Alles was Dir die Firma zuwendet gilt als Gewinnbeteiligung, und das kann ziemliche Nachteile für Dich haben. Denn auch die gesetzliche Rentenversicherung hält sich an derartige Entscheidungen der Finanzverwaltung, was zu einem Ausschluß von Pflichtbeiträgen führen kann.
Damit Du entscheiden kannst, wann Dir eine Mitunternehmerschaft droht, sollen hier die Abgrenzungsmerkmale genannt werden:

1. Es kommt nicht darauf an, ob Du einen Gesellschaftsvertrag abgeschlossen hast oder nicht. Auch ein besonders ausgestalteter Anstellungsvertrag oder Darlehnsvertrag beispielsweise kann ein verdecktes Gesellschaftsverhältnis begründen. Dazu mußt du aber Mitunternehmerrisiko tragen. Das wird nur dann angenommen, wenn Du am Gewinn des Unternehmens beteiligt bist. Eine bloße Umsatzbeteiligung reicht dafür nicht aus.
2. Zusätzlich mußt Du Mitunternehmerinitiative entfalten können. Dies kann bei Dir als Angestellter in führender Position allerdings sehr schnell angenommen werden, wenn Du Entscheidungen für die Firma in eigener Zuständigkeit treffen kannst. Deshalb ist es besonders wichtig, daß hier die Pflichten und Kontrollrechte des Geschäftsherrn sehr präzise festgelegt werden. Nur wenn sich daraus die Einschränkungen und die Weisungsgebundenheit Deiner Tätigkeit ergibt, dann giltst Du noch als Arbeitnehmer.
3. Eine kapitalmäßige Beteiligung am Unternehmen Deines Arbeitgebers stellt ein zusätzliches Indiz für eine Mitunternehmerschaft dar. Deshalb solltest Du auch in diesen Verträgen ganz deutlich die Abgrenzung zwischen bloßer Ka-

pitalüberlassung gegen übliche Vergütung ohne Mitspracherechte in dem Unternehmen vornehmen.

TIP: Da es nicht darauf ankommt, ob ein Gesellschaftsvertrag existiert, sondern auch andere Abmachungen oder sogar bloße Handlungen auf ein Gesellschaftsverhältnis hindeuten können, solltest Du besonders sorgfältig Verträge formulieren und auch alle notwendigen Änderungen schriftlich vereinbaren. Nur so kannst Du jederzeit den Beweis antreten, daß Du nicht in eigener Zuständigkeit, sondern nur auf Weisung Deines Geschäftsherrn handelst.

Arbeitszimmer

Wenn Du für Deinen Arbeitgeber in Deiner eigenen Wohnung oder in Deinem Einfamilienhaus Tätigkeiten verrichtest und dafür einen eigenen Raum benötigst, dann kannst Du die Kosten für dieses häusliche Arbeitszimmer steuerlich als Werbungskosten geltend machen.
Doch wie überall im Steuerrecht beteiligt sich die Finanzverwaltung nur ungern an solchen Kosten, die auch privat mit veranlaßt sein können. Deshalb ist es wichtig, daß Du das Zimmer ausschließlich für berufliche oder dienstliche Zwecke benutzt. Da diese Voraussetzung die Finanzbeamten nur an Indizien feststellen können, ist es wichtig, daß dieses Zimmer dem Zweck entsprechend ausgestattet ist.
Das heißt, der Raum muß durch eine verschließbare Tür von den anderen Räumen abtrennbar sein. Nur dadurch ist überhaupt eine Ausklammerung aus der übrigen Wohnfläche möglich. Deshalb ist es unmöglich, die Diele als Arbeitszimmer umzufunktionieren, selbst wenn Du hier hauptsächlich Deine Tätigkeiten verrichtest oder hier das Diensttelefon steht.

Bei der Einrichtung des Arbeitszimmers sollte die Zweckmäßigkeit im Vordergrund stehen, denn Gästebett und Fernsehapparat sind nun einmal nicht dazu angetan, das Zimmer als Arbeitszimmer auszuweisen. (Selbst wenn es dazu Einzelfallentscheidungen einiger Gerichte gibt, die dies anerkennen, ist trotzdem Vorsicht geboten). Dagegen sind je nach Tätigkeit Bücherschränke, Regale, Schreibtische usw., als Standardausstattung üblich.
Doch nun kommt der wichtigste Punkt: Welche Kosten und in welcher Höhe werden diese von der Finanzverwaltung anerkannt? Hier ist eine Flächenaufteilung vorzunehmen.

$$\frac{\textit{Fläche Arbeitszimmer} \times 100}{\textit{Gesamtfläche der Wohnung}} = \textit{Kostenanteil in Prozent}$$

In Höhe dieses Prozentsatzes sind dann Miete, Strom, Heizung, Wasser und sonstige Nebenkosten abzugsfähig.
Befindet sich das Arbeitszimmer im Deinem eigenen Einfamilienhaus oder in der eigenen Eigentumswohnung, dann können dafür die anteiligen Hauskosten angesetzt werden. Auch diese Kosten sind entsprechend der Wohnfläche aufzuteilen. Gehört das Haus oder die Wohnung dem anderen Ehegatten allein, der das Arbeitszimmer nicht nutzt, dann muß für das Arbeitszimmer ein Mietvertrag abgeschlossen werden, um die Kosten ansetzen zu können.
Über die Behandlung der Einrichtungsgegenstände s. u. Abschreibung.

TIP: Für Instandhaltungen und Instandsetzungen des Zimmers und der Einrichtung sind alle dafür angefallenen Kosten abzugsfähig. Das gilt auch für die Fahrtkosten zur Beschaffung der Materialien. Es müssen aber alle Aufwendungen einzeln nachgewiesen werden. Deshalb vom Tapetenlöser bis zum Teppich, von der Lampe bis zur Bürouhr alle Belege sammeln. Darüber hinaus ist es für die Anerkennung sehr hilfreich, wenn Dein Arbeitgeber bestätigt, daß Du häufig dienstlich zu Hause arbeiten mußt.

Einkünfte aus Kapitalvermögen

Die Kapitaleinkünfte werden langsam zum »Prügelknaben der Nation«. Zuerst versuchte der Finanzminister in einer Nacht-und-Nebel-Aktion eine deutsche Quellensteuer einzuführen. Nachdem er merkte, in welchen Milliardenbeträgen daraufhin das Kapital ins Ausland abfloß, wurden zuerst die Quellensteuer und dann der Finanzminister in die Wüste geschickt.

Daraufhin wurde mit dem Amnestiegesetz versucht, zu retten was noch zu retten ist, um die Kleinsparer zur Kasse zu bitten, und sie vor Strafe zu schützen, wenn sie die bisher verschwiegenen Kapitaleinkünfte künftig in voller Höhe dem Finanzamt melden.

Das führte zu einem Rechtsstreit, den das Bundesverfassungsgericht jetzt entschieden hat. So hat der Gesetzgeber auch bei den Kapitaleinkünften künftig ein Verfahren festzulegen, daß auch diese Einkünfte einmal der Höhe nach und zum anderen bei allen Steuerzahlern erfaßt werden.

Dazu wurden in jüngster Zeit Vorschläge gemacht, die die Kapitaleinkünfte bis 6 000 DM bei Ledigen und bis 12 000 DM bei Verheirateten steuerfrei lassen sollen. Doch darüber streiten sich die Parteien noch. Auch im gerade beschlossenen Steueränderungsgesetz 1993 steht noch nichts drin. Deshalb ist Vorsicht geboten.

Damit Du aber siehst, daß Du auch im Ausland nicht ungeschoren bleibst, wenn Du Dein sauer verdientes Geld über die Grenze schaffst, will ich Dir die Besteuerung im Ausland zeigen.

Doch auch diese Steuern sind noch zu umgehen, weil es Wertpapiere zu kaufen gibt, die quellensteuerfrei bleiben.

Ausländische Kapitaleinkünfte

Im Ausland einbehaltene ausländische Steuern

	Dividenden			Zinsen		
	Quellensteuer %	Ermäßigung %	anrechenbar %	Quellensteuer %	Ermäßigung %	anrechenbar %
Australien	30	15	15	10	–	10
Belgien	20	5	15	20	5	15
Dänemark	30	15	15	–	–	–
Frankreich	25	25	–	25	25	–
Großbritannien	–	–	–	30	30	–
Irland	–	–	–	35	35	–
Israel	25	–	25	25	10	15
Italien	30	–	30	20	–	20
Japan	20	5	15	20	10	10
Kanada	20	5	15	25	10	15
Luxemburg	15	–	15	–	–	–
Obligationen			15	15	–	
Niederlande	25	10	15	–	–	–
Norwegen	25	10	15	–	–	–
Österreich	20	–	20	–	–	–
Obligationen				20	–	20
Schweden	30	15	15	–	–	–
Schweiz	35	20	15	35	35	–
Grenzkraftwerke	35	5	30	–	–	–
stille Gesellschaft	35	5	30	–	–	–
Spanien	15	–	15	24	14	10
Südafrika	15	–	15	10	–	10
USA	30	15	15	30	30	–

Nach dem in unserem Steuerrecht herrschendem Prinzip der Besteuerung Deines Welteinkommens, mußt Du auch Deine ausländischen Einkünfte im Inland der Besteuerung unterwerfen. Dies gilt nur dann nicht, wenn ein Doppelbesteuerungsabkommen mit dem ausländischen Staat, diesem anderen Staat das alleinige Besteuerungsrecht zubilligt.
Darüber solltest Du Dir bei Deinem Kreditinstitut Gewißheit verschaffen, welches die Kapitalanlagen für Dich verwaltet. Wird eine Besteuerung im Ausland vorgenommen, so gibt es zwei Möglichkeiten, diese Steuer hier geltend zu machen, und zwar entweder im Anrechnungsverfahren oder im Abzugsverfahren.
Zur Besteuerung sind die Einkünfte der ausländischen Währungen nach dem amtlichen Mittelkurs in DM umzurechnen. Die ausländischen Steuern sind ebenfalls entsprechend umzurechnen und können im Verhältnis der inländischen Einkünfte zu den Auslandseinkünften angerechnet oder abgezogen werden.
Zuvor mußt Du aber im Quellenstaat, also da, wo Du Dein Kapital angelegt hast, alle Möglichkeiten der Steuerminderung ausschöpfen, ehe der nicht mehr auf diese Weise zu ermäßigende Steuerbetrag von der inländischen Finanzverwaltung akzeptiert wird.
Wie hoch die im Ausland verbleibenden prozentualen Beträge sind, ersiehst Du aus der vorstehenden Tabelle.
Durch das immer vollkommener werdende Austauschsystem der Finanzverwaltungen untereinander sind heute Kapitalanlagen von Alaska bis New Zeeland durch die Kontrollmitteilungsmechanismen auch für unsere Finanzverwaltung feststellbar.
Nur dann, wenn die einzelnen Länder über ein gesetzlich verankertes Bankengeheimnis verfügen, wie z. B. unsere europäischen Nachbarn in Luxemburg, Schweiz oder Österreich und zusätzliche Identifikationskontrollen bei der Kontoeröffnung oder bei den Bankgeschäften nicht erforderlich sind, bleiben die Kapitalanlagen und Kapitalbewegungen anonym.
Bei konkreten Hinweisen auf Steuerstraftaten oder anderen kriminellen Delikten werden allerdings auch hier die vorhandenen

Daten weitergegeben. Doch bei völlig anonymen Konten bleibt der Staat hier natürlich machtlos.
Im Rahmen der Eindämmung der internationalen Drogengeldwäsche wurden Versuche unternommen unter diesem Deckmantel die letzten Bastionen der anonymen Kontenverwaltung zu stürmen. Inwieweit diese Länder zur Aufgabe dieser Privilegien durch ausländischen Druck bereit sind und damit eine enorme Kapitalabwanderung riskieren, bleibt abzuwarten.
Im Verhältnis zu Frankreich besteht ein besonderes Verfahren der Steueranrechnung, weil hier bei Aktienbesitz – unserer Körperschaftsteuer vergleichbare – Steuergutschriften gewährt werden, die auch den ausländischen Aktionären oder Gesellschaftern zu erstatten sind. Diese Erstattung erfolgt zentral über das Bundesamt der Finanzen, Friedhofstr. 1, 5300 Bonn 3.
Deine Anträge mußt Du spätestens innerhalb von fünf Jahren nach dem Jahr der Dividendenausschüttung stellen. Spätere Anträge werden von der französischen Finanzverwaltung nicht mehr erstattet. Dadurch erleidest Du Nachteile, denn in dem Fall kann die in Frankreich verbliebene volle Steuer nicht auf die inländische Steuer angerechnet werden, weil Du wegen Deiner Schlamperei »freiwillig« auf eine Erstattung verzichtet hast. Dieser Verzicht wird aber von unserer Steuerverwaltung nicht subventioniert.

TIP: Bei ausländischen Kapitalanlagen solltest Du Dich von vornherein bei dem betreffenden Kreditinstitut informieren, ob Dir hier die Formalien erklärt werden, die für die Sicherung Deiner vollen Erträge erforderlich sind. Gleichzeitig solltest Du erfragen, ob Dir auch das Institut die mühevolle Antragstellung, hinsichtlich der Erstattungen oder der Ermäßigungen bei der ausländischen Finanzverwaltung abnimmt. Bei Einzelantragstellung kann es nämlich Monate oder gar Jahre dauern, bis Dir diese Ermäßigung tatsächlich gutgeschrieben wird.

Bankgeheimnis

Hinweise auf gesetzliche Bestimmungen

Abgabenordnung § 30a Schutz von Bankkunden

(1) Bei der Ermittlung des Sachverhalts (§ 88 AO) haben die Finanzbehörden auf das Vertrauensverhältnis zwischen den Kreditinstituten und deren Kunden besonders Rücksicht zu nehmen.

(2) Die Finanzbehörden dürfen von den Kreditinstituten zum Zwecke der allgemeinen Überwachung die einmalige oder periodische Mitteilung von Konten bestimmter Art oder bestimmter Höhe nicht verlangen.

(3) Die Guthabenkonten oder Depots, bei deren Errichtung eine Legitimationsprüfung nach § 154 Abs. 2 vorgenommen worden ist, dürfen anläßlich der Außenprüfung bei einem Kreditinstitut nicht zwecks Nachprüfung der ordnungsmäßigen Versteuerung festgestellt oder abgeschrieben werden. Die Ausschreibung von Kontrollmitteilungen soll insoweit unterbleiben.

(4) In Vordrucken für Steuererklärungen soll die Angabe der Nummern von Konten und Depots, die der Steuerpflichtige bei Kreditinstituten unterhält, nicht verlangt werden, soweit nicht steuermindernde Ausgaben oder Vergünstigungen geltend gemacht werden oder die Abwicklung des Zahlungsverkehrs mit dem Finanzamt dies bedingt.

(5) Für Auskunftsersuchen an Kreditinstitute gilt § 93 AO. Ist die Person des Steuerpflichtigen bekannt und gegen ihn kein Verfahren wegen einer Steuerstraftat oder einer Steuerordnungswidrigkeit eingeleitet, soll auch im Verfahren nach § 208 Abs. 1 Satz 1 AO ein Kreditinstitut erst um Auskunft und Vorlage von Urkunden gebeten werden, wenn ein Auskunftsersuchen an den Steuerpflichtigen nicht zum Ziel führt oder keinen Erfolg verspricht.

Hier habe ich Dir gleich den Gesetzestext abgedruckt, damit Du Dir ein wirkliches Bild von unserem Bankgeheimnis machen kannst. Mit der Übernahme des sogenannten Bankenerlasses in § 30a der Abgabenordnung hat das Bankgeheimnis zwar in Deutschland eine gesetzliche Grundlage gefunden. Trotzdem ist hiermit noch längst nicht jedem willkürlichen Erforschungsdrang der Finanzbeamten Einhalt geboten worden.

Bei »begründetem Verdacht« – was immer das sein wird – geben auch die Gerichte grünes Licht zu allerlei Nachforschungen der Finanzämter. Angesichts solcher Rückendeckung sind die Finanzämter nicht zimperlich, wenn es darum geht, die Steuerfahnder auf Deine Fährte anzusetzen. Diese suchen ohne Rücksicht auf Verluste nach den vermeintlichen Einkünften oder nach bisher nicht erklärtem Vermögen.

Sogar Sammelauskünfte der Finanzverwaltung für bestimmte Berufsgruppen oder im Fall der Ausstellung von mehrdeutigen Bescheinigungen durch ein Kreditinstitut, sind vom Bundesfinanzhof für zulässig erklärt worden.

Hier kann sich nur jedes Kreditinstitut selbst einem solchen Ansinnen der Finanzverwaltung wirksam widersetzen und zuerst die Einhaltung der formellen Erfordernisse erzwingen, ehe es eine Auskunft erteilt.

Ein weiteres Mittel zur Eindämmung oder Verzögerung solcher Nachforschungen wäre eine entsprechend hohe Rechnung für die in Anspruch genommenen Dienstleistungen, die das Kreditinstitut der Finanzverwaltung abverlangen kann. Diese Kostenfrage sollte aber zuvor geklärt werden, ehe ein Angestellter des Kreditinstituts tätig wird. Anderenfalls kann es zu langwierigen Streitigkeiten darüber kommen.

Du als Kapitalanleger kannst nur insoweit vorbeugen, als Du vor einer Kontoeröffnung fragst, wie es denn dieses Kreditinstitut mit dem Bankgeheimnis hält. Ob es zuerst Deine Kontounterlagen dem Finanzamt schickt, ehe es Dich darüber informiert, oder ob der umgekehrte – der richtigere Weg – gewählt wird.

Leider gibt es nur sehr wenige kämpferische Kreditinstitute, die es auch notfalls auf einen Streit mit der Finanzverwaltung ankommen lassen, um ihre Kunden vor Willkürakten zu schützen. In den allermeisten Fällen haben die Sachbearbeiter leider keine Ahnung, wie in solchen Fällen zu verfahren ist. Ihnen fehlen oft »Regieanweisungen« ihrer Zentralen, wie derartigen Auskunftsersuchen der Finanzverwaltung behandelt werden sollen.

TIP: Nur Dein massiver Druck als Bankkunde kann dazu beitragen, daß auch Deine Rechte gewahrt bleiben. Dies erfordert vor allem eine schnelle gegenseitige Information. Vielfach werden aus Verwaltungshörigkeit heraus von den Kreditinstituten Dinge offenbart, zu denen diese nach dem Gesetz gar nicht verpflichtet sind. Deshalb ist bei neuen Verbindungen eine gesunde Portion Vorsicht und Zurückhaltung den Mitarbeitern der Kreditinstitute gegenüber Deine beste Kapitalanlage.

Berlin-Darlehn

Die Hingabe eines Darlehnsbetrages zur Förderung der Wirtschaft bzw. des Wohnungsbaus in Berlin wird längstens bis zum 31. 12. 1993 steuerlich belohnt, wenn dieses Darlehn vom Berliner Senator für Wirtschaft die besondere Förderungseigenschaft zugesprochen erhält. Dies geschieht dann, wenn Du derartige Beträge der Berliner Investitions- und Handelsbank und den von dieser autorisierten Kreditinstituten zu den genannten Zwecken zur Verfügung stellst.
In diesen Fällen erhältst Du eine Steuerermäßigung in Höhe von 12% bzw. 20% der Darlehnssumme, maximal bis zu 50% Deiner ursprünglich zu zahlenden Einkommensteuerlast, als sofortige Gutschrift im Jahr der Darlehnshingabe. Deshalb mußt Du Dein Einkommen und die darauf zu entrichtende Einkommensteuer schon sehr zuverlässig schätzen können, wenn Du die Obergrenze dieser Vergünstigung in Anspruch nehmen willst.
Die Laufzeit der Darlehn beträgt 8, 10 oder gar 25 Jahre. Die Darlehn sind entweder unverzinslich oder sie werden höchstens bis zu 5,5% verzinst und jährlich laufend getilgt. Diese Voraussetzun-

gen solltest Du kennen, denn Berlin-Darlehn eignen sich weniger als zinsgünstige Kapitalanlage als vielmehr dazu, die Einkommensteuerlast noch kurz vor Jahresende drastisch zu senken.
Deshalb wurden von den Anbietern auch Modelle entwickelt, durch welche diese Darlehn durch Lebensversicherer oder andere Kreditgeber refinanziert werden können, um den steuerlichen Effekt noch zu erhöhen. Die Initiatoren machen sich dabei die Rechtsprechung des Bundesfinanzhofes zu eigen, die eine Beleihung, Abtretung oder Verpfändung des Darlehns als unschädlich ansieht. Dies erkennt auch die Finanzverwaltung inzwischen unter bestimmten Voraussetzungen an.
Bei derartigen Modellen solltest Du jedoch genau rechnen, ob die damit verbundenen Nebenkosten tatsächlich auf Dauer, trotz der oben beschriebenen Steuerermäßigungen die Anlage noch als rentierlich ausweisen. Bei der Geldentwertung und dem niedrigen Zins bezogen auf die lange Laufzeit, beinhaltet die Anlage nicht gerade bemerkenswerte Kapitalanlagequalitäten.

TIP: Mache Dir bei einer Refinanzierung die Rechenweise der Finanzverwaltung zu nutze und vergleiche nur die Erträge und die Aufwendungen miteinander, wenn es Dir nicht um die bloße Steuerersparnis geht. In den Modellrechnungen werden sehr oft Vermögensrückflüsse mit Erträgen vermischt oder Aufwendungen mit Steuerentlastungen saldiert. Solche Rechenweisen führen zu keinen effektiven Ergebnissen und sind deshalb für eine Renditeberechnung ungeeignet. Eines ist aber unschädlich, auch wenn die Schuldzinsen die Guthabenzinsen übersteigen und das Darlehn damit in die unbeachtliche Vermögensverwaltung gehört, bleiben Dir die obengenannten Steuervorteile erhalten. Diese Vorteile belohnen lediglich Deinen Einsatz, der Berliner Wirtschaft Kapital zur Verfügung zu stellen. Sie setzen aber keine rentierlichen Kapitalanlagen mit Einkünften aus Kapitalvermögen voraus.

Devisentermingeschäfte

Devisentermingeschäfte im Privatvermögen, bei denen Du von vornherein nur auf Wechselkursschwankungen spekulierst, nehmen im Steuerrecht eine Sonderstellung ein. Es handelt sich hierbei nämlich um sogenannte Spekulationsgewinne, die überhaupt nicht der Besteuerung unterliegen. Da sich die Finanzämter aber oftmals erst nach einem Rechtsstreit überzeugen lassen, daß sie hierfür keine Steuern kassieren dürfen, selbst wenn die Gewinne ganz beachtlich sind, will ich Dir das Verfahren näher erklären.
Diese Geschäfte darfst Du allerdings nicht mit den Optionsgeschäften verwechseln, die ich später noch beschreibe. Für solche Geschäfte gelten andere Voraussetzungen.
Die Devisentermingeschäfte sind nur dann völlig steuerfrei, wenn sie nicht in einem Gewerbebetrieb anfallen. Doch ein Gewerbebetrieb im steuerlichen Sinne setzt nun nicht etwa eine feste Betriebsstätte wie ein eigenes Büro oder ähnliches voraus. Wo und wie die Betätigung ausgeführt wird, ist der Finanzverwaltung völlig egal, wichtig ist nur, daß es sich um eine nachhaltige Tätigkeit handelt, die als Beteiligung am allgemeinen Wirtschaftsverkehr nach außen in Erscheinung tritt und bei der Gewinne entstehen.
Damit Dir eine solche Tätigkeit nicht unterstellt werden kann, mußt Du einige Vorkehrungen treffen. Denn schließlich soll sich Dein Spiel auch hinsichtlich der Steuerfreiheit lohnen.
Selbst dann, wenn Du im Bankfach tätig bist und Dir für diese Geschäfte Deine Fachkenntnisse zunutze machst, kannst Du dabei als Privatmann tätig werden. Du mußt allerdings für diese Geschäfte ein Kreditinstitut zwischenschalten, welches auf Deinen Namen lautende Konten führt, worüber diese Transaktionen abgewickelt werden.
Nur so ist eine einwandfreie Trennung zwischen den Geschäften, die das Kreditinstitut als solches tätigt und Deinen persönlichen Geschäften möglich. Für die Abwicklung (Kauf und Ver-

kauf) solltest Du auch die banküblichen Formulare verwenden, damit als weiteres Indiz für Deine persönlichen Geschäfte auch einwandfreie Beweise existieren.
Als weitere Voraussetzung dürfen die Devisen nicht tatsächlich (physisch faßbar) geliefert werden, sondern die Geschäfte müssen sich lediglich auf die Kursdifferenz beziehen. Nur wenn ganz konsequent die Geschäfte in dieser Weise abgewickelt werden, fehlt es von vornherein an einem schuldrechtlichen Vertrag, der auf eine Anschaffung und auf eine Veräußerung gerichtet ist.
Diese Anschaffung und der anschließende Verkauf sind aber die unabdingbaren Voraussetzungen für ein Spekulationsgeschäft. Deshalb kannst Du auch unbesorgt innerhalb der 6-Monats-Frist (das ist die kritische Spekulationsspanne zwischen An- und Verkauf) Gewinne realisieren, ohne eine Besteuerung befürchten zu müssen, denn um Spekulationsgeschäfte kann es sich dabei nicht handeln.
Der Spielcharakter dieser Geschäfte wird damit begründet, daß jeder Vertragspartner dem anderen die Chance einräumt, im Fall einer günstigen Kursentwicklung einen Gewinn in Höhe der Kursdifferenz zu erzielen. Das stellt aber keine Leistung dar und es wird dafür auch kein besonderes Entgelt gezahlt. Der Gewinner erhält vom Verlierer lediglich deshalb die Kursdifferenz ausgezahlt, weil der Kurs den von ihm angenommenen Verlauf nahm.

TIP: Ich habe Dich hier nur über die steuerliche Seite dieses Spiels aufgeklärt, das Du auch immer nur so sehen solltest. Die eingesetzten Beträge mußt Du schon im vornhinein als verloren ansehen. Und meist sind sie das auch. Wenn Dich dieses Spielchen aber reizt, dann nur über einen angesehenen Makler und nie mit den Telefonhyänen, die sich Dir anbieten, absahnen und verschwinden – mit Deinem Geld.

Emissionsdisagio, Emissionsdiskont

Bei festverzinslichen Wertpapieren, können sich Schwankungen des Zinses am Kapitalmarkt in unterschiedlicher Art und Weise auswirken. Wird bei der Ausgabe des Papiers ein Wertabschlag (Disagio) gewährt, d. h. das Papier wird z. B. zu einem Kurswert von 97,5% des Nennwertes verkauft, obwohl Du im Zeitpunkt der Einlösung die vollen 100% erhältst, dann fällt dieser Differenzbetrag nicht immer in die steuerlich unbeachtliche Vermögenssphäre. Dieser Abschlag muß als Ertrag des Papiers angesehen werden, wenn er folgende Prozentsätze, bezogen auf die entsprechende Laufzeit, übersteigt:

Laufzeit	Disagio in %
weniger als 2 Jahre	1
2 bis unter 4 Jahre	2
4 bis unter 6 Jahre	3
6 bis unter 8 Jahre	4
8 bis unter 10 Jahre	5
über 10 Jahre	6

Beim Übersteigen der Prozentsätze ist dann nicht nur der übersteigende Betrag steuerpflichtig, sondern der insgesamt gewährte Abschlag. Bei einem Papier mit einer Laufzeit von 4 1/2 Jahren ist der Ausgabekurs beispielsweise 96,5%. Nach der Tabelle können höchstens 3%, also ein Ausgabekurs von 97% unbeachtet bleiben. Steuerpflichtig ist aber in dem Fall nicht nur die Differenz von 0,5% (97% ./. 96,5%), sondern die gesamten 3,5%. Diese Regelung gilt auch, wenn für den Erwerb einer größeren Anzahl von Papieren ein Abschlag gewährt wird, der die Prozentsätze überschreitet.

Ein anderer Fall ist der, daß anstatt einer laufenden Verzinsung ein abgezinster Betrag eingezahlt wird, der durch die Ansamm lung von Zins und Zinseszins innerhalb der Laufzeit bis zum

Nennbetrag anwächst. Bei einer solchen Vereinbarung ist der Differenzbetrag zwischen Erwerbspreis und vereinbartem Einlösungspreis der steuerpflichtige Ertrag, der erst im Zeitpunkt der Einlösung steuerpflichtig ist. Verkaufst Du ein solches Papier schon vorher, dann muß dieser Unterschiedsbetrag anhand einer Formel errechnet werden.

Unberücksichtigt bleiben dagegen in beiden Fällen die Wertveränderungen aufgrund der Zinsschwankungen am Kapitalmarkt, die sich am Ende der Besitzzeit ergeben. Sowohl die dadurch entstehenden Gewinne als auch eintretende Verluste wegen gestiegenem Marktzins gehören nicht zu den steuerpflichtigen Einnahmen bzw. zu den Werbungskosten, sondern betreffen Deine Vermögenssphäre. Dies gilt natürlich nur dann, wenn derartige Wertsteigerungen oder Verluste außerhalb der Spekulationsfrist realisiert werden.

TIP: Achte beim Erwerb festverzinslicher Wertpapiere darauf, wenn Du keine spekulativen Absichten hast, daß sich die Wertabschläge in den in der obengenannten Tabelle aufgeführten Grenzen halten. Eine Abweichung von weniger als einem Prozentpunkt führt schon zur vollständigen Versteuerung dieser Wertabschläge.

Fremdfinanzierte Kapitalanlagen

Wie bei allen anderen Einkunftsquellen, so bleibt es auch bei den Kapitaleinkünften einzig und allein Dir überlassen, ob Du Deine Kapitalanlage mit eigenen oder mit fremden Mitteln finanzierst.

Bei der Fremdfinanzierung bewegst Du Dich allerdings auf dünnem Eis, denn auf Dauer gesehen (Dauer ist in diesem Fall mindestens der Zeitraum in dem Du die Beteiligung als Kapital-

anlage hältst) muß der Ertrag höher als Deine Aufwendungen sein.
Nur dann stehen bei Dir nicht die Realisierung von Wertsteigerungen oder persönliche Motive im Vordergrund, die zum Erwerb dieser Kapitalanlage geführt haben, sondern die Einkunftserzielungsabsicht durch Kapitalnutzung. Dies ist eine unabdingbare Voraussetzung, damit es sich überhaupt um Kapitaleinkünfte handeln kann.
Sinkt durch die Fremdfinanzierung und andere mittelbar oder unmittelbar zurechenbare Werbungskosten Dein Ertrag auf Dauer unter 0 DM ab, dann verliert die Kapitalanlage Ihre Qualität als »Einkunftsquelle« und wird zur steuerlich unbeachtlichen Vermögensverwaltung. In dieser Eigenschaft machen sich dann weder Einnahmen noch Ausgaben bemerkbar, und Wertsteigerungen werden nur innerhalb der Besteuerung von Spekulationsgewinnen erfaßt.
Deshalb sind Fremdfinanzierungen nur dann anzuraten, wenn Du die Ertragserwartung von vornherein überschauen kannst und die Fremdmittel eindeutig einer bestimmten Kapitalanlage zuzuordnen ist. Du kannst leider nicht ein bereits vorhandenes Kreditvolumen willkürlich der einen oder anderen Kapitalanlage zurechnen, die gerade ertragreich ist.
Von allem Anfang an muß eine ganz eindeutige Zurechnung möglich sein. Ferner ist es dabei wichtig, daß Du auch rechnerisch nachweisen kannst, daß die Kapitalanlage in absehbarer Zeit einen Überschuß abwirft, der nicht aus Kurs- oder anderen Wertsteigerungen herrührt.
Nur wenn Du diese Voraussetzungen erfüllst, kannst Du auch Werbungskostenüberschüsse (höhere Ausgaben als Einnahmen) in der Anlaufphase geltend machen, die das Finanzamt anerkennen muß. Diese Anfangsverluste kommen immer dann vor, wenn Du während des Jahres Wertpapiere erwirbst, deren Zins- oder Gewinnausschüttungszeitpunkt erst in das nächste Kalenderjahr fällt.
Da Du nach dem Prinzip der Abschnittsbesteuerung die Wer-

bungskosten in dem Jahr geltend machen mußt, in dem diese angefallen sind, darfst Du nicht bis zum nächsten Jahr warten, um erst hier die Ausgaben mit den dann fließenden Einnahmen zu verrechnen.
Zu diesen Fremdfinanzierungskosten rechnet auch ein Damnum, welches Dir von dem kreditgewährenden Institut belastet wird. Hier mußt Du darauf achten, daß dieses Damnum höchstens zwei Monate vor der Darlehnsauszahlung berechnet wird. Wird dieser Zeitraum überschritten, so betrachtet die Finanzverwaltung diesen langen Zeitraum als Mißbrauch von Gestaltungsmöglichkeiten des Rechts und verteilt das Damnum auf die gesamte Laufzeit des Darlehns.

TIP: Dies wird in aller Regel gerade nicht damit bezweckt, denn dieses Damnum soll zu einer sofortigen Steuerentlastung führen. Du mußt daher auf die rechtzeitige Darlehnsauszahlung oder auf die zeitlich spätere Belastung des Damnums achten.

Umwidmung von Fremdkapital

Die Einkunftsart Kapitaleinkünfte ist von dem Grundsatz geprägt, daß jede Einkunftsquelle, wie beispielsweise ein Wertpapier, eine Beteiligung oder auch ein ganzer Gewerbebetrieb, streng für sich zu betrachten sind. Bei einem Aktiendepot wird dies überspitzt deutlich. Du kannst die einzelnen Aktien nur dann zu einer Gruppe zusammenfassen, wenn es sich um gleichartige Papiere einer Gesellschaft handelt, die am gleichen Tag und zum gleichen Kurs gekauft wurden.
Was nun für die einzelnen Vermögenswerte gilt, gilt in umgekehrter Richtung auch für die damit zusammenhängenden Schulden und die daraus resultierenden Werbungskosten. Das bedeutet, daß nur dann ein Schuldposten einem Vermögenswert

zugerechnet werden kann, wenn beide in einem wirtschaftlich engem Zusammenhang zueinander stehen.
Du mußt also den Kredit für den Kauf von Wertpapieren, Beteiligungen usw. im unmittelbaren Zusammenhang mit diesem Kauf aufnehmen. Die bloße Verpfändung oder die Sicherungsübereignung von Wertpapieren für einen Kredit erzwingt diesen wirtschaftlichen Zusammenhang noch nicht.
Deshalb solltest Du in den Fällen, in denen bereits vorhandene und freigewordene Kreditmittel zur Finanzierung von Kapitalanlagen usw. verwendet werden, besonders vorsichtig sein. Die Finanzverwaltung ist hier sehr kleinlich.
Unverständlich wird diese Engstirnigkeit dann, wenn Dir durch die Tilgung und die Neuaufnahme von Kreditmitteln erhebliche Kosten entstehen würden, die beim Bestehenlassen der Altschulden nicht anfielen. Es kann schließlich nicht Sinn des Steuerrechts sein, Dich als Kapitalanleger zu unsinnigen Ausgaben zu zwingen, nur um den steuerlichen Formvorschriften zu genügen. Hierauf solltest Du Dich in Streitfällen mit dem Finanzamt berufen.
Meines Erachtens kann es bei der Beurteilung nur darauf ankommen, daß sich das Steuerrecht auch wirtschaftlich vernünftigen Gestaltungen nicht verschließt. Dies folgt schon aus dem Grundsatz der wirtschaftlichen Betrachtungsweise, die im Steuerrecht vorherrscht.
Da nur durch das Bestehenlassen der Altschulden eine entsprechend hohe Kapitalanlage dieser Mittel erfolgen kann, entsteht damit eine einheitliche, nicht teilbare Kapitalanlage, die auch als Einheit zu beurteilen ist. Deshalb kann auch nur insgesamt ein Überschuß der Einnahmen über die Werbungskosten entstehen. Oder es handelt sich in dem Fall, in dem kein Ertrag auf Dauer entsteht, um unbeachtliche Vermögensverwaltung.
Werden aber Einkünfte erzielt, dann steht es Dir als Kapitalanleger frei, wie Du Deine Einkunftsquellen finanzierst. Deshalb kannst Du auch bis knapp an die Grenze, an der die Fremdzinsen die Guthabenzinsen erreichen, Fremdmittel einsetzen. Ein solches Verfahren ist steuerlich anzuerkennen.

TIP: Wenn Dir aber eine solche Möglichkeit grundsätzlich offensteht, dann kann es auch keinen Unterschied mehr machen, ob Du für die Finanzierung Deiner Kapitalanlagen einen genau abgrenzbaren Altkredit verwendest, oder ob Du neue Kreditmittel aufnimmst. Auf den ursprünglichen Grund der Schuldaufnahme kann es dann nicht mehr ankommen. Dies muß vor allem gelten, wenn dieser Grund inzwischen weggefallen ist.

Es ist nur ausgeschlossen, vorhandene Kredite willkürlich Deinen verschiedenen Vermögensgegenständen zuzuordnen, die gerade ausreichende Erträge abwerfen. Diese Zuordnung muß von Anfang an erfolgen. So ist das mit der Logik im Steuerrecht.

Null-Coupon-Anleihen

Bei den Anleihen gibt es solche, bei denen jährlich Zinsen anfallen, die auch ausgeschüttet oder mindestens gutgeschrieben werden. Andere dagegen werden zu einem abgezinsten Betrag ausgegeben und steigen innerhalb Deiner Besitzzeit durch die Ansammlung von Zinsen und Zinseszinsen zu einem festgelegten, in der Zukunft liegenden Einlösungsbetrag an.
Bei diesen zuletzt genannten Anleihen handelt es sich um sogenannte Null-Coupon-Anleihen, weil Du während der Laufzeit nicht frei über die bis dahin angesammelten Erträge verfügen kannst. Sie werden Dir erst bei der Einlösung am Fälligkeitstag zusammen mit Deinem eingesetzten Kapital zurückgezahlt.
Da bei derartigen Anleihen bei längerer Laufzeit ganz beachtliche Zinseinkünfte entstehen, so mußt Du überlegen, ob eine Fremdfinanzierung nicht zweckmäßig ist.

TIP: Zum einen steht Dir dadurch ein höheres Anlagevolumen zur Verfügung. Zum anderen können die dadurch entstehenden Fremdzinsen schon dann als Werbungskosten bei den Einkünften aus Kapitalvermögen abgezogen werden, wenn noch gar keine Erträge anfallen.

Wichtig dabei ist nur, daß diese Fremdfinanzierung unmittelbar mit der Anschaffung der Anleihen zusammenfällt, damit ein wirtschaftlicher Zusammenhang besteht. Die Fremdzinsen werden aber nur dann ausschließlich zur Einkunftserzielung aufgewendet, wenn sie insgesamt geringer als die zu erwartenden Guthabenzinsen sind.
Bei höheren Ausgaben droht nämlich die unbeachtliche Vermögensverwaltung. Dies läßt sich aber in aller Regel bei festverzinslichen Papieren sehr leicht vermeiden, da über die gesamte Laufzeit, wenigstens von der Einnahmenseite her, keine Zinsschwankungen eintreten können und dadurch leicht diese Erträge zu berechnen sind.
Solche Konstruktionen sind besonders dann empfehlenswert, wenn sich zum Einlösungstag der Anleihen schon vorhersagen läßt, daß dann Deine zu versteuernden Einkünfte niedriger sein werden, als jene, von denen Du jetzt die Schuldzinsen als Werbungskosten abziehst.
Hierbei kann sogar noch ein weiterer Zinsgewinn entstehen, denn die dadurch schon jetzt ersparte Einkommensteuer steht Dir über die gesamte Besitzzeit zur weiteren Kapitalanlage zur Verfügung.

Tafelgeschäfte

Tafelgeschäfte sind Bar-Geschäfte über Wertpapiere, die praktisch am Bankschalter abgewickelt werden. Dabei muß es sich um effektiv verfügbare Stücke handeln, die Dir auch tatsächlich ausgehändigt werden können.
Bei der Einlösung der Zinsscheine oder der Rückgabe bzw. Einlösung der Papiere ist die Prozedur in umgekehrter Richtung die gleiche.
Bei diesen Geschäften werden weder die bei der Finanzverwaltung so ins Zwielicht geratenen CpD-Konten (Conto pro Diverse) noch bereits vorhandene Depot- oder Girokonten angesprochen. Die Abwicklung erfolgt Zug um Zug (ohne sichtliche Spuren zu hinterlassen).
Welche Motive bei solchen Geschäften für Dich dabei ausschlaggebend sind, bleibt einzig und allein Dir überlassen. Ob Du Dich an den Urkunden erfreuen willst, oder ob Du ein Anhänger der Zins- und Dividendenscheine bist, bei dem ein richtiger »Zahltag« mit dem Geräusch der Schere beginnen muß, dies und vieles andere können Gründe für ein solches Tafelgeschäft sein.
Ein anderes Motiv ist die Tatsache, daß Du nicht jedem Bankangestellten vollen Einblick in Deine wahre Vermögenslage geben willst. Deshalb haftet diesen Geschäften auch kein Makel an.
Wenn Du allerdings »vergißt«, die Erträge aus den persönlich verwahrten Papieren zu versteuern, dann bleibt das nur so lange ohne Folgen, solange sich Deine dagegenstehenden Werbungskosten mit den Einnahmen ausgleichen oder weil wegen fehlender Einkünfte eine unbeachtliche Vermögensverwaltung anzunehmen ist.
Als Werbungskosten können dabei von Dir auch Zinsen für privat aufgenommene Darlehn geltend gemacht werden, wenn der Darlehnsvertrag und der Kauf der Papiere unmittelbar zusammenfallen. Auch hierbei dürfen allerdings die Darlehnszinsen auf Dauer die Erträge der Papiere nicht übersteigen.
Solche Darlehnsabmachungen solltest Du unbedingt schriftlich

festhalten. Vor allem dann, wenn es sich um Darlehnsvereinbarungen mit Deinen nahen Angehörigen handelt. Nur so ist Dir zu gegebener Zeit der Beweis dafür möglich.

Unterbeteiligungsmodell

Neben der stillen Gesellschaft gibt es noch andere Arten der Beteiligung. Beteiligungen an anderen Beteiligungen werden als Unterbeteiligungen bezeichnet. Die Rechtsprechung kennt derartige Unterbeteiligungen an bereits bestehenden stillen Gesellschaften oder an Personen- und Kapitalgesellschaften.
Solche Beteiligungen müssen weder ins Handelsregister eingetragen werden, noch brauchen sie den übrigen Gesellschaftern bekanntgegeben zu werden. Bei dieser Unterbeteiligung werden Deine Zahlungen an den Unterbeteiligten, sofern Du der Hauptbeteiligte bist, immer als Werbungskosten angesehen.
Bei dem Unterbeteiligten stellen diese Zahlungen immer Einkünfte aus Kapitalvermögen dar. Nur dann, wenn der Unterbeteiligte im Handelsunternehmen Mitverantwortung und unternehmerisches Risiko trägt, können diese Einkünfte ausnahmsweise als gewerbliche Einkünfte anzusehen sein.
In den meisten Fällen, in denen Du solche Unterbeteiligungen (oft mit Familienangehörigen) vereinbarst, spaltest Du einen Teil Deines Einkommens von dieser Beteiligung ab.
Dies geht, sogar bei den Kapitaleinkünften. Hier kann zwar nur derjenige Einkünfte erzielen, der Kapital anderen zur Nutzung überläßt. Deshalb muß der Unterbeteiligte entweder mit Dir eine bürgerlich-rechtliche Gesellschaft eingehen, oder er kann Dir ein Darlehn gewähren und dafür eine entsprechende Verzinsung erhalten.
Ob sich dieser Zinssatz nach einem festen Prozentsatz oder nach den Erträgnissen der Kapitalanlagen richtet, spielt steuerlich keine Rolle.
Schließt Du Dich als Unterbeteiligter mit dem Hauptbeteiligten

TIP: Bei einer Unterbeteiligung mit Verlustbeteiligung können sogar Vermögensverluste bis zur Höhe der geleisteten Unterbeteiligung als Werbungskosten geltend gemacht werden. Da der Unterbeteiligte mit seiner Beteiligung keinen Vermögensgegenstand erwirbt, können seine Aufwendungen auch nicht in die unbeachtliche Vermögenssphäre gedrängt werden.

zum Zwecke der gemeinsamen Einkunftserzielung zu einer BGB-Gesellschaft zusammen, dann ist dafür weder Schriftform noch die Eintragung in irgendein Register erforderlich. Noch nicht einmal dem Finanzamt gegenüber brauchtest Du einen Vertrag vorzulegen.

Es ist sinnvoll, solche Abmachungen schriftlich zu fixieren. Und zwar aus Beweisgründen und aus der Tatsache heraus, daß derjenige nachweisen muß, daß ihm eine Steuervergünstigung zusteht, der sich darauf beruft. Auch um mit dem Mitbeteiligten Streitigkeiten von vornherein aus dem Weg zu räumen, solltest Du die Höhe der Beteiligung, die Risikoübernahme und die Art und Weise, wie die erwirtschafteten Erträge verteilt werden sollen, schriftlich festhalten.

Bei der Erklärung dieser Einkünfte mußt Du darauf achten, daß dies in einem besonderem Verfahren geschieht. In einer Erklärung zur einheitlichen und gesonderten Feststellung der Einkünfte wird der Gesamtüberschuß für die Gemeinschaft festgestellt und anschließend die Aufteilung auf jeden Beteiligten vorgenommen.

Entstehen dabei Fehler, so mußt Du zuerst den Feststellungsbescheid angreifen und berichtigen lassen und darfst nicht auf Deine persönliche Einkommensteuerveranlagung warten. Dann kann der zugrundeliegende Bescheid schon bestandskräftig und damit unangreifbar sein. In dem Fall mußt Du dann sogar die fehlerhaften Steuerbescheide gegen sich gelten lassen. Doch wie Du Dich dagegen wehren kannst, habe ich Dir unter dem Stichwort Grundlagenbescheid beschrieben.

Grundstücksschenkung statt Geldschenkung

Gerade bei Kapitalvermögen kommt es häufig zu Vermögensübertragungen von Dir als Elternteil an Deine Kinder oder von Großeltern an die Enkel. Bei der Schenkung von solchem Vermögen macht es steuerlich einen ganz erheblichen Unterschied, ob Du Barvermögen verschenkst oder Grundvermögen.
Grundvermögen wird nur mit einem Bruchteil seines eigentlichen Wertes angesetzt, nämlich mit dem Einheitswert und einem Zuschlag von 40%. Dieser Einheitswert wird auch heute noch nach den Wertverhältnissen von 1955 errechnet. Der Zuschlag von 40% gleicht deshalb bei weitem den Wertanstieg seit dieser Zeit nicht aus. In günstigen Fällen kann deshalb der Realwert 10- oder gar 20mal so hoch wie der Einheitswert sein.

TIP: Deshalb ist es immer günstiger, daß Du nicht Barvermögen zum Nominalwert verschenkst, sondern das weitaus geringer besteuerte Grundvermögen.

Ein Beispiel soll den Unterschied verdeutlichen:

Verschenktes Barvermögen 200 000 DM abzüglich Freibetrag von z. B. 90 000 DM bei Schenkung an Dein Kind

steuerpflichtige Schenkung 110 000 DM zu 4,5% = _4 950 DM_

Grundvermögen Verkehrswert 200 000 DM hat einen Einheitswert von 100 000 DM zuzüglich 40% = 140 000 DM, abzüglich Freibetrag von z. B. 90 000 DM = 50 000 DM

steuerpflichtige Schenkung in dem Fall 50 000 DM zu 3% = _1 500 DM_

Je höher die Beträge sind, die Du verschenken willst, um so größer wird auch die Differenz, die durch die unterschiedliche Vermögensbewertung entsteht. Und um so mehr Steuer sparst Du ein.

Eine solche Grundstücksschenkung wird auch dann noch angenommen, wenn Du einen Geldbetrag unter der unabdingbaren Auflage verschenkst, daß Deine Kinder oder Enkel dafür ein bestimmtes Grundstück erwerben. Gleiches gilt, wenn Du ein reparaturbedürftiges Grundstück verschenkst und einen Geldbetrag zur Instandsetzung eigens zu diesem Zweck dazugibst.
In dem Schenkungsvertrag muß dann aber unbedingt die Auflage enthalten sein, daß der Geldbetrag nicht anderweitig verwendet werden darf. In diesen Fällen gilt der Einheitswert als Maßstab für die Schenkungssteuer zuzüglich des erwähnten Zuschlags von 40%.
Um Streitigkeiten mit dem Finanzamt von vornherein zu vermeiden, empfehle ich Dir, das Grundstück noch vor der Schenkung mit Deinem Geld in einen gebrauchsbereiten Zustand zu versetzen. Die Ausführung und Überwachung kannst Du ja durchaus schon dem Empfänger der Schenkung übertragen.
Nach der Fertigstellung wird dann das Grundstück zu dem dann gültigen Einheitswert zuzüglich 40% verschenkt.
Jetzt bleibt es den Beschenkten natürlich überlassen, das geschenkte Grundvermögen alsbald wieder zu verkaufen und in Barvermögen zurückzuverwandeln. Ja, sogar wenn diese Verträge von Grundstücksschenkung und Weiterverkauf am gleichen Tag geschlossen werden, gilt diese Gestaltung noch als Grundstücksschenkung und nicht als Geldschenkung.

Einkünfte aus Vermietung und Verpachtung

Zu Deinen Vermietungseinkünften zählen nicht nur solche aus der Vermietung und Verpachtung von Grundstücken und Gebäuden, sondern auch die Einkünfte aus der Vermietung oder Verpachtung von Sachgesamtheiten. D. h. auch wenn Du ganze Schiffe, ganze Gewerbebetriebe wie Gaststätten oder Hotels mit der gesamten Einrichtung, Fertigungs- oder Handwerksbetriebe mit dem Maschinenpark usw., Ladenlokale oder Kaufhäuser einschließlich der gesamten Einrichtung vermietest, dann erzielst Du damit Einkünfte aus Vermietung und Verpachtung.
Bei dieser Einkunftsart machen sich Veräußerungsgewinne oder Veräußerungsverluste nicht mehr bemerkbar, weil sich diese Vermögensschwankungen in Deiner Privatsphäre abspielen. Lediglich die Absetzung für Abnutzung führt zu Werbungskosten, wie ich es Dir an dem folgenden Beispiel zeige.

Abschreibung

Bei den Werbungskosten ist zwischen Kosten ohne bleibenden Wert wie Fahrtkosten, Reisekosten, Fortbildungskosten und solchen für längerlebige Wirtschaftsgüter wie Häuser, Schiffe, Maschinen, Schreibmaschinen, Computer, Einrichtungsgegenstände eines Arbeitszimmers usw. zu unterscheiden.
Während Du die Kosten ohne bleibenden Wert sofort und in voller Höhe als Werbungskosten absetzen kannst, mußt Du bei den längerlebigen Wirtschaftsgütern die Anschaffungskosten auf die voraussichtliche Nutzungsdauer verteilen. Diesen Zeitraum kannst Du aus der amtlichen AfA-Tabelle (AfA = Absetzung für Abnutzung) entnehmen.

Bei Gebäuden schwanken diese Zeiträume zwischen 40 und 50 Jahren. Daraus kannst Du Dir an Deinen fünf Fingern errechnen, daß diese Beträge keine astronomischen Ausmaße erreichen.
Bei einem Wirtschaftsgut mit einer Nutzungsdauer von 3 Jahren beispielsweise könntest Du jährlich 1/3 der Anschaffungs- oder Herstellungskosten bis zur vollständigen Absetzung geltend machen. Wichtig ist ferner, wann der Gegenstand im Kalenderjahr angeschafft oder hergestellt wurde.

Die Berechnung geschieht nach folgendem Muster z. B. bei einem Kraftfahrzeug mit einer jährlichen Fahrleistung über 15 000 km, bei dem allgemein ein vierjähriger Nutzungszeitraum angenommen wird:

Anschaffungskosten	25 000 DM
Überführungskosten	500 DM
Zulassung, Nummernschilder usw.	160 DM
Gesamtanschaffungskosten	25 660 DM

Wird das Fahrzeug vor dem 30. 6. zugelassen, dann kann aus Vereinfachungsgründen die volle Jahres-AfA geltend gemacht werden.

Anschaffung 20. 3. 1993

	Wert			AfA
20. 3. 1993	25 660 DM	AfA 25% für 12/12	1993	6 415 DM
1. 1. 1994	19 245 DM		1994	6 415 DM
1. 1. 1995	12 830 DM		1995	6 415 DM
1. 1. 1996	6 415 DM		1996	6 415 DM
	0 DM			25 660 DM

Bei Gebäuden sieht diese Regelung etwas anders aus, denn hier gilt entweder eine Vereinfachungsregelung dergestalt, daß Du im Jahr der Fertigstellung Deines Hauses die volle Abschreibung für das gesamte Jahr abziehen darfst. Der andere Fall ist der, daß Du das Haus erwirbst. Dann kannst Du nur die Abschreibung ab dem Zeitpunkt des Eigentumsübergangs für die jeweiligen Monate in Deiner Besitzzeit geltend machen.

Grundstücksbegriff im Steuerrecht

Der Begriff »Grundstück« hat sich im Steuerrecht im Laufe der Zeit verselbständigt und stimmt deshalb oftmals mit dem allgemeinen Sprachgebrauch nicht mehr überein.
So werden als »Grundstücke« im Steuerrecht nicht nur die nackten Grundstücksflächen bezeichnet, sondern auch diejenigen, auf denen Gebäude stehen. Ja, sogar das Gebäude selbst, Ein- und Mehrfamilienhäuser oder Eigentumswohnungen werden von dem Begriff Grundstück mit erfaßt. Deshalb weiß ein Außenstehender nie, ob es sich nun um ein bebautes oder um ein unbebautes Grundstück handelt.
Dieser steuerliche Begriff kommt daher, daß im Zivilrecht der Grundstückseigentümer gleichzeitig Eigentümer der Gebäude wird, weil diese untrennbar mit dem Grund und Boden eine Einheit bilden.
Dieser Grund und Boden unterliegt nun keinerlei Abnutzungen, so daß Du auch nicht die Abschreibungen dafür geltend machen kannst, wie ich sie Dir oben beschrieben habe. Außer in dem Fall der Wohnraumförderung zu eigenen Wohnzwecken brauchst Du diesen Grundstückswert nur dazu, um aus einem Gesamtkaufpreis den zutreffenden Wert für das Gebäude zu errechnen. Nur aus diesem Wert steht Dir eine Abschreibung zu.
Weiter ist dabei zu unterscheiden, welche Kosten etwa für die Finanzierung oder die Eintragung von Grundschulden usw. von Dir aufgewendet wurden. Zu den Anschaffungskosten zählt alles, was Du aufwenden mußtest, um das Haus oder die Wohnung in einen gebrauchsfähigen Zustand zu versetzen, also bewohnbar zu machen. Die Kosten der Finanzierung gehören zu den Anschaffungskosten des Kredites und zählen weder zu den Grundstücks- noch zu den Baukosten.
Zu den Kosten des Grund und Bodens gehören neben dem Preis für die reine Grundstücksfläche auch eventuelle Vermessungskosten, erstmalige Anschlußkosten an die Ver- und Entsorgungsleitungen, Grunderwerbsteuer, Notar- und Grundbuchkosten.

Kaufst oder kauftest Du den Grund und Boden mit einem besonderen Kaufvertrag, dann sind diese Kosten relativ einfach zu ermitteln. Wesentlich schwieriger wird es dagegen, wenn für Gebäude oder Gebäudeteile und Grundstücke oder Grundstücksteile ein einheitlicher Kaufpreis festgelegt wurde. Hier ergeben sich dann regelmäßig Streitigkeiten mit der Finanzverwaltung über die Höhe des Bodenwertes.
Die gleichen Schwierigkeiten ergeben sich bei älteren Gebäuden, die vor allem in ländlichen Gebieten oft sehr große Grundstücksflächen haben. Wird darauf der Bodenrichtwert des Gutachterausschusses angewendet, so kann das zu einem Mißverhältnis und damit zu Deiner Benachteiligung führen.

TIP: Vor allem bei bebauten Grundstücken ergeben sich immer wieder Streitigkeiten mit der Finanzverwaltung, wenn es um die Höhe des anzusetzenden Grund- und Bodenwertes geht. Dabei neigt die Finanzverwaltung dazu, hier zu hohe Werte anzusetzen, weil damit Deine Steuervorteile beschnitten werden können. Um dem entgegenzuwirken, solltest Du entweder gleich ein Wertgutachten zur Grundlage des Kaufvertrages machen und die Werte hierin festlegen, oder durch eigene Berechnungen und Bestätigungen von Bauämtern, Maklern, Architekten usw. den tatsächlichen Wert des Grund und Bodens und des Gebäudes feststellen. Zur Selbstberechnung habe ich für Dich einige Formblätter abgedruckt.

Finanzamt ....

St.-Nr. ....

EFH / ZFH

Ein- und Zweifamilienhaus

Kaufpreis-Aufteilung

– Vereinfachtes Verfahren –

1. Allgemeine Angaben

1.1 Erwerber ____________________ (Name, Anschrift)

1.2 Lage des Grundstückes ____________________ (Ort, Straße, Hausnummer) Str. ______

1.3 Lagefinanzamt ____________________

1.4 EW – Az ____________________

1.5 Kaufvertrag vom ____________________

1.6 Kaufpreis einschl. aller Nebenkosten ______ DM

1.7 Baujahr des Hauptgebäudes ____________________

1.8 Überbaute Fläche ______ qm (nur Hauptgebäude)

1.9 Wohnfläche ______ qm (Summe aller Wohnungen)

1.10 Größe des Grundstücks ______ qm

2. Bodenwertansatz

2.1 Bodenrichtwert (zum Veräußerungszeitpunkt) lt. Richtwertkarte/Liste = ______ DM/qm

2.2 abzgl. Bebauungsabschlag ______ % = ______ DM/qm

2.3 Bodenwertansatz (für Baulandfläche) = ______ DM/qm

3. Sachwertermittlung

3.1 **Wert des Grund und Bodens**

3.11 Baulandfläche (angerechnet wird das 4fache der überbauten Fläche aus 1.8)

4 × ______ qm (Fläche aus 1.8) = ______ qm × ______ DM (Wert aus 2.3) = ______ DM

3.12 Baulandrestfläche (angerechnet wird die aus 3.11 verbleibende Mehrfläche bis max. 800 qm)

______ qm × ______ DM (25 % aus 2.3) = ______ DM

3.13 Gartenland (Restfläche des Gesamtgrundstücks) ______ qm × ______ DM (15 % aus 2.3) = ______ DM

3.14 Bodenwert = ______ DM

3.2 **Wert des Gebäudes**

3.21 Wohnfläche (1.9) ______ qm × Herstellungskosten ______ DM/qm (lt. Rückseite) = ______ DM

3.22 Garagen mit ______ Stellplätzen × 10.000,– DM (je Stellplatz) = ______ DM

3.23 Gebäudewert = ______ DM

4. Grundstückssachwert (Bodenwert Zeile 3.14 + Gebäudewert Zeile 3.23) = ______ DM

5. Wertanteile (nach dem Verhältnis der Sachwerte)

5.1 auf den Grund und Boden entfallen $\frac{\text{Zeile 3.14}}{\text{Zeile 4}}$ = ______ v. H.

5.2 auf das Gebäude entfallen $\frac{\text{Zeile 3.23}}{\text{Zeile 4}}$ = ______ v. H.

6. Kaufpreisaufteilung

6.1 auf den Grund und Boden entfallen ______ v. H. (5.1) = ______ DM

6.2 auf das Gebäude entfallen ______ v. H. (5.2) = ______ DM

Gesamtkaufpreis ______ DM

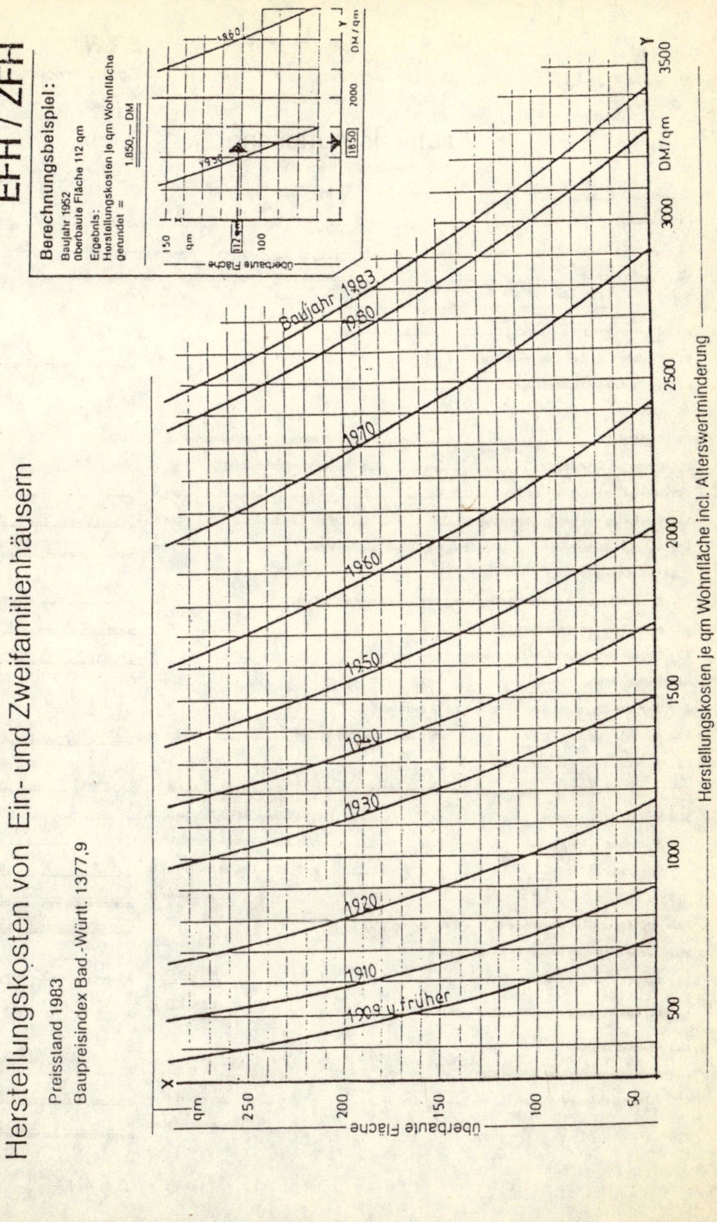
Herstellungskosten von Ein- und Zweifamilienhäusern
EFH / ZFH
Preisstand 1983
Baupreisindex Bad.-Württ. 1377,9
Berechnungsbeispiel:
Baujahr 1952
überbaute Fläche 112 qm
Ergebnis:
Herstellungskosten je qm Wohnfläche
gerundet = 1.850,— DM
150
qm
112 qm
100
X
1960
1930
Y
1850
2000
DM/qm
überbaute Fläche
Baujahr 1983
1980
1970
1960
1950
1940
1930
1920
1910
1909 u. früher
X
qm
250
200
150
100
50
500
1000
1500
2000
2500
3000
3500
DM/qm
Y
Herstellungskosten je qm Wohnfläche incl. Alterswertminderung

Finanzamt ....

St.-Nr. ....

ETW

Eigentumswohnung

Kaufpreis-Aufteilung

– Vereinfachtes Verfahren –

1. Allgemeine Angaben

1.1 Erwerber .... (Name, Anschrift)

1.2 Lage des Grundstückes .... (Ort, Straße, Hausnummer) Str.: ....

1.3 Lagefinanzamt ....

1.4 EW – Az. ....

1.5 Kaufvertrag vom ....

1.6 Kaufpreis einschl. aller Nebenkosten .... DM

1.7 Baujahr des Hauptgebäudes ....

1.8 entfällt

1.9 Wohnfläche .... qm (Summe des Sondereigentums)

1.10 Größe des Grundstücks .... qm (Gesamtgrundstück)

1.11 Miteigentumsanteil lt. Kaufvertrag .... an .... qm = ... qm

1.12 Miteigentumsanteil lt. Kaufvertrag .... an .... qm = ... qm

1.13 Auf das Sondereigentum entfallende anteilige Grundstücksfläche = ... qm

2. Bodenwertansatz

2.1 Bodenrichtwert (zum Veräußerungszeitpunkt) lt. Richtwertkarte/Liste = ... DM/qm

2.2 abzgl. Bebauungsabschlag .... % = ... DM/qm

2.3 Bodenwertansatz (für Baulandfläche) = ... DM/qm

3. Sachwertermittlung

3.1 **Wert des Grund und Bodens: 3.11 bis 3.13 entfallen**

3.14 Anteilige Fläche (1.13) .... qm × Bodenwertansatz (2.3) .... DM/qm = ... DM

3.2 **Wert des anteiligen Gebäudes**

3.21 Wohnfläche (1.9) .... qm × Herstellungskosten .... DM/qm = ... DM
(Herstellkosten lt. Rückseite)

3.22 Stellplätze in Garagen .... × 6 000,— DM (je Stellplatz) = ... DM

Stellplätze in Tiefgaragen .... × 15 000,— DM (je Stellplatz) = ... DM

Stellplätze im Freien .... × 3 000,— DM (je Stellplatz) = ... DM

3.23 Gebäudewert = ... DM

4. Grundstückssachwert (Bodenwert 3.14 + Geländewert 3.23) = ... DM

5. Wertanteile nach dem Verhältnis der Sachwerte

5.1 auf den Grund und Boden entfallen $\frac{\text{Zeile 3.14}}{\text{Zeile 4}}$ = ... v. H.

5.2 auf das Gebäude entfallen $\frac{\text{Zeile 3.23}}{\text{Zeile 4}}$ = ... v. H.

6. Kaufpreisaufteilung

6.1 auf den Grund und Boden entfallen .... v. H. (5.1) = ... DM

6.2 auf das Gebäude entfallen .... v. H. (5.2) = ... DM

Gesamtkaufpreis .... DM

ETW

Herstellungskosten von Eigentumswohnungen

Preisstand 1983

Baupreisindex Bad.-Württ. 1377,9

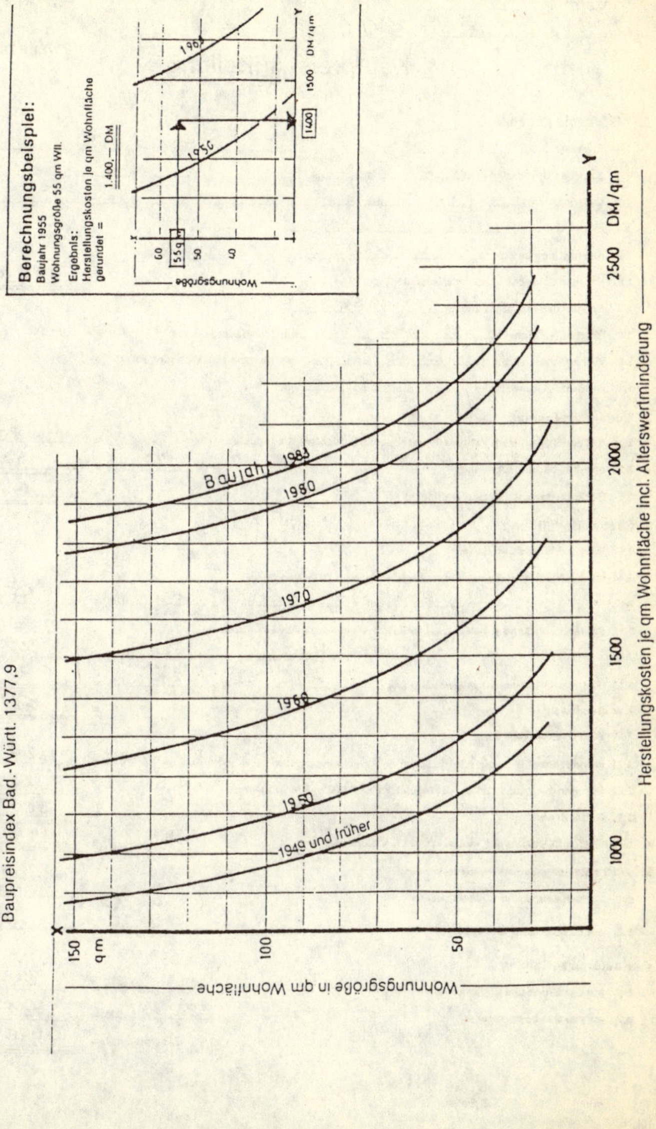

Finanzamt ....

St.-Nr. ....

EFH / ZFH

Ein- und Zweifamilienhaus

Kaufpreis-Aufteilung

– Vereinfachtes Verfahren –

Beispiel

1. Allgemeine Angaben

1.1 Erwerber XY (Name, Anschrift)

1.2 Lage des Grundstückes .... (Ort, Straße, Hausnummer) .... Str.: ....

1.3 Lagefinanzamt ....

1.4 EW – Az. ....

1.5 Kaufvertrag vom 20. 4. 1983

1.6 Kaufpreis einschl. aller Nebenkosten 495'620 DM

1.7 Baujahr des Hauptgebäudes 1958

1.8 Überbaute Fläche 80 qm (nur Hauptgebäude)

1.9 Wohnfläche 140 qm (Summe aller Wohnungen)

1.10 Größe des Grundstücks 995 qm

2. Bodenwertansatz

2.1 Bodenrichtwert (zum Veräußerungszeitpunkt) lt. Richtwertkarte/Liste = 180 DM/qm

2.2 abzgl. Bebauungsabschlag 22 % = 39 DM/qm

2.3 Bodenwertansatz (für Baulandfläche) = 141 DM/qm

3. Sachwertermittlung

3.1 Wert des Grund und Bodens

3.11 Baulandfläche (angerechnet wird das 4fache der überbauten Fläche aus 1.8)

4 × 80 qm (Fläche aus 1.8) = 320 qm × 141 DM (Wert aus 2.3) = 45'120 DM

3.12 Baulandrestfläche (angerechnet wird die aus 3.11 verbleibende Mehrfläche bis max. 800 qm)

480 qm × 35 DM (25 % aus 2.3) = 16'800 DM

3.13 Gartenland (Restfläche des Gesamtgrundstücks) 195 qm × 21 DM (15 % aus 2.3) = 4'095 DM

3.14 Bodenwert = 66'015 DM

3.2 Wert des Gebäudes

3.21 Wohnfläche (1.9) 140 qm × Herstellungskosten 2200 DM/qm (lt. Rückseite) = 308'000 DM

3.22 Garagen mit 2 Stellplätzen × 10.000,— DM (je Stellplatz) = 20'000 DM

3.23 Gebäudewert = 328'000 DM

4. Grundstückssachwert (Bodenwert Zeile 3.14 + Gebäudewert Zeile 3.23) = 394'015 DM

5. Wertanteile (nach dem Verhältnis der Sachwerte)

5.1 auf den Grund und Boden entfallen $\frac{\text{Zeile 3.14}}{\text{Zeile 4}}$ = 17 v. H.

5.2 auf das Gebäude entfallen $\frac{\text{Zeile 3.23}}{\text{Zeile 4}}$ = 83 v. H.

6. Kaufpreisaufteilung

6.1 auf den Grund und Boden entfallen 17 v. H. (5.1) = 84'255 DM

6.2 auf das Gebäude entfallen 83 v. H. (5.2) = 411'365 DM

Gesamtkaufpreis 495'620 DM

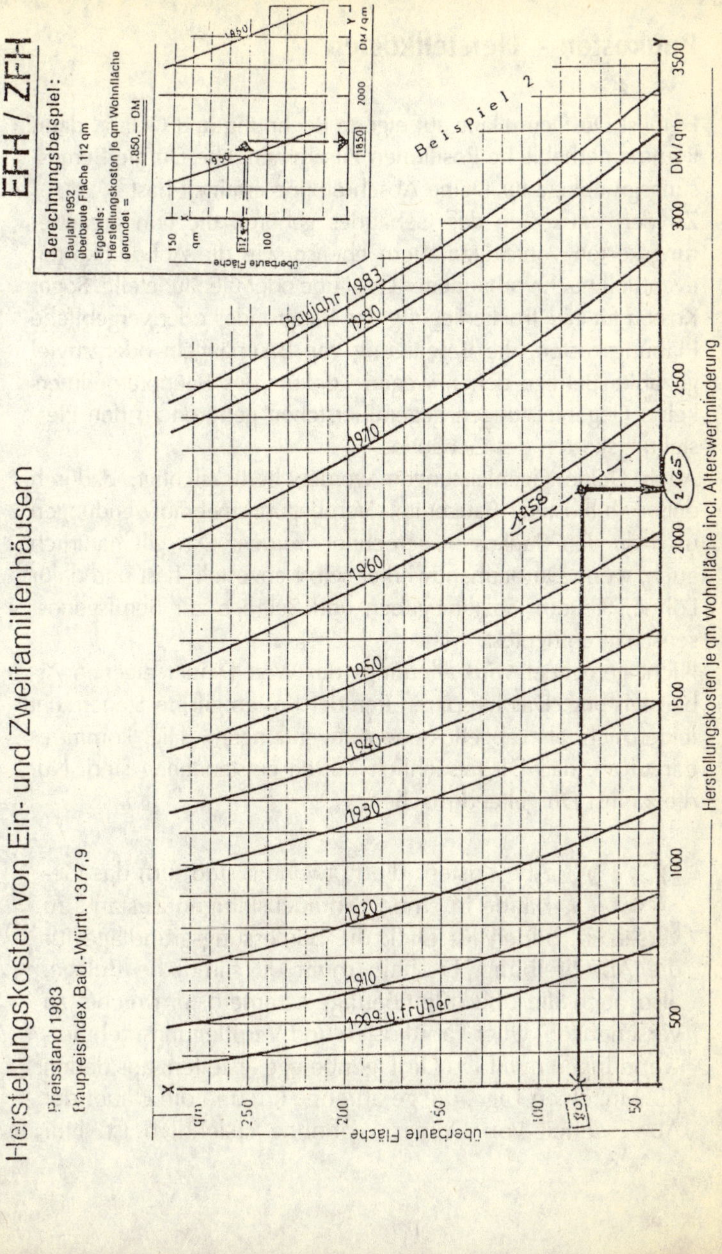
EFH / ZFH
Herstellungskosten von Ein- und Zweifamilienhäusern
Preisstand 1983
Baupreisindex Bad.-Württ. 1377,9
Berechnungsbeispiel:
Baujahr 1952
überbaute Fläche 112 qm
Ergebnis:
Herstellungskosten je qm Wohnfläche
gerundet = 1.850,— DM
Beispiel 2
Baujahr 1983
1980
1970
1960
1950
1940
1930
1920
1910
1909 u. früher
überbaute Fläche
qm
DM/qm
Herstellungskosten je qm Wohnfläche incl. Alterswertminderung

Baukosten – Herstellkosten

Erstellst Du Dein Haus auf eigene Rechnung und Gefahr, dann kommen erhebliche Positionen zusammen, ehe Du die Bemessungsgrundlage für Deine Abschreibung ermittelt hast.
Zu den Baukosten des Gebäudes gehören die Fundamentierungskosten von Stützmauern ebenso wie die Abbruchkosten eventuell noch vorhandener Gebäude oder Gebäudeteile. Sogar Kosten für die Trockenlegung des Baugrundes oder vergebliche Planungskosten, die Beseitigung von Baumängeln oder zuviel gezahlte Beträge denen wegen Konkurs des Bauunternehmers keine Gegenleistungen gegenüberstehen gehören zu den Herstellungskosten des Gebäudes.
Auch Deine Eigenleistungen werden berücksichtigt, dadurch daß Fahrtkosten, Baugeräte, Verpflegungsmehraufwendungen usw. zu den Baukosten gerechnet werden. Das gilt natürlich auch, wenn Du Bauhandwerker selbst angestellt hast und dafür Löhne, Steuern, Sozialabgaben und Beiträge zur Berufsgenossenschaft entrichtest.
Nicht gerechnet wird allerdings der Wert Deiner eigenen Arbeitsleistung. Das Einsparen fremder Kosten gilt im Steuerrecht leider nicht als »abgeflossene Aufwendungen«. Hier kommt es darauf an, daß Dir tatsächlich Kosten entstandenen sind. Nur die kannst Du geltend machen.

TIP: Alle Kosten, die notwendig sind, um das Gebäude in einen gebrauchsfähigen Zustand zu versetzen, bilden für Dich die Bemessungsgrundlage für die Abschreibung. Deshalb mußt du sämtliche Belege, also auch die über Kleinbeträge sammeln, um nichts zu verschenken. Über Fahrtkosten und Verpflegungsmehraufwendungen mußt Du Dir Eigenbelege erstellen, aus denen die einzelnen Tage, die gefahrenen km und die Dauer der Abwesenheit von Deiner Wohnung ersichtlich ist. Nur

wenn Du diese kleine Mühe auf Dich nimmst, kannst Du nach der Reisekostenregelung entweder Pauschbeträge oder Einzelkosten geltend machen. Bei häufigen Fahrten zur Baustelle wird diese aber zur »regelmäßigen Arbeitsstätte« mit der Folge, daß Du für Fahrtkosten anstatt 0,52 DM pro gefahrene km nur 0,65 DM pro Entfernung-km geltend machen kannst. Verpflegungsmehraufwendungen entfallen dann vollständig, weil keine Einsatzwechseltätigkeit vorliegt.
Setze vor allem auch die Zahlungen ab, die Du an Deine Freunde und Verwandten für die Mithilfe am Bau zahlst. Laß Dir wenigstens Quittungen über 800 DM von ihnen geben, die für die Betreffenden steuerfrei bleiben.

Die Abschreibung funktioniert so: Wenn Du ein bereits fertiges Gebäude erwirbst, was Du anschließend vermietest, kannst Du

in den ersten 8 Jahren	5%
in den folgenden 6 Jahren	2,5%
und in den anschließenden 36 Jahren	1,25%

der gesamten Gebäudekosten als jährliche Abschreibung bei den Werbungskosten ansetzen. Dies gilt jedoch nur, wenn Du das Haus noch im Jahr der Fertigstellung von dem Bauherrn erwirbst oder wenn Du als Bauherr das Gebäude selbst errichtet hast.
Ist beides nicht der Fall, dann kannst Du nur jährlich 2% der gesamten Gebäudekosten als Abschreibung geltend machen.

Hast Du als Bauherr den Antrag auf Baugenehmigung für ein solches Gebäude nach dem 28. 2. 1989 gestellt, dann ändern sich die Abschreibungssätze folgendermaßen

in den ersten 4 Jahren auf	7%
in den folgenden 6 Jahren auf	5%
in den nächsten 6 Jahren auf	2%
für die folgenden 24 Jahre auf	1,25%

Für Modernisierungs- und Ausbaukosten an bereits vorhandenen Wohnungen kannst Du, wenn Du die Baugenehmigung oder den formlosen Antrag nach dem 2. 10. 1989 gestellt hast, 5 Jahre lang 20% der aufgewendeten Kosten, höchstens aber aus 60 000 DM pro Wohnung als Werbungskosten geltend machen. Die übersteigenden Beträge gehen Dir nicht verloren, sondern können als nachträgliche Anschaffungs- oder Herstellungskosten ebenfalls abgeschrieben werden.

Für bisher betrieblich genutzte Gebäude, die Du künftig zu Wohnzwecken vermietest und bei denen Du Dich für eine 10jährige Sozialbindung entscheidest, gelten wieder andere Sätze. Hier darfst Du den Bauantrag erst nach dem 28. 2. 1989 gestellt habe, dann kannst Du

in den ersten 5 Jahren	10%
in den folgenden 5 Jahren	7%
und bis zur vollständigen Abschreibung	3 1/3%

geltend machen.

Zusätzlich zu diesen längst noch nicht vollständigen Möglichkeiten existiert noch ein ganzer Katalog von Modernisierungsmaßnahmen, die vor allem in den neuen Bundesländern zusätzlich gefördert werden. Hier ist insbesondere der Energiesparbereich und der Sanitärbereich zu nennen, die durch eine Verteilung der Kosten von bis zu 40 000 DM auf 10 Jahre zu solchen Investitionen anreizen sollen.
Überhaupt gilt es für Dich, hierbei einige Besonderheiten zu beachten. So mußt Du zwischen Anschaffungskosten und Instandhaltungskosten unterscheiden. Es werden nämlich von verschiedenen Gerichten unterschiedliche Meinungen dazu vertreten, ob Instandhaltungskosten im Anschluß daran, wenn Du ein Gebäude erwirbst, als »anschaffungsnahe Aufwendungen« dem Kaufpreis zuzurechnen sind oder nicht.
Instandhaltungsaufwendungen sind normalerweise als Wer-

bungskosten sofort abzugsfähig. Das könnte nun dazu führen, daß Du Dir ein in hohem Maße reparaturbedürftiges Haus kaufst. Dann läßt Du diese Ruine mit einem ganz erheblichen Kostenaufwand sanieren und ziehst diese »Instandhaltungskosten« sofort als Werbungskosten ab (vorausgesetzt, Deine übrigen Einkünfte sind so hoch, daß Du diese ausgleichen kannst).
In den Fällen wären alle die Käufer schlechter gestellt, die solche Häuser kaufen, bei denen ein derartiger Instandhaltungsaufwand nicht nötig ist. Deshalb sind die Richter hier auf einen Trick gekommen und unterstellen Dir, daß Du bereits bei der Festlegung des niedrigen Kaufpreises, diese Instandhaltungskosten in Deine Überlegungen mit einbezogen hast.
Reparierst Du nun innerhalb von drei Jahren nach dem Kauf, dann wird Deine Überlegung offenkundig und Du mußt die Instandhaltungskosten, soweit diese 20% des Kaufpreises übersteigen, als nachträgliche Herstellungskosten dem Kaufpreis zurechnen und kannst davon nur die höchstmögliche Abschreibung als Werbungskosten absetzen.

Deshalb mußt Du in solchen Fällen folgende Rechnung anstellen:

Gesamte Instandhaltungsaufwendungen		.... DM
davon laufende und in etwa gleicher Höhe immer wiederkehrende Aufwendungen (sofort abzugsfähig)		– .... DM
Begünstigte Aufwendungen für Lärmschutz, Wärmedämmung, Energieeinsparung usw. (auf bis zu 10 Jahre zu verteilen)		– .... DM
verbleibender Betrag		.... DM
Anschaffungskosten des Gebäudes	.... DM	
davon 20%	.... DM	

Erst nach dieser Rechnung kannst Du feststellen, ob das Finanzamt die Instandhaltungskosten Deinen bisherigen Gebäudekosten zurechnen darf oder nicht. Im letztgenannten Fall kannst Du natürlich auch Deine Kosten auf einen Zeitraum von drei bis fünf Jahren verteilen, wenn Deine Einkünfte nicht so hoch sind, daß sich der Ausgleich schon in einem Jahr steuerlich lohnt.

Reparaturaufwendungen bei Wohngebäuden

Bei diesem Tip geht's um Deine eigene Wohnung. Er funktioniert sogar dann noch, wenn bei Dir keine Wohnraumförderung wegen Objektverbrauch (das bedeutet: Du und Deine Frau, Ihr habt bereits schon mal Steuervergünstigung für den Bau von Häusern in Anspruch genommen) mehr möglich ist. Du kannst trotzdem erhebliche Kosten als Sonderausgaben geltend machen.
Dies gelingt Dir dann, wenn Du entweder ein Haus oder eine Wohnung erwirbst und diese vor Deinem Einzug gründlich renovieren läßt, oder wenn Du nach kurzer Fremdvermietungsphase das Objekt zu eigenen Wohnzwecken nutzen willst. Nach der gültigen Gesetzeslage sind nur noch solche Kosten als Reparaturkosten oder zur Beseitigung von Baumängeln zu berücksichtigen, die vor der erstmaligen Eigennutzung angefallen sind.
Zusätzlich muß ein enger zeitlicher Zusammenhang zwischen dem Erwerb der Wohnung bzw. des Hauses und den Reparaturkosten bestehen. (Bei einer anderen Gelegenheit hat der Bundesfinanzhof einen Zeitraum von 25 Monaten als »engen« zeitlichen Zusammenhang gewertet.)

Deshalb prüfe die Voraussetzungen:	Folgen
Handelt es sich um übliche Reparaturen oder um die Beseitigung von Baumängeln	Vorbezugskosten
Ist bereits Objektverbrauch eingetreten	Vorbezugskosten
Handelt es sich um große Reparaturen, die als nachträgliche Herstellungskosten gelten	Höchstförderung
War die Wohnung vorher vermietet	Werbungskosten

TIP: Im letztgenannten Fall ist ein enger zeitlicher Zusammenhang dann nicht erforderlich, wenn Du vor der Eigennutzung eine erneute Fremdvermietung versuchst. Nur dann ist noch der Zusammenhang mit den »Vermietungseinkünften« und damit die ursächliche Voraussetzung für den Werbungskostenabzug bei Deinen Vermietungseinkünften und nicht bei den Sonderausgaben gegeben. Dies ist für Dich die günstigere Gestaltung. Wenn es später – aus welchen Gründen auch immer – nicht zu einer Vermietung kommt, kannst du getrost die Wohnung selbst nutzen.
Sammle Dir aber die Inserate oder die Maklerbestätigungen, mit denen Du Dich um eine Weitervermietung bemüht hast, als Beweismittel für Deine Vermietungsabsicht.

Nießbrauch

Die Nießbrauchsbestellung ist eine Gestaltungsmöglichkeit, um entweder Vermögen zu übertragen und sich selbst noch die Erträge zurückzubehalten, oder es werden lediglich die Erträge abgegeben und die Einkunftsquelle (der Vermögensstamm) wird zurückbehalten. In beiden Fällen ist eine derartige Gestaltung nur sinnvoll, wenn Du damit eine Steuereinsparung erreichst und die Vermögensübertragungen früher oder später sowieso stattfinden werden.

Sinnvolle Anwendungsfälle sind also beispielsweise, wenn Du als hochbesteuerter Eltern- oder Großelternteil Anteile Deiner Einkünfte auf niedrigbesteuerte Kinder oder Enkel überträgst. Deinen Kindern bzw. Enkeln stehen in solchen Fällen neben den Ermäßigungen des einkommensteuerlichen Eingangsfreibetrages und dem Progressionstarif auch die sonstigen Freibeträge und Freigrenzen zu.
Doch damit dieses Ergebnis auch von der Finanzverwaltung anerkannt wird, müssen derartige Verträge »wasserdicht« sein. Dazu ist Voraussetzung, daß die Einkünfte dem Empfänger aus einer gesicherten Rechtsposition heraus zufließen.
Weiter ist es dringend erforderlich, daß der Nießbrauch ins Grundbuch eingetragen wird. Nur dann hat der Nießbraucher eine Rechtsposition, die ihm nicht willkürlich wieder entzogen werden kann.
Weiter sollte für den Nießbrauchsberechtigten (beispielsweise das minderjährige Kind) eine eigene Steuererklärung abgegeben werden, auch wenn es wegen der niedrigen Einkünfte nicht zu einer Steuerzahlung kommt. Auf diese Weise dokumentierst Du dem Finanzamt, daß einem anderen als Dir diese Einkünfte zustehen und es ist jetzt Sache der Finanzverwaltung, in Zweifelsfällen die tatsächlichen Verhältnisse aufzuklären.
Auf diese Weise erhältst Du die Sicherheit darüber, daß entweder Deine Gestaltung so von der Finanzverwaltung anerkannt wird, oder welche zusätzlichen Vereinbarungen noch getroffen werden müssen, damit diese anerkannt wird.

TIP: Sollte Dir diese Lösung nicht zusagen, so kannst Du natürlich auch eine Hausgemeinschaft mit Deinen Kindern an einem Mietwohngrundstück vereinbaren. Diese ist dann eine sogenannte Unterbeteiligung, die Du dem Betreffenden auch schenken kannst, ohne ihm eine Mitverfügung über Deinen Vermögensanteil einräumen zu müssen.

Damnum

Schuldzinsen fallen in aller Regel verteilt über die Laufzeit eines Darlehns an. Es sind also Betriebsausgaben oder Werbungskosten in kleinen Portionen. Nun wäre es natürlich aus steuerlicher Sicht sinnvoller, wenn diese Zinsen auf einmal anfielen. Dies gilt vor allem bei Bauvorhaben, bei denen am Anfang ein sehr hoher Kapitalbedarf erforderlich ist, ehe (wenn überhaupt) Einnahmen aus dieser Investition fließen.

Bei eigengenutzten Wohnungen und Häusern kommt der Nachteil hinzu, daß nach der Bezugsfertigkeit überhaupt keine Werbungskosten oder neuerdings diesen vergleichbare Sonderausgaben mehr geltend gemacht werden können. In all diesen Fällen wurde dann nach Möglichkeiten gesucht, um diese steuerlichen Nachteile auszugleichen.

Das sich anbietende Modell war eine Vorauszahlung der Zinsen für die gesamte Laufzeit.

Dies war der Finanzverwaltung aber denn doch zuviel, denn auf diese Weise konnten Gutverdienende für 25 oder mehr Jahre im voraus Zinsen oder Erbbauzinsen zahlen. Der dadurch erreichte Steuervorteil konnte sich sehen lassen, zumal es davon keinerlei Abstriche gab.

So wußten sich die Gerichte keinen andern Rat, als diese Vorauszahlungen einfach als »unüblich« zu bezeichnen und die Gestaltung als Mißbrauch der Gestaltungsmöglichkeiten des Rechts steuerrechtlich zu verwerfen.

Das zulässige Mittel war eine Zinsdifferenz, die zwar auf die Laufzeit bezogen diesen Ausgleich herstellt, aber bereits zu Beginn der Laufzeit zu zahlen ist. Diese Vorauszahlung von Zinsen erkennt auch die Finanzverwaltung als »Feinabstimmung und zur Vermeidung gebrochener Zinssätze« an.

Doch hier ist der Weg sehr schmal, der die Möglichkeit des Abzugs eröffnet. Einmal muß dieses Damnum marktgerecht sein. Das bedeutet, daß auch andere Kreditinstitute zu ähnlichen Konditionen Dir dieses Darlehn anbieten müssen. Als wei-

tere Voraussetzung dürfen zwischen der Vorauszahlung des Damnums und der Darlehnsauszahlung nicht mehr als zwei Monate liegen, sonst wird eine mißbräuchliche Vereinbarung darin gesehen, die die Finanzämter nicht anerkennen.
Damit komme ich auch schon zum letzten Erfordernis, denn die Zahlung kann nur dann steuerliche Wirkung entfalten, wenn sie in einem engen wirtschaftlichen Zusammenhang mit dem Erwerb einer ertragbringenden Investition anfällt.
Nun kannst Du dieses Damnum und eventuell angefallene Zinsen auch durch die Aufnahme eines anderen Darlehns tilgen. Das Verfahren wird dann als »Novation« bezeichnet. Hierbei sind aber die Verträge so abzufassen, daß mit der Belastung des Damnums oder des Zwischenzinses auf dem zweiten Darlehnskonto auch tatsächlich der Betrag als abgeflossen bei Dir anzusehen ist.
Nur dann ist nämlich die Voraussetzung der Zahlung erfüllt, auch wenn nur von einem Konto zum anderen umgebucht wurde. Schlägt der Vertrag fehl, dann muß das Damnum auf die gesamte Laufzeit verteilt werden und dabei fällt der steuerliche Vorteil wesentlich geringer aus.

TIP: Ein Damnum ist nur bei festverzinslichen Anlagen oder bei Bauinvestitionen zu empfehlen, weil nur hierbei die Erträge auf die gesamte Laufzeit vorhersehbar sind. Nur dann hast Du auch eine verläßliche Rechengrundlage, damit am Ende tatsächlich noch die Einnahmen überwiegen und nicht alles vom Finanzamt in die unbeachtliche Vermögenssphäre verwiesen wird.

Verbilligte Wohnraumüberlassung

Wenn Du an Deine Familienangehörigen verbilligt vermietest, möchte Dir das Finanzamt gerne einen Strich durch einen Teil der darauf entfallenden Kosten machen. Trotzdem ist da noch einiges zu machen.

Regelmäßig wirst Du fremden Dritten ja solche Vorteile nicht einräumen, sondern nur dann, wenn Du zu dem Mieter in einem besonderen Verhältnis stehst.

Die Konstruktion ist denkbar einfach und trotzdem nicht als allgemein bekannt anzusehen. Du mußt dabei nur sehen, daß die von Dir verlangte Miete etwas höher liegt, als die ortsübliche Marktmiete.

Ist das der Fall, dann kannst Du trotz der geringeren Mieteinnahmen sämtliche mit der Wohnung zusammenhängende Werbungskosten in voller Höhe geltend machen. Dadurch minderst Du Dein zu versteuerndes Einkommen und auf diese Weise trägt der Staat einen Teil Deines Mietausfalls mit.

Die Sache hat nur dann einen Haken, wenn ein langfristiger Mietvertrag mit dem Mieter abgeschlossen wird. Auch bei den Einkünften aus Vermietung und Verpachtung muß bei Dir auf Dauer gesehen ein Überschuß der Einnahmen über die Werbungskosten entstehen. Dieser läßt sich natürlich erst am Ende der Nutzungsdauer feststellen, aber rechnerisch muß die große Wahrscheinlichkeit dafür sprechen, daß dieses Ergebnis eintritt.

Erreichst Du diesen Überschuß schon von vornherein wegen der zu geringen Mieteinnahmen nicht, dann unterstellt das Finanzamt private Motive, womit es ja nicht ganz Unrecht hat. Auf diese Weise kann sich dann das Finanzamt von der »Kostenbeteiligung« in Form der Steuergutschrift drücken.

Deshalb mußt Du die Werbungskosten wie Schuldzinsen, Abschreibungen usw. so wählen, daß die nachprüfbare rechnerische Chance besteht, einen Überschuß zu erzielen. Einen Veräußerungserlös oder Wertsteigerungen wegen der allgemeinen Baukostensteigerung darfst Du bei der Berechnung nicht mit

berücksichtigen. Derartige Gewinne sind bei den Mieteinkünften nicht steuerpflichtig und können aus diesem Grund auch nicht den Einnahmen hinzugerechnet werden.
Die Höhe der örtlichen Marktmiete kannst Du entweder bei der Gemeindeverwaltung oder beim Finanzamt erfragen.

Sonstige Einkünfte

Zu den sonstigen Einkünften gehören solche aus gelegentlichen Vermietungen von Gegenständen aber auch laufende Renten, die Du aus der gesetzlichen Rentenversicherung beziehst oder die Du beim Verkauf von Vermögensgegenständen vereinbart hast.
Es fallen aber auch solche Einkünfte hierunter, die die Finanzverwaltung beim besten Willen keiner andern Einkunftsart zurechnen konnte. Deshalb handelt es sich um ein Sammelbecken von Überschüssen, an denen sich das Finanzamt beteiligen will. Die Verluste, die bei solchen Geschäften entstehen, will sich dagegen das Finanzamt möglichst vom Halse halten. Das ist schon aus der Gesetzesformulierung zu entnehmen, daß Verluste nicht mit anderen Einkünften ausgeglichen werden dürfen.
Als Trostpflaster erhältst Du dafür einen Freibetrag von 500 DM im Jahr, bis zu dem solche Einkünfte steuerfrei bleiben. Übersteigen Deine Einkünfte aber diesen Betrag um nur eine Mark, dann ist der gesamte Betrag und nicht bloß die eine Mark steuerpflichtig. Deshalb kommt es hier ganz besonders auf Deine Werbungskosten an, damit Du möglichst unter dem Freibetrag bleibst.

Optionsgeschäfte

Dieser Markt erfreut sich zunehmender Beliebtheit. So können hierbei mit geringem Kapitaleinsatz überdurchschnittliche Gewinne gemacht oder Gewinne eines bestehenden Portefeuille abgesichert werden. Die steuerlichen Auswirkungen sind sehr vielfältig, weil bei privaten Optionsgeschäften gleich mehrere steuerliche Vorschriften berührt werden, die völlig unterschiedliche Regelungen enthalten.

So ist der Kauf einer Kaufoption einkommensteuerlich wie folgt zu behandeln:

a) Wenn Du die Option ausübst

Der Optionspreis gilt als zusätzliche Anschaffungskosten der Aktie und gehört damit in die unbeachtliche Vermögenssphäre. Lediglich dann, wenn innerhalb der Spekulationsfrist die Aktie mit Gewinn oder Verlust veräußert wird, hat dieses Spekulationsgeschäft steuerliche Auswirkungen. Der Optionspreis erhöht hierbei die Anschaffungskosten der Aktie, so daß nur die Differenz zum Verkaufspreis abzüglich der Nebenkosten als Spekulationsgewinn verbleibt. Entstehen beim Verkauf Verluste, so sind diese nur mit Gewinnen anderer Spekulationsgeschäfte ausgleichsfähig. Ein Verlustvortrag oder Verlustrücktrag ist nicht möglich.

b) Du verkaufst die Option vorzeitig

Ein dabei entstehender Gewinn oder Verlust ist ebenfalls nur im Rahmen der Spekulationsgeschäfte wie unter a) zu werten. Dabei ist allerdings nur auf die Dauer abzustellen, in der die Option gehalten wurde. Da dies regelmäßig ein kürzerer Zeitraum als sechs Monate sein wird, sind die Voraussetzungen für Spekulationsgeschäfte erfüllt.

c) Du läßt die Option verfallen

Der Verlust entsteht in der Vermögenssphäre und kann steuerlich nicht verwertet werden.

Ausstellen einer Kaufoption

Beim Ausstellen einer Kaufoption greift die gesetzliche Bestimmung der sonstigen Einkünfte ein. Der Aussteller oder Stillhalter erbringt eine sonstige Leistung wie bei einer gelegentlichen Vermittlung oder der Vermietung beweglicher Gegenstände. Der erhaltene Optionspreis ist nach Abzug etwaiger Werbungskosten steuerpflichtig, wenn die Überschüsse aus derlei Geschäften insgesamt im Kalenderjahr 500 DM übersteigen. Und zwar ist bei einer Überschreitung dieser Grenze nicht nur der überschreitende, sondern der Gesamtbetrag steuerpflichtig.
Ein davon getrennt zu behandelndes Geschäft ist der An- und Verkauf der dieser Kaufoption zugrundeliegenden Aktien. Liegen hierbei An- und Verkaufsdatum enger als sechs Monate beieinander, so sind die Voraussetzungen für ein eigenständiges Spekulationsgeschäft gegeben. Ist der Zeitraum länger als sechs Monate, dann sind die Gewinne steuerfrei.

Kauf einer Verkaufsoption

Auch hierbei treten wieder unterschiedliche Folgen ein:

a) Die Option wird von Dir ausgeübt

Lieferst Du als Käufer der Option zum vereinbarten Basispreis die Aktien an den Stillhalter, so tritt nur dann ein Spekulationsgewinn ein, wenn die dem Geschäft zugrundeliegenden Aktien innerhalb von sechs Monaten von Dir an- und wieder verkauft wurden. Der Optionspreis ist in dem Fall als Werbungskosten anzusehen und mindert damit den Spekulationsgewinn.

b) Du verkaufst die Option

Das Geschäft ist dem An- oder Verkauf der Aktien gleichzustellen und führt zu einem Spekulationsgewinn oder Verlust, wenn der Zeitraum von sechs Monaten dabei unterschritten wird. Ein längerer Zeitraum dagegen führt zur Steuerfreiheit.

c) Du läßt die Option verfallen

Es treten keinerlei steuerliche Auswirkungen ein, deshalb solltest Du bei häufigeren Geschäften überlegen, ob Du die Ausübung der Option oder den Verkauf wenigstens zur Entstehung eines Spekulationsverlustes nutzen kannst, den Du mit anderen Spekulationsgewinnen verrechnest. Auf diese Weise kannst Du dann wenigstens per Saldo eine steuerliche Glattstellung mit Spekulationsgewinnen erreichen, die Du beim Verfallenlassen verschenkst.

Ausstellen einer Verkaufsoption

Wie beim Ausstellen einer Kaufoption handelt es sich hierbei um Einkünfte aus sonstigen Leistungen. Es können aber in den Fällen leider keine Verrechnungen zwischen Gewinnen und Verlusten aus Kaufoptionen mit Verkaufsoptionen vorgenommen werden. Deshalb können auch Verluste bei der einen Gattung nicht mit Gewinnen der anderen Gattung zu einem Ausgleich führen, sondern nur bei jeder Gattung in sich. Diese Besonderheit ist gesetzlich ausdrücklich geregelt und läßt keine andere Deutung zu.
So wird hier die Abgrenzung der einzelnen Geschäfte gegeneinander besonders schwierig. Dies darf jedoch nicht dazu führen, von vornherein auf die Erklärung dieser Einkünfte völlig zu verzichten.

Spekulationsgeschäfte

Wertsteigerungen von Gegenständen des Privatvermögens bleiben in aller Regel unversteuert. Das gilt auch für Kurssteigerungen von Aktien, Anteilen und sonstigen verbrieften Rechten oder Wertsteigerungen von beweglichen Gegenständen oder von Grundvermögen.

Doch davon gibt es Ausnahmen, wenn diese Gewinne innerhalb eines kurzen Zeitraums nach der Anschaffung realisiert werden. Bei Grundstücken und grundstücksgleichen Rechten beträgt dieser Zeitraum zwei Jahre, bei allen anderen Wirtschaftsgütern, wozu auch die Kapitalanlagen gehören, sind es sechs Monate. Dabei wird die Frist genau ab dem Tag der Anschaffung berechnet.

Wurden Dir die Vermögenswerte geschenkt oder hast Du diese geerbt, dann kann bei einem Verkauf eine Besteuerung innerhalb des genannten Zeitraums nicht generell vorgenommen werden, denn es fehlt in diesen Fällen an einem Anschaffungsvorgang. Der ist bei einer unentgeltlichen Übertragung von Vermögenswerten nur beim Schenker oder beim Verstorbenen erfüllt.

Bei einer Erbschaft trittst Du allerdings als Erbe in die Rechtsstellung des Verstorbenen ein, was dazu führt, daß die Vorbesitzzeiten und der Zeitraum zwischen Erbfall und Veräußerung zusammengerechnet werden. Erst wenn dieser Zeitraum noch innerhalb der Spekulationsfrist liegt, ist eine Steuerpflicht gegeben. Die Anschaffungskosten und sonstigen Aufwendungen des Verstorbenen wirken sich dann ebenfalls bei Ihnen als Erben aus, so als wären diese Kosten von Ihnen getragen worden.

Bei einer Schenkung ist die Sache anders. Diese Form der unentgeltlichen Vermögensübertragung ist ein selbständiger und willentlicher Übertragungsakt. Diese Vorgänge hätte der Gesetzgeber ausdrücklich in die Spekulationsvorschrift aufnehmen müssen, wenn er auch diese Übertragungen der Besteuerung unterwerfen wollte. Das ist aber ausdrücklich nicht geschehen, denn es hätte dann auch verfügt werden müssen, in welcher Höhe in solchen Fällen Anschaffungskosten anzunehmen sind.

Es ist nämlich nicht mit dem Grundsatz der Gleichmäßigkeit der Besteuerung vereinbar, in Schenkungsfällen eine Totalbesteuerung vorzunehmen, nur weil der Beschenkte keine Anschaffungskosten haben kann, denn diese hat nur der Schenker ge-

tragen (weitere Erläuterungen unter dem Stichwort »Grundstücksschenkung statt Geldschenkung«).
Ein weiterer Streitpunkt, gerade bei Wertpapieren, die in einem Sammeldepot gehalten werden, ist die Feststellung, wann welche Stücke verkauft wurden. Nur daran ist ja festzustellen, ob überhaupt ein Spekulationsgeschäft vorliegt und wenn ja, wie hoch die abzugsfähigen Anschaffungskosten waren.
Treten bei derartigen Geschäften Verluste auf, so können diese nur innerhalb des gleichen Kalenderjahres und nur mit Spekulationsgewinnen verrechnet werden. Es geht nicht, daß Du diese Verluste mit anderen Einkünften ausgleichst oder vom Gesamtbetrag Deiner positiven Einkünfte abziehst.
Es ist aber durchaus möglich, die Verluste aus Spekulationsgeschäften mit Edelmetallen, Kunstgegenständen, Grundstücken usw., mit Spekulationsgewinnen aus Wertpapieren zu verrechnen und umgekehrt. Hier mußt Du notfalls schnell handeln, denn es kann durchaus für Deine Besteuerung sinnvoll sein, durch einen Verkauf mutwillig Spekulationsverluste zu produzieren, um die Spekulationsgewinne damit auf einen Betrag zu bringen, der unter einer 999-DM-Grenze liegt.
Solche Gestaltungen sind ganz legal und brauchen Dir kein schlechtes Gewissen zu bereiten. In welcher Art und Weise Du die Besteuerungstatbestände erfüllen oder mutwillig herbeiführen willst, bleibt einzig und allein Dir überlassen.
Die eben genannte 999-DM-Grenze ist eine weitere »Schallmauer«, bis zu der die Steuerfreiheit bei derartigen Geschäften erhalten bleibt. Dabei können allerdings die Spekulationsgewinne mit Spekulationsverlusten in dem gleichen Kalenderjahr saldiert werden. Erst wenn danach die Grenze nicht überschritten wird, und sei es auch nur um eine einzige Mark, bleibt der Betrag steuerfrei.
Bei Eheleuten verdoppelt sich dieser Betrag aber nur dann, wenn beide Ehegatten solche Geschäfte auf »eigenen Rechnung« tätigen. Eine automatische Verdoppelung, wie bei anderen steuerlichen Vorschriften, gibt es bei den Spekulationsge-

schäften nicht. Deshalb mußt Du die Zurechnung durch eindeutige Dokumente nachweisen können. Wird der Betrag überschritten, dann ist der Gesamtbetrag, einschließlich der ersten 999 DM steuerpflichtig. Deshalb kommt es bei den Werbungskosten oder Spekulationsverlusten auf jede einzelne Mark an. Der Werbungskostenbegriff ist hierbei nämlich ein völlig anderer, als bei den übrigen Einkünften. Bei den Spekulationsgeschäften kann nicht nach der Vermögenssphäre und der Ertragssphäre unterschieden werden. Steuerpflichtig ist der Unterschiedsbetrag zwischen Verkaufserlös abzüglich aller Aufwendungen, die sowohl mit der Anschaffung der Wirtschaftsgüter, als auch mit deren Veräußerung zu tun haben.

TIP: Da als »Einkünfte« hierbei die Wertsteigerungen in diesen Vermögenswerten besteuert werden, sind auch die Aufwendungen für diese Vermögenswerte als Werbungskosten abzugsfähig. Gleiches gilt für die Veräußerungskosten, die diese Einkünfte ja erst entstehen lassen.

Körperschaftsteuer

Wie Du gesehen hast, erhalten die Kapitalgesellschaften eine rechtliche Selbständigkeit. Dies macht sich natürlich auch im Steuerrecht bemerkbar und so mußte eigens für diese juristischen Personen eine eigenständige Steuerart geschaffen werden.
Dies ist deshalb notwendig geworden, weil eine solche juristische Person keine Sonderausgaben oder außergewöhnlichen Belastungen wie eine natürliche Person haben kann, die die Steuerlast mindern. Alles, was sich bei den Kapitalgesellschaften abspielt, also auch die Steuerzahlungen, Spenden usw. sind immer Betriebsausgaben, denn eine Privatsphäre existiert schon rein gedanklich nicht.
Dies hätte nun zur Folge gehabt, daß sich jeder Unternehmer dieser Rechtsform bedient hätte, um auf diese Weise seine privaten Aufwendungen von der Steuer absetzen zu können. Damit hätten diese Gesellschaften zu einer Besserstellung der Gesellschafter gegenüber den Einzelunternehmern geführt, und das durfte aus verfassungsrechtlichen Gründen schon nicht sein.
So wurde die Körperschaftsteuer auf diese juristischen Personen zugeschnitten, ohne das Gebot der Gleichmäßigkeit der Besteuerung zu verletzen. In dem Gesetz ist nämlich geregelt, daß die Ausgaben der Körperschaften nicht ausnahmslos den Gewinn mindern dürfen, sondern teilweise zum Zwecke der Besteuerung wieder dem Gewinn hinzugerechnet werden müssen.
Dies gilt besonders für die zu zahlende Körperschaftsteuer, Vermögensteuern, nichtabzugsfähige Ausgaben wie Spenden usw. Zusätzlich fallen die nichtabzugsfähigen Aufwendungen, wie unangemessen hohe Bewirtungskosten von Geschäftsfreunden, die Hälfte der Aufsichtsratsvergütungen, verdeckte Gewinnausschüttungen und andere hierzu.

Die Dividendenausschüttungen an die Gesellschafter stellen Gewinnverwendungen der Gesellschaft dar, deshalb haben diese Beträge auf den Gewinn keinen Einfluß mehr. Hier muß aber Körperschaftsteuer in Höhe von 36% und danach 25% Kapitalertragsteuer einbehalten und an das Finanzamt abgeführt werden.
Diese an den Gesellschafter weitergegebene Körperschaftsteuer schmälert den Firmengewinn nicht, denn in gleicher Höhe erhält die Firma einen Ausschüttungsanspruch, den sie ihrerseits mit dem Finanzamt verrechnen kann. Die Kapitalertragsteuer muß der Gesellschafter allein tragen.
Doch auch bei ihm führt dies nicht zu einer Verschlechterung, denn er erhält die gesamten Beträge bei seiner Einkommensteuer angerechnet. Ergeben sich hierbei Überzahlungen, so werden diese Beträge vom Finanzamt erstattet. Bleibt der Gewinn dagegen in der Firma stehen (thesaurieren nennt das der Fachmann), dann muß er mit 50% Körperschaftsteuer belastet werden.
Bei den späteren Ausschüttungen an die Gesellschafter erhält die Gesellschaft eine Steuergutschrift in Höhe von 14%, damit sich nur noch die bereits angesprochenen Steuerbelastung (die in der Fachsprache als Ausschüttungsbelastung) bezeichnet wird, übrigbleibt. Auf höhere Beträge hat das Finanzamt keinen Anspruch.
Auf die Beträge, die Du von Deiner GmbH als Vergütung für Deine Arbeitsleistung oder als Miete für die Nutzungsüberlassung von Räumen, als Entschädigung für die Verpachtung von Einrichtungsgegenständen, Maschinen usw. erhältst, brauchst Du zusätzlich keine Körperschaftsteuer einzubehalten.
Diese Beträgen, sofern sie nicht unangemessen hoch sind, stellen keine Gewinnausschüttung an Dich als Gesellschafter, sondern Betriebsausgaben bei der Gesellschaft dar.
Von diesen Einnahmen mußt Du Deine selbstgetragenen Werbungskosten abziehen und der Überschuß wird bei Deiner persönlichen Einkommensteuerveranlagung besteuert. Daraus

siehst Du, daß in dem Bereich nur einmal eine Steuer auf die Einkünfte erhoben wird, weil die Körperschaftsteuer und die Kapitalertragsteuer bei Dir in voller Höhe wieder angerechnet werden kann.
Anders kann es dagegen aussehen, wenn Dir überhöhte Kosten als verdeckte Gewinnausschüttungen von der Gesellschaft gezahlt werden. Zwar werden im Endeffekt auch hier nur einmal die Steuern erhoben. Ist aber im Gesellschaftsvertrag vereinbart, daß diese Beträge von Dir als Gesellschafter wieder an die Gesellschaft zurückzuzahlen sind, dann führt dies zu steuerlichen Mehrbelastungen.
Genauso wie die verdeckten Gewinnausschüttungen immer zu Gewerbesteuermehrbelastungen führen, weil Gewinnausschüttungen, in welcher Form auch immer, den Gesellschaftsgewinn nicht mindern dürfen. Dies gilt auch in dem Fall, in dem Du die zuviel erhaltenen Beträge an die Gesellschaft zurückerstatten mußt. Es bleibt dennoch bei der einmal erfolgten verdeckten Gewinnausschüttung. Die wieder zurückgezahlten Beträge stellen nämlich zusätzliche Anschaffungskosten auf Deine Gesellschaftsanteile dar, und damit wird die Gewinnausschüttung nämlich nicht rückgängig gemacht.
Im Gegenteil, es handelt sich hierbei um zwei getrennt zu betrachtende Geschäfte. Das eine ist die verdeckte Gewinnausschüttung von der Gesellschaft an Dich. Das andere ist eine verdeckte Einlage von Dir an die Gesellschaft.
Bist Du an der Gesellschaft nicht wesentlich beteiligt, dann handelst Du Dir zusätzlich einen Nachteil ein, denn bei der Veräußerung Deiner Anteile bleiben die Anschaffungskosten insgesamt ohne steuerliche Auswirkung. Nur bei einer über 25prozentigen Beteiligung kannst Du von Deinem Veräußerungserlös alle Deine Aufwendungen abziehen, die Du im Laufe der Zeit für die Gesellschaftsanteile aufgewendet hast. Nur der Differenzbetrag bleibt als steuerpflichtiger Veräußerungsgewinn übrig.
Aus diesen Wechselwirkungen der einzelnen Steuergesetze

siehst Du, daß Du mindestens einmal im Jahr bei einer solchen Gesellschaftsform die Verträge, die Du mit der Gesellschaft abgeschlossen hast, unbedingt überprüfen mußt. Änderungen mußt Du sofort vornehmen, weil diese nämlich nur für die Zukunft gelten. Rückwirkende Änderungen von Gesellschaftsverträgen sind steuerlich unzulässig. Dies mußt Du unbedingt beachten.

Du mußt Dir zusätzlich in diesen Verträgen von vornherein Änderungsmöglichkeiten nach oben und unten offenhalten. Wenn Du also merkst, daß die vereinbarten Beträge die Gesellschaft zu sehr belasten, dann darfst Du nicht einfach auf die Auszahlung verzichten. Dies wird Dir als verdeckte Einlage angekreidet.

Wenn Du dagegen die Beträge wie vereinbart bis zu dem Tag der Änderung auszahlst, und Deiner Gesellschaft dafür den Betrag als Darlehn zurückgewährst, so ist dies steuerlich unschädlich. Auf diese Weise kannst Du Deiner Gesellschaft wieder flüssige Mittel zuwenden. Du mußt dies nur ebenfalls vertraglich ganz korrekt vereinbaren.

Bei all diesen Transaktionen darfst Du deshalb den Gesellschaftsvertrag mit Deiner Gesellschaft nicht unbeachtet lassen. Hierin könnte vereinbart sein, daß Deine Gesellschaft solchen Änderungen zustimmen muß. Deshalb mußt Du auch noch einen Gesellschafterbeschluß herbeiführen, auch wenn Du als 1-Mann-Gesellschafter fungierst. Nur wenn die Gesellschaft darin die Zustimmung zu diesen Geschäften erteilt, werden diese Verträge auch steuerlich anerkannt.

Wenn Du diesen geschilderten und zugegebenermaßen sehr umfangreichen Schreibkram gewissenhaft erfüllst, kannst Du auch erwarten, daß die Steuerverwaltung Deine Handlungen akzeptiert.

Nun wirst Du mich natürlich fragen wollen, warum ich Dir zu so aufwendigen Gestaltungen rate? Schließlich könntest Du ja auch den Gewinn in der Firma ansammeln und dann ausschütten. Weil die einbehaltene Steuer voll auf Deine Einkommen-

steuer angerechnet wird, entsteht Dir außer einem eventuellen Zinsnachteil kein weiterer Schaden, denn Du mußt ja nur die Steuer etwas eher bezahlen, ehe Du sie bei Deiner eigenen Einkommensteuer verrechnen kannst.
Doch hier hast Du die Gewerbesteuer vergessen, die auf alle Unternehmensgewinne entsteht. Wird der Gewinn dagegen in Form von Miete, Pacht, Geschäftsführergehalt, Tantiemen usw. an Dich oder Deine Familienangehörigen ausgeschüttet, dann handelt es sich um Betriebsausgaben, die den Gewinn mindern und damit auch die von der Gesellschaft zu zahlende Gewerbesteuer.
Bei Miete und Pacht für bewegliche Wirtschaftsgüter kann es allerdings zu Zurechnung der halben Beträge kommen, dann nämlich, wenn der Empfänger der Miete seinerseits nicht gewerbesteuerpflichtig ist. Hiermit soll vermieden werden, daß den Gemeinden zu viele Steuern verlorengehen.

Wesentliche Beteiligung

Während es für Dich keinen Unterschied macht, ob Dir eine Gesellschaft Dividenden ausschüttet, die aus einer Minibeteiligung oder aus einer hundertprozentigen Kapitalbeteiligung herrühren, so sieht das bei der Veräußerung der Beteiligung als solcher anders aus. Abgesehen von den Spekulationsgeschäften bleiben nämlich Veräußerungsgewinne bei unwesentlichen Beteiligungen steuerfrei, wogegen bei einer wesentlichen Beteiligung auch diese Gewinne steuerpflichtig sind.
Der Gesetzgeber unterstellt, daß bei einer Beteiligung die mehr als 25% des gezeichneten Kapitals der Gesellschaft umfaßt, ein Einfluß des Kapitalgebers auf die Geschäftsführung der Gesellschaft möglich ist. Deshalb wird jede Beteiligung, die über 25% liegt, als »wesentlich« angesehen. Um Manipulationen vorzubeugen, werden daher Wertsteigerungen oder

Verluste, die bei der Veräußerung einer solchen Beteiligung eintreten, besteuert.
Diese Besteuerung erfolgt bei Gewinnen bis zur Höhe von 30 Mio DM zu einem ermäßigten Steuersatz. Zur Besteuerung bedurfte es allerdings einer eigenen Vorschrift, denn diese Gewinne werden weder im Rahmen der Kapitaleinkünfte noch bei den Spekulationsgewinnen, sondern bei den gewerblichen Einkünften erfaßt. Deshalb spielt es auch keine Rolle, ob der Erwerb und der Verkauf innerhalb des sechsmonatigen Spekulationszeitraums stattfindet oder nicht.
Voraussetzung für eine Besteuerung ist lediglich, daß Du selbst, oder bei einem Erbfall die Verstorbenen, in den der Veräußerung vorangegangenen fünf Jahren – und sei es auch nur für eine Sekunde gewesen – eine wesentliche Beteiligung gehalten haben. Allein schon daraus erkennst Du, wie viele Gefahren in dieser gesetzlichen Fiktion lauern.
So kann es durchaus passieren, daß Du rein steuerrechtlich die Folgen einer wesentlichen Beteiligung zu tragen hast, obwohl rein rechnerisch diese Voraussetzungen nicht erfüllt sind. Dies hängt mit weiteren steuerlichen Unterstellungen zusammen wie beispielsweise verdeckten Einlagen oder verdeckten Entnahmen, die anläßlich einer Betriebsprüfung entdeckt wurden und die sich auf das Gesellschaftskapital und dessen Verteilung auswirken können.
Dabei gilt für die Realisierung und die Versteuerung dieses Gewinnes nicht nur die Veräußerung oder Teilveräußerung dieser Beteiligung, sondern auch, wenn diese Beteiligung in anderer Weise aufgegeben wird. Dies kann sich ausnahmsweise einmal zu Deinem Vorteil auswirken, nämlich dann, wenn durch Verluste der Gesellschaft Deine Beteiligung wertlos geworden ist.
In dem Augenblick kannst Du die Differenz zwischen den Anschaffungskosten Deiner Beteiligung einschließlich etwaiger Nachschüsse und verdeckter Kapitaleinlagen, abzüglich des Wertes zum Zeitpunkt der Einziehung (diese sind dann bestenfalls noch 1 DM), als Verlust bei den gewerblichen Einkünften

geltend machen und den Verlust mit anderen positiven Einkünften verrechnen, zurücktragen oder vortragen.
Da es sich bei diesen Gewinnen um gewerbliche Einkünfte handelt, müssen auch die Werbungskosten (jetzt heißen diese eigentlich Sonderbetriebsausgaben) nach anderen Maßstäben beurteilt werden. Sind nämlich Wertsteigerungen steuerpflichtig, dann müssen auch Werbungskosten in diesem speziellen Fall abzugsfähig sein, die aufgewendet wurden, um diese Wertsteigerungen zu erzielen.
In dem Fall kann ein Abzugsverbot nicht eingreifen, selbst dann nicht, wenn wegen Veräußerungsverlusten keine Steuer anfällt. Diese »Steuerfreiheit« betrifft nicht die unbeachtliche Vermögenssphäre, sondern das ungünstige Unternehmensergebnis ließ keine Wertsteigerungen zu. Hieraus wird die feinsinnige Gesetzesauslegung deutlich, die der Laie nur schwer nachvollziehen kann.

TIP: Es ist auch unschädlich, wenn Du eine wesentliche Beteiligung dadurch abbaust, daß Du jährlich unter 1% (also 0,99%) des Gesellschaftskapitals veräußerst. Die Veräußerung solcher Minibruchteile ist vom Gesetzgeber ausdrücklich freigestellt worden.

Anteilekarussell

Wenn Du Dich an einer Kapitalgesellschaft beteiligst, dann erwirbst Du damit Gesellschaftsanteile. Dies können Aktien oder GmbH-Anteile sein. Diese Anteile kannst Du nun im Betriebsvermögen oder im Privatvermögen halten.
Veräußerst Du diese Anteile mit Gewinn, also ist der Verkaufserlös höher als Deine ehemaligen Erwerbskosten, dann ist dieser Gewinn nur zu versteuern, wenn Du die Kapitalanteile im Betriebsvermögen hältst oder wenn Du insgesamt mehr als ein Viertel der Anteile dieser Gesellschaft in Deinen Händen vereinigst.

Letzteres wird im Steuerrecht als »wesentliche Beteiligung« bezeichnet. Der Gesetzgeber geht nämlich in solchen Fällen davon aus, daß Du bei einer so hohen Beteiligung Einfluß auf die Geschäftsführung ausüben könntest. Im Privatvermögen dagegen ist der Veräußerungsgewinn steuerfrei, wenn zusätzlich zwischen Ankauf und Verkauf mehr als sechs Monate liegen.
Um die Annahme einer wesentlichen Beteiligung zu vermeiden, bzw. um hier die Vorteile des Körperschaftsteuer-Anrechnungsverfahrens auszunutzen, kannst Du folgende Gestaltung wählen, die als Anteilekarussell bekannt ist:
Sind vier oder mehr Gesellschafter zu gleichen Teilen an einer Gesellschaft beteiligt, dann können diese die dabei entstehenden Gewinne fast steuerfrei kassieren. Beschließen diese vier oder mehr Gesellschafter, wesentliche Teile oder den gesamten Gewinn der Gesellschaft stehenzulassen (zu thesaurieren), dann werden diese Gewinne zwar mit Steuern belastet, der dadurch entstehende Anrechnungsanspruch geht aber nicht verloren.
Dieser unterliegt lediglich einem Zinsnachteil, denn die Gesellschafter gewähren in Höhe der nicht beanspruchten Ausschüttungsbelastung dem Finanzamt einen zinslosen Kredit. Weil keine Ausschüttung erfolgte, können diese Steuern nicht auf die persönliche Einkommensteuer angerechnet werden.
Die Gesellschafter können aber in einem günstig erscheinenden Augenblick die Anteile an einen oder mehrere Erwerber verkaufen. Erwerber kann natürlich auch eine neugegründete Gesellschaft eben dieser Gesellschafter sein. Dieser neue Eigentümer kann nun mit dem Kaufpreis sämtliche in den Anteilen angesammelten Steuerguthaben den bisherigen Anteilseignern mit ausbezahlen, ohne dadurch einen Nachteil zu erleiden.
Der Unterschied zwischen ehemaligen Anschaffungskosten der Beteiligung und dem Verkaufspreis ist bei den Veräußerern völlig steuerfrei, wenn der Vorgang außerhalb der sechsmonatigen Spekulationsfrist abgewickelt wird und die Anteile nicht in einem Betriebsvermögen gehalten werden. Das gilt vor allem für

den »inneren Wert« der Anteile, der durch die Gewinnansammlung in der Gesellschaft entstanden ist.
Der oder die neuen Erwerber können nun beschließen, die im Unternehmen angehäuften und durch die Veräußerung nicht untergegangenen Gewinne auszuschütten. Dadurch entstehen automatisch die Steuergutschriften für die Ausschüttungsbelastung, die dann als Einkommensteuervorauszahlung der neuen Eigentümer anzusehen sind. Doch durch die Ausschüttung verlieren die Anteile an Wert.
Auf diesen Wertverlust gestattet das Einkommensteuerrecht eine Teilwertabschreibung erst nach 10 Jahren. Dies ist natürlich ein sehr langer Zeitraum. Doch wenn die Anteile vorher wieder verkauft werden, und dieses Mal zum Nominalwert, so macht sich der Veräußerungsverlust sofort bemerkbar.
Jetzt können erneut vier oder mehr Anteilseigner die Beteiligungen zu gleiche Teilen erwerben und das Karussell dreht und dreht sich weiter. Im günstigsten Fall kann immer die gleiche Personengruppe die Anteile von Hand zu Hand weiterreichen. Doch hierbei ist Vorsicht geboten, denn bei einer allzuschnellen Drehung des Karussells droht die Finanzverwaltung mit Mißbrauch von Gestaltungsmöglichkeiten des Rechts und erkennt damit die Steuervorteile nicht mehr an.

Wirtschaftlicher Verein

Bei wirtschaftlichen Vereinen handelt es sich nicht um Vereine im Sinne von selbstlosen oder gemeinnützigen Körperschaften, sondern um Unternehmen, wie jedes andere wirtschaftlich handelnde Unternehmen auch. Lediglich die Art und Weise, wie das Vermögen verwaltet wird und wie die Gründung zu erfolgen hat und wo der Verein eingetragen wird, bestimmt sich nach den gesetzlichen Vorschriften über die Vereine.
Deshalb kannst Du hier die berechtigte Frage stellen, wozu diese Vereinsgründungen dann nützlich sein sollen?

Ähnlich wie bei Genossenschaften oder Stiftungen hat sich das Vereinsvermögen gegenüber dem Zugriff seiner Mitgliedern verselbständigt. Das heißt, es besteht eine völlige Trennung zwischen den Organen des Vereins und dem Vereinsvermögen als solchem.
Das hat durchaus Vorteile gegenüber anderen Körperschaften wie etwa einer GmbH. So gibt es hier beispielsweise keine dem Gesellschafter-Geschäftsführer vergleichbare Stellung, mit den damit zusammenhängenden Gefahren, wie verdeckte Gewinnausschüttungen oder verdeckte Einlagen usw.
Die Vorstände oder Geschäftsführer des Vereins können nur über Mitgliederbeschlüsse oder daraus folgenden Ermächtigungen auf das Vereinsvermögen zugreifen. Damit wird es aber noch lange nicht deren eigenes Vermögen, wie das bei den Gesellschafter-Geschäftsführern einer GmbH beispielsweise von der Finanzverwaltung und der Rechtsprechung unterstellt werden kann.
So kannst Du auf diese Weise durchaus sinnvolle Unternehmen gründen, bei denen die Vereinsmitglieder als »Wirtschaftsfaktoren« für den Verein eingesetzt werden sollen. Ähnlich wie sich Genossen zu dem Zweck der günstigen Warenbeschaffung oder des Warenabsatzes zusammenschließen, so kann der wirtschaftliche Verein seine Mitglieder beispielsweise als Abnehmer »nutzen«.
Ein solcher Verein kann auch lediglich innerhalb einer Familie gegründet und unterhalten werden, wenn sich hieraus die sieben Gründungsmitglieder rekrutieren. Sogar die Gefahren von Betriebsaufspaltungen, die ich schon beschrieben habe, Durchgriffshaftungen usw. lassen sich auf diese Weise vermeiden.

TIP: Daß diese Unternehmensform durchaus einen Sinn hat, zeigt die Fülle von Gerichtsentscheidungen, die zu diesem Problemkreis bisher ergangen ist. Es ist ja auch zu verführerisch, auf Staatskosten (wegen der Steuerfreiheit der Betätigung) Deine eigenen Hobbys oder gar Deine wirtschaftlichen Interessen finanzieren zu lassen.

Gewerbesteuer

Die Gewerbesteuer ist eine Gemeindesteuer, die sich einmal danach richtet, daß Du überhaupt einen Gewerbebetrieb führst und daraus Gewinne erwirtschaftest. Zum anderen muß dieser Gewinn eine bestimmte Größe, nämlich 48 000 DM im Jahr übersteigen, damit überhaupt eine Steuer berechnet werden kann. In den neuen Bundesländern gilt danach eine Staffelung bis zu 96 000 DM, die zu einer weiteren Gewerbesteuerermäßigung führt.

Als weitere Rechnungsgröße ist Dein Gewerbekapital maßgebend. Diese wird dann der Gewerbekapitalsteuer unterworfen, wenn es 500 000 DM übersteigt.

Doch damit ist der Sinn der Gewerbesteuer noch lange nicht erklärt. Diese Steuer soll dazu dienen, den Städten und Gemeinden Finanzmittel zu beschaffen, um die Infrastrukturmaßnahmen für gewerbliche Ansiedlungen zu finanzieren. Dies waren vor allem Straßen, Ver- und Entsorgungseinrichtungen für derartige Betriebe, die Anbindung an öffentliche Verkehrsmittel usw.

Daraus wird auch gleich der Hinweis auf Gewerbebetriebe erklärt, denn Freiberufler, wie Ärzte, Anwälte, Steuerberater, Wirtschaftsprüfer usw. unterliegen dieser Gewerbesteuerbelastung bisher nicht. Wohl aber werden selbständige Handelsvertreter und Handelsmakler von dieser Steuer erfaßt, weil diese Berufsgruppen nach dem Handelsgesetzbuch Kaufleute sind und damit automatisch gewerbliche Einkünfte erzielen.

Von der Gewerbesteuer werden aber sämtliche GmbHs und die anderen Personenhandelsgesellschaften betroffen. Wenn sich also Freiberufler in einer derartigen Rechtsform zusammenschließen, dann fällt auf diesem Umweg für solche Gesellschaften auch bei einer freiberuflichen Betätigung Gewerbesteuer an.

Die Gewerbesteuer ist allerdings in vollem Umfang wieder bei den Betriebsausgaben absetzbar und schmälert auf diese Weise Deinen Gewinn des laufenden Geschäftsjahres. Bei den heute üblichen Hebesätzen der Gemeinden mußt Du aber mit einer Steuerbelastung von etwa 15% Deines Gewinns für die Gewerbesteuer rechnen. Damit weißt Du auch gleich, daß Du diesen Posten bei Deiner Kalkulation nicht vernachlässigen darfst.
Das Gewerbesteuergesetz unterstellt nun einen Idealbetrieb, der sein gesamtes Betriebsvermögen mit Eigenmitteln finanziert hat. Da aber viele Unternehmen diesem Ideal nicht entsprechen, mußt Du Zu- und Abrechnungen vornehmen, um diesem gesetzlichen Ideal wenigstens nahe zu kommen. Anderenfalls würden die Unternehmen benachteiligt, die mit viel Eigenkapital ausgestattet sind. Dies wiederum widerspricht dem Grundsatz der gleichmäßigen Besteuerung.
Die gleichen Zurechnungen erfolgen, wenn Du einen Teil Deiner Unternehmensausstattung nicht gekauft, sondern gemietet oder geleast hast. Auch auf diese Weise könntest Du wesentliche Vermögenswerte aus Deinem Betriebsvermögen heraushalten und damit die Gewerbesteuer senken.
Da die Gemeinden für Ihre Mehrleistungen, die sie bei solchen Gewerbebetrieben haben, entschädigt werden sollen, kann nach dem Willen des Gesetzgebers dies alles nicht sein. Deshalb mußt Du sowohl die Hälfte Deiner Dauerschuldzinsen für Fremdkapital, als auch die Hälfte Deiner Miet- und Pachtzinsen für bewegliche Wirtschaftsgüter bei der Gewerbesteuer Deinem Gewinn nachträglich wieder hinzurechnen.
Gerade umgekehrt ist es mit der Grundsteuer. Diese fließt nämlich ebenfalls der Gemeinde zu. Auf diese Weise würde der Kämmerer doppelt kassieren, wenn Du auf Deine Betriebsgrundstücke einmal Gewerbesteuer und zum andern Grundsteuer bezahlen müßtest. Deshalb werden die Berechnungsgrundlagen für die Grundsteuer bei der Gewerbesteuer abgezogen.

Daraus siehst Du, daß jede Steuerart ihre eigene Problematik aufweist, deren Folgen Du als Unternehmen bedenken mußt. Berücksichtigst Du diese Belastungen nämlich bei Deiner Kalkulation nicht, dann fehlen Dir am Ende diese Beträge und du mußt die Fehlbeträge aus der eigenen Tasche an die öffentlichen Kassen abführen. Dies ist aber nicht der Sinn einer richtigen Unternehmensführung, daß Du für Deinen Arbeitseinsatz auch noch Dein Vermögen dem Staat hinblätterst, nur um dessen unersättliche Ansprüche zu befriedigen.

Umsatzsteuer

Die Steuerart, die Dich als Unternehmer bei Deinen tagtäglichen Geschäften berührt, ist die Umsatzsteuer. Selbst wenn auch hier der Begriff Steuer im Namen geführt wird, so ist die Umsatzsteuer mit allen bisherigen Steuern nicht vergleichbar. Es kommt nämlich hierbei überhaupt nicht darauf an, ob Du Gewinne erzielst oder erzielen willst, ob Du hohe oder niedrige Umsätze tätigst. Die Umsatzsteuer folgt völlig anderen Gesetzmäßigkeiten.

Da ist zu allererst der Begriff des Unternehmers zu klären. Unternehmer ist nun jeder, der sich mit Wiederholungsabsicht am allgemeinen Wirtschaftsleben beteiligt. D. h., auch als Vermieter einer einzigen Wohnung bist du im Sinne des Umsatzsteuergesetzes Unternehmer. Das gleiche gilt, wenn Du Dein Wohnmobil, Dein Segelboot oder Deine Ferienwohnung in Zeitungsinseraten einer breiten Öffentlichkeit zur Miete oder zur Charter anbietest. Auch in dem Falle hast Du bereits den privaten Bereich verlassen und betätigst Dich als Unternehmer.

Dies kann für Dich schwerwiegende Folgen haben, denn wenn es für Deine Umsätze keine besondere Befreiungsvorschrift gibt, kann Dich das Finanzamt Kasse bitten.

Wenn Du tatsächlich als Unternehmer tätig bist, tut Dir so etwas weniger weh, denn in dem Fall mußt Du ja diese Umsatzsteuer in irgendeiner Form in Deiner Kalkulation berücksichtigt haben. Die muß sich dann auch auf den Endpreis auswirken. Entweder rechnest Du die Mehrwertsteuer gesondert hinzu oder Du hast sie in den Bruttobetrag bereits eingerechnet, weil Du nur an Endverbraucher weiterverkaufst.

Die Auswirkung kann natürlich auch minimal sein, weil die »Wertschöpfung« auf Deiner Handels- oder Fabrikationsstufe nur sehr gering ist. Das merkst Du immer dann, wenn Du ent-

sprechend hohe Vorsteuerbeträge abziehen kannst, so daß Deine Zahlungen an das Finanzamt verschwindend gering sind.
Diese Umsatzsteuer trifft Dich nur dann nicht, wenn Dein Jahresumsatz unter 25 000 DM liegt und Du auch in keinem Fall Umsatzsteuer gesondert in Deinen Rechnungen ausweist. Nur in den Fällen bleibst Du von der Umsatzsteuer verschont, doch das sind wohl die Ausnahmefälle.
Wie ich schon angedeutet habe, gibt es bei der Umsatzsteuer natürlich auch Ausnahmen. Was vor allem begünstigt wird, sind die Ausfuhren Deiner Waren in andere Länder, oder wenn Du in anderen Ländern Deine Dienstleistungen erbringst. Diese Auslandsumsätze sollen von unserer deutschen Umsatzsteuer entlastet werden, denn das Einfuhrland erhebt die Steuer.
Ein andere Bereich der Befreiungen sind die Vermietungsumsätze von Wohnungen. In diesen Fällen würde eine zusätzliche Belastung bei den Endmietern eintreten. Dies sollte aber aus sozialen Gründen vermieden werden. Die gleichen Überlegungen gelten für die Gesundheitsvorsorge, für Alten- und Pflegeheime, für verschiedene schulische und kulturelle Veranstaltungen.
In allen andern Fällen ist lediglich zu prüfen, ob Deine Umsätze dem allgemeinen oder dem ermäßigten Steuersatz unterliegen. Dabei fallen unter die ermäßigte Besteuerung hauptsächlich die Grundnahrungsmittel, Bücher, Zeitschriften und Zeitungen. Alle andern Umsätze werden mit dem allgemeinen Steuersatz von derzeit 14%, wahrscheinlich ab 1. 1. 1993 mit 15%, belastet.
Wesentlich für Dich als Unternehmer dabei ist, daß Dir das Umsatzsteuergesetz eine ganze Reihe von Nachweis- und Aufzeichnungspflichten auferlegt hat, die Du peinlich genau erfüllen mußt. Entweder Du hast Deine Buchführung bereits so organisiert und eingerichtet, daß aus diesem Zahlenwerk eindeutig und leicht nachprüfbar Deine zu zahlende Umsatzsteuer und Deine Vorsteuern aus den Vorbezügen festzustellen sind. In dem Fall hast Du dann keine zusätzliche Arbeit damit, denn Deine Konten weisen Dir die jeweils anzumeldenden und abzuführenden Beträge eindeutig aus.

Begnügst Du Dich allerdings mit Hilfsbuchführungen in Büchern und Kladden, so bleibt Dir nichts anders übrig, als Wareneingangsbuch, Warenausgangsbuch und eventuell Kassenbücher zu führen und aus diesen Büchern Deine Zahlen zusammenzutragen, die Du für Deine monatlichen oder vierteljährlichen Voranmeldungen benötigst.

Gerade bei diesen Steuern, wie Umsatz- oder Lohnsteuer, die praktisch für fremde Rechnung von Dir als Unternehmer verwaltet werden, ist das Finanzamt besonders rigoros, wenn es zu Zahlungsverzögerungen kommt. Hier ist es dann besser, wenn Du, wie ich es in dem nachfolgenden Kapitel beschrieben habe, entsprechende Stundungsanträge stellst, wenn Dich aus irgendwelchen Gründen solche Zahlungen einmal auf dem falschen Fuß erwischen. Hierbei muß es sich aber dann um Ausnahmefälle handeln und es darf nicht zur Gewohnheit werden.

Besonders aufpassen mußt Du bei dem gesonderten Ausweis der Umsatzsteuer in Deinen Rechnungen. Verwendest Du hierbei einen falschen Steuersatz oder weist Du Steuerbeträge aus, obwohl diese gar nicht anfallen, dann schuldest Du diese Steuer trotzdem. Auch in solchen Fällen ist das Finanzamt sehr unnachgiebig und die Finanzgerichte geben dazu auch noch Rückendeckung. Deshalb informiere Dich sehr genau darüber, was Du bei der Umsatzsteuer tun darfst und was Du lassen mußt.

Auch ist die Mehrwertsteuer als Kostenfaktor nicht zu unterschätzen, wenn sie das Finanzamt plötzlich von Dir fordert.

Wenn ich Dir allerdings mit meinen Schilderungen jetzt so die gute Laune verdorben habe, daß Du auf eine grüne Insel flüchten willst, dann suche Dir wenigstens eines der folgenden Steuerparadiese aus. Sonst kann es Dir passieren, daß Dir das hiesige Finanzamt auch noch einen Steuerbescheid in die Südsee nachsendet.

Steueroasen

Gebiete, in denen keine Einkommensteuer erhoben wird:

Andorra, Bahrein, Campione (italienische Enklave in der Schweiz), Monaco (außer französische Staatsangehörige)

Gebiete, in denen die Steuer nach einem günstigen Tarif erhoben wird:

Britische Kanalinseln (Alderney, Guernsey, Jersey, Sark), Gibraltar, Insel Man, Liechtenstein, Schweiz (außer in den Kantonen Genf, Neuenburg, Wallis und Waadt sowie einzelnen Gemeinden der Kantone Aargau, Bern, Luzern, Tessin, Thurgau und Zürich), Angola, niederländische Antillen, Gilbert- und Ellice-Inseln, Monsterrat (Leeward-Inseln), Neuguinea, Norfolk-Inseln, Papua, Salomon-Inseln, St. Helena,

Gebiete, in denen eine Vorzugsbesteuerung besteht:

Schweiz: Besteuerung nach dem Verbrauch bei der direkten Bundessteuer;

Panama: Steuerfrei sind ausländische Dividenden sowie Einkünfte aus im Ausland abgeschlossenen Geschäften und ausländische Schiffahrtseinkünfte.

Die Versuche, das Erarbeitete oder das Ererbte möglichst ohne Zugriff des Staates für sich allein zu behalten, sind fast so alt, wie die Menschheit. Denn genau so alt ist auch umgekehrt das Ansinnen der Herrschenden, ohne nennenswerte eigene Leistungen auf Kosten der Unterworfenen ein angenehmes Leben zu führen. In unserer Zeit sind die Menschen da schon etwas bescheidener geworden, denn ihnen reicht es schon vielfach aus, wenn die Steuerlast in einem Staat ein paar Prozent niedriger ist als in einem anderen Staat, um »Steuerflucht« zu begehen.

Durch Doppelbesteuerungsabkommen, Progressionsvorbehalt, Außensteuergesetz mit seiner erweiterten beschränkten Steuerpflicht usw. werden unterschiedliche Steuersätze durch einen »Zuschlag« zur inländischen Steuer weitestgehend ausgeglichen. Deshalb kannst Du als Steueroase nur solche Länder nutzen, bei denen die genannten Gesetze nicht greifen.

Da aber das Außensteuergesetz auch dann auf Deine inländischen Einkünfte zugreift, wenn Du trotz Auslandswohnsitz im Inland überwiegend Deinen Lebensunterhalt verdienst, mußt Du schon sehr geschickte, vor allem steuerrechtlich anzuerkennende Gestaltungen wählen, um steuerliche Vorteile zu erreichen. Dazu ist es häufig unumgänglich, daß Gesellschaften in mehreren Staaten unterhalten werden, und diese ausländischen Staaten ein fast unbesteuertes »Durchschütten« der Gewinne an die wirklichen Oasenempfänger zulassen.

Dies geht z. B von den Niederlanden in die Antilleninseln, von Großbritannien in die Kanalinseln, die Jungferninseln oder die Salomoninseln. In anderen Staaten, wie z. B. in Liechtenstein, Andorra, Campione usw. brauchst Du eine im Lande ansässige Person als Residenten, die für Dich handelt, weil Ausländer keine Daueraufenthaltserlaubnis erhalten.

Deshalb werden vielfach in Oasenländern lediglich Firmen gegründet, die als Gewinnsammelbecken dienen. Doch alle diese Steuergestaltungen bergen natürlich auch Gefahren in sich. Diese liegen immer dann vor, wenn die Gelder durch mehrere Hände wandern, ehe sie bei Dir in der Steueroase ankommen. Wenn auf diese Weise Teile Deines Vermögens »versickern«, dann hast Du zwar die Genugtuung, daß diese Beträge nicht als Steuern in der inländischen Staatskasse gelandet sind. Doch so etwas ist dann eben nur ein schwacher Trost, wenn das Vermögen unwiederbringlich verloren ist.

Deshalb solltest Du Dir für solche Transaktionen ganz integre Partner suchen und von namhaften Spezialisten die erforderlichen Verträge niet- und nagelfest machen lassen, damit die ersparte Steuer auch tatsächlich bei Dir verbleibt.

Spielregeln im Umgang mit der Verwaltung

So mußt Du Dich gegen die Verwaltung wehren

Bis jetzt habe ich Dir eine ganze Menge von Möglichkeiten aufgezeigt, wie Du dem Finanzamt nur das zu geben brauchst, was Du nach den Steuergesetzen nicht vermeiden kannst. Doch das Finanzamt hat ja gerade das umgekehrte Interesse als Du, nämlich es will so viel als möglich in die Staatskasse füllen. Daraus entstehen ganz natürliche Gegensätze, die sich aber nicht von selbst auflösen.

Du als Steuerzahler mußt selbst Deine Rechte durchsetzen, wenn Du Dich durch das Finanzamt übervorteilt fühlst.

Doch auch hierzu mußt Du die besonderen Spielregeln kennen, damit Du damit Erfolg hast. Und diese Spielregeln will ich Dir anschließend erklären, damit Du gleich von Anfang an weißt, was ebenfalls einen Unternehmer auszeichnet, nämlich daß er sich nicht so einfach mit dem zufrieden gibt, was man ihm sagt, sondern daß er den Sachen auf den Grund geht. Nicht jede Behauptung ist wahr, nur weil sie eine Behörde aufgestellt hat.

Seriösen Politikern glaubt man die Hälfte,
normalen Politikern nichts
und unseriösen Politikern das Gegenteil
dessen, was sie sagen.
(Helmar Nahr)

Wieviel Recht läßt unser Rechtsstaat zu?

Hörst Du Politikern, Pressesprechern oder überhaupt Personen zu, die sich in der Öffentlichkeit äußern, so wirst Du immer häufiger klare Aussagen vermissen. Es wird zwar minutenlang um den heißen Brei herumgeredet, doch ein Ja oder ein Nein hörst Du von solchen Leuten nicht, bestenfalls ein JEIN.

»Man« flüchtet sich in nebulöse Floskeln, die sich wie ein Orakel nach allen Seiten auslegen lassen, ohne daß jemand dafür zur Verantwortung gezogen werden kann, weil man ja eigentlich gar nichts gesagt hat. Und dieses nicht Gesagte läßt sich später trefflich nach allen Seiten drehen und wenden.

Daß angesichts solcher Praktiken das Wählervolk sauer reagiert, ist nicht verwunderlich. Schließlich fühlen wir uns von den Politikern aller Couleur verschaukelt. Ja, es grenzt schon beinahe an eine Unverschämtheit, mit welcher Dreistigkeit wir Steuerzahler für so dumm gehalten werden, daß wir dies alles nicht merken sollen.

Dies mag auch zu einem Teil Deine Staatsverdrossenheit erklären. Zu wenig von dem was gesagt wurde bleibt als Tat am Ende wirklich noch erkennbar.

Zusätzlich wirst Du mit einer Flut von Gesetzen und Verordnungen überschüttet, die Du beim besten Willen nicht mehr erfassen, geschweige denn alle beachten kannst. Mit solcher Staatsführung wirst Du regelrecht entmündigt, weil Du nur noch als Ausbeutungsobjekt und Stimmvieh mißbraucht wirst. Eine eigene gesunde Volksmeinung wird durch rechtsstaatliche Winkelzüge sofort im Keim erstickt.

Dagegen solltest Du Dich mit den wenigen rechtsstaatlichen Mitteln wehren, die Dir geblieben sind.

Nichtssagende Worthülsen sind der feine Umgangston der »oberen Klasse« geworden, wieso sollen sich dann die Gesetzesarchitekten einer eindeutigeren Sprache bedienen? Diese haben ja schließlich noch auf die unterschiedlichsten Lobbyisten Rücksicht zu nehmen, denen sie nicht weh tun dürfen und wollen.
Die Beamtenschaft, die diese gesetzlichen Machwerke anwenden soll, muß ja auch noch einen Auslegungsspielraum für sich und für anschließende Streitigkeiten vor den Gerichten haben. Schließlich müssen sich die Beamten ja gegenseitig die Arbeitsplätze schaffen. So schaffen sie es, immer mehr Einfluß zu gewinnen und für sich ein immer höheres Salär durchzusetzen. 70% aller Bundestagsabgeordneter sind bereits Beamte! 1945 waren es gerade 20%.
Kein Wunder, daß die Gesetze immer beamtenfreundlicher und bürgerfeindlicher werden. Unter Kollegen ist man ja schließlich geradezu verpflichtet, durch solche »Hilfsdienste« Solidarität zu zeigen.
Hinzu kommt, daß die Produktion von Gesetzen, Verordnungen, Erlassen und Ausführungsbestimmungen ein solches Ausmaß angenommen hat, welches der Massenherstellung von Verbrauchsgütern ähnelt. Das ist nicht erst seit der Wiedervereinigung unseres Landes so, sondern hat schon viel früher angefangen.
Jede vielgepriesene Steuerreform diente bisher nicht der Vereinfachung, sondern machte das Steuerrecht stets komplizierter. Für die Anwendung verschiedener Vorschriften ist heute schon ein Terminkalender erforderlich, weil Veränderungen nicht mit dem Jahresbeginn, sondern zu ganz willkürlichen Zeitpunkten während des Jahres wirksam werden. Ein fast undurchdringliches Gestrüpp, in welches Du als Steuerzahler hineingestoßen wirst.

Man könnte fast meinen, daß dahinter eine Methode steckt, um Dich als Steuerzahler zu übervorteilen. Denn: Wie willst Du alle Dir zustehenden Steuervorteile da noch überblicken und beantragen können? Und wie willst Du vor allem alle steuerlichen Nachteile vermeiden, wenn immer mehr Fußangeln für Dich ausgelegt werden?

Ein gründliches Umdenken ist unbedingt erforderlich, damit Du wieder Vertrauen in diese Staatsorgane haben kannst. Dazu muß die Flut von Vorschriften und Gesetzen eingedämmt und in einer verständlicheren Sprache abgefaßt werden. Nur wenn Du ohne einen Dolmetscher diese Gesetze verstehst, kannst Du sie auch befolgen.

Ein Rechtsstaat kann sich nur diesen Namen verdienen, wenn Du als Bürger die Staatsorgane, wozu vor allem die staatliche Verwaltung gehört, wirksam kontrollierst. Diese Kontrolle beginnt damit, daß Du alles das, was die öffentliche Verwaltung schafft (wozu die Finanzverwaltung in ganz besonderem Maße gehört), keinesfalls als Evangelium und damit als unfehlbar ansiehst.

Überall sitzen Menschen und jeder Mensch macht Fehler, so auch die Beamten. Deren Fehler werden nur dadurch zu verschleiern versucht, daß Dir die eingangs bereits angesprochene Verwaltungssprache gar nicht mehr verständlich ist und Du deshalb diese falschen behördlichen Willensäußerungen gar nicht mehr erfaßt oder zu spät erkennst.

Zusätzlich steht den Beamten ein Verteidigungsapparat in Form von behördeneigenen Rechtsverfolgungsstellen zur Verfügung, so daß hier Rechtsstreitigkeiten gegen Dich angezettelt werden können, die klar erkennbar gegen die gesetzlichen Vorschriften verstoßen. Trotzdem mußt Du Dir so etwas gefallen lassen. Dadurch wirst Du im wahrsten Sinne des Wortes vergewaltigt, wenn Du darauf vertraust, daß die Verwaltung alles richtig und rechtmäßig macht.

Kapitulierst Du bereits in diesem Stadium, dann werden sogar ungesetzliche Handlungen der Verwaltung dadurch rechtens, daß nach dem Verstreichen bestimmter Fristen, diese ungesetzlichen Verwaltungsakte gegen Dich trotzdem wirksam werden und sogar gewaltsam durchgesetzt werden können.

In eine vereinfachte Formel übersetzt heißt das: Du mußt Unrecht erdulden, wenn Du Dich nicht rechtzeitig und mit rechtsstaatlichen Mitteln gegen falsche Verwaltungsakte zur Wehr setzt.

Der Irrtum
ist die Vergangenheitsform der Weisheit.
(Lohberger)

Das sind die Gefahren für Dich als Geschäftsführer!

Leider herrscht bei vielen Unternehmensgründern der weitverbreitete Irrglaube, daß Du durch die Gründung einer Gesellschaft, vornehmlich einer solchen mit beschränkter Haftung (GmbH), einen Schutzwall um Dich ziehen kannst. Dieser Gesellschaftsmantel soll Dich vor allem Unbill der Behörden bewahren und zugleich Dein Privatvermögen schützen. Doch das stimmt so leider nicht.

Jede Gesellschaft braucht Organe, die ihr »Leben einhauchen«. Und diese Organe sind die Gesellschafterversammlung als »Gehirn« und der Geschäftsführer als »Arm«. Bei kleinen Gesellschaften ist das oftmals alles in einer Hand. Der einzige Gesellschafter ist also zugleich Geschäftsführer und hat damit »alles in seinem Griff«. Damit hat aber die Verwaltung bereits ihr Opfer gefunden, an das sie sich künftig hält.

Du mußt nämlich wissen: Als Geschäftsführer mußt Du über alles informiert sein. Ist Dir etwas unklar, dann mußt Du Dich von einer sachverständigen Person belehren lassen, über das was Du tun darfst oder was Du lassen mußt. Erkundigst Du Dich nicht, dann mußt Du persönlich für die daraus entstehenden Folgen einstehen.

Gerade in der Aufbauphase sind die Gefahren am größten. Hier ist das ganze Ausmaß der geschäftlichen Tätigkeiten noch gar nicht erkennbar. Einnahmen fließen in den meisten Fällen auch nur aus den Taschen des oder der Gesellschafter. So kann es bei einer zu knappen Kapitalausstattung sehr schnell zu Überschuldungen kommen. In diesem Moment mußt Du als Geschäftsführer aber schon zum Vergleichs- oder Konkursgericht gehen und Zahlungsunfähigkeit erklären. Deine Buchführung ist zu diesem Zeitpunkt oftmals noch gar nicht auf dem neuesten Stand, Gesellschafterbeschlüsse sind nur selten schriftlich festgehalten und so hängt ein Konkursvergehen gegen Dich bereits drohend über Dir.
Die Finanzämter sind noch gnadenloser. Wenn die Beamten merken, daß ihnen Steuergelder durch die Lappen gehen könnten, dann versuchen sie mit allen Mitteln, Dich persönlich dafür haftbar zu machen. Deshalb mußt Du besonders sorgfältig darauf achten, daß Du wenigstens die Anmeldungen und Steuererklärungen rechtzeitig beim Finanzamt einreichst und eventuelle Anträge auf Zahlungsaufschub oder Fristverlängerung stellst. Deiner GmbH stehen nämlich die gleichen Rechte zu, wie jedem anderen Steuerzahler auch.
Denke aber daran: Du als Geschäftsführer mußt im Namen Deiner Gesellschaft genau so handeln, als wärst Du selbst davon betroffen. Nur dann handelst Du wie ein ordentlicher und gewissenhafter Geschäftsführer, der sein Risiko wirklich auf das Firmenvermögen begrenzen kann. Und dafür hast Du ja schließlich die Gesellschaft gegründet.

Was gibt uns die Verwaltung?
Die Verwaltung gibt uns zu denken.
(Lothar Schmidt)

Verwaltungsabläufe

Bei der öffentlichen Verwaltung liegt das Problem für Dich darin, daß Du als Bürger die Behördenfehler überhaupt erst erkennen oder mindestens erahnen mußt, um daraufhin tätig zu werden. Deshalb ist Deine persönliche Information die allerwichtigste Voraussetzung für eine wirksame Gegenwehr.

Nur Du persönlich kennst die Geschehensabläufe ganz genau. Deshalb kannst auch nur Du entscheiden, ob die Verwaltung die Gesetze auf Deine Geschehensabläufe richtig anwendet.

Erst wenn Du dies erkennst, kannst Du einen Fachmann einschalten, der das weitere Verfahren für Dich übernimmt. Leider ist es so, daß Du selbst auch noch diesen Fachmann überwachen mußt. Macht der nämlich einen Fehler bei Deiner Verteidigung, indem er den Geschehensablauf unkorrekt oder mißverständlich darstellt, dann kann das schwerwiegende Folgen für Dich haben, die Du letztendlich finanziell zu tragen hast. Dir stehen zwar bei dessen ganz offensichtlichen Fehlern Regreßansprüche gegen diesen Fachmann zu, aber wie gesagt nur bei erwiesenen groben Verstößen.

Daraus wird Dir klar, daß der Rechtsstaat auch erhebliche Schattenseiten hat. Vor allem wenn Du zu obrigkeitshörig oder zu vertrauensselig im Umgang mit Behörden bist, kannst Du sehr schnell übervorteilt werden. Du als Betroffener mußt um Deine Rechte kämpfen, denn sie werden Dir nicht gratis geliefert.

Dafür ist allerdings das nötige »Kleingeld« erforderlich, damit Du Dir tatsächlich qualifizierte und engagierte Interessenvertreter leisten kannst. Erst bei einem Sieg erhältst Du größtenteils diese Kosten des Verfahrens von der unterlegenen Partei erstattet, und Partei kann in dem Fall auch der Staat in der Form einer

Behörde sein. Doch dazu muß der Sieg endgültig errungen sein. Dies gelingt Dir oftmals erst in einer höheren Instanz. Bis dahin mußt Du aber erst einmal die Kosten vorstrecken.
In vielen vorgeschalteten Verfahren, die nicht sofort zu den Gerichten gelangen, sind Kostenerstattungen ausgeschlossen, so daß bei einem außergerichtlichen Sieg gegen die Finanzverwaltung die Kosten in den meisten Fällen an Dir hängen bleiben.

Das heißt nichts anderes: Du mußt dafür, daß Du die Finanzverwaltung zwingst, die Gesetze so anzuwenden wie sie geschrieben sind, auch noch bezahlen. Damit mußt Du die Behördenfehler auch noch aus Deiner eigenen Tasche finanzieren.

Das Schlimmste für Dich ist aber, daß sich die Behörden nicht so leicht geschlagen geben, denn die Beamten ihrerseits brauchen keine Vorschüsse aus ihrer eigenen Tasche zu leisten. Diese Kosten gehen auch bei einer Niederlage der Behörde alle zu Lasten der Staatskasse und damit müssen sie von Deinen Steuergeldern bezahlt werden. Woher der Staat die Gelder nimmt, interessiert die Beamten nicht.
Sie brauchen auch regelmäßig diesen Streit nicht bis zur letzten Instanz auszufechten. Dafür hat die Behörde ihre eigenen Beamten, die nichts anderes machen, als streiten. Deshalb ist der den Streit anzettelnde Beamte auch hierbei sehr sorglos. Er weiß, daß er eigentlich davon kaum etwas mitbekommt. Vor allem die finanziellen Auswirkungen haben für ihn keinerlei Bedeutung.
Ob ein Streit um Steuern oder andere Auswirkungen in Höhe von 500 DM, 5000 DM an Verwaltungskosten verschlingt, das ist für einen Beamten kein Thema. Er vertritt das Gesetz, koste es was es wolle. Sogar wenn ein Beamter mit seinem Starrsinn ein Unternehmen in den Ruin treibt und Hunderte von Arbeitsplätzen damit vernichtet, er persönlich wird nie dafür zur Verantwortung gezogen.

Als »Strafe« wird er höchstens unter Fortzahlung seiner Dienst- und Sachbezüge vorzeitig in den Ruhestand versetzt und kann dann endlich ungestört seinen gesamten Aufsichtsrats- und Verwaltungsratstätigkeiten in der freien Wirtschaft nachgehen. Solche Strafen müssen höhere Beamte in unserem Lande erleiden.

Bedenke deshalb: Es kann für Dich manchmal sinnvoller sein, einen Kompromiß mit der Behörde zu suchen, selbst dann, wenn es ein »fauler« Kompromiß ist. Wenn Du Dich mit der Behörde auf irgendeinen Zwischenwert einigst, können diese Auswirkungen für Dich finanziell noch günstiger sein, als der ungewisse Ausgang eines Rechtsstreits mit all seinen Widrigkeiten, die jedem Gerichtsverfahren anhaften. Laß Dir diesen Kompromiß aber unter allen Umständen schriftlich von der Behörde bestätigen. Nur so kannst Du Dich auch später noch auf die Abmachung berufen, falls die zuständigen Beamten plötzlicher Gedächtnisschwund befällt.

Diese hier ganz allgemein dargestellten Abläufe innerhalb aller möglichen Verwaltungen, gelten für die Finanzverwaltung in ganz besonderem Maße. Bei dieser Behörde geht es immer um einen Griff in Dein Portemonnaie und dieses Ergebnis wird in den Steuerbescheiden oft in ganz brutaler Art und Weise sichtbar. Hier drückt sich die Verwaltungsentscheidung immer in Mark und Pfennigen aus. Hier ist auch eine Behörde, die diese Ansprüche selbst dann noch rücksichtslos durchsetzten kann, wenn diese Ansprüche eigentlich rechtswidrig sind.
Damit Du diesem übermächtigen Verwaltungsmoloch nicht völlig hilflos gegenüberstehst, beschreibe ich Dir Gegenmittel, die Erfolg versprechen. Der Kampf gegen eine Behörde erfordert nämlich ein ganz bestimmtes »Ritual«. Dieses Ritual wird als Verfahrensrecht bezeichnet und bildet die Grundlage dafür, daß Deine Gegenwehr überhaupt von der Verwaltung, speziell von der Finanzverwaltung zur Kenntnis genommen werden muß.

Erst wenn ein »Verwaltungsakt« von Dir wirksam, d. h. zur rechten Zeit und mit den zulässigen Mitteln angegriffen wurde, kann überhaupt eine Änderung zu Deinen Gunsten erfolgen. Dazu ist aber zuerst die Frage zu klären, was ein Verwaltungsakt eigentlich ist.

Die Mühlen der öffentlichen Verwaltung
mahlen nur deshalb so langsam,
damit sie uns auch sicher ganz klein kriegen.
(Ron Kritzfeld)

Verwaltungsakte

Es sollte wohl besser an dieser Stelle die Frage gestellt werden, wann ein Schreiben zum Verwaltungsakt wird. Ein Verwaltungsakt kann schließlich alles sein, womit sich die Finanzverwaltung Dir gegenüber als Steuerzahler bindet oder mit dem sie von Dir als Steuerpflichtigen etwas fordern kann.
Ob dieser Verwaltungsakt rechtmäßig oder rechtswidrig ist, darauf kommt es erst auf der nächsten Stufe der Prüfung an. Zunächst existiert der Verwaltungsakt erst einmal und damit wirst Du aufgefordert, etwas zu unternehmen. Entweder Du akzeptierst was das Finanzamt von Dir will und trägst diese Folgen. Oder aber Du wehrst Dich dagegen und greifst den Verwaltungsakt an.
Daraus wird aber auch die eingangs gestellte Frage klar, da die unterschiedlichsten Regelungen als Verwaltungsakte gelten können. Dies alles wird noch dadurch auf die Spitze getrieben, daß ein einziges Schreiben aus mehreren Verwaltungsakten bestehen kann. Deshalb ist es ganz wichtig, diese Teile zu kennen, damit auch mit den erforderlichen Rechtsbehelfen (dies sind die erlaubten Mittel Deiner Gegenwehr) entweder alle, mindestens aber die richtigen Verwaltungsakte angegriffen werden.

Wird einer vergessen oder aus anderen Gründen weggelassen, dann »erwächst dieser Teil in Bestandskraft« und später kannst Du nur noch schwerlich eine Änderung erreichen.

Ein anschauliches Beispiel dafür ist der Verwaltungsakt, der eine Außenprüfung oder Betriebsprüfung anordnet. Dieser besteht aus einem einzigen Blatt Papier, enthält aber eine Vielzahl von Verwaltungsakten. So gilt als ein Verwaltungsakt, die Anordnung der Prüfung überhaupt, mit der Du als Steuerzahler diese Prüfungshandlungen zu dulden hast. Als nächster Verwaltungsakt gilt die Festlegung des Prüfungsortes, also da, wo die Prüfung stattfinden soll. Als weitere Verwaltungsakte gelten schließlich die Zeiträume und die Steuerarten, die geprüft werden sollen. Jeden dieser in einem Schreiben zusammengefaßten Verwaltungsakte kannst Du einzeln angreifen, ohne daß die übrigen, nicht angegriffenen Teile, davon berührt werden.
Der weitaus häufigste Fall des Verwaltungsaktes ist der Steuerbescheid, in dem ein Steueranspruch des Finanzamts gegen Dich festgesetzt wird. Dieser gliedert sich im Gegensatz zur vorgenannten Prüfungsanordnung nicht in mehrere Teile auf, die einzeln angegriffen werden können. Hier gelten die einzelnen Angaben, die alle zusammen nur der Ermittlung der Steuerschuld dienen, als unselbständige Bestandteile.
Deshalb darfst Du hier nicht nur einen bestimmten Fehler, z. B. die Einkünfte aus Kapitalvermögen angreifen, denn es handelt sich dabei nur um eine von mehreren unselbständigen Berechnungsgrundlagen Deiner Steuer. Du mußt vielmehr den Steuerbescheid als Ganzen angreifen und kannst lediglich zur Begründung auf die fehlerhafte Festsetzung (Berechnung) der Kapitaleinkünfte usw. hinweisen.
Worauf bei den Verwaltungsakten zu achten ist, ist die Anfechtung von Steuerbescheiden mit einem Leistungsgebot, das ist die Festsetzung eines Steuerbetrages in dem Verwaltungsakt. Hier werden beim Finanzamt zwei unterschiedliche Stellen tätig, wovon nur die Veranlagungsstelle, die die Steuer nach steuerrechtlichen Gesichtspunkten ermittelt, den eigentlichen Verwaltungsakt erläßt. Daneben gibt es eine rein zahlungstechnische Abwicklungsstelle, nämlich die Finanzkasse. Hier werden nur noch der festgesetzten Steuerschuld Deine Vorauszah-

lung gegenübergestellt. Dieser Vergleich und die Feststellung des Unterschiedsbetrages stellt keinen eigenen Verwaltungsakt mehr dar.
Weil diese beiden Stellen völlig selbständig nebeneinander stehen, führen Deine berechtigten Angriffe gegen einen falschen Steuerbescheid nicht automatisch dazu, daß die Finanzkasse deshalb die zuviel festgesetzten Steuern selbständig ermittelt und »auf Eis« legt. Dazu mußt Du eigens einen »Antrag auf Aussetzung der Vollziehung« stellen (dies habe ich unter diesem Stichwort ausführlich beschrieben), sonst bleibt der volle Steuerbetrag fällig, auch wenn er viel zu hoch festgesetzt ist.

Der Beweis ist eine Aussage, die einen Grad glaubwürdiger ist als die Unwahrscheinlichkeit.
(Bierce)

Umkehr der Beweislast

Damit komme ich dann zu einem weiteren wenig erfreulichen Berührungspunkt mit der Finanzverwaltung. Dieser Behörde gegenüber bist Du für alles und jedes beweispflichtig was Du tust oder unterläßt. Dies rührt aus der sogenannten Anordnung der Beweislast her.
Die Steuergesetze gehen grundsätzlich davon aus, daß alles was Du tust, erst einmal in vollem Umfang steuerpflichtig ist.
Erst nach dieser »Generalvorschrift« werden die Ausnahmen aufgezählt, bei denen gar keine oder nur eine teilweise Steuerpflicht eintritt. Wenn Du meinst, daß das was Du nun tust, unter eine dieser Befreiungstatbestände fällt, dann mußt Du dafür eindeutige Beweise herbeischaffen, die Deine Ansicht bestätigen. Das heißt im Amtsdeutsch, für alle Steuervergünstigungen trägst Du die Beweislast.
Diese Beweise müssen von Anfang an erbracht werden und können nicht erst zu einem späteren Zeitpunkt nachgeschoben werden. Die Gesetze sind insoweit unerbittlich, weil sie bei Dir

keine Unwissenheit dulden oder gar entschuldigen. Dir als Staatsbürger wird es aufgebürdet, Dich darum zu kümmern, welche gesetzlichen Vorschriften bei allen Deinen Tätigkeiten zu beachten sind.

Hierbei gilt: »Es ist grundsätzlich erst einmal alles verboten, was nicht ausdrücklich erlaubt ist.«

Deshalb mußt Du Dich erkundigen, ob für Deine Tätigkeit etwa eine Lohnsteuerkarte, eine Wandergewerbekarte, eine Heimarbeiter- oder eine Gewerbeanmeldung notwendig ist. Hinzu kommen weitere Genehmigungspflichten oder Auflagen, die ordnungspolitische Ziele verfolgen und die das Steuerrecht nicht regelt. Dafür sind dann die Gewerbeaufsicht und die Ordnungsämter der Kommunen zuständig.
Nach dieser Vorauswahl kommen gleich die nächsten, rein steuerrechtlichen Anforderungen. Danach ist nämlich zu prüfen, welche Steuergesetze auf diese von Dir beabsichtigte Tätigkeit anzuwenden sind und welche Verpflichtungen sich daraus für Dich ergeben.
Dazu kann vom Gesetz angeordnet werden, daß Du Aufzeichnungen zu machen und Steuererklärungen oder Steuervoranmeldungen abzugeben hast. Zusätzlich kann das Gesetz den Zeitpunkt bestimmen, wann solche Meldungen und Erklärungen bei den zuständigen Finanzämtern eingehen müssen.
Dieser kurze Einblick zeigt Dir, wie vielschichtig die Vorschriften im steuerlichen Bereich sind, die Du zu beachten hast. Hierbei gibt es auch keine Ausnahmen. Die Behörden können Dich sogar durch Sanktionen wie Zwangsgelder, Verspätungszuschläge, Säumniszuschläge usw. zwingen, daß Du die Vorschriften genau einhältst. Diese Vorgehensweise will ich Dir hier erläutern. Nur daraus erkennst Du auch die Fehler oder die überzogenen Anforderungen der Finanzverwaltung, die Du mit zulässigen Mitteln abwehren oder angreifen mußt.

Betätigung am allgemeinen wirtschaftlichen Verkehr

Der Experte ist ein gewöhnlicher Mann,
der – wenn er nicht daheim ist – Ratschläge erteilt.
(Oskar Wilde)

Freiberufliche (selbständige) Tätigkeit

Mit den weitreichendsten steuerlichen Folgen werden alle wirtschaftlichen Betätigungen von Dir belastet. Hierbei kann es sich dann entweder um eine gewerbliche Tätigkeit oder um eine sogenannte freiberufliche Tätigkeit handeln. Eine Betätigung am allgemeinen wirtschaftlichen Verkehr wird bei Dir immer dann angenommen, wenn Du mit Wiederholungsabsichten Waren oder Dienstleistungen einem größeren Interessentenkreis anbietest.
Ob bei einer solchen Betätigung Gewinne entstehen, ist nicht das Entscheidende. Für die Einordnung als gewerblich oder freiberuflich gibt es aber kein Wahlrecht wie Du vielleicht meinen könntest, sondern die begünstigten »Freien Berufe« (diese unterliegen keiner Gewerbesteuerpflicht), sind in § 18 des Einkommensteuergesetzes besonders aufgezählt.
Oftmals ist für diese Berufe eine staatliche Erlaubnis zur Berufsausübung erforderlich. Doch es gibt auch noch diesen »Katalogberufen«, wie sie in der Fachsprache genannt werden, vergleichbare Berufe, die aus neuen Betätigungen entstanden sind und ebenfalls begünstigt werden können. Diese sind dann noch nicht in dem Katalog der genannten Vorschrift enthalten. Hierbei haben die Gerichte bei ihren Entscheidungen besonderes Gewicht auf den Ausbildungsgang gelegt, bevor sie einen neuen Berufstyp ebenfalls als begünstigt angesehen haben.

Schon hier beginnt dann oftmals Dein Kampf gegen die Finanzverwaltung, die alle zweifelhaften Fälle meist den gewerblichen Betätigungen zurechnet. Schließlich geht es der Behörde ja darum, den Staatssäckel zu füllen und nicht darum, freiwillig auf Einnahmen zu verzichten. In diesem Streit solltest Du dann unbedingt die für Dich zuständigen Berufsvertretungen zu Gutachten, Stellungnahmen usw. auffordern oder gar eine rechtliche Beratung oder eine Hinzuziehung zu diesem Verfahren einfordern.
Diese Organisationen heften sich nämlich die von Dir persönlich erstrittenen Erfolge an ihre eigenen Fahnen, deshalb solltest Du hier eine entsprechende Unterstützung für Deine Belange als Gegenleistung verlangen. Die Gewerbesteuer ist eine nicht zu unterschätzende Steuerbelastung. Und Belastungen gilt es immer so weit als möglich auszuschalten. Deshalb hat ein solcher Streit durchaus seinen tieferen wirtschaftlichen Sinn für Dich.

Wer gut verdient, strengt sich nicht an. Wer sich anstrengen muß, verdient nicht gut.
(Chinesisches Sprichwort)

Vermögensverwaltung – gewerbliche Tätigkeit

Doch es gibt noch ein anderes Betätigungsfeld, welches sehr schnell von der Finanzverwaltung zu gewerblichen Einkünften umfunktioniert wird. Es ist dies die Vermögensverwaltung. Hierzu zählen neben der Kapitalanlage von Vermögen in rentierlichen Beteiligungen auch die Kapitalanlage in Grundvermögen.
Bei den rentierlichen Beteiligungen wird eine gewerbliche Tätigkeit unterstellt, wenn Du Dich als Mitunternehmer und nicht bloß als Kapitalgeber an einer Personengesellschaft engagierst oder wenn Du an einer Kapitalgesellschaft mehr als ein Viertel des gezeichneten Kapitals in Deinen Händen hältst.
Sogar eine stille Gesellschaft (auch wesentliche Beteiligung ge-

nannt) kann zu einer Mitunternehmerschaft und damit zu gewerblichen Einkünften führen, wenn Du Mitspracherechte in dem Hauptunternehmen hast und unternehmerisches Risiko mitträgst.
Die Kapitalanlagen in Grundvermögen werden zur gewerblichen Betätigung, wenn Du ganze Areale parzellierst, bereits parzellierte Grundstücke bebaust, Häuser oder Eigentumswohnungen kaufst und innerhalb kurzer Zeit (fünf Jahre) mit Gewinn mehr als drei solcher Objekte wieder veräußerst.
Bei Bauhandwerkern will die Finanzverwaltung bereits bei einem einzigen Objekt eine gewerbliche Betätigung annehmen (gewerblicher Grundstückshandel). Es wird einfach darauf verwiesen, daß Bauhandwerker aufgrund ihrer Kenntnisse oft gar keine Anstrengungen unternehmen müssen, um die Grundstücke »an den Mann« zu bringen. Ja, es kann sogar sein, daß schon bei Baubeginn feststeht, wer das Objekt nach der Fertigstellung erwirbt. An diesen Vorteilen will die Finanzverwaltung unbedingt teilhaben.
Den Finanzämtern geht es bei solchen Geschäften hauptsächlich darum, daß die bei der Veräußerung entstehenden Gewinne steuerpflichtig sind und von Dir nicht steuerfrei einkassiert werden dürfen. Deshalb ist auch hier das erklärte Ziel der Finanzverwaltung, solche Vorgänge weitestgehend als gewerbliche Betätigung hinzustellen. Damit werden die Überschüsse automatisch und umfassend steuerpflichtig.
Hiergegen mußt Du Dich wehren. Eine ganze Reihe von Gerichtsurteilen bestätigt, daß hier die Finanzverwaltung vielfach über das Ziel hinausschießt. Deshalb bestehen auch für Dich gute Chancen, der Finanzverwaltung erfolgreich den Steueranspruch streitig zu machen.
Doch dafür mußt Du kämpfen, weil das Finanzamt den Steueranspruch nur zu behaupten braucht. Dir obliegt es dann, alle Voraussetzungen nachzuweisen, die Deine Betätigung noch als Vermögensverwaltung oder sonstwie als steuerfrei hinstellen. Diese Nachweispflicht folgt wieder aus der Dir aufgebürdeten Beweislast.

Was kann an der Arbeit gut sein, wenn die Reichen sie den Armen überlassen?
(Graffito)

Arbeitnehmertätigkeit – gewerbliche Tätigkeit

Sogar eine vermeintliche Arbeitnehmertätigkeit und der Lohnsteuerabzug nach der Lohnsteuerkarte sind noch kein Freibrief für Dich, daß tatsächlich damit Deine sämtlichen Steuern abgegolten sind.
Ist Deine Betätigung keinen strengen Weisungen des Arbeitgebers unterworfen, und kannst Du Deine Arbeitszeit weitgehend selbständig planen und bestimmen, so sind dies Indizien dafür, daß es sich bei Deiner Betätigung um eine selbständige gewerbliche Tätigkeit handeln kann, etwa um die eines Handelsmaklers, Versicherungsmaklers usw.
Diese Eingruppierung löst ebenfalls eine umfassende Einkommensteuerpflicht und zusätzlich die Gewerbesteuerpflicht aus. Deshalb solltest Du vor Deiner Unterschrift unter derartige Verträge, diese von einem Fachmann prüfen lassen. Dem mußt Du auch Deine Tätigkeit dann genau so schildern, wie sie sich tatsächlich abspielt.
Nur so kannst Du vertragliche Vereinbarungen unmißverständlich formulieren, damit es sich tatsächlich bei dem Vertragswerk auch steuerrechtlich um einen Arbeits- oder Dienstleistungsvertrag handelt und Dir vom Finanzamt später kein Maklervertrag daraus gemacht werden kann.
Die hier geschilderten Fälle bergen Zündstoff schon dann in sich, wenn Du noch gar keinen Finger dafür gerührt hast. Allein die bloße Absicht, Dich betätigen zu wollen, zwingt Dich schon zu weitreichenden eigenen Informationen. Anderenfalls stehst Du alsbald vor einem Scherbenhaufen behördlicher Zwangsmaßnahmen.
Schätzt Du die steuerlichen Folgen falsch ein, dann kann das rückwirkend verheerende wirtschaftliche Auswirkungen für

Dich haben, denn die Finanzämter zweifeln meist erst nachträglich die Verträge an.
Dies ist ja auch viel einfacher für die Behörden, denn dann können bereits Rückschlüsse aus Deiner tatsächlichen Tätigkeit gezogen werden. Deshalb mußt Du darauf achten, daß entweder die Verträge laufend den sich ändernden Gegebenheiten angepaßt werden, oder daß Deine Tätigkeit tatsächlich nur das umfaßt, was von Anfang an vereinbart wurde.
Diese Vorsicht ist auch angezeigt, wenn Du als Geschäftsführer oder in ähnlich leitender Stellung tätig bist. In dem Augenblick, in dem Du »Mitunternehmerrisiko« trägst, kannst Du sehr schnell zum Unternehmer werden und damit umfassend haften müssen.
Dieses Mitunternehmerrisiko beginnt schon bei umsatz- oder gewinnabhängigen Vergütungen, die nach Deinem Anstellungsvertrag in Verlustjahren wegfallen. Schon eine solche Vereinbarung birgt ein unternehmerisches Risiko in sich, nämlich den Verlust von Einnahmen in schlechten Jahren. Solche Vereinbarungen trifft nach Meinung der Finanzverwaltung nur jemand, der unternehmerische Interessen verfolgt. Ein typischer Arbeitnehmer (oder besser ein typischer Beamter) ist auch in Krisenzeiten auf seine vollen Einkünfte bedacht.

Sei am Tag mit Lust bei den Geschäften, aber mache nur solche, daß du des Nachts ruhig schlafen kannst.
(Thomas Mann)

Umsatzsteuerliche Sachverhalte

Doch noch eine weitere Steuer, neben der bereits genannten Gewerbesteuer und Einkommensteuer, kann Dir das Leben schwermachen. Es ist dies die Umsatzsteuer. Bei dieser Steuer kommt es gar nicht darauf an, ob Du Gewinne erzielen willst oder nicht, oder ob es sich um eine gewerbliche oder um eine freiberufliche Tätigkeit bei Dir handelt.

Schon wenn Du als Privatmann Deine Kraftfahrzeuge häufiger als allgemein üblich wechselst, die Verkäufe in Zeitungen einem großen Interessentenkreis anbietest, kann darin eine unternehmerische Betätigung gesehen werden. Die Finanzverwaltung macht Dich dann im Handumdrehen zum »Gebrauchtwagenhändler«.

Sogar Gefälligkeitsgeschäfte von Gastarbeitern, die die Fahrzeuge in ihre Heimatländer mitgenommen haben, wollte die Finanzverwaltung auf diese Weise besteuern.

Im Umsatzsteuerrecht existiert zwar eine sogenannte »Kleinunternehmer-Umsatzgrenze« von 25 000 DM im Jahr (dabei hat Umsatz nur etwas mit Bruttoeinnahmen und nichts mit Gewinn zu tun). Bei den heutigen Kfz-Preisen ist ein solcher Betrag aber sehr schnell übersprungen, wie Du zugeben mußt.

Es macht dann auch keinen Unterschied mehr, ob Du Umsatzsteuer den Käufern berechnet hast oder nicht. Wenn nicht, dann trägst Du die Steuer aus der eigenen Tasche und das ist noch viel schlimmer.

Sogar bei der privaten Veräußerung von Briefmarken- und Münzsammlungen schreckt die Finanzverwaltung nicht davor zurück, Dir eine unternehmerische Betätigung zu unterstellen, wenn solche Sammlungen auf Auktionen »unter den Hammer« kommen und will damit an Deinen Einnahmen kräftig mit kassieren.

So etwas darfst Du dann nicht einfach hinnehmen. Hier steckt, wie bei so vielen Dingen im Steuerrecht, der Teufel im Detail. In vielen Streitigkeiten bekamen die Finanzämter von den Richtern die rote Karte gezeigt und mußten die Steuer zurückerstatten oder durften sie gar nicht erst festsetzen.

Immer dann, wenn Du nachweisen kannst, daß Du bei privaten Verkäufen nicht nach außen hin wie ein Händler aufgetreten bist, bleibst Du auch von der Umsatzsteuer bei diesen Geschäften verschont. Da die Steuer oft gleich mit 14% zu Buche schlägt, lohnt es sich also in jedem Fall für Dich, darum zu streiten.

Information ist wie Energie. Bei jeder Weitergabe verliert sie etwas davon.
(Wolfgang Herbst)

Notwendige eigene Information

Du siehst daraus, wie schnell Du als argloser Bürger in die Mühlen der Finanzverwaltung hineingeraten kannst, aus denen ein Entkommen nur mit sehr hohen Kosten verbunden ist. Ist eine solche Betätigung von Dir erst einmal aufgegriffen und zum »Steuerfall« hochgeputscht worden, dann will die Finanzverwaltung auch ihre Erfolgsmeldung in Form von Steuerzahlungen erreichen, koste es was es wolle.
Einem solchen Unrecht kannst Du aber nur wirksam entgegentreten, wenn Du den Gegenbeweis tatsächlich erbringen kannst. Nicht das Finanzamt muß Dir beweisen was es behauptet, sondern Du mußt mit allen Mitteln dagegen ankämpfen. Doch dazu benötigst Du möglichst schriftliche Beweismittel. Bloße Behauptungen reichen gegen die Finanzverwaltung nicht aus.
Deshalb kann ich Dir nur raten, Belege über größere Anschaffungen wie teure Kraftfahrzeuge, Grundstücke, Häuser, Eigentumswohnungen, Wertpapiere usw. mindestens zehn Jahre lang aufzubewahren. Du weißt ja nie, wie Du solche Belege einmal brauchen kannst.
Mache Dir auch Notizen darüber, welche Fahrten, Schriftwechsel, Maklerbesuche usw. erfolgreich oder vergeblich von Dir unternommen wurden. Wenn Du schon mangels eindeutiger Beweise die Steuerfreiheit nicht erreichen kannst, so mußt Du wenigstens versuchen, durch das Gegenrechnen sämtlicher Dir entstandener Aufwendungen, die zu versteuernden Gewinne so gering als nur irgend möglich zu halten.
Dieses Ziel erreichst Du aber nur, wenn Du detailliert nachweisen kannst, welche Aufwendungen Dir alle entstanden sind. Die Finanzverwaltung kommt oft nur zufällig und dann auch regel-

mäßig mehrere Jahre später auf Dich zu und verlangt Aufklärung oder setzt einfach Steuern gegen Dich fest.
Diese Steuerfestsetzungen haben die gleiche Wirkung, wie ein Steuerbescheid aufgrund einer von Dir abgegebenen Steuererklärung oder Steuervoranmeldung. Wenn Du Dich nicht sofort dagegen wehrst, zieht die Finanzverwaltung die Steuer sogar zwangsweise ein. Dies geschieht auch dann, wenn dem Finanzamt diese Steuer eigentlich gar nicht zusteht.

Deshalb sage ich Dir: Wehre Dich rechtzeitig und mit allen von mir in diesem Buch beschriebenen Mitteln gegen solche Ungerechtigkeiten.

Pflicht ist, was man von anderen verlangt,
nicht was man selbst tut.
(Oskar Wilde)

Deine Mitwirkungspflichten

Die Finanzämter sehen ihre Aufgaben darin, alle steuerlichen Vorgänge zu erfassen und darauf die gesetzlich vorgeschriebene Steuer festzusetzen und zu erheben. Hierfür hat die Finanzverwaltung mehrere Möglichkeiten, sich diese Arbeit zu erleichtern.
Häufig hat der Gesetzgeber gleich Dir als Steuerzahler diese Arbeit aufgebürdet, indem Du die zu zahlende Umsatzsteuer, Lohnsteuer, Kapitalertragsteuer usw. selbst ermitteln und abführen mußt. Oder Du mußt in einem sonstigen amtlich vorgeschriebenen Formular die »steuerlich erheblichen Sachverhalte« eintragen und dem Finanzamt melden.
Die eigenen Ermittlungen der Finanzämter erstrecken sich dann nur noch auf Zweifelsfälle, die Prüfung an Ort und Stelle bei Dir oder die Aufdeckung von Ordnungswidrigkeiten oder Steuerstraftaten von denen das Finanzamt Wind bekommen hat.
Immer wirken sich diese Amtshandlungen auf die Steuerfestsetzung aus. Entweder werden erstmals Vorgänge besteuert oder es

werden bereits bestehende Steuerfestsetzungen nachträglich geändert. Zusätzlich können dann natürlich auch noch steuerliche Nebenfolgen wie Bußgelder, Verspätungszuschläge, Hinterziehungszinsen usw. festgesetzt werden, wenn Dir nachgewiesen wurde, daß Du die gesetzlichen Vorschriften verletzt hast.

Dabei gilt auch hier der Satz, daß Unwissenheit nicht vor Strafe schützt, denn Du als Steuerzahler hast alle Steuergesetze ausnahmslos zu befolgen. Ob Du sie tatsächlich alle kennst, dafür haben weder der Gesetzgeber noch die Beamten Verständnis.

Das gilt auch dann, wenn die Steuergesetze von Dir in einer ganz bestimmten Weise Vorleistungen verlangen. Diese Vorleistungen können darin bestehen, daß Du für steuerliche Zwecke Bücher führen oder andere Aufzeichnungen machen mußt.

Je nachdem, ob es sich bei Deinen Betätigungen um die eines Kaufmanns handelt, und Du schon nach dem Handelsgesetzbuch verpflichtet bist, Bücher zu führen und jährlich Bilanzen zu erstellen, oder ob Dir das Steuerrecht dieses Verfahren vorschreibt und dabei gewisse Erleichterungen zuläßt, oder ob Du nur für einzelne Steuerarten, steuerlich bedeutsame Vorgänge aufzuzeichnen oder ein Steuerheft als Reisegewerbetreibender zu führen hast, immer bilden diese Aufzeichnungen die Grundlage für Deine Besteuerung und müssen von Dir geführt werden.

Diese Anforderungen gelten auch für bloße Belegsammlungen, wenn Aufzeichnungen in Büchern nicht gesetzlich vorgeschrieben sind, sondern der Nachweis in anderer Form von Dir erbracht werden kann.

Diese Aufzeichnungen und Belegsammlungen müssen vollständig sein und alle Vorfälle erfassen, die entsprechende steuerliche Auswirkungen haben. Mit Deiner Unterschrift unter die Meldungen oder Steuererklärungen versicherst Du nämlich zugleich, daß Du Deine Angaben nach bestem Wissen und Gewissen gemacht hast.

Dies ist eine folgenschwere Versicherung, die Du da gegenüber der Finanzverwaltung abgibst. Sollte die Finanzverwaltung noch zusätzliche Vorgänge entdecken, die Du, sei es bewußt oder

unbewußt, nicht aufgezeichnet oder gemeldet hast, dann wird Dir das mindestens als eine leichtfertigen Steuerverkürzung angekreidet, die mit Bußgeld bedroht ist.
Mit dieser Schilderung will ich Dir verdeutlichen, wie rücksichtslos die gesetzlichen Vorschriften sind und wie wenig Spielraum Dir hierbei vom Gesetzgeber gelassen wird. Deshalb muß Dein Bestreben sein, alle Möglichkeiten zu nutzen, die solche Sanktionen von vornherein ausschließen.
Du mußt deshalb eher bestrebt sein, alle Dir zustehenden steuerlichen Vergünstigen zu erkennen, um sie ausnutzen zu können. Du darfst aber keinesfalls darauf hoffen, daß Deine steuerlichen »Ungenauigkeiten« unentdeckt bleiben. Dafür ist der Austausch von Erkenntnissen innerhalb der Behörden und halbstaatlichen Verwaltungen trotz Datenschutz schon so umfangreich, daß steuerlich der »gläserne Bürger« längst Wirklichkeit geworden ist.

Wo ein Kontrolleur nötig ist, da ist auch ein Kontrolleur des Kontrolleurs nötig.
(Kotarbinski)

Deine Kontrollaufgaben

Durch das gesetzlich verankerte Überordnungsverhältnis der Verwaltung gegenüber den Bürgern ist es überhaupt erst möglich, daß Du bei einem »Urteil« gegen Dich selbst, auch noch mitwirken mußt. Um so dringlicher ist daher Deine Kontrolle dieser »Obrigkeit«, damit Deine Rechte nicht sang- und klanglos untergehen und sich diese Verwaltung zu einem Staat im Staate entwickelt, der Dich zwar kontrollieren kann, sich aber jeglicher Kontrolle entzieht.
Ein Staat und seine Organe sind in einem Rechtsstaat nicht dazu da, seine Staatsbürger in Repressalien zu ersticken oder in Gesetzesfluten zu ertränken, sondern für ein geregeltes Zusammen-

leben der Bürger die Grundlagen zu schaffen und Fürsorgepflichten für ihr Staatsvolk zu übernehmen.
Daß dies nicht kostenlos geschehen kann, sieht jeder ein. Die Lastenverteilung muß aber nach Recht und Gesetz erfolgen und kann nicht der Bevölkerungsgruppe allein auferlegt werden, die den geringsten Widerstand leistet oder leisten muß, weil sie noch nicht über das notwendige Mißtrauen verfügt, sondern die Behördenhandlungen als richtig und ordnungsmäßig ansieht.
An diesem Punkt hat unser System jedoch viel Nachholbedarf. Du mußt Deine Rechte nämlich erst erstreiten, denn die Verwaltung gewährt Dir sämtliche Rechte nur in seltenen Fällen völlig freiwillig. Dies liegt aber besonders im Steuerrecht auch daran, daß die Staatsdiener selbst nicht in der Lage sind, alle Vorschriften zu kennen und anzuwenden.
Doch dies kann keine Entschuldigung sein, denn so wie der Staat die völlige Einhaltung aller Gesetze von Dir als Bürger fordert, so muß er dafür sorgen, daß Dir auch alle Rechte durch die Staatsorgane zugestanden werden, die sich aus den Gesetzen ergeben. Bei der Höhe der von Dir verlangten Abgaben mußt Du neben eine ordnungsgemäße Verwendung dieser Gelder vor allem verlangen können, daß Dir die öffentliche Verwaltung die Dir zustehenden Rechte unaufgefordert gewährt.
Die staatliche Fürsorge kann sich nicht darin erschöpfen, daß der Staat sich darauf herausredet, Gerichte dafür einzusetzen, die es Dir lediglich erlauben, auf Deine Kosten staatliche Fehlleistungen überprüfen und feststellen zu lassen.
Die Gerichte sind dazu da, rechtliche Zweifelsfälle zu entscheiden und nicht wie im Steuerrecht üblich, der Verwaltung Nachhilfeunterricht in Gesetzesanwendung zu erteilen. Über 2,5 Millionen angegriffene Steuerbescheide und über 100 000 anhängige Finanzgerichtsverfahren allein in den alten Bundesländern sind ein beredtes Zeugnis dafür, wie sorglos die Finanzverwaltung mit Deinem Recht umgeht.
Allen diesen Verfahren liegen ja, zumindest in den Augen der

wehrhaften Steuerzahler, ungesetzliche Amtshandlungen zugrunde. Daß es sich dabei nicht bloß um willkürlichen und mutwilligen Widerstand der Steuerzahler handelt, dafür sorgt schon das Kostenrisiko, welches Du in solchen Fällen erst einmal selbst zu tragen hast.
Du siehst daraus, daß Du Dich mit Deiner Gegenwehr in der allerbesten Gesellschaft befindest. Trotzdem fehlt noch der »Druck von der Basis«, der auf breiter Front die Regierenden zu wirklichen Kraftanstrengungen zwingt, das Steuerrecht endlich einfacher und allgemeinverständlich zu machen.

Steuern sind ein erlaubter Fall von Raub.
(Thomas von Aquin)

Das Besteuerungsverfahren

Einhaltung von Fristen

Neben den Aufzeichnungs- und Beweispflichten mußt Du die für das Finanzamt bestimmten Meldungen, Steuererklärungen usw. auch noch innerhalb gesetzlich festgelegter Fristen einreichen. Die Termine sollen einen reibungslosen Ablauf innerhalb der Finanzverwaltung sicherstellen.
Wenn Du also merkst, daß Du zu den vorgesehenen Stichtagen die Verpflichtung nicht erfüllen kannst, dann mußt Du rechtzeitig einen Antrag beim Finanzamt stellen, um diesen gesetzlichen Abgabetermin zu verschieben. Nur dadurch kannst Du einen Aufschub erhalten.
Selbst wenn Dir das Finanzamt eine Nachfrist zugesteht, innerhalb derer Du diese Meldung oder Erklärung abgeben darfst, so ändert dies an der Überschreitung der gesetzlichen Frist nichts. Diese Tatsachen schaffst Du nicht mehr aus der Welt.
Das bedeutet aber, daß damit gleichzeitig gesetzlich angeordnete Zwangsfolgen eintreten. Wenn Du auch diese vermeiden willst, dann mußt Du zusätzlich beantragen, daß diese Zwangsfolgen für die Zeit der Fristüberschreitung ausgesetzt werden, sonst laufen sie unvermindert weiter.
So etwas gelingt Dir natürlich nur, wenn Fristverlängerungsanträge bei Dir die Ausnahme bilden und nicht regelmäßig vorkommen. In dem Fall, in dem Dich das Finanzamt als unpünktlichen Steuerzahler eingestuft hat, wirst Du kein Entgegenkommen erwarten können. Ein solcher Antrag könnte folgendermaßen aussehen:

Antrag auf Fristverlängerung

MUSTERSCHREIBEN:
ANTRAG AUF FRISTVERLÄNGERUNG

An das Finanzamt Max Schlau
X-Stadt 6666 Glückstadt

Steuer Nr..........
Umsatzsteuervoranmeldung für ....

hier: Antrag auf Fristverlängerung

Sehr geehrte Damen und Herren,
wie sich erst heute herausstellte, kann ich durch einen Fehler in meiner Datenverarbeitung leider die steuerpflichtigen Umsätze nicht abrufen. Es sind dazu manuelle Feststellungen erforderlich, die ich nicht mehr bis zu dem gesetzlich vorgeschriebenen Termin fertig stellen kann.
Ich bitte Sie daher, mir einen Nachfrist bis zum ...... zuzugestehen. Als Abschlagszahlung erhalten Sie für die Umsatzsteuer .... einen Betrag in Höhe von .... DM, den ich mit der sich ergebenden tatsächlichen Steuerlast verrechnen werde.
Da ich bisher immer pünktlich meinen steuerlichen Pflichten nachgekommen bin, bitte ich Sie, von der Erhebung von Säumnis- oder Verspätungszuschlägen abzusehen.
Sollte ich bis zum ..... nichts gegenteiliges von Ihnen hören, so gehe ich davon aus, daß Sie diesem Antrag zustimmen werden.

Mit freundlichem Gruß Max Schlau

Es gibt zweierlei Beamte.
Die einen sind kurz angebunden
und die anderen haben eine lange Leitung.
(Werner Mitsch)

Dauerfristverlängerung

Für Dich als umsatzsteuerpflichtigen Unternehmer gibt es eine sogenannte Dauerfristverlängerung. Hierfür mußt Du 1/11 der Vorjahressteuer praktisch als zinsloses Darlehn dem Finanzamt vorauszahlen. Dafür gestattet Dir dann das Finanzamt, daß Du die laufenden Voranmeldungen regelmäßig einen Monat später abgegeben kannst. Die Vorauszahlung wird mit der letzten Voranmeldung des Jahres verrechnet.
Ein solches Verfahren lohnt sich aber nur dann, wenn Du regelmäßig organisatorisch nicht in der Lage bist, bis zum 10. des Folgemonats, aus Deiner Buchhaltung die erforderlichen Zahlen zu erhalten.
Für andere Steuerarten gibt es kein vergleichbares Verfahren, deshalb solltest Du bei anderen Steuern mit Deinem Fristverlängerungsantrag eine pauschale Abschlagszahlung (volle hundert Mark) entrichten. Mit der endgültigen Meldung oder Erklärung verrechnest Du dann diese Zahlung. Dieses Verfahren wird, wenn Du Dich rechtzeitig meldest, von den Finanzämtern widerspruchslos anerkannt.

Fristen für jährliche Steuererklärungen

Für die Abgabe von jährlichen Steuererklärungen mußt Du unterscheiden, um welche Art von Steuererklärung es sich dabei handelt.
Der Antrag auf Lohnsteuerjahresausgleich nimmt hier eine Sonderstellung ein, die Du beachten mußt. Dieser Antrag entspricht zwar rein äußerlich einem Erklärungsvordruck für die Einkom-

mensteuer, aber eben nur rein äußerlich. Steuerrechtlich gibt es ganz erhebliche Unterschiede.

Dieser Antrag ist nämlich immer auf eine Steuerrückerstattung gerichtet und hängt zusätzlich davon ab, daß Du bestimmte Einkommensgrenzen (27 000 DM bei Ledigen, 54 000 DM bei Verheirateten) nicht überschreitest und Deine Einkünfte allesamt aus nichtselbständiger Arbeit herrühren. Ist eine dieser Voraussetzungen nicht erfüllt, dann wird der Lohnsteuerjahresausgleich automatisch zur Einkommensteuerveranlagung.

Der Unterschied im Verfahren liegt lediglich darin, daß andere interne Stellen im Finanzamt Deinen Antrag bearbeiten. Dieser Antrag auf Lohnsteuerjahresausgleich muß spätestens am 31. 12. des übernächsten Jahres, in dem Du den Arbeitslohn bezogen hast, beim Finanzamt eingehen (für Arbeitslohn aus 1993 also spätestens bis zum 31. 12. 1995).

Es reicht aber nicht, daß Du den Antrag an diesem allerletzten Tag in den Postbriefkasten wirfst. Durch den unkalkulierbaren Postweg kannst Du den rechtzeitigen Eingang beim Finanzamt nicht mehr hundertprozentig sicherstellen.

Du mußt den Antrag schon selbst in den Hausbriefkasten des Finanzamts einwerfen und möglichst einen Zeugen mitnehmen, der dies im Streitfall bestätigen kann. Nur so rettest Du Deine Erstattung buchstäblich in letzter Sekunde.

Ja, es reicht sogar aus, wenn Du an diesem Tag nur den Erklärungsvordruck, ausgefüllt mit Deinen persönlichen Daten, dem Datum und Deiner Unterschrift und der Eintragung des Bruttoarbeitslohnes zusammen mit der Anlage »N«, beim Finanzamt einwirfst.

Alle weiteren Angaben kannst Du dann nach diesem Stichtag noch nachholen, ohne daß Dir die Erstattung verlorengeht. Dies, wie gesagt, sind Rettungsanker in letzter Sekunde. Doch so knapp solltest Du möglichst die Termine normalerweise nicht bemessen.

Sind Deine Einkünfte höher als die obengenannten Beträge oder hast Du noch andere Einkünfte oder Verluste, dann kommt für

Dich nur das Veranlagungsverfahren zur Einkommensteuer in Frage. Hierbei gibt es die Zwei-Jahres-Frist nicht, sondern die Steuererklärung ist bis zum 31. 5. des folgenden Jahres, also wesentlich früher beim Finanzamt abzugeben.
Der Abgabetermin kann aber aufgrund eines entsprechenden Antrags von Dir verlängert werden und zwar bis zum Ende der Festsetzungsfrist. Dies ist vier Jahre später.
Um eine solche Anerkennung als Einkommensteuerveranlagung mußt Du immer dann kämpfen, wenn die Zwei-Jahres-Frist zur Abgabe des Lohnsteuerjahresausgleiches bereits abgelaufen ist, ehe Du erkennst, daß Dir doch noch Erstattungsbeträge zustehen.
Deshalb mußt Du notfalls noch ein paar andere steuerpflichtige Einkünfte aus dem Hut zaubern, damit Du das erreichst. Solche anderen Einkünfte können ein Nebenbeschäftigungsverhältnis, Kapitaleinkünfte, Vermittlungsprovisionen, Einkünfte aus einem Untermietverhältnis, Verleih Deines Kraftfahrzeuges, Schiffes oder Wohnmobils usw. sein, wenn die Einkünfte daraus 800 DM im Jahr übersteigen.
Es kann Dir aber dann passieren, daß Du bei verspäteter Abgabe einen Verspätungszuschlag zahlen mußt. Dieser Zuschlag kann sogar dann festgesetzt werden, wenn Dein Steuerbescheid einen Erstattungsbetrag ausweist. Hier hilft dann nur ein Erlaßantrag, wie ich Ihn nachfolgend beschrieben habe.

Antrag auf Erlaß von Verspätungszuschlägen

MUSTERSCHREIBEN

An das Finanzamt | Max Schlau
X-Stadt | 6666 Glückstadt

Steuer Nr......................
Einkommensteuerbescheid vom ....

hier: Festsetzung eines Verspätungszuschlages
Erlaß aus Billigkeitsgründen

Sehr geehrte Damen und Herren,
in dem oben bezeichneten Steuerbescheid setzen Sie einen Verspätungszuschlag in Höhe von ..... DM gegen mich fest.
Mir ist bekannt, daß dieses Druckmittel die rechtzeitige Abgabe von Steuererklärungen und damit einen reibungslosen Ablauf der Bearbeitung innerhalb der Finanzämter bewirken soll. Mir ist weiter bekannt, daß den steuerberatenden Berufen eine generelle Fristverlängerung bis Ende Februar des Folgejahres eingeräumt wird. Darüber hinaus sind weitere Verlängerungen möglich. Damit steht fest, daß Fristverlängerungen nicht nur in Sonderfällen bewilligt werden. Ein Sonderfall liegt aber bei mir vor, denn ich habe bisher immer pünktlich meine Steuererklärungen abgegeben und habe mich nur wegen .... in diesem Jahr verspätet.
a) Darin sehe ich eine Ungleichbehandlung aller Steuerpflichtigen, die gegen den Grundsatz der Gleichmäßigkeit der Besteuerung verstößt. Hinzu kommt, daß ich in meinem Schreiben vom.....

eine Fristverlängerung zur Abgabe der Erklärung erbeten habe. Dieses Schreiben wurde bisher von Ihnen nicht beantwortet.
b) Der Steuerbescheid weist einen Guthabenbetrag in Höhe von ..... DM aus. Damit ist dem Fiskus aber nachweislich kein Schaden entstanden, denn mir wurde ja über einen längeren Zeitraum hinweg ein Guthabenbetrag vorenthalten, der zur Entlastung der Staatskasse zinslos zur Verfügung stand und nicht umgekehrt. Es ist für mich auch nicht ersichtlich, inwieweit die verspätete Festsetzung des Guthabens zu einem überhöhten Verwaltungsaufwand geführt haben sollte, der diesen Zinsvorteil für die Staatskasse überstiegen hat.
Ich beantrage daher, die festgesetzten Verspätungszuschläge aus Gründen von Recht und Billigkeit zu erlassen und mir einen entsprechenden Bescheid darüber zu erteilen.

Mit freundlichem Gruß
Max Schlau

Willst Du Butter von der Behörde, so schicke Milch auf den Dienstweg.
(Graffito)

Erforschung des Steuerfalles

Nachdem Du Deiner Verpflichtung zur Abgabe der Steuererklärung nachgekommen bist, beginnt bei der Finanzverwaltung das sogenannte Veranlagungsverfahren. Der Gesetzgeber hat vorgeschrieben, daß dabei die Steuerfälle zu erforschen sind.
Hierfür haben die Finanzbeamten amtsinterne Statistiken, nach

denen sie die Richtigkeit Deiner Angaben überschlägig prüfen. Halten sich Deine Angaben innerhalb dieser Richtwerte, dann erfährst Du vom Finanzamt erst wieder etwas, wenn Dir der Steuerbescheid ins Haus flattert.
Fallen Deine Angaben aus diesem Rahmen heraus, dann kann das Finanzamt von Dir weitere Aufklärung verlangen. Diese Aufklärung muß aber verhältnismäßig und zumutbar sein, denn grundsätzlich haben Deine Angaben als wahr, vollständig und richtig zu gelten.
Diese Wahrheit, Richtigkeit und Vollständigkeit versicherst Du mit Deiner Unterschrift in der abgegebenen Steuererklärung nach bestem Wissen und Gewissen. Diese Versicherung wird von den Finanzbeamten oftmals nicht beachtet, deshalb kannst Du dem ungerechtfertigten Ansinnen nach Aufklärung mit dem nachfolgenden Hinweis des Bundesfinanzministers begegnen, wenn Du den Aufklärungsdrang der Finanzbeamten als zu kleinkariert empfindest.

Hinweise auf Verfügungen und Erlasse der Finanzverwaltung

Anwendungserlaß zur Abgabenordnung
veröffentlicht im Bundessteuerblatt 1987 Teil I, Seite 687 ff.

... Zu § 88 Untersuchungsgrundsatz:

... 2 ...
Für den Regelfall kann davon ausgegangen werden, daß die Angaben des Steuerpflichtigen in der Steuererklärung vollständig und richtig sind. Die Finanzbehörde kann den Angaben eines Steuerpflichtigen Glauben schenken, wenn nicht greifbare Umstände vorliegen, die darauf hindeuten, daß die Angaben falsch oder unvollständig sind ...

Die Bürger sind mündig geworden,
wenn sie als Marionetten ihre Fädenzieher
selbst bestimmen können.
(Werner Mitsch)

Fürsorgepflichten der Finanzverwaltung

Ja, es geht sogar noch weiter, denn das Finanzamt hat auch eine, in dem gleichen Erlaß verankerte Fürsorgepflicht, die allerdings sträflich von den Beamten vernachlässigt wird. Das mag daran liegen, daß sich die Beamten darauf verlassen, daß solche Anordnungen ganz versteckt und oft nur in Nebensätzen, also nur für den Fachmann erkennbar sind.
Der Normalbürger kommt erst gar nicht darauf, nach solchen, für ihn günstigen Anweisungen, zu suchen. Die Beamten ihrerseits werden Dich nicht unaufgefordert auch noch auf eigene Pflichten hinwiesen, die möglicherweise noch ein Mehr an Arbeit für die Beamten bedeuten. Ich habe Dir deshalb diese Passagen herausgesucht, die sich im amtlichen Text so lesen:

... Zu § 88 – Untersuchungsgrundsatz:

...

3. Im Rahmen der Prüfung zugunsten des Steuerpflichtigen muß die Finanzbehörde ihrer Pflicht zur Fürsorge für den Steuerpflichtigen (§ 89) gerecht werden. So ist auch die Verjährung von Amts wegen zu berücksichtigen.

... Zu § 89 – Beratung, Auskunft:

1. In § 89 Satz 1 (AO) sind Erklärungen und Anträge gemeint, die sich bei gegebenen Sachverhalt aufdrängen. Im übrigen ist es Sache des Steuerpflichtigen, sich über die Antragsmöglichkeiten zu unterrichten, gegebenenfalls durch Rückfrage beim Finanzamt (§ 89 Satz 2). Die Finanzämter wären überfordert, wenn sie darauf zu achten hätten, ob der Steuerpflichtige jede sich ihm bietende Möglichkeit, Steuern zu sparen, genutzt hat.

2. Kann bei einem eindeutigen Verstoß der Finanzbehörde gegen die Fürsorgepflicht nach § 89 Satz 1 dem Steuerpflichtigen nicht durch Wiedereinsetzung in den vorigen Stand (§ 110) oder durch Änderung des bestandskräftigen Steuerbescheids nach § 173 Abs. 1 Nr. 2 geholfen werden, so kann es geboten sein, die zu Unrecht festgesetzte Steuer wegen sachlicher Unbilligkeit (§ 227 Abs. 1) zu erlassen ...

Die Bürokratie ist ein gigantischer Mechanismus, der von Zwergen bedient wird.
(Balsac)

Vorläufige Veranlagung

Kann das Finanzamt in dem oben beschriebenen Veranlagungsverfahren Streitfragen nicht sofort klären, oder sind Deine Angaben deshalb noch nicht vollständig, weil Du noch an anderen Unternehmen beteiligt bist, so daß von hier noch Mitteilungen über weitere Einkünfte von Dir von einem anderen Finanzamt oder von einer anderen Stelle innerhalb des Finanzamts zu erwarten sind, die sich auf Deine Besteuerung auswirken, so kann das Finanzamt den Steuerfall nur vorläufig abschließen.
Das gilt auch, wenn Du selbst oder Dein Ehegatte ein eigenes Unternehmen betreibt, denn auch hier hat die Finanzverwaltung noch weitere Möglichkeiten der Erforschung. Dein Steuerbescheid kann hinsichtlich der unklaren Punkte für »vorläufig« erklärt werden.
Das Finanzamt hat damit die Möglichkeit, vorerst Deine Zahlen weitgehend ungeprüft zu übernehmen und kann die Prüfung später nachholen. In dem vorläufigen Bescheid muß dann aber ausdrücklich darauf hingewiesen werden, welche einzelnen Besteuerungsgrundlagen vorläufig sind.
Geschieht dies nicht, dann eröffnet dieser Fehler für Dich ebenfalls die Möglichkeit, noch jederzeit Änderungen zu beantragen, bis dieser Vorläufigkeitsvermerk vom Finanzamt aufgehoben

wurde. Erhältst Du einen solchen Steuerbescheid, in dem folgender Satz gut lesbar angebracht ist:

DIESER BESCHEID ERGEHT VORLÄUFIG NACH § 165 Abs. 1 AO HINSICHTLICH FOLGENDER SACHVERHALTE.....,

dann solltest Du Deine Angaben in Deiner Steuererklärung insgesamt nochmals überprüfen. Ist der Bescheid nämlich durch einen Hinweis auf die vorläufigen Sachverhalte eingeschränkt, dann kannst Du nach Eintritt der Bestandskraft (das ist einen Monat nachdem Dir der Bescheid bekanntgegeben wurde) nur noch in diesen für vorläufig erklärten Punkten eigene Änderungswünsche vorbringen.
Das bedeutet, daß Du einen neuen Steuerbescheid des Finanzamts, der diese Vorläufigkeit aufhebt, nicht noch einmal in vollem Umfang angreifen kannst. Auf eine Änderung in allen Punkten kannst Du Dich nur berufen, wenn eine Einschränkung fehlt. Deshalb mußt Du innerhalb der Rechtsbehelfsfrist von einem Monat unbedingt noch alle Änderungen beim Finanzamt anmelden, die Du entdeckt hast.
Das empfiehlt sich auch für diejenigen Änderungswünsche, die nur vorläufig festgesetzte Sachverhalte betreffen. Deine Steuererklärung und Deine Änderungsanträge sind nämlich wie eine Schallmauer für das Finanzamt.
Innerhalb der Rechtsbehelfsfrist können von Dir noch sämtliche Änderungen begehrt werden. Ist diese Frist aber abgelaufen, dann sind Änderungen zu Deinen Gunsten darüber hinaus nicht mehr möglich. Du kannst lediglich noch Änderungswünsche des Finanzamtes dadurch auf Null und damit auf den alten Zustand bringen, daß Du noch eigene Fehler, die zu Deinen Gunsten sprechen, dem entgegensetzt.
Unter Null, also zu einer Erstattung für Dich, kann es aber dann nicht mehr kommen. Es bleibt lediglich beim ursprünglichen Ergebnis. Deshalb ist es so wichtig, alle Änderungen rechtzeitig anzumelden.
Die Aufhebung der Vorläufigkeit muß Dir das Finanzamt in

einem besonderen Schreiben mitteilen, wenn es keinen neuen Steuerbescheid aufgrund des überprüften Sachverhaltes erläßt. Erhältst Du einen neuen Bescheid, weil sich Änderungen bei der Steuerfestsetzung ergeben haben, dann darf dieser neue Bescheid keinen Vorläufigkeitsvermerk mehr enthalten.

Der mündige Untertan ruft die Polizei. Der mündige Bürger informiert seinen Anwalt.
(Cybinski)

Vorbehalt der Nachprüfung

Bist Du Unternehmer, dann ist das Verfahren der vorläufigen Steuerfestsetzung noch großzügiger für die Finanzverwaltung ausgestaltet. Hier kann nämlich der gesamte Steuerbescheid unter den »Vorbehalt der Nachprüfung« gestellt werden.
In solchen Fällen kann das Finanzamt durch eine Betriebsprüfung oder »Außenprüfung«, wie es nach dem Gesetz richtig heißt, jeder einzelnen Zahl in Deiner Steuererklärungen buchstäblich auf den Grund gehen und deren Richtigkeit überprüfen. Auf Deine Möglichkeiten bei diesem Verfahren gehe ich unter dem Stichwort Betriebsprüfung gesondert ein. Durch diesen Vorbehalt kann das Finanzamt Deinen Steuerfall sofort bearbeiten und nachträglich in vollem Umfang Änderungen vornehmen, wenn diese Prüfung durchgeführt und abgeschlossen ist.
Deshalb solltest Du durch diesen Hinweis vorgewarnt sein und Vorsorge treffen.
Sammle bereits jetzt alle zweifelhaften Sachverhalte, die eine Änderung zu Deinen Gunsten bedeuten könnten. Wenn die Prüfung erst einmal beginnt, wirst Du Dich möglicherweise nicht mehr an alle Einzelheiten erinnern, die für Dich sprechen. Deshalb beuge vor. Je mehr Entlastungsmaterial Du hast, um so besser ist es für Dich.
Beachte jedoch, daß auch dieser Vorbehalt der Nachprüfung

Grenzen für Dich hat, nämlich dann, wenn Fehler zu Deinen Gunsten berichtigt werden sollen. Ich hatte Dir schon unter dem Stichwort vorläufige Veranlagung die Grundsätze erklärt, unter denen Du nur noch für Dich Änderungen erreichen kannst.

Bei einer Betriebsprüfung gelten die gleichen Grundsätze, deshalb mußt Du auch hier alle Änderungswünsche vorher anmelden. Dies sollte spätestens bis zur Schlußbesprechung geschehen, wenn Du den Prüfer nicht noch einmal im Hause haben willst, weil er weitere Nachforschungen anstellen will oder muß.

Denken ist zeugen. Man sagt nicht umsonst
Geistes-Kinder.
(Michel)

Fehlerhafter Bescheid

Ist der Steuerbescheid weder vorläufig noch unter dem Vorbehalt der Nachprüfung ergangen, dann mußt Du ebenfalls tätig werden, wenn der Bescheid falsch ist.

Diese Fehler kann das Finanzamt gemacht haben, weil falsche Zahlen übernommen oder Beträge und Vergünstigungen in dem Steuerbescheid ganz vergessen wurden. Der Bescheid kann aber auch deswegen falsch sein, weil Du nachträglich noch Belege gefunden hast oder Dir nachträglich Steuererleichterungen erst bewußt wurden, nachdem Du die Steuererklärung bereits abgegeben hattest.

Wenn Du Dich jetzt nicht rührst, wird der fehlerhafte Bescheid bestandskräftig und Du mußt ihn gegen Dich gelten lassen und die zuviel festgesetzte Steuer zahlen. Um Änderungswünsche dem Finanzamt anzumelden, hast Du einen Monat Zeit. Deshalb rate ich Dir zu folgenden Gegenmaßnahmen:

Antrag auf schlichte Änderung

Wie der Ausdruck »Antrag« schon sagt, erbittest Du als Steuerzahler von der Finanzverwaltung eine Änderung. Dies gilt unabhängig davon, ob das Finanzamt oder Du die Fehler gemacht hast.
Das Ergebnis kann aber nur dies sein, daß Deinem Antrag mindestens teilweise entsprochen wird. Deshalb zählt dieser »Schmalspurrechtsbehelf« auch nicht zu den Rechtsbehelfen im eigentlichen Sinne wie z. B. Einspruch oder Beschwerde.
Es ist vielmehr ein beamtenfreundliches Sondermodell, denn dieser Antrag braucht nicht in die Rechtsbehelfsstatistik des Veranlagungsbeamten aufgenommen zu werden. Diese Statistik kann amtsinterne Auswirkungen für den betreffenden Sachbearbeiter haben, die bei einer Nichterfassung naturgemäß ausbleiben.
Als weiterer Pluspunkt ist zu bedenken, daß bei diesem Antrag der Steuerbescheid nicht in seinem gesamten Umfang nochmals geprüft werden kann, sondern er kann lediglich in den Punkten zu Deinen Gunsten geändert werden, die Du in Deinem Antrag nennst.
Im Gegensatz dazu erhält das Finanzamt bei einem Einspruch wieder die vollkommene Herrschaft über das gesamte Besteuerungsverfahren zurück und kann sogar durch eine plötzliche Änderung seiner Rechtsansicht, den Steuerbescheid zu Deinen Ungunsten berichtigen. »Verböserung« wird so etwas in der Fachsprache genannt.
Dieser Antrag auf schlichte Änderung ist jedoch kein Geschenk der Finanzverwaltung an Dich, sondern er birgt auch einige Gefahrenpunkte in sich, die Du unbedingt beachten solltest.
Da ist zuerst die Frist, innerhalb der Du diesen Antrag stellen mußt. Sie beträgt einen Monat ab dem Zeitpunkt, zu dem Dir der Steuerbescheid bekanntgegeben wurde und muß unbedingt eingehalten werden.
Zusätzlich muß in dieser Frist auch eine Begründung für Deinen Antrag erfolgen. Empfehlenswert ist es also, daß Du dies in ein und demselben Schreiben tust.

Als größter Makel dieses Antrags ist aber zu nennen, daß von Anfang an nicht sicher ist, in welchem Umfang das Finanzamt überhaupt dem Antrag entsprechen will. Ich sagte ja bereits oben, daß nur Deinen Änderungswünschen entsprochen werden kann, sonst handelt es sich nicht mehr um einen Änderungsantrag, sondern um einen Einspruch.
Dies kannst Du aber frühestens dann feststellen, wenn Du den neuen Steuerbescheid oder eine Ablehnung Deines Antrags vom Finanzamt erhältst. Dann ist es aber regelmäßig für einen Einspruch zu spät, denn die Frist dafür ist bereits verstrichen.
Deshalb mußt Du Dir eine Hintertür offenhalten, um keine Nachteile zu erleiden. Das erreichst Du mit dem Hilfsantrag, »diesen Änderungsantrag notfalls als Einspruch zu betrachten«.
Das folgende Musterschreiben soll Dir verdeutlichen, wie so etwas aussehen kann.

MUSTERSCHREIBEN

An das Finanzamt
X-Stadt

Absender:
Frieda und Max Schlau
6666 Glückstadt

St. Nr:...............
Bescheid über.....................-Steuer 19...
vom...............

hier: Antrag auf schlichte Änderung

Sehr geehrte Damen und Herren,
in dem oben bezeichneten Einkommensteuerbescheid wurden folgende Positionen nicht berücksichtigt:

1. Ausbildungskosten in einem nicht ausgeübten Beruf (anbei nochmals Aufstellung der Einzelbeträge) 496 DM

2. Der Kinderfreibetrag für unser Kind ..... geboren am ...... wurde ebenfalls nicht berücksichtigt, obwohl die Meldebestätigung vorliegt
3. Kinderbetreuungskosten für unser Kind..... wurden nur für 3 Monate berücksichtigt, obwohl nachweisbar für 12 Monate Aufwendungen in Höhe von 3 600 DM angefallen sind.

Wir stellen daher den Antrag, den ergangenen Steuerbescheid ersatzlos aufzuheben und die uns zustehenden Steuervergünstigungen zu berücksichtigen.

Hilfsantrag:

Sollten Sie, aus welchen Gründen auch immer, diesem Antrag nicht entsprechen können oder wollen, so bitten wir Sie, dieses Schreiben als Einspruch gegen den oben genannten Einkommensteuerbescheid zu behandeln.

Mit besten Grüßen

Max Schlau Frieda Schlau

Denken, das heißt eingesehen haben,
daß das Wissen zu Ende geht.
(Lohberger)

Vorsorglicher Einspruch

Diese einmonatige Rechtsbehelfsfrist, die ich Dir bei dem Antrag auf schlichte Änderung nannte, gilt natürlich auch für einen förmlichen Rechtsbehelf wie den Einspruch.

Hierbei kann es bei umfangreichen Sachverhaltsaufklärungen aber vorkommen, daß diese Zeit sehr knapp für Dich wird. Ein anderer Fall ist der, daß Du Dich auf einer längeren Urlaubsreise oder zu einem Kuraufenthalt außerhalb Deines Wohnortes aufgehalten hast und deshalb ein Teil der Frist bereits verstrichen

ist, ehe Du diesen Steuerbescheid in Deinem Briefkasten vorfindest oder ausgehändigt bekommst.
Die Monatsfrist beginnt nämlich nicht erst dann, wenn Du erstmals den Bescheid in die Finger bekommst, sondern schon drei Tage nachdem ihn das Finanzamt auf den Postweg gebracht hat. Für eine Verlängerung der Frist hat das Gesetz kein Verständnis. Mit einem ganz einfachen Trick kannst Du diese Frist aber selbst wesentlich verlängern und Dir dadurch ausreichende Zeit zur Kontrolle verschaffen. Dieses Mittel heißt: vorsorglicher Einspruch

MUSTERSCHREIBEN VORSORGLICHER EINSPRUCH

An das Finanzamt Absender: Max Schlau
X-Stadt 6666 Glückstadt

Steuernummer:..............................
Steuerbescheid über ....-Steuer für 19...
vom ....

Sehr geehrte Damen und Herren,
der oben bezeichnete Steuerbescheid wurde mir mit einfachem Brief am ...... zugestellt. Der Bescheid trägt das Datum vom ....
(Damit ist mindestens zweifelhaft, ob der Bescheid innerhalb der gesetzlich angenommenen Frist von drei Tagen in meinen Machtbereich gelangt ist.)
Zur Wahrung der Rechtsbehelfsfrist erhebe ich hiermit vorsorglich das Rechtsmittel des

E I N S P R U C H,

den ich innerhalb angemessener Frist begründe oder zurücknehme, falls der Bescheid keine Fehler enthält.

Mit bestem Gruß Max Schlau

Mit diesem Schreiben verlängerst Du Dir die Frist, um den Steuerbescheid in allen Einzelheiten prüfen zu können. Stimmt der Bescheid mit Deinen Angaben überein, und kannst Du auch keine nachträglichen Steuervergünstigungen mehr beantragen, die Du in der Steuererklärung vergessen hattest, dann nimmst Du den vorsorglichen Einspruch einfach zurück.

Du brauchst dazu dem Finanzamt nur zu erklären, daß Du den Rechtsbehelf nicht weiter aufrechterhalten willst. Damit passiert weiter gar nichts. Nach einem Monat wird dieser Steuerbescheid, so wie er Dir vorliegt, bestandskräftig, und damit ist der Rechtsfrieden wieder hergestellt.

Ein weiterer Fall, um das Veranlagungsverfahren erst einmal anzuhalten, ist der, daß ein anderer Steuerzahler ein Verfahren von grundsätzlicher Bedeutung vor einem höheren Steuergericht wie beispielsweise dem Bundesfinanzhof oder gar dem Bundesverfassungsgericht führt. Dem Verfahren kannst Du Dich insoweit anschließen, als Du beim Finanzamt im Hinblick auf dessen Ausgang Einspruch einlegst und gleichzeitig bittest, diesen Einspruch ruhen zu lassen, bis in dem anderen Verfahren eine Entscheidung gefällt wurde.

Hier ist aus jüngster Zeit der Streit um die realitätsfremden Kinderfreibeträge das bekannteste Verfahren. Von diesem günstigen Urteilsausgang kannst Du als nicht streitender Steuerzahler nur profitieren, wenn entweder zufällig diese Jahre bei Dir noch nicht bestandskräftig veranlagt sind oder wenn wegen anderweitiger Streitigkeiten noch Einsprüche oder Klagen anhängig sind, die eine Bestandskraft der Steuerbescheide bisher verhinderten.

Wenn Du wußtest, daß ein solches, auch Dich betreffendes Verfahren anhängig ist und Du deshalb »Verfahrensruhe« bis zur Entscheidung beantragt hast, mußt Du jetzt schnellstens den Einspruch begründen oder den Antrag stellen, daß diese neue Rechtslage auf Deine bisher noch nicht bestandskräftigen Bescheide anzuwenden ist.

Tust Du das nicht, so muß die Finanzverwaltung die eingetretene Rechtsänderung nicht automatisch berücksichtigen. Auf die Möglichkeit der Verfahrensruhe gehe ich unter diesem Stichwort ausführlich ein.

Zu mancher richtigen Entscheidung kam es nur,
weil der Weg zur falschen gerade nicht frei war.
(Krailsheimer)

Einspruch

Enthält ein Steuerbescheid allerdings andere Fehler, dann mußt Du den Einspruch unter allen Umständen aufrecht erhalten. Dies gilt auch dann, wenn Du noch nachträglich Steuererleichterungen entdeckst, die Du bisher nicht beantragt hattest.
Dafür ist es aber erforderlich, daß Du eine Begründung zu Deinem Einspruch nachlieferst. Doch mit dieser Einspruchsbegründung beginnt das Veranlagungsverfahren wieder von Anfang an. Das bedeutet für Dich, daß auch das Finanzamt von seiner bisherigen Meinung abrücken darf und die Dinge jetzt in einem völlig anderem Licht sehen kann, wie ich es schon beschrieben habe. Ein Beispiel soll das verdeutlichen:
Bei Deinem Mietshaus sind Instandhaltungskosten in größerem Umfang (nehmen wir an in Höhe von 60 000 DM) entstanden, die Du sofort und in voller Höhe als Werbungskosten abgezogen hast. Das Finanzamt hat die Aufwendungen auch so anerkannt. Mit Deinem Einspruch machst Du nachträglich Kosten für ein häusliches Arbeitszimmer bei den Einkünften Deiner Ehefrau geltend. Diese Kosten hattest Du bisher vergessen.
Daraufhin teilt Dir das Finanzamt mit, daß es das häusliche Arbeitszimmer zwar anerkennt, die hohen Instandhaltungskosten will es aber jetzt als Herstellungskosten behandeln und dem Gebäudewert zurechnen, weil es der Meinung ist, daß das Gebäude dadurch wesentlich verbessert wurde. Dir soll deshalb

nur eine Abschreibung auf die »Instandsetzungskosten« bezogen auf die Restnutzungsdauer des Gebäudes (sagen wir z. B. 7% der Aufwendungen, das sind 4 200 DM anstatt der bisherigen 60 000 DM) zugestanden werden.
Würdest Du Dich auf diesen Vorschlag einlassen, dann träte eindeutig eine »Verböserung« ein. Du stehst also nach dem Einspruch schlechter da, als vorher. Nun kannst Du wählen.
Entweder Du nimmst Deinen Einspruch zurück, dann bleibt es bei dem ursprünglichen Zustand des Steuerbescheides. Die Kosten für das Arbeitszimmer werden nicht anerkannt und die Instandhaltungskosten bleiben Dir als sofort abzugsfähige Werbungskosten erhalten.
Kannst Du aber nachweisen, daß durch die Instandhaltung keinesfalls das Gebäude wesentlich verbessert wurde, sondern daß es sich um notwendige Aufwendungen gehandelt hat, um weiterhin die Einnahmen im bisherigen Umfang zu sichern, dann mußt Du Dich notfalls auf einen Rechtsstreit vor dem Finanzgericht einlassen, wenn das Finanzamt auf Deine Argumente nicht eingeht.
Deinen Einspruch mußt Du zu diesem Zweck unbedingt aufrecht erhalten. In einem Rechtsstreit geht es dann allerdings nicht auch noch um das häusliche Arbeitszimmer. Dies ist ja inzwischen unstreitig, weil es das Finanzamt anerkannte. Es kann also nur noch um die Einordnung Deiner Instandhaltungskosten als sofort abzugsfähige Werbungskosten oder als zu verteilende Herstellungskosten gehen.
Schließlich kannst Du auf den Vorschlag des Finanzamts eingehen, weil Du Dir ausgerechnet hast, daß Dir die Instandhaltungskosten ja tatsächlich nicht verlorengehen, sondern nur über einen längeren Zeitraum verteilt werden. Damit führen sie letztendlich ebenfalls in voller Höhe zu einer Steuerminderung, wenn auch erst in einigen Jahren.
Deshalb kannst Du beim Finanzamt noch versuchen, den Prozentsatz (im Beispiel von 7% auf 10%) in die Höhe zu handeln. Diese Verteilung von Aufwendungen mußt Du aber von Fall zu Fall prüfen, damit Du keine Nachteile einstecken mußt.

Wenn sich Aufwendungen in mehreren Jahren auswirken, beispielsweise wenn Du die obengenannten Instandhaltungskosten auf einen Zeitraum von drei Jahren verteilt hättest und damit in den folgenden zwei Jahren noch jeweils 20 000 DM abzugsfähig wären. Hier würdest Du Dich bei einer Rücknahme des Einspruchs effektiv schlechter stellen.

Das Finanzamt müßte Dir zwar im ersten Jahr ebenfalls den vollen Vorteil bei den Instandhaltungskosten belassen (in dem Fall wären es 20 000 DM). Im nächsten Jahr könnte es, und davon ist bei der Sachlage auszugehen, eine Verteilung der verbliebenen 40 000 DM auf die Restnutzungsdauer des Gebäudes doch noch vornehmen. Dies könntest Du ja noch zähneknirschend hinnehmen, denn es werden insoweit Kosten lediglich auf einen längeren Zeitraum verteilt.

Bei Deiner Einspruchsrücknahme würden damit aber gleichzeitig für ein Jahr die Kosten des häuslichen Arbeitszimmers unter den Tisch fallen. Diese Aufwendungen sind nämlich nicht in einem späteren Jahr nachzuholen. Nach dem Prinzip der Abschnittsbesteuerung müssen die Kosten in dem Jahr geltend gemacht werden, in dem diese angefallen sind. Nicht früher, aber auch nicht später.

Man fällt nicht über seine Fehler. Man fällt immer über seine Feinde, die diese Fehler ausnutzen.
(Tucholsky)

Abschnittsbesteuerung

Die Abschnittsbesteuerung besagt, daß alle steuerlichen Vorgänge innerhalb eines Kalenderjahres zu erfassen sind. Das gilt sowohl für die Einnahmen, als auch für Deine Aufwendungen. So kann es zwar vorkommen, daß Du nur in einigen Monaten oder gar nur in einigen Tagen des Jahres steuerpflichtige Einkünfte hast. Etwa dann, wenn Du erstmals innerhalb des Kalen-

derjahres tätig wurdest, oder letztmals, weil Du Deine Tätigkeit eingestellt hast.
Dies hat aber lediglich zur Folge, daß auf Deine in den wenigen Tagen oder Monaten erzielten Einkünfte die Jahressteuertabelle angewendet wird und dadurch eventuell ein niedrigerer Steuersatz herauskommt.
Viel wichtiger ist aber die Abschnittsbesteuerung für Deine Einnahmen und Ausgaben. Diese müssen nämlich in dem »Besteuerungsabschnitt« abgezogen bzw. versteuert werden, in dem diese ab- oder zugeflossen sind.
Deshalb solltest Du darauf achten, daß nicht in einem Jahr nur hohe Ausgaben anfallen, die sich steuerlich nicht auswirken. In späteren Jahren Dir daraus aber hohe Einkünfte zufließen, von denen Du die Kosten der Vorjahre nicht abziehen kannst.
Hier mußt Du dann unbedingt eine solche Gewinnermittlungsart wählen, die auch in späteren Jahren noch eine Verrechnung der Erträge mit den alten Aufwendungen erlaubt. Und diese Überlegungen mußt Du bereits in dem Jahr anstellen, in dem die hohen Aufwendungen anfallen.
Doch die Abschnittsbesteuerung macht leider noch etwas anderes möglich, etwas für Dich wesentlich Nachteiligeres. Hier gilt für die Finanzverwaltung nämlich der mehrfach angedeutete Satz: Was kümmert mich meine Rechtsauffassung vom Vorjahr. Und dies bedeutet, daß der Finanzbeamte mehr oder weniger willkürlich von Jahr zu Jahr die gleichen Sachverhalte plötzlich anders beurteilt als in dem Jahr oder gar in Jahrzehnten vorher.
Deshalb bist Du nie vor Überraschungen sicher. Eine Ausnahme macht da lediglich eine schriftliche Zusage oder die »verbindliche Zusage«, in der das Finanzamt Dir für einen festgelegten Zeitraum schriftlich ein bestimmtes Verhalten zugesichert hat. Doch auch diese Zusagen gelten eher für die Vergangenheit als für einen längeren Zeitraum in die Zukunft.
Da dieses Prinzip der Abschnittsbesteuerung rechtlich abgesichert ist, kannst Du lediglich vorbeugend tätig werden. D. h. Du mußt jedes Jahr ebenfalls erneut überlegen, ob für Dich die

bisher gewählte Besteuerung noch vernünftig ist, oder ob nicht auch Du das bisher geübte Verfahren wechseln solltest.
Dafür mußt Du Dir aber auch jedes Jahr die erforderlichen Nachweise beschaffen, die für Deine Sicht der Dinge sprechen.
Es ist auch sinnvoll, bei einer inzwischen geänderten Rechtsansicht des obersten Finanzgerichts (des Bundesfinanzhofes) oder gar des Bundesverfassungsgerichts, diese Aktenzeichen der entsprechenden Urteile oder wenigstens den Zeitungsausschnitt aufzubewahren, damit Du Dich gegenüber dem Finanzamt darauf berufen kannst.
So kann es auch passieren, daß zum Beispiel in einem Jahr Deine Fahrtkosten als Reisekosten mit Verpflegungsmehraufwendungen und den höheren km-Pauschbeträgen anerkannt wurden. Obwohl im Folgejahr die gleichen Voraussetzungen vorlagen, kam der Sachbearbeiter plötzlich auf die Idee, daß es sich nicht mehr um Dienstreisen, sondern lediglich um Fahrten zu einer zweiten Arbeitsstätte handelt.
Die nachteiligen Folgen sind die, daß Dir nun keine Verpflegungsmehraufwendungen mehr zuerkannt werden und die km-Pauschale auch wesentlich geringer ausfällt.
Wenn Du jetzt lediglich damit argumentierst, daß sich seit dem Vorjahr bei Dir nichts geändert hat und Du deshalb nicht schlechter gestellt werden kannst als damals, dann reicht dies der Finanzverwaltung als Gegenargument nicht aus.
Du mußt vielmehr in allen Einzelheiten beweisen, daß es eben keine zweite Arbeitsstätte ist, zu der Du fährst, sondern, daß Du hier nur vorbereitende Arbeiten erledigst, die zu Deiner weiteren Tätigkeit erforderlich sind.
Nun könnten diese Voraussetzungen auch für eine Einsatzwechseltätigkeit ausreichen, wenn die von Dir zurückgelegten Entfernungen von der Wohnung oder der Arbeitsstätte bis zu Deinem Einsatzort unter 20 km liegen.
Deshalb mußt Du auch noch einen anderen Nachweis führen, daß nämlich Deine Tätigkeit keine Einsatzwechseltätigkeit ist.
Nur wenn das gelingt, erreichst Du damit, daß Dir tatsächlich

Deine Aufwendungen als Reisekosten anerkannt werden. Es müssen sämtliche Voraussetzungen erfüllt sein, ehe sich das Finanzamt geschlagen gibt.
Und so wird Dir sicher auch klarwerden, daß Du viele Hinweise der Finanzbeamten in deren Anfragen oder Ablehnungen gar nicht richtig verstehst, weil Du als Normalbürger des »Steuerlateins« nicht mächtig bist. Dies interessiert einen Finanzbeamten aber nicht. Er schreibt oder fragt deshalb so kompliziert, damit Dir Deine Unwissenheit auch wirklich deutlich ins Bewußtsein kommt.
Trage deshalb alle Nachweise wie Reiseabrechnungen, Bestätigungen Deines Arbeitgebers, Kilometerstände usw. zusammen, aus denen sich, wie im Beispiel, Deine tatsächliche Reisetätigkeit ergibt. Lieber einen Zettel mehr, als einen zuwenig.
Es ist auch sinnvoll, bei einem Kostenzuschuß oder Kostenersatz des Arbeitgebers, diesen genau spezifizieren zu lassen, wofür er gedacht ist und daß damit nicht alle Deine entstandenen Kosten ersetzt werden sollten. Anderenfalls kommt der Finanzbeamte auf die Idee, daß Dein Arbeitgeber sämtliche Aufwendungen mit dem Zuschuß abgelten wollte und Du deshalb gar keine darüber hinausgehenden Werbungskosten mehr geltend machen darfst.
Daraus siehst Du, daß Du schon eine ganze Reihe der Spielregeln kennen mußt, wenn Du Dich gegen die Finanzverwaltung erfolgreich wehren willst. An einer ungenügenden Sachkenntnis und der damit zusammenhängenden schlechten Argumentation scheitern viele Auseinandersetzungen bereits im Vorfeld. Damit Dir so etwas nicht passiert, zeige ich Dir Deine Möglichkeiten auf.
Gehe lieber davon aus, daß Du mehr beweisen mußt als zuwenig. Dann hast Du wenigstens immer noch etwas in der Hinterhand. Sorge gleich dafür, wenn solche Sachverhalte bei Dir eintreten, daß Dir keine Bestätigung und kein Beleg fehlt, dann ersparst Du Dir im nachhinein die lästigen Anforderungen. Bei einem Arbeitsplatzwechsel kann dies sogar zu ganz beson-

deren Schwierigkeiten führen. Wenn Du erst einmal weg bist, interessiert es Deinen früheren Arbeitgeber kaum noch, ob Du steuerliche Probleme bekommst. Daran solltest Du immer denken.

Und damit ist bereits der nächste wichtige Grundsatz angesprochen, nämlich die Beweis- oder Nachweislast. Nicht das Finanzamt braucht Dir gegenüber die Richtigkeit seiner Behauptungen zu beweisen. Ganz im Gegenteil, mußt Du dem Finanzamt beweisen, daß Du sämtliche Voraussetzungen für die von Dir beantragten Steuervergünstigungen erfüllst.

Dabei ist Steuervergünstigung alles, außer den wenigen im Gesetz festgeschriebenen Freibeträgen, die eine Totalbesteuerung verhindern.

Augen sind für gewöhnlich ein Vergrößerungsglas für fremde Fehler.
(Petan)

Beweis – Nachweis

Im Steuerrecht gilt der Grundsatz, daß derjenige den Beweis erbringen muß, der sich auf eine Begünstigung beruft. Das heißt im Klartext, daß Du als Steuerzahler alles beweisen mußt. Sei es, daß Du Werbungskosten oder Betriebsausgaben geltend machst, oder daß Du den Abzug von Sonderausgaben, außergewöhnlichen Belastungen usw. begehrst.

Immer hast Du dafür zu sorgen, daß entsprechende Belege, Dokumente, Verträge usw. vorhanden sind, die Deinen Standpunkt untermauern. Da helfen auch keine Tricks. Deshalb tust Du gut daran, Dich rechtzeitig um Beweismittel zu kümmern und notfalls die Angaben durch eine »Versicherung an Eides Statt« zu erhärten, wenn keine anderen Beweismittel vorhanden sind.

Doch da gibt es noch weitere Quellen, die Dir in einigen Fällen weiterhelfen können. Z. B. gibt es da Verfügungen der Finanzverwaltung, in denen es heißt, daß den Angaben der Steuerpflichtigen weitgehend Glauben zu schenken ist. Dies habe ich bereits unter dem Stichwort Erforschung des Steuerfalls ausgeführt.

Dieser gute Glaube gilt vor allem dann, wenn aus der allgemeinen finanziellen und tatsächlichen Lebenssituation heraus Deine Angaben als sehr wahrscheinlich und damit als glaubhaft anzusehen sind und sich Deine Angaben nicht als mißbräuchliches Verlangen darstellen.

Die Finanzverwaltung soll nämlich nur dann weitere Nachforschungen anstellen, wenn sich Zweifel aus Deinen Angaben geradezu aufdrängen. Das müßte z. B. bei von Dir angegebenen 370 Reisetagen im Jahr der Fall sein. Oder auch dann, wenn Deine Werbungskosten so hoch sind, daß für Deinen privaten Lebensunterhalt überhaupt keine Mittel mehr zur Verfügung standen.

In solchen Fällen mußt Du dann durch Kontoauszüge, Darlehnsverträge usw. die Herkunft dieser Mittel nachweisen können und auch, daß Du tatsächlich noch Gelder für Deinen privaten Lebensunterhalt zur Verfügung hattest. Bloße Behauptungen reichen in solchen Fällen der Finanzverwaltung nicht aus.

Auch wenn Du privat Gelder geliehen hast, solltest Du Dir darüber entsprechende Schriftstücke anfertigen, um sie notfalls als Beweise vorlegen zu können. Vor allem wird dann das Finanzamt nachprüfen, ob die Kreditgeber tatsächlich finanziell in der Lage waren, Dir die fraglichen Beträge überhaupt ausleihen zu können.

Es wird auch geprüft, ob bei der Vereinbarung eventueller Zinsen diese von den Empfängern tatsächlich versteuert wurden, oder ob gar eine Schenkung anzunehmen ist, so daß Schenkungssteuer anfällt.

Fangen die Finanzbeamten erst einmal an zu bohren, dann werden sie besonders hartnäckig. Deshalb solltest Du vorher auf Heller und Pfennig Deine Rechnung aufmachen, ehe Du Dich aufs Glatteis begibst.

Sind die Beträge nachweisbar, dann brauchst Du auch keine Scheu zu haben, hier einen Rechtsstreit zu riskieren. Für Deine Privatsphäre bist Du nämlich nicht zu einer geschlossenen Buchführung oder gar zur lückenlosen Aufbewahrung sämtlicher Belege verpflichtet. Es genügt deshalb, wenn Du die Herkunft und die Bewegung größerer Beträge nachweisen kannst. Das hat der Bundesfinanzhof, unser höchstes Steuergericht erst in einem ganz aktuellen Urteil bestätigt (v. 23. 10. 1990, Az: VIII R 1/86).

Tausend Dinge bewegen sich vorwärts;
neunhundertneunundneunzig Dinge bewegen sich
rückwärts; das ist Fortschritt.
(Amiel)

Nachweis bei Auslandssachverhalten

Besonders weitreichend sind Deine Nachweispflichten, wenn sich die Sachverhalte im Ausland abgespielt haben. Das können Geschäftsbeziehungen zu anderen ausländischen Unternehmern sein, es können aber auch nur Zahlungen an Familienangehörige zur finanziellen Unterstützung sein, die Du als außergewöhnliche Belastungen geltend machen willst.
In solchen Fällen mußt Du dann nicht nur nachweisen, daß die Zahlung tatsächlich ins Ausland geflossen ist, sondern auch, daß es sich tatsächlich um einen Leistungsaustausch mit einem anderen Unternehmer oder um Unterstützungsleistungen an bedürftige Angehörige gehandelt hat. Ja, sogar der Nachweis, daß Deine Angehörigen vermögenslos sind und der Unterstützung durch Dich bedürfen, wird von Dir verlangt.
Diese sehr weitreichenden Beweispflichten gehen darauf zurück, daß der Finanzverwaltung die Kontrollmöglichkeiten im Ausland oftmals fehlen. Das könnte aber Dich als Steuerzah-

ler dazu veranlassen, private Ausgaben auf diese Art und Weise zu Betriebsausgaben umzumünzen oder unter anderem Namen praktisch an Dich selbst zu zahlen.
Dadurch gingen dem Finanzamt ganz beträchtliche Steuerbeträge verloren und deshalb werden diese Auslandsbeziehungen ganz besonders kritisch unter die Lupe genommen. Sammle in solchen Fällen alles, was Du finden kannst, nur dann hast Du auch ausreichende Beweise.
Handelt es sich bei den Auslandsfirmen allerdings um Briefkastenfirmen oder um sogenannte Domiziladressen, ohne daß die Firmen Personal beschäftigen und eigenständige geschäftliche Tätigkeiten entfalten, dann sieht es mit einer Verweigerungstaktik und mit Eigenbelegen schlecht aus.
Trotz Datenschutz unterhält das »Bundesamt für Finanzen« eine Informationszentrale kurz IZA genannt. Darin sind nicht nur für jeden Betriebsprüfer abrufbereit die Niedrigsteuerländer und die dort ansässigen Firmen gesammelt. Nein, es geht noch viel weiter, denn auch Konzernverflechtungen mit den entsprechenden Hinweisen auf Geschäftsführer, Beteiligungsverhältnisse, Beherrschungs- und Gewinnabführungsverträge sind ebenso gesammelt wie Patentnutzungsverträge und andere Ausbeute- und Nutzungsüberlassungsmöglichkeiten.
Sogar Anschriften von Rechtsanwälten, Steuerberatern und Treuhändern, die sich besonders mit ausländischen Vertragsgestaltungen, Firmengründungen oder als Domiziladressen hervorgetan haben, sind hier auf Knopfdruck abrufbereit. Und dieses Instrument wird täglich erweitert und verbessert. Dafür sorgen schon die laufenden Zubringerdienste des Heeres von Betriebsprüfern, die jede ihnen wichtig erscheinende Entdeckung der IZA in Bad Godesberg weitermelden. Damit bleibt den Finanzbeamten kaum noch etwas verborgen, wenn sie beharrlich danach suchen.

*Das Gedächtnis ist ein Sieb, in dem wir unser
Wissen aufzubewahren trachten.
Deshalb empfiehlt es sich,
ab und zu größere Gedanken zu fassen.*
(Lothar Schmidt)

Versicherung an Eides Statt

Nicht nur das Finanzamt kann von Dir eine eidesstattliche Versicherung über die Richtigkeit Deiner Angaben fordern, auch Du solltest vor diesem Beweismittel nicht zurückschrecken. Dabei haftet im Steuerfestsetzungsverfahren dieser Versicherung durchaus kein Makel an.
In Fällen, in denen Sachverhalte zu beweisen sind, bei denen aber keine Beweismittel wie Urkunden, Schriftstücke oder Zeugen vorhanden sind, die Deine Darstellung bestätigen könnten, bleibt Dir nur dieses Mittel der eidesstattlichen Versicherung, um Deine Angaben zu erhärten.
Trotzdem solltest Du zu diesem Angebot nicht bei jeder Kleinigkeit greifen, sondern nur dann, wenn wirklich gewichtige Auswirkungen davon abhängen. Anderenfalls wirst Du insgesamt unglaubwürdig. In den meisten anderen Fällen reicht nämlich auch ein »Glaubhaftmachen« aus, welches sich aus Deinen allgemeinen Lebensumständen ergibt.
So kannst Du z. B. aus dem Umkehrschluß, daß Dir für Deinen privaten Lebensunterhalt noch genügend Mittel zu Verfügung standen, nachweisen, daß Deine Werbungskosten nicht unangemessen hoch sind.
Immer dann also, wenn mündliche Absprachen getroffen wurden und die anderen Vertragspartner nicht mehr aussagen können, oder wo Zahlungen für einen bestimmten Zweck geleistet wurden, der oder die Zahlungsempfänger aber nicht mehr leben oder nicht mehr aufzufinden sind, um Deine Behauptung zu bestätigen, in solchen Fällen ist es unumgänglich, daß Du diese Versicherung dem Finanzamt wenigstens anbietest. Sonst

bleibt Dir wenig übrig, um Deine Aussage als wahr zu bekräftigen.
Ob dann die Finanzverwaltung tatsächlich auf einer solchen förmlichen Versicherung besteht ist fraglich, denn nicht jeder Beamte kann Dir diese abnehmen. Dazu sind ganz bestimmte Belehrungen erforderlich, die nur die oberen »Dienstgrade« aussprechen dürfen. Deshalb wird es in den meisten Fällen ausreichen, wenn Du dem Beamten gegenüber schriftlich erklärst, daß Du vor diesem Beweismittel nicht zurückschreckst.

Gute Verhandlungstaktik besteht darin,
die Antworten zu provozieren, die man haben will.
(Habe)

Rechtsbehelfe

Nach diesem kurzen Ausflug zu einigen Besteuerungsgrundsätzen, will ich das außergerichtliche Rechtsbehelfsverfahren mit dem wichtigsten Mittel Deiner Gegenwehr fortsetzen, nämlich dem Einspruch.
Du hast gesehen, daß dem Finanzamt Dir willkürlich erscheinende Ansichten durchaus erlaubt sein können. Nach dem Grundsatz, daß alles das erlaubt ist, was die Staatskasse füllt, bist Du selbst das einzig wirksame Kontrollorgan, welches die Finanzbehörden in die gesetzlichen Schranken verweisen kann. Der Gesetzgeber und die Gerichte entschuldigen bei den Beamten sehr viel, deshalb mache Dir bei jedem Einspruch von vornherein klar, daß es nicht damit getan ist, lediglich etwas zu behaupten oder auf eine für Dich günstige Verwaltungspraxis der Vorjahre oder bei anderen Steuerzahlern hinzuweisen. DU mußt die Beweise auf den Tisch legen, sonst niemand.
Wenn das Finanzamt Änderungen an Deiner Steuererklärung vornimmt, dann handelt es sich in den meisten Fällen nicht bloß um einen Irrtum des Beamten. Entweder ist da ein »neuer Be-

sen« am Werk, der sich noch ein paar Sporen verdienen will und nun seinem Vorgesetzten zeigt, was er auf der Finanzschule alles gelernt hat. Oder der Vorgesetzte oder der Rechnungshof haben hier einen vermeintlichen Rechtsfehler entdeckt, den jetzt der Beamte korrigieren muß.

In solchen Fällen kannst Du den Widerstand bei der Finanzverwaltung nur mit überzeugenden Argumenten brechen, die möglichst noch durch für Dich positive Gerichtsentscheidungen abgesichert sein sollten. Einen solchen Kampf solltest Du dann nicht mehr allein führen, wenn es um größere Beträge geht. Und da beginnt die Qual der Wahl, denn kämpferische Berater sind leider dünn gesät. Hinzu kommt, daß diese »besonderen Exemplare« nicht billig und obendrein hoffnungslos überlastet sind.

Das außergerichtliche Verfahren nimmt auch nur in Ausnahmefällen an der Kostenerstattung des Gerichtsverfahrens teil. So mußt Du dann bereits, ehe Du Dich für einen Vertreter entscheidest, aus rein finanziellen Gründen Deine Chancen mit den dagegenstehenden Kosten vergleichen. Was nützt Dir ein Sieg, wenn der Steuervorteil, den Du dabei erringst, nicht einmal ausreicht, um die Gebühren für Deine Rechtsvertretung auszugleichen.

Hier mußt Du Dich von vernünftigen wirtschaftlichen Überlegungen leiten lassen, auch wenn Du das als ungerecht empfindest, was es im Grunde auch tatsächlich ist. Hinzu kommt, daß Du sehr genau zwischen dem Betrag um den gestritten wird und dessen steuerlicher Auswirkung unterscheiden mußt. Bei einem Einkommensteuersatz von 53% in der Spitze und 19% am Sokkel, ist es schon zu überlegen, welcher Betrag als ersparte Steuer überhaupt herauskommt.

Das ändert zwar nichts an der Tatsachen, daß solche Übervorteilungen der Finanzämter immer rechtswidrig sind und bleiben. Das Gesetz bestimmt dies zwar so. Doch Recht haben und Recht bekommen unterscheiden sich darin, wieviel Recht Du Dir persönlich finanziell leisten kannst und willst.

Diesen Mißstand kann nur eine Gesetzesänderung beseitigen,

doch die ist noch lange nicht in Sicht. Deshalb mußt Du Dich damit abfinden, daß der Staat von dieser ungleichen Lastenverteilung profitiert. Wenn Du Dich nicht wehrst, bleibt Dein Recht völlig auf der Strecke.

Dagegen kann nur ein allgemeiner »Volksaufstand« helfen, der es erzwingt, daß der Finanzverwaltung immer die Kostenübernahme des Vorverfahrens vorgeschrieben wird. Nur auf diese Weise kann wirklich Chancengleichheit geschaffen werden. Vor allem aber könnte dies eine »erzieherische« Maßnahme für viele Finanzbeamte darstellen, sich das Gesetz vorher etwas genauer anzusehen, ehe sie Dich in einen unsinnigen Rechtsstreit treiben.

Diese finanziellen Überlegungen sollen keinesfalls Deinen kämpferischen Willen brechen, denn die Kosten der Steuerberatung, wozu auch die Beratungskosten anläßlich eines Finanzrechtsstreites gehören, sind mindestens als Sonderausgaben abzugsfähig und damit steuermindernd zu berücksichtigen.

Insoweit wird Deine Rechtsverfolgung also doch in Höhe Deines Steuerprozentsatzes vom Staat unterstützt. Das gilt sogar dann, wenn Dir in einem Streit der gewünschte Erfolg versagt bleibt und Du unterliegst.

Hüte Dich vor Menschen, die Dir Versprechungen machen, ohne Gegenleistung zu fordern.
(Baruch)

Fristenwahrung

Zu einer erfolgversprechenden Gegenwehr gegen die Finanzverwaltung gehört neben eindeutigen Beweisen auch, daß Du die formellen Voraussetzungen einhältst. Dazu ist es erforderlich, daß eine Verfügung, ein Steuerbescheid oder welcher Verwaltungsakt auch sonst von Dir angefochten werden soll, nicht schon vorher bestandskräftig werden darf.

Es kommt dabei nicht darauf an, wann Du Dein Angriffsschreiben (Einspruch, Beschwerde usw.) abschickst, sondern es kommt darauf an, daß dieses Schreiben spätestens am letzten Tag der Rechtsbehelfsfrist bei der zuständigen Behörde auch ankommt. Damit Du diesen Tag von vornherein bestimmen kannst, mußt Du zuerst den Tag genau kennen, an dem das Schriftstück bei Dir eintraf.
Bei einer Zustellung durch Boten oder durch Postzustellungsurkunde ist dieser Tag sehr einfach festzustellen, denn er wird regelmäßig auf dem Briefumschlag vermerkt. Bei der Zustellung mit normaler Post ist die Feststellung dieses Tages nur aus Deinen persönlichen Eingangsvermerken feststellbar.
Das ist natürlich ein sehr wackeliger Beweis, deshalb hat das Gesetz hier eine Behauptung aufgestellt, daß Dir ein Brief, den die Behörde mit normaler Post versendet, am dritten Tage nach der Aufgabe zur Post als zugegangen gilt.
Und damit wird nur ein ungenauer Rechtsbegriff durch einen anderen ersetzt. Du kannst Dich deshalb nur an dem Poststempelaufdruck des Briefumschlags orientieren.
Stimmt dieser Aufdruck mit dem Datum des sich im Umschlag befindlichen Schreibens überein, so ist dieser Tag »die Aufgabe zur Post«.
Nehmen wir an, dies sei beispielsweise der 10. Februar. Du mußt Dir nun dieses Schreiben am 13. Februar als zugegangen und damit als Dir bekanntgegeben zurechnen lassen. Die Rechtsbehelfsfrist dauert regelmäßig einen Monat, so daß spätestens am 12. März um 24 Uhr Dein Einspruch im Hausbriefkasten des Finanzamts liegen muß. Das gilt auch für einen vorsorglichen Einspruch. Wenn der 12. März nicht zufällig ein Samstag, ein Feiertag oder ein Sonntag ist, dann hat Dein Einspruch keine Wirkung mehr, wenn er erst am 13. März beim Finanzamt eintrifft.
Du kannst Dich auch nicht damit herausreden, daß der Postminister pausenlos versichert, ein Brief werde innerhalb eines Tages von Flensburg bis nach Passau befördert. Du ganz allein trägst die Verpflichtung dafür, daß Dein Schreiben innerhalb der gesetzlichen Frist bei der betreffenden Behörde eingeht.

Deshalb handle rechtzeitig und sichere Dir diese Frist durch einen sofort eingelegten vorsorglichen Einspruch, wie ich ihn Dir bereits beschrieben habe.
Diesen vorsorglichen Einspruch brauchst Du noch nicht sofort zu begründen und er kostet Dich lediglich ein zusätzliches Blatt Papier und eine Briefmarke. Viel mehr Aufwand hast Du damit nicht.
Weicht dagegen das Datum auf dem Schreiben vom Datum des Poststempels erheblich ab, dann bewahre Dir unter allen Umständen diesen Briefumschlag auf.
In dem Fall solltest Du ebenfalls sofort einen vorsorglichen Einspruch einlegen und darin auf die voneinander abweichenden Daten hinweisen. Nur so sicherst Du Dir den rechtzeitigen Eingang Deines Einspruchs und damit behältst Du die Möglichkeit, den Verwaltungsakt zu Deinem Vorteil ändern zu lassen.
Nachdem Du also diese Frist errechnet hast, mußt Du den Einspruch auch in einer solchen Weise bezeichnen, daß das Finanzamt darin einen Rechtsbehelf erkennt und damit etwas anfangen kann. So muß mindestens Dein Absender, Deine Steuernummer und die Bezeichnung und das Datum des Schriftstückes angegeben sein, welches Du damit angreifen willst. Zusätzlich sollte bei Steuerbescheiden die Steuerart und das betreffende Jahr angegeben sein, und das Schreiben muß von demjenigen unterschrieben sein, der von dem angegriffenen Verwaltungsakt betroffen ist. (Sehr wichtig, wenn Du einen Familienangehörigen vertrittst. Dazu brauchst Du eine Vollmacht).
Bei Eheleuten sollten beide Ehegatten unterschreiben. Dies ist sehr wichtig für ein sich eventuell anschließendes Verfahren vor einem Finanzgericht. Zu einem solchen Gerichtsverfahren wird nämlich nur derjenige als Kläger zugelassen, dessen Vorverfahren (so wird das Einspruchsverfahren bezeichnet) wenigstens teilweise erfolglos geblieben ist.
Führt bei Eheleuten nur ein Ehegatte allein das Einspruchsverfahren durch, dann ist bei einem anschließenden Rechtsstreit auch nur dieser eine Ehegatte klagebefugt. Das kann aber dazu

führen, daß dieser klagende Ehegatte vom Gericht abgewiesen werden muß, weil die streitigen Einkünfte beispielsweise dem nicht klagenden anderen Ehegatten allein zuzurechnen sind.
Das Finanzamt wird Dich auf solche Spitzfindigkeiten nicht hinweisen, sondern im Gegenteil alles vermeiden, was Dich auf diese Spur führen könnte. Deshalb wirst Du ahnungslos in einen Rechtsstreit getrieben, wohlwissend seitens des Finanzamts, daß Du hier schon aus formellen Gründen unterliegen mußt und damit auch noch die Verfahrenskosten zu tragen hast.
Deshalb müßt Ihr als Eheleute das Vorverfahren immer gemeinsam durchführen. Es kostet Euch nicht mehr und nicht weniger. Ihr habt aber dadurch die Sicherheit, daß Ihr auch gemeinsam klagebefugt seid, wenn es denn überhaupt so weit kommen sollte. Unterzeichnet also immer Eure Schreiben als Eheleute gemeinsam.
Nun kannst Du entweder in einem einzigen Schreiben (ähnlich wie beim Antrag auf schlichte Änderung) den Einspruch erheben und gleich begründen. Du kannst die Begründung aber auch später an das Finanzamt schicken.
Ist der Einspruch rechtzeitig erhoben, dann gibt es für dieses Begründungsschreiben keine besondere Frist mehr zu beachten. Das Finanzamt kann Dich lediglich dazu auffordern, innerhalb eines bestimmten Zeitraums Deinen Einspruch zu begründen oder zurückzunehmen.
Tust Du das nicht, dann muß das Finanzamt Deinen gesamten Steuerfall erneut prüfen. Doch wegen der Möglichkeit der »Verböserung«, kannst Du Dir denken, daß dabei nichts Positives für Dich herauskommt. Deshalb liegt es in Deinem eigenen Interesse, entweder eine weitere Nachfrist zu beantragen oder aber die gesetzte Frist einzuhalten und dem Finanzamt die fundierte Begründung Deines Einspruchs zu liefern.

Der Kluge erleichtert andern die Ausrede.
(Baschtonga)

Einspruchsbegründung

Bei der Einspruchsbegründung solltest Du sehr sorgfältig vorgehen. Zuerst mußt Du Dir alle Beweismittel beschaffen, die für Deine Sicht der Dinge sprechen.
Oftmals sind es auch nur tatsächliche Beweise, die Du anbieten mußt, wie z. B. Beweise über Deine Reisetätigkeit, die die Finanzverwaltung bestreitet. Hier kannst Du dann aus Deinen Reiseberichten, Fahrtenbüchern, Korrespondenzen mit Kunden oder Geschäftsfreunden, oder anhand von Tickets, Quittungen, Bestätigungen, Tankbelegen oder der Kilometerleistung Deines Kfz diese Tatsachen nachweisen.
Wenn Du einmal die Formulierungen der Fragen des Finanzbeamten nicht verstehst, dann frage lieber mehrmals nach, was er denn eigentlich von Dir haben will, ehe Du Dich aufs Glatteis führen läßt.
Das Finanzamt ist zur Auskunft und Hilfestellung verpflichtet und dieses Auskunftsrecht solltest Du vor allem in Zweifelsfällen beanspruchen.
Im allgemeinen Umgangssprachgebrauch haben Worte oft eine völlig andere Bedeutung als dann, wenn diese in steuerrechtlichen Zusammenhängen verwendet werden. Deshalb ist hierbei besondere Vorsicht geboten. Solche Redewendungen oder Ausdrücke darfst Du nur dann verwenden, wenn Du deren steuerliche Bedeutung ganz genau kennst. Nur im steuerrechtlichen Sinne gebrauchen die Beamten diese Ausdrücke und machen sich keine Gedanken darüber, ob Du möglicherweise etwas anderes sagen wolltest, als das, was die Beamten darunter verstanden haben.
Hinzu kommt, daß das Steuer-»Recht« ein eigenes, sehr schwieriges Verfahrensgebiet darstellt und der Umgang mit diesem Schein-Recht Ist nicht immer einfach. Hier kommt es auch nicht

selten zu von Dir unverstandenen Haarspaltereien, wenn es darum geht, daß Juristen Sachverhalte auseinanderdividieren. So macht es einen gravierenden Unterschied, ob Du dem Finanzamt gegenüber Deine »Betriebsaufgabe« erklärst oder lediglich »den Betrieb ruhen lassen« willst. Im ersten Fall mußt Du sofort und in vollem Umfang sämtliche stillen Reserven des Unternehmens auflösen und versteuern. Während bei einem ruhenden Betrieb solche Auswirkungen, wenn überhaupt, erst in viel späteren Jahren einzutreten brauchen. Deshalb mußt Du sofort nachhaken, wenn Dir etwas unklar ist.

Musterschreiben

EINSPRUCHSBEGRÜNDUNG

An das Finanzamt
X-Stadt

Absender:
Max und Frieda Schlau
6666 Glückstadt

Steuernummer.......
Einkommensteuerbescheid 19.. vom.............

Sehr geehrte Damen und Herren,
gegen den oben bezeichneten Steuerbescheid erheben wir hiermit form- und fristgerecht den Rechtsbehelf des

E I N S P R U C H S.

Als Begründung führen wir dazu folgendes an:
Bei den Einkünften aus nichtselbständiger Arbeit wurde offensichtlich das Blatt Nr. 3 häusliches Arbeitszimmer übersehen, denn die Werbungskosten wurden mit ......DM um ....DM zu niedrig angesetzt.

Bei den Einkünften aus Vermietung und Verpachtung wurde uns der volle Mietwert der ortsüblichen Durchschnittsmiete unserer Wohnung zugerechnet, die wir an unsere volljährige und über eigene Einkünfte verfügende Tochter vermietet haben. Dies darf aber nicht sein, denn selbst wenn die Miete nur die Hälfte der ortsüblichen Marktmiete beträgt, können bei vollem Werbungskostenabzug nur die tatsächlichen Mieteinnahmen berücksichtigt werden. Mit ....DM pro Quadratmeter liegt dieser Mietwert aber deutlich über der halben Marktmiete.
Wir stellen daher den Antrag, den ergangenen Bescheid aufzuheben und einen neuen Bescheid zu erlassen.
Gleichzeitig beantragen wir, die zuviel festgesetzte Steuer in Höhe von .....DM bis zum Ergehen eines geänderten Bescheids von der Beitreibung auszusetzen. Die Finanzkasse erhält ein Duplikat dieses Schreibens zur Kenntnisnahme.

Mit freundlichem Gruß
Frieda Schlau Max Schlau

Mit schlechten Gesetzen und guten Beamten läßt sich immer noch regieren. Bei schlechten Beamten helfen aber die besten Gesetze nichts.
(Bismarck)

Beamtenwillkür

Du mußt als Steuerzahler im vorhinein erahnen, was der Beamte aus Deinem Sachverhalt schlimmstenfalls machen kann. Dies zeigt sich besonders dann, wenn Du einen Steuerbescheid mit einem Rechtsbehelf angegriffen hast und die Steuer ermäßigt haben willst.
Was sich da in manchen Beamtenköpfen zusammenreimt, das kannst Du Dir in Deinen kühnsten Träumen nicht vorstellen. Du mußt nämlich bedenken, daß ein Beamter immer im Sinne der Staatskasse handelt, denn einmal ist Vater Staat sein Arbeitgeber und zum anderen sind in seinen Augen alle Steuerzahler potentielle »Betrüger«.
Hinzu kommt, daß er zu einer auserwählten Gattung Mensch gehört, die höchstens etwas »unrichtig« formulieren kann, aber niemals etwas »falsch« macht. Deshalb kämpfen die Beamten verbissen um den letzten Steuerpfennig, damit dieser Status unter allen Umständen erhalten bleibt.
Das geht sogar so weit, daß der Kollege von der Rechtsbehelfsstelle mit fadenscheinigen Argumenten Deinen Einspruch ablehnt, nur um die Fehlerlosigkeit des Veranlagungsbeamten und damit des Beamtenstandes insgesamt Dir gegenüber dokumentieren zu können.
Zugleich verschafft er seinem Kollegen noch einige Pluspunkte für dessen Rechtsbehelfsstatistik. Dieses amtsinterne Beurteilungsinstrument dient unter anderem auch der Beurteilung der Beamten durch den Vorgesetzten.
Dies wird zwar zu jeder passenden und unpassenden Gelegenheit dementiert, doch wie anders soll ein Beamter beurteilt werden, als an seiner Wehrhaftigkeit gegenüber seiner »Kund-

schaft«, nämlich dem Steuerpflichtigen? Schließlich muß er ja die Staatskasse füllen, und das gelingt nicht, wenn er Steuervorteile gewährt, sondern nur, wenn er sie bestreitet. Bei 1200 Steuerfällen, die ein Veranlagungsbeamter im Durchschnitt jährlich zu bearbeiten hat, ist die Reaktion »seiner« Steuerpflichtigen ein vortrefflicher Gradmesser für die Beurteilung seiner Leistung.

Durch diese Arbeitsweise bleibt erneut Dein Rechtsschutz auf der Strecke, denn anstatt im außergerichtlichen Verfahren den Streit bereits beizulegen, ist oft zusätzlich das finanzgerichtliche Verfahren notwendig, um Dir zu Deinen Rechten zu verhelfen.

Da der Ausgang des Rechtstreites aber mehrere Jahre auf sich warten lassen kann, ist dies kein Merkmal mehr für die Rechtsbehelfsstatistik und damit für die Beurteilung des betreffenden Beamten.

So wirst Du aus ganz eigennützigen Gründen der Beamten in einen Rechtsstreit getrieben, der normalerweise völlig überflüssig wäre. Solche Fälle bringen dann gelegentlich sogar die Finanzrichter auf die Palme, die den Finanzbeamten recht markige Worte mit auf den Weg geben, wie die nachfolgenden Urteilsauszüge zeigen:

... *Die Klägerin hat sich so verhalten, wie es das Finanzamt mit seiner Erläuterung erstrebt hatte. Sie konnte sich so verhalten; denn sie konnte darauf vertrauen, daß das Finanzamt sie richtig informieren und nicht gewissermaßen »aufs Glatteis« führen würde ...*

aus: Urteil des Finanzgerichts Hamburg vom 6. Dezember 1985, Aktenzeichen: II 82/85

... *Ein Unternehmer der in seinem Betrieb hohe Umsätze und Gewinne erzielt und häufig betrieblich veranlaßte Fahrten über große Strecken unternehmen muß, braucht sich bei der Anschaffung eines teuren und schnellen Wagens im allgemeinen nicht (von der Finanzverwaltung) entgegenhalten zu lassen, die Aufwendungen für diesen Wagen seien unangemessen ...*

aus: Urteil des Bundesfinanzhofes vom 8. Oktober 1987, Aktenzeichen: IV R 5/85

... *Fehlerfreie Handhabung des Ermessens setzt voraus, daß die Finanzbehörde von einem einwandfrei und erschöpfend festgestellten Sachverhalt ausgeht. Im Streitfall liegt jedoch eine unzureichende Sachverhaltsermittlung vor, die die Rechtswidrigkeit der Ermessensentscheidung zur Folge hat ...*

aus: Urteil des Baden-Württembergischen Finanzgerichts vom 10. November 1989, Aktenzeichen: IX K 67/88

... *Im übrigen hat der Gesetzgeber selbst mit der Neuregelung der Einkünfte aus Vermietung und Verpachtung gezeigt, daß er eine Vereinfachung anstrebt. Dem hat die Gesetzesauslegung zu folgen und darf nicht, wie es der Beklagte (das Finanzamt) unternommen hat, einen komplizierteren Weg wählen, wenn ein einfacherer gangbar ist ...*

aus: Vorbescheid des Rheinland-Pfälzischen Finanzgerichts vom 23. Januar 1990, Aktenzeichen: 5 K 1202/89

Doch auch solche, schon als Zornesausbrüche von Richtern zu bezeichnende Formulierungen, werden bei den Behörden nur kommentarlos abgeheftet. Ein Achselzucken ist das höchste, was damit den meisten der Beamten zu entlocken ist. Wie mir scheint, ein sehr fragwürdiges Zeichen für die Beamtenkultur in unserem Lande.
Es ist nämlich zu bedenken, daß eine Veröffentlichung solcher Urteile von der Finanzverwaltung gerne verhindert wird. Wenn dennoch diese Entscheidungen an die Öffentlichkeit kommen, dann beweist das einmal den Mut des betreffenden Richters und zum anderen wie gravierend die Fehlleistungen der Finanzbehörden gewesen sein müssen, wenn die Richter diese Fehler so deutlich und öffentlich anprangern.
So gehören leider solche Akte in viel größerem Ausmaß zum Alltagsgeschäft der Behörden, als dies zu vermuten ist. Teils aus gekränkter Eitelkeit, teils aus Eigennutz im Hinblick auf eine

Beförderung, werden Dir als Steuerpflichtigen oft Rechte verweigert, die Dir nach dem Gesetzeswortlaut zustehen.
Hiergegen kannst Du Dich zwar mit einem anderen Rechtsbehelf wehren, nämlich der Dienstaufsichtsbeschwerde. Doch nach der weitverbreiteten Kenntnis der drei »f«, die für fristlos, formlos, fruchtlos stehen, sind auch die Erfolgsaussichten dafür zutreffend beschrieben. Es ist schon fast schade für Zeit, Papier und Porto, welches Du dafür opferst.
Deshalb kann ich Dir nur raten: Lasse es in solchen Fällen auf eine Einspruchsentscheidung ankommen und beuge Dich nicht dem Willen des Finanzamts.
In dem sich danach anschließenden Gerichtsverfahren hast Du gute Aussichten auf Erfolg. Wie ich später noch beschreiben werde, ist eine Klage sehr kostengünstig und kann in einfach gelagerten Fällen von Dir selbst erhoben werden. Einen eigenen Prozeßbevollmächtigten benötigst Du dafür nicht.
Bei klarer Beweislage wird das Finanzamt sogar ohne mündliche Verhandlung verurteilt. Dies gilt besonders dann, wenn die Argumente der Finanzverwaltung, wie angedeutet, an den Haaren herbeigezogen sind.

Um auch nur Wasser kochen zu können, bedarf die hohe Behörde eines Wasserkopfes.
(Karl Grabe)

Nichtanwendungserlaß

Doch nicht nur die Beamten können sich in Willkürhandlungen verbeißen, sondern deren oberster Dienstherr, der Bundesfinanzminister kann »Rechtsverweigerung« geradezu anordnen und damit als »leuchtendes« Beispiel für Rechtsmißbrauch seinen Beamten vorangehen.
Dies geschieht dann in einem sogenannten »Nichtanwendungserlaß«. Das bedeutet, daß immer dann von Steuerzahlern

erstrittene positive Urteile kurzerhand auf Eis gelegt werden, wenn sie dem Finanzminister nicht passen und er Steuerausfälle befürchten muß. Mit einem Erlaß wird die Anwendung des Urteils über den erstrittenen Einzelfall hinaus dann verboten.

Dazu ist allerdings etwas Grundsätzliches anzumerken, denn so einfach wie es den Anschein hat, ist die Sache nicht. Urteile sind immer Einzelfallentscheidungen, denen eine ganz bestimmte Konstellation zugrunde lag. Und wie wir Menschen alle verschieden sind, so unterscheiden sich auch die Streitsachverhalte in irgendeiner Weise, wenn auch manchmal nur ganz geringfügig.

Beim Massenverfahren der Steuerveranlagung gibt es aber typische Sachverhalte, die bei einer Vielzahl von Steuerzahlern in gleicher oder doch in ähnlicher Form vorkommen.

Hatte nun der Bundesfinanzhof in einem solchen Fall ein Urteil zu Ungunsten der Steuerzahler gesprochen, dann haben sich diese Argumente sehr schnell bei der Finanzverwaltung herumgesprochen und auf dieses Urteil haben sich die Beamten bei allen Ablehnungen bezogen.

Bei positiven Urteilen dagegen dauert es schon etwas länger. Und hier mußte der Steuerzahler schon selbst das Urteil kennen, um sich darauf zu berufen. Beiden Fällen ist aber gemeinsam, daß die Finanzämter die Urteile nicht unbedingt anwenden müssen.

Es liegt also bei Dir, die Gründe dafür vorzutragen, warum das eine ungünstige Urteil nicht, und das andere günstige Urteil sehr wohl auf Deinen Fall zutrifft.

Nun gibt es zu den Steuergesetzen Richtlinien. Darin hat sich die Finanzverwaltung gebunden, wie sie die einzelnen Sachverhalte durch die Beamten beurteilen lassen will. Auch in diesen Richtlinien wird zum großen Teil auf negative Urteile des Bundesfinanzhofes verwiesen.

Damit erklärt die Finanzverwaltung für sich, daß sie ähnliche Sachverhalte im Sinne dieser Urteile durch ihre Beamten behandeln läßt und nicht in jedem gleichgelagerten Fall ein erneuter Rechtsstreit erforderlich wird.

An diese Haltung sind aber nur die Finanzbeamten, nicht aber die Finanzrichter gebunden. Diese entscheiden nur nach Recht und Gesetz und nicht danach, wie die Finanzverwaltung den einen oder anderen Fall gern behandelt haben möchte.

Verfügt nun der Minister, daß ein bestimmtes Urteil »über den entschiedenen Einzelfall hinaus nicht anzuwenden ist«, dann bindet er damit ebenfalls nur die Finanzämter. Nur bei diesen Stellen kann das Finanzministerium seine Ansicht, auch gegen den Gesetzeswortlaut und die Rechtsprechung durchsetzen, denn diese Stellen sind weisungsgebunden und können nicht frei entscheiden.

Die Gerichte interessiert das nicht, denn schließlich ist es Sache des Gesetzgebers, eine Gesetzesänderung zu beschließen, wenn er in der einen oder der anderen Steuergestaltung einen Mißbrauch sieht, den er unterbinden will.

Solche weitreichenden Änderungen können aber aus rechtsstaatlichen Gründen nicht auf eine Art und Weise geschehen, daß in einer bloßen Behördenanordnung, ohne Einschaltung des Parlaments, eine Gesetzesverschärfung einfach »verfügt« wird.

Das bedeutet nun für Dich, daß Du lediglich durch diesen Erlaß zu einem erneuten Gerichtsverfahren getrieben wirst, wenn Dein Fall dem des grundsätzlichen Urteils gleicht. Nur durch den erneuten Rechtsstreit kannst Du Deine Rechte wahren.

Da sich mit diesem Erlaß die Finanzverwaltung in Widerspruch zu einer höchstrichterlichen Entscheidung stellt, ist Dir verfahrensrechtlich jederzeit der erneute Weg zu diesem höchsten Gericht offen, sofern nicht schon das Finanzgericht zu Deinen Gunsten entscheidet und keine Revision zuläßt oder dagegen das Finanzamt die Revision versäumt.

Daraus wird deutlich, daß es sich bei dem Nichtanwendungserlaß nur um eine Machtdemonstration der Verwaltung handelt, die zusätzlich die Gerichte belastet. Bei sorgfältiger Begründung

hast Du den Erfolg sicher in der Tasche und die Staatskasse muß obendrein noch Deine Kosten tragen.
Dieses Verhalten zeigt aber auch, wie die Finanzverwaltung das Über-/Unterordnungsverhältnis von Verwaltung und Steuerbürger versteht. Zu einer Demokratie gehört aber auch, daß unbequeme Entscheidungen akzeptiert werden. Schließlich müssen wir Bürger uns mit ungünstigen Urteilen auch abfinden und dafür wurde die richterliche Gewalt ja geschaffen, daß sie unabhängig und nicht nach der Staatsräson ihre Entscheidungen trifft.
Du siehst aber gleichzeitig daraus, daß es gegen alle Behördenmaßnahmen auch Abwehrmöglichkeiten gibt. Es liegt nur an Dir, ob Du diese Abwehr tatsächlich bis zur letzten Konsequenz nutzt.

Steuererhöhungen sind Stimmspenden an die Opposition,
für welche sich diese nach der Wahl revanchiert.
Mit Steuererhöhungen.
(Hassencamp)

Verfahrensruhe

Rechtsbehelfe wie Einspruch und Beschwerde dienen dazu, Dir die Möglichkeit offenzuhalten, Änderungswünsche gegen die Verwaltungsakte noch vorzubringen. Ist der Verwaltungsakt erst einmal bestandskräftig geworden, so kannst Du nur noch in Ausnahmefällen Änderungen zu Deinen Gunsten erreichen.
Doch diese Rechtsbehelfe müssen innerhalb einer angemessenen Frist (sechs Monate), vom Finanzamt bearbeitet werden, damit Rechtsklarheit für Dein weiteres Vorgehen herrscht.
Nun gibt es aber Fälle, in denen andere Steuerzahler einen grundsätzlichen Rechtsstreit führen, der bis vor die höchsten Gerichte wie den Bundesfinanzhof oder das Bundesverfassungs-

gericht gelangen und sich um die Entscheidung drehen, ob eine Rechtsnorm rechtmäßig oder rechtswidrig ist.
Hiervon können eine Vielzahl anderer Steuerzahler, also auch Du, betroffen sein. Doch derartige Verfahren dauern mehrere Jahre. Damit Dir die Segnungen eines positiven Urteilsspruchs ebenfalls zuteil werden, mußt Du unbedingt rechtzeitig, also innerhalb der Dir zur Verfügung stehenden einmonatigen Rechtsbehelfsfrist, gegen den betreffenden Verwaltungsakt Einspruch einlegen.
Nur dann kannst Du später von einem positiven Urteilsausgang profitieren, an dem Du eigentlich gar nicht beteiligt warst. Solange das Verfahren läuft, braucht dann die Finanzverwaltung auf Deinen Wunsch hin nicht tätig zu werden. Damit gerät sie, wenn sie die sechsmonatige Frist auch überschreitet, nicht in Entscheidungszwang.
Für diesen zulässigen Trick mußt Du allerdings das Aktenzeichen des betreffenden Verfahrens kennen, unter dem dieses bei dem zuständigen Gericht geführt wird. Nur dann kann das Finanzamt nachprüfen, ob überhaupt der anhängende Streitfall mit den bei Dir strittigen Punkten übereinstimmt und ob dieses Gericht das Verfahren überhaupt zur Entscheidung angenommen hat. Es kann natürlich auch das Aktenzeichen einer Verfügung sein, in der eine obere Finanzbehörde die Verfahrensruhe ausdrücklich billigt.
Die Schwierigkeit dabei ist allerdings die, daß Du als Bürger über derartige Verfahren kaum unterrichtet wirst. In Fachzeitschriften werden regelmäßig diese »Neuzugänge« vom Bundesfinanzhof und vom Bundesverfassungsgericht bekanntgegeben. Doch wer die diesen Streitfällen zugrundeliegenden Vorverfahren nicht kennt, kann auch nicht ermessen, welche Auswirkungen sich daraus ergeben.
Hier bleibt Dir deshalb keine andere Wahl, als entweder derartige Publikationen zu kaufen oder Dich aus den »1000 ganz legalen Steuertricks« darüber zu informieren. Hier findest Du in jeder Neuauflage die wichtigsten schwebenden Verfahren vor

dem Bundesfinanzhof. Sogar die Finanzämter wissen oftmals von diesen Verfahren nichts.
Erst nachdem das Gerichtsverfahren des anderen Steuerzahlers abgeschlossen wird, brauchst Du zu entscheiden, ob Du noch weiterhin Deinen Einspruch aufrecht hältst und damit die Urteilsgründe als Deine eigenen Gründe nachschiebst, oder ob Du bei negativem Ausgang Deinen Einspruch wieder zurücknimmst und so tust, als sei von Anfang an nichts gewesen.

Musterschreiben

RUHEN DES VERFAHRENS

An das Finanzamt
X-Stadt

Max Schlau
6666 Glückstadt

Steuer Nr...........
Einkommensteuerbescheid für...... vom.........

hier: Einspruch und Antrag auf Verfahrensruhe

Sehr geehrte Damen und Herren,
die jüngste Vergangenheit zeigte, daß die Finanzverwaltung nur solche Steuerbescheide der neuesten Rechtsprechung anzupassen bereit ist, die mit Rechtsmitteln angefochten wurden oder aus anderen Gründen noch nicht bestandskräftig geworden sind.
Angesichts der noch unklaren Rechtslage hinsichtlich des Grundfreibetrages bei der Einkommensteuer für die Jahre ab 1985, erhebe ich hiermit vorsorglich den Rechtsbehelf des Einspruchs und bitte gleichzeitig um Verfahrensruhe bis zu einer endgültigen Klärung. Ich werde zu diesem Zeitpunkt den Einspruch entweder begründen oder zurücknehmen.

Zur Statthaftigkeit meines Antrages berufe ich mich dabei auf das Schreiben des BMF vom 16. Januar 1991 mit dem Aktenzeichen:

IV A 5 - S 0338 - 16/90
IV A 6 - S 0622 - 39/90

worin diese Verfahrensweise ausdrücklich angeordnet wurde.
Mit freundlichen Grüßen
Max Schlau

Der Staat ist die große Fiktion, mit deren Hilfe sich alle bemühen, auf Kosten aller zu leben.
(Bastiat)

Aussetzung der Vollziehung

Wenn Du einen Verwaltungsakt, wie ihn ein Steuerbescheid darstellt, mit einem Einspruch angegriffen hast, so richtet sich dieser Rechtsbehelf regelmäßig auf eine Ermäßigung der festgesetzten Steuer. Diese vom Finanzamt dann zuviel verlangte Steuer bleibt aber auch nach Deiner Anfechtung des Bescheides in vollem Umfang bestehen.
Eine Ermäßigung Deiner Zahlungen setzt erst einen geänderten Bescheid voraus. Deshalb muß dieser angefochtene Betrag von Dir bezahlt werden. Ja, die Finanzverwaltung kann die Steuer sogar zwangsweise beitreiben und das sogar dann, wenn der Fehler in dem Bescheid ganz offensichtlich von der Finanzbehörde gemacht wurde, weil Steuervergünstigungen regelrecht vergessen wurden, obwohl Du sie beantragt hast.
Dieses ungerechte Ergebnis kannst Du nur dadurch korrigieren, indem Du einen Antrag auf Aussetzung der Vollziehung der zuviel berechneten Steuer stellst. Hierin wird wieder das Überordnungsverhältnis der Behörde deutlich, denn Du mußt auch bei Fehlern der Verwaltung einen Antrag stellen. Dieser zusätz-

liche Aufwand wird Dir nicht erstattet, mag das Finanzamt auch noch so schuldhaft gehandelt haben. Der Antrag kann folgendermaßen aussehen:

Musterschreiben

AUSSETZUNG DER VOLLZIEHUNG

An das Finanzamt
X-Stadt

Absender: Max Schlau
6666 Glückstadt

St. Nr: ....
Bescheid über .... Steuer vom............

hier: Antrag auf Aussetzung der Vollziehung

Sehr geehrte Damen und Herren,
in dem oben bezeichneten Einkommensteuerbescheid wurden die von mir geltend gemachten Absetzungen für Abnutzung (AfA) für die Einrichtungsgegenstände in meinem Arbeitszimmer mit dem Hinweis nicht anerkannt, daß diese Gegenstände vorher privat genutzt wurden.
Nach der neueren Rechtsprechung des Bundesfinanzhofes (BFH) ist dies aber kein Hinderungsgrund, wenn die umgewidmeten Gegenstände in dem fraglichen Zeitraum zu beruflichen Zwekken genutzt wurden.
Damit ist es ernstlich zweifelhaft, ob die vom Finanzamt vertretene Rechtsmeinung aufrecht erhalten werden kann. Zumindest ist es aber unentschieden, welcher Meinung der Vorzug zu geben ist. Da aber bereits diese Unentschiedenheit ausreicht, um die Aussetzung der Vollziehung zu gewähren, bitte ich, bis zur endgültigen Klärung der Streitfrage, die Einkommensteuer aus dem Betrag der streitigen AfA in

Höhe von ..... DM von der Beitreibung auszusetzen und mir einen entsprechenden Bescheid darüber zu erteilen.
Zusätzlich bitte ich, von der Erhebung von Aussetzungszinsen abzusehen.

Mit freundlichem Gruß
Max Schlau

Der Antrag auf Aussetzung der Vollziehung verlangt aber nicht unbedingt einen offensichtlichen Fehler der Finanzverwaltung. Auch dann, wenn gewichtige Gründe von Dir vorgetragen werden können, die die Rechtsansicht des Finanzamts zumindest zweifelhaft erscheinen lassen, kannst Du die Aussetzung der Vollziehung beantragen.
In all diesen Fällen kann nur auf Deinen Antrag hin die Beitreibung der zuviel festgesetzten Steuer und nicht des gesamten Steuerbetrages ausgesetzt werden.
Das setzt natürlich voraus, daß Du wenigstens überschlägig berechnest, welche Steuerminderungen sich aus Deinen Einwendungen gegen die Steuerbescheide ergeben. Der Restbetrag ist danach an die Finanzkasse zu zahlen. Kannst Du es nicht selbst berechnen, dann mußt Du das glauben, was Dir das Finanzamt vorrechnet.
Den Aussetzungsantrag solltest Du wie in dem vorstehend abgedruckten Muster entsprechend begründen. Du kannst diesen Antrag natürlich auch in einem einzigen Schreiben gleich mit der Einspruchsbegründung zusammenfassen.
Besser ist es jedoch, diesen Aussetzungsantrag in einem besonderen Schreiben zu stellen und eine Kopie davon an die zuständige Finanzkasse zu richten. Die letztgenannte Stelle erfährt nämlich sonst erst dann etwas von der Aussetzung, wenn über Deinen Antrag von der Veranlagungsstelle entschieden wurde.
Bis dahin können aber Wochen vergehen und es können dann bereits Zwangsmaßnahmen gegen Dich eingeleitet worden sein, ehe die Finanzkasse etwas erfährt. Indem Du von Dir aus die

Finanzkasse informierst, ersparst Du Dir die Überraschung, daß plötzlich ein Vollzugsbeamter des Finanzamts bei Dir auftaucht und den Differenzbetrag beitreiben will.

Für den Antrag auf Aussetzung der Vollziehung braucht noch nicht erwiesen zu sein, daß Du tatsächlich im Recht bist. Es genügt, wenn die Rechtslage zweifelhaft ist und mindestens unentschieden bleibt ob Du oder das Finanzamt die stichhaltigeren Argumente vorträgt.

Lehnt das Finanzamt die Aussetzung der Vollziehung ab, dann ist die nächste Stelle die Oberfinanzdirektion, bei der Du Dich über die Ablehnung beschweren mußt. Du kannst danach auch gleich beim Finanzgericht den Antrag auf Aussetzung der Vollziehung stellen. Hier solltest Du aber dann schon etwas umfangreicher begründen. Vor allem muß die nicht eindeutige Rechtslage durch einen konkreten Hinweis auf unterschiedliche Rechtsmeinungen verschiedener Finanzgerichte oder Literaturmeinungen begründet werden. In den Fällen wird Dir dann mit Sicherheit die Aussetzung gewährt.

Dieses finanzgerichtliche Aussetzungsverfahren hat aber noch einen Nebeneffekt. Die Richter müssen nämlich in diesem besonderen Verfahren bereits prüfen, wie hoch Deine Erfolgsaussichten bei einer späteren Klage sind.

Wenn Dir deshalb vom Finanzgericht die Aussetzung der Vollziehung gewährt wird, dann hat Deine Klage wenigstens zu 51% Aussicht auf Erfolg.

Diese Vorabentscheidung gibt Dir dann bereits die notwendige Grundlage für Deine Risikokalkulation des anschließenden Klageverfahrens. Es ist aber oftmals auch so, daß aufgrund der gerichtlich angeordneten Aussetzung das Finanzamt von sich aus doch noch Deinem Einspruch stattgibt und sich damit eine weitere Klage erübrigt.

In einem solchen Fall bleibst Du allerdings auf den bis dahin entstandenen Verfahrenskosten sitzen. Doch diese sind bei weitem das geringere Übel, als der mit einem Rechtsstreit zusammenhängende Aufwand.

Wenn die Rechtsbehelfsfrist verstrichen ist

Die bisher geschilderten Möglichkeiten betreffen alle Handlungen, die Du in der Zeit bis zum letzten Tag der Rechtsbehelfsfrist oder vor »Eintritt der Bestandskraft«, wie es das Gesetz bezeichnet, ergriffen haben mußt.
Nun gibt es natürlich auch Fälle, in denen diese Frist, und sei es auch nur um einen Tag, verstrichen ist. Jetzt ist guter Rat teuer, denn die Finanzverwaltung wird mit allen Mitteln versuchen, diese Verspätung für die eigene Position zu nutzen und Deine Angriffe dagegen ablehnen.
Doch ganz so einfach kann es sich die Finanzverwaltung denn doch nicht machen, denn es gibt eine Reihe von Angriffsmöglichkeiten, die Deinem Rechtsbehelf doch noch zum Erfolg verhelfen können:

Falsche Adressierung

Ein in der Vergangenheit häufiger, heute etwas seltenerer Fehler der Finanzverwaltung, ist die falsche Adressierung. Nun wirst Du Dich fragen, welche Auswirkungen denn dies für Dich hat. Ein Verwaltungsakt, wozu alle Steuerbescheide gehören, kann nur dann gegen Dich wirken, wenn er Dir als Steuerpflichtigen wirksam bekanntgegeben wurde. Damit werden gleich eine ganze Reihe Anforderungen gestellt. Denn der Steuerbescheid muß Dich betreffen und nicht nur aus Versehen, sondern ganz bewußt vom Finanzamt Dir zugestellt werden. Zudem mußt Du daraus eindeutig erkennen können, was die Finanzverwaltung von Dir fordert.

Das bedeutet, daß dann, wenn Euch als Eheleuten ein Steuerbescheid mit der Anschrift »Herr und Frau X Y« zugestellt wurde, sich dieser Bescheid nur dann gegen beide Eheleute richtet, wenn Ihr Zusammenveranlagung beantragt und beide die Steuererklärung unterschrieben habt.
Nur dann kann die Finanzverwaltung unterstellen, daß Ihr Euch gegenseitig dazu bevollmächtigt habt, jeweils den Steuerbescheid des anderen Ehepartners rechtswirksam entgegenzunehmen. In diesem Fall reicht es dann aus, wenn das Finanzamt nur einen einzigen Steuerbescheid verschickt.
Dieser Bescheid entfaltet wegen der gegenseitigen Bevollmächtigung gegen beide Eheleute Rechtswirkungen. Es kann sich keiner von Euch dann darauf herausreden, ihm sei der Bescheid nicht bekanntgegeben worden. Zusammengefaßter Steuerbescheid heißt so etwas in der Fachsprache.
Hat dagegen der andere Ehegatte die Steuererklärung nicht mit unterschrieben und ist trotzdem nur ein zusammengefaßter Steuerbescheid vom Finanzamt gekommen, dann habt Ihr, sofern Ihr die Steuern bezahlt habt, ohne Rechtsgrund gezahlt.
Der Steuerbescheid ist nicht wirksam geworden, die Steuer wurde zu unrecht erhoben.
Es kann in dem Fall nicht festgestellt werden, gegen wen sich der Bescheid eigentlich richtet. Gleiches gilt übrigens auch, falls Ihr getrennte Veranlagung beantragt habt und ebenfalls nur ein zusammengefaßter Steuerbescheid gekommen ist. Diese Fälle sind ebenfalls möglich, allerdings sehr unwahrscheinlich.
Die Folgen sind die, daß Ihr die gesamte Steuer zurückfordern könnt, sofern Festsetzungsverjährung eingetreten ist. In den Fällen kann das Finanzamt den Fehler nicht mehr berichtigen, wie ich unter dem Stichwort Festsetzungsverjährung ausführe.
Da die Finanzämter nur in den seltensten Fällen ihre Fehler zugeben, solltet Ihr vor einer Klage zum Finanzgericht nicht zurückschrecken. Das Finanzgericht muß den Eintritt der Ver-

jährung prüfen und daraufhin muß Euch auch die Rückerstattung zugesprochen werden.
Ist der Steuerbescheid allerdings älter als 10 Jahre, dann hat sich bei den Richtern die Meinung durchgesetzt, daß es mißbräuchlich ist, nach so langer Zeit diesen Fehler erst zu beanstanden. Es sollte Euch trotzdem der Versuch wert sein, denn eine Klage ist recht kostengünstig und jeder Richter sieht den Fall nun einmal anders. Wenn Ihr dann noch steuerrechtlich unvorbelastete Steuerzahler seid, dann steigen Eure Chancen weiter.
Diese strengen Regeln der Bekanntgabe gelten auch bei mehreren Beteiligten oder wenn Verwaltungsakte an einen von Dir benannten Zustellungsbevollmächtigten, Erben usw. geschickt werden. Auch hier muß ganz eindeutig sein, ob sich der Bescheid gegen den Zustellungsbevollmächtigten persönlich, oder gegen die von ihm vertretenen Personen richtet.
Selbst diese Fehler führen zu den oben beschriebenen Folgen. Ein solcher Fehler eröffnet Dir mindestens die Möglichkeit zu einem wirksamen Gegenangriff, denn wenn eine Frist wegen fehlender Bekanntgabe aus formalen Gründen gar nicht zu laufen beginnt, kann sie auch nicht zu einem bestimmten Zeitpunkt enden.

Grundlagenbescheid

Es kann aber auch passieren, daß ein anderes Finanzamt als Dein Wohnsitzfinanzamt die Grundlagen für Deine Besteuerung feststellen muß. In dem Fall ist es notwendig, daß ein sogenannter »Grundlagenbescheid« erlassen wird.
Bei den Verwaltungsakten existieren verschiedene »Qualitäten«. So gibt es die genannten Grundlagenbescheide, die die Berechnungsgrundlagen für andere Steuerbescheide bilden. Das Steuerrecht kennt dafür die Einheitswertbescheide, die für die Grundsteuer, Gewerbesteuer oder Vermögensteuer maßgeblich sind.

Doch auch wenn Du mit mehreren Steuerzahlern an einem einzelnen Objekt (Schiff, Gebäude, Handelsgewerbe, selbständige Tätigkeit usw.) beteiligt bist und gemeinsam Gewinne oder Verluste erwirtschaftet werden, dann müssen diese in einem sogenannten Grundlagenbescheid festgestellt und den jeweiligen Beteiligten anteilig zugerechnet werden.
Diese Zurechnung kann nach Köpfen, nach Prozenten oder nach anderen Kriterien geschehen, je nachdem, welchen Verteilungsmodus die Beteiligten dabei vereinbart haben. Gleichzeitig erhalten die Wohnsitzfinanzämter jedes Beteiligten eine Mitteilung darüber, in welcher Höhe für den an der Gemeinschaft beteiligten Steuerzahler Gewinne oder Verluste angefallen sind.
Damit kontrolliert das Wohnsitzfinanzamt, daß in Deinem persönlichen Steuerbescheid, der als Folgebescheid bezeichnet wird, diese Beträge dann auch tatsächlich in der ermittelten Höhe in die Steuerfestsetzung eingerechnet werden.
Bei dieser Prozedur ist aber für Dich besonders wichtig, daß Du nicht erst bei Deiner persönlichen Steuererklärung die eventuellen falschen Zahlen dieses Grundlagenbescheids angreifen darfst, sondern dies muß noch innerhalb der Rechtsbehelfsfrist gegen den Grundlagenbescheid geschehen.
Dazu mußt Du natürlich auch der Gesellschaft oder Gemeinschaft Deine »Sonderbetriebsausgaben« oder »Sonderwerbungskosten« mitteilen. Diese von Dir persönlich getragenen Aufwendungen müssen nämlich auch in dem Grundlagenbescheid erfaßt und Dir dann persönlich wieder zugerechnet werden, weil diese Aufwendungen Dich nur persönlich und nicht alle Beteiligten insgesamt treffen.
Diese Verfahrensvorschriften sind sehr genau zu beachten, denn in dem Grundlagenbescheid wird regelmäßig kein Steuerbetrag sichtbar festgesetzt, sondern nur die Grundlagen für Deine persönliche Steuer. Deshalb denken manche Steuerzahler, daß sie sich hiergegen noch nicht zur Wehr zu setzen brauchen, weil es ja an einer Zahlungsverpflichtung fehlt. Doch diese Annahme ist leider nicht richtig.

Erkennst Du Fehler in dem Grundlagenbescheid zu spät, also nachdem die Monatsfrist seit der Bekanntgabe schon abgelaufen ist, dann prüfe zuerst, ob Du den Bescheid überhaupt anerkennen mußt. Es kann sein, daß wegen falscher oder unvollständiger Adressierung dieser Verwaltungsakt noch gar nicht gegen Dich wirkt.

In dem Fall kannst Du dann noch jederzeit bei dem Finanzamt, welches für diesen Grundlagenbescheid zuständig ist, Deine Änderungswünsche vorbringen. In vielen Fällen wird dafür ein Bevollmächtigter bestellt sein, der dies für Dich erledigt. Den mußt Du schnellstens informieren.

Eine weitere Möglichkeit für die Änderung des Grundlagenbescheids ist die, daß Gründe für die »Wiedereinsetzung in den vorigen Stand« vorliegen, die ebenfalls dazu führen, daß der Grundlagenbescheid noch geändert werden kann.

Weiter kann es sein, daß dieser Grundlagenbescheid noch unter dem Vorbehalt der Nachprüfung steht, weil das Finanzamt an Ort und Stelle die einzelnen Sachverhalte aufgrund einer Außenprüfung überprüfen will. Auch in diesem Fall kannst Du jederzeit noch Deine Änderungswünsche gegen diesen Grundlagenbescheid vorbringen.

Bei allen eben genannten Voraussetzungen ist es nicht notwendig, daß Du Deine persönlichen Steuerbescheide wegen dieser Änderungswünsche zusätzlich angreifst. Diese Änderungen muß Dein Wohnsitzfinanzamt automatisch vornehmen, wenn es von dem Betriebs- oder Belegenheitsfinanzamt die geänderten Grundlagen mitgeteilt bekommt.

Dir entsteht insoweit kein Nachteil, weil diese Zwangsänderung gesetzlich geregelt ist, auch wenn Bestandskraft für Deinen persönlichen Steuerbescheid schon eingetreten sein sollte.

Mit Deinen Angriffen gegen den Grundlagenbescheid mußt Du ebenfalls erst das außergerichtliche Rechtsbehelfsverfahren (Einspruchsverfahren oder Beschwerdeverfahren) durchboxen. Danach steht Dir noch der Klageweg offen.

Selbst wenn sich die Auswirkungen erst in Deiner persönlichen

Steuerveranlagung zeigen, weil erst hier die tatsächlichen Steuerbeträge festgesetzt werden, mußt Du den Grundlagenbescheid als die maßgebliche Berechnungsgrundlage dafür angreifen, und zwar mit allen Rechtsmitteln, wie Einspruch, Beschwerde oder Klage.

Wenn Du hiermit Erfolg hast, wird Dein persönlicher Steuerbescheid dann automatisch geändert. So schreibt es das Verfahrensrecht vor.

Doch noch andere Fehler kann dieser Bescheid enthalten, um nicht wirksam zu werden. Dies ist zum Beispiel der Fall, wenn nicht klar für Dich erkennbar ist, gegen wen sich dieser Bescheid überhaupt richtet.

Es ist dabei sehr sorgfältig zu unterscheiden, ob ein solcher Verwaltungsakt gegen alle Beteiligten gerichtet ist, oder nur gegen den oder die Zustellungsbevollmächtigten oder gegen die gesetzlichen Vertreter einer Gesellschaft.

Die beiden Letztgenannten müssen eindeutig in dieser Funktion aus der Adresse oder mindestens aus dem Inhalt des Schreibens erkennbar sein. Anderenfalls ist es nämlich ungewiß, ob der Bescheid gegen die vertretenen Personen wirkt, oder ob dieser sich gegen den Bevollmächtigten oder gegen den gesetzlichen Vertreter persönlich richtet.

Damit Du das erkennst, ist es erforderlich, daß neben der vollständigen Anschrift der Gesellschaft oder Gemeinschaft auch die Funktion des Zustellungsbevollmächtigten eindeutig angegeben ist. Eine Ungewißheit in der Anschrift, die auch in dem Schreiben nicht aufgeklärt wird, macht eine wirksame Bekanntgabe unmöglich. Deshalb kannst Du in diesen Fällen den Verwaltungsakt noch nachträglich angreifen.

Sogar eine richtige Rechtsbehelfsbelehrung heilt den Mangel der falschen Adressierung nicht und setzt deshalb keine Frist in Gang. Das Finanzamt muß in einem solchen Fall nochmals einen Bescheid mit der richtigen Adressierung bekanntgeben. Erst wenn das geschehen ist, mußt Du auch die Rechtsbehelfsfrist beachten.

Wiedereinsetzung in den vorigen Stand

Doch auch mit den bereits geschilderten Mitteln sind Deine Angriffsmöglichkeiten gegen Steuerbescheide noch nicht erschöpft. Es gibt noch weitere Rettungsanker gegen die Bestandskraft von Verwaltungsakten. Dabei ist der Antrag auf Wiedereinsetzung in den vorigen Stand das bekannteste und wirksamste Mittel für Dich.

Irren ist menschlich, sagt der Volksmund, nur haben diese Irrtümer oft unterschiedliche Folgen. Ganz besonders gravierend sind diese Folgen im Steuerrecht, wenn Du Dich in dem Ende einer Frist irrst, bis zu dem Du spätestens ein Rechtsmittel einzulegen hast. Ist die Frist erst einmal verstrichen, dann hast Du auch meist Deinen Rechtsschutz verloren.

In solchen Fällen mußt Du mitunter buchstäblich um eine Sekunde kämpfen, die dann das Schriftstück noch als am Vortag und damit als rechtzeitig eingegangen hinstellt. Solche entschuldbaren Irrtümer werden als Wiedereinsetzungsgründe bezeichnet, bei denen dann so getan wird, als sei alles planmäßig verlaufen.

Solche Gründe sind, Anweisungen an Dir unterstellte Personen, wenn diese Personen die Anweisungen gar nicht oder nicht richtig befolgen.

So kannst Du beispielsweise einen Boten auf die Dringlichkeit und die Wichtigkeit eines Briefes hinweisen, der noch unbedingt am gleichen Tag in den Hausbriefkasten des Finanzamts einzuwerfen ist. Der Bote versäumt dies oder wirft aus Versehen den Umschlag mit der übrigen Post in den Postbriefkasten ein. Damit kann die Frist bereits versäumt sein, wenn es der letzte Tag der Rechtsbehelfsfrist (Ausschlußfrist) war, an dem dieses Schriftstück das Finanzamt hätte unbedingt erreichen müssen.

War dieser Bote von seinem Alter und von seiner geistigen Auffassungsgabe her durchaus fähig, die Wichtigkeit dieses Auftrags zu erkennen, und hatte er schon vorher öfter zu Deiner

Zufriedenheit Botengänge ausgeführt, dann führt dies zur Wiedereinsetzung in den vorigen Stand und damit zur Rettung der Frist.

In dem Fall trifft Dich nämlich keine Schuld an der Fristüberschreitung, denn Du hast den Boten gewissenhaft ausgewählt und ihn auch darauf aufmerksam gemacht, wie wichtig der Auftrag ist.

Genauso kann es passieren, daß Du bei einem Umzug, bei einer Kur oder bei einem längeren Urlaubsaufenthalt einen Nachsendeantrag oder anderweitige Postzustellung beantragt oder veranlaßt hast. Trotzdem kann es vorkommen, daß wichtige Schriftstücke nach wie vor in Deinen Hausbriefkasten gelangen und erst nach Deiner Rückkehr, und damit verspätet von Dir vorgefunden werden.

Auch hier hast Du alles Notwendige veranlaßt, um rechtzeitig wichtige Schriftstücke in die Hände zu bekommen, so daß auch hierbei aufgetretene Fehler von Dir nicht verschuldet sind.

Doch damit kannst Du die Sache nicht einfach auf sich beruhen lassen. Nachdem Du diesen Fehler bemerkt hast, mußt Du innerhalb eines Monats beim Finanzamt, beim Finanzgericht sogar innerhalb von zwei Wochen, von Dir aus ausführlich dazu Stellung nehmen und möglichst Beweise dazu anbieten (Nachsendeanträge, Zeugenaussagen usw.).

Gleichzeitig mußt Du auch noch die unterlassenen Rechtsmittel einlegen. Nur wenn Du beides tust, kann Dir auch wirklich Wiedereinsetzung in den vorigen Stand gewährt werden. Spare deshalb nicht mit Beweismitteln, denn in solchen Fällen geht es um alles oder nichts.

Musterschreiben

ANTRAG AUF WIEDEREINSETZUNG IN DEN VORIGEN STAND

An das Finanzamt ....

Absender:
Max Schlau
6666 Glückstadt

Datum ....

Betr.: Steuer Nummer:........................
hier:....................Steuerbescheid 19.....
vom........., zugegangen am ....
Einspruch vom ....
Ihr Schreiben vom ....

Sehr geehrte Damen und Herren,
meinen (unseren) Einspruch vom .... weisen Sie, mit dem obengenannten Schreiben, als verspätet erhoben zurück.
Ausweislich des in Kopie beigefügten Postnachsendeauftrages und dem Briefumschlag, in dem mir (uns) der fragliche Steuerbescheid zuging, habe(n) ich (wir) alles getan, um rechtzeitig wichtige Schriftstücke zu erhalten.
Der fragliche Bescheid befand sich nach meiner (unserer) Rückkehr in meinem (unserem) Hausbriefkasten, so daß nicht sicher ist, ob der Postbote oder eine andere Person, die den Briefumschlag irrtümlich erhalten hatte, das Schriftstück in den Briefkasten eingeworfen hat. Damit ist aber sogar zweifelhaft, ob diese Schriftstück überhaupt als wirksam zugegangen zu betrachten ist.
In jedem Fall trifft mich (uns) an der Fristüberschreitung keine Schuld, weshalb ich (wir) hiermit Wiedereinsetzung in den vorigen Stand

beantrage(n). Der Einspruch ist noch innerhalb der Monatsfrist nach Auffinden des Bescheides in meinem (unserem) Hausbriefkasten erhoben worden. Damit gilt der Rechtsbehelf als rechtzeitig eingelegt und muß bearbeitet werden.

Mit freundlichem Gruß
Max Schlau

Eintritt der Bestandskraft

Die bisher geschilderten Maßnahmen galten alle dem einen Ziel, Deine Änderungswünsche falscher oder wenigstens fehlerhafter Steuerbescheide und anderer Verwaltungsakte, der Finanzverwaltung vorzuhalten und berichtigen zu lassen.
Meistens ist mit der Ausfertigung des Steuerbescheids für den Finanzbeamten »sein Steuerfall« abgeschlossen, deshalb wird er auch nachträglich nicht alles noch einmal kontrollieren, ob ihm eventuell ein Fehler unterlaufen ist. Diese Kontrolle obliegt ganz allein Dir als Steuerzahler. Du mußt auch tätig werden, wenn Schlampigkeiten seitens der Finanzverwaltung aufgetreten sind.
Nun kann es aber auch passieren, daß der Rechnungshof das Finanzamt im eigenen Hause kontrolliert und dabei ausgerechnet Deine Akten in die Finger nimmt, oder es kann sich der Sachgebietsleiter Steuerakten vorlegen lassen und eine interne Kontrolle durchführen. Anläßlich solcher Kontrollen können dann natürlich auch Fehler offenbar werden, die sich zu Deinen Gunsten ausgewirkt haben und damit wurde Deine zu zahlende Steuer zu niedrig festgesetzt.
Jetzt wird das Finanzamt nach Mitteln und Wegen suchen, um auch nach »Bestandskraft« Dir die höhere Steuer doch noch abknöpfen zu können. Dazu mußt Du als Betroffener aber erst einmal wissen, wann diese Bestandskraft überhaupt eingetreten ist

und ab wann der Steuerbescheid nicht mehr ohne weiteres abänderbar ist. Bis zu diesem Zeitpunkt kann nämlich das Finanzamt immer wieder einen neuen Bescheid erlassen. Weil jedesmal eine neue Festsetzungsfrist beginnt, könnte es auf diese Weise praktisch zu einem endlosen Besteuerungsverfahren kommen.
Dies darf aber nicht Sinn des gesetzlich festgeschriebenen Rechtsfriedens sein.
Dieser Zeitraum vom Eintreffen des Verwaltungsaktes (Steuerbescheides) bei Dir, bis zum Eintritt der Bestandskraft, beträgt in der Regel einen Monat. Ist die Bekanntgabe wegen falscher Adressierung nicht wirksam, dann beginnt die Monatsfrist überhaupt nicht zu laufen. Erst wenn die Finanzverwaltung diesen Fehler berichtigt hat und noch keine Festsetzungsverjährung eingetreten ist, beginnt die Monatsfrist.
Innerhalb dieses einen Monats kannst Du natürlich die Bestandskraft »einfrieren«, indem Du Einspruch oder Beschwerde gegen den Bescheid erhebst.
Wird dem Einspruch nicht stattgegeben und klagst Du dagegen vor dem Finanzgericht und anschließend vor dem Bundesfinanzhof oder gar vor dem Bundesverfassungsgericht oder dem Europäischen Gerichtshof, dann kann die Bestandskraft zehn und mehr Jahre angehalten werden.
Erst dann, wenn über das letzte Rechtsmittel entschieden wurde, und Du dagegen keine Einwände mehr vorbringen kannst oder das Gericht keine weiteren Angriffsmöglichkeiten (Revisionen) mehr zuläßt, wird der Verwaltungsakt in dieser Form bestandskräftig, die er durch den letzten Richterspruch erfahren hat.
Ändert das Finanzamt den Verwaltungsakt bereits im Einspruchsverfahren, dann kann es natürlich passieren, daß erneut Fehler auftreten. Diese brauchst Du selbstverständlich nicht hinzunehmen, sondern Du mußt den neuen Steuerbescheid oder den Verwaltungsakt ebenfalls wieder angreifen. Mir sind Fälle bekanntgeworden, in denen ein Steuerbescheid elfmal geändert wurde, ehe die Zahlen endlich mit der abgegebenen Steuererklärung übereinstimmten.

Wird ein Steuerbescheid unter den Vorbehalt der Nachprüfung gestellt oder ergeht er nur vorläufig, dann behält sich die Verwaltung jederzeit das Recht einer Änderung vor. Dieses Recht steht Dir selbstverständlich auch zu. In den Fällen tritt die Bestandskraft erst ein, wenn diese Vorbehalte aufgehoben wurden und danach die Monatsfrist verstrichen ist.

Offenbare Unrichtigkeiten

Diese Bestandskraft, und damit das Änderungsverbot wollen die Finanzämter aber oftmals durch die Behauptung aus den Angeln heben, es handle sich bei den Fehlern nur um eine offenbare Unrichtigkeit, die auch nach Bestandskraft noch berichtigt werden dürfe. Doch so einfach geht das nicht.
Die Gerichte haben ganz klare Abgrenzungen getroffen, wann überhaupt von einer offenbaren Unrichtigkeit gesprochen werden kann. Dazu muß es sich um ganz offensichtliche Schreibfehler handeln.
So beispielsweise, wenn Du oder das Finanzamt erkennbar Zahlen verdreht hat, Zahlen in eine falsche Zeile eingetragen wurden und damit zu falschen Ergebnissen geführt haben, oder wenn Beträge überhaupt nicht aus dem Eingabewertbogen von der Datenerfassungsstelle an das Rechenzentrum übermittelt wurden. Diese Fehler müssen für jeden Außenstehenden leicht erkennbar sein.
Bei Rechenfehlern ist die Berichtigungsmöglichkeit nicht so eindeutig, denn der Beamte kann bei seiner Berechnung einen Rechtsfehler begangen, also beispielsweise darüber geirrt haben, in welchem Verhältnis die Kosten Deines Kraftfahrzeugs oder Deines Arbeitszimmers auf die abzugsfähigen Werbungskosten und auf die nicht abzugsfähige Privatsphäre aufzuteilen sind.
Bei diesen Fehlern, bei denen die Finanzbeamten eigene Rechenoperationen ausführen müssen, solltest Du die offenbare

Unrichtigkeit nicht anerkennen, sondern Dich darauf berufen, daß der Beamte den Sachverhalt falsch beurteilt hat.
In solchen Fällen darf dann selbst ein falscher Bescheid nicht mehr geändert werden, auch wenn sich das Finanzamt zu seinem Nachteil geirrt hat.
Hier mußt Du natürlich auch mit Deiner eigenen Argumentation darauf achten, daß Du nicht solche Formulierungen wählst, als hättest Du diesen Fehler ebenfalls als eine offenbare Unrichtigkeit, also als einen einfachen Schreibfehler betrachtet. Du mußt vielmehr behaupten, daß der Beamte ganz bewußt diesen Rechenansatz gewählt hat und ihm eben nicht eine bloße Zahlenverwechslung unterlaufen ist.
Was den Finanzämtern natürlich gar nicht paßt, ist die Möglichkeit, daß auch Du als Steuerzahler solche Dir unterlaufene offenbare Fehler ebenfalls noch nachträglich berichtigen kannst.
Dazu hat aber unser höchstes Steuergericht, der Bundesfinanzhof, Stellung bezogen und Dir als Steuerzahler diese Berichtigungsmöglichkeit zugesprochen. Es kommt dabei aber auf den Nachweis an, daß Dir ein rein mechanisches Versehen beim Abschreiben von Zahlen oder bei der Verwechslung von Zeilen und ähnlichem, z. B. beim Ausfüllen der Steuererklärung oder der dazu erforderlichen Anlagen unterlaufen ist.
Diese offenbare Unrichtigkeit mußt Du aber innerhalb eines Jahres berichtigen lassen, nachdem Dir dieser fehlerhafte Bescheid bekanntgegeben wurde. Wird diese Frist überschritten, dann ist eine nachträgliche Änderung nur noch dann möglich, wenn dieser Bescheid unter dem Vorbehalt der Nachprüfung stand oder der betreffende Sachverhalt im Steuerbescheid nur als vorläufig festgestellt bezeichnet wurde.

Urteilsauszüge:

Eine offenbare Unrichtigkeit ist anzunehmen, wenn anläßlich des Abgangs eines Anlagegegenstandes sein Restbuchwert vom Steuer-

pflichtigen zwar im Anlagenverzeichnis abgesetzt, aber nicht als Betriebsausgaben in die Überschußrechnung nach § 4 Abs. 3 EStG übertragen wird.

aus: Urteil des Bundesfinanzhofes (Leitsatz) vom 2. April 1987, Aktenzeichen: IV R 255/84

... *Es handelt sich bei den offenbaren Unrichtigkeiten im Sinne dieser Vorschrift wegen der Ähnlichkeit zu den Schreib- und Rechenfehlern um mechanische Fehler, die ebenso mechanisch, das heißt ohne weitere Prüfung erkannt und berichtigt werden können. Während bei den Schreibfehlern stets von einem mechanischen Versehen auszugehen ist, ist bei der Kategorie der Rechenfehler ein rein mechanisches Verrechnen wie aber auch eine Fehlerquelle im Bereich des Denkens und Schlußfolgerns möglich. Dieser letzte Bereich ist nicht als zu den Rechenfehlern im Sinne des § 129 AO gehörend anzusehen ...*

aus: Urteil des Hessischen Finanzgerichts vom 9. November 1989, Aktenzeichen: 1 K 2773/89

Neue Tatsachen

Dem Finanzamt stehen aber noch andere Berichtigungsmöglichkeiten offen, nämlich diejenigen der »neuen Tatsachen«. Wie ich schon ausgeführt habe, ist es die erklärte Aufgabe der Finanzverwaltung, bei allen Bürgern deren steuerliche Sachverhalte vollständig zu erfassen und darauf die gesetzlich vorgeschriebene Steuer zu erheben. Dies wird als »Grundsatz der Gleichmäßigkeit der Besteuerung« bezeichnet.
Damit dieses Ziel erreicht werden kann, wurden der Finanzverwaltung weitreichende Vollmachten eingeräumt, die nur durch Verjährungsfristen gebremst werden. Der Gesetzgeber hat damit der vollständigen Besteuerung den Vorrang gegeben vor dem Rechtsfrieden zwischen Bürgern und Verwaltung.
Doch auch hierbei muß der Rechtsstaat Grenzen ziehen, um Willkürhandlungen auszuschließen.

Nun könntest Du zwar sagen, daß Beamte freiwillig nicht mehr tun als unbedingt erforderlich ist, und schon aus diesem Grunde die menschliche Trägheit als Regulierungsfaktor eingreift, doch auf solche vagen Hoffnungen kann sich ein Gesetzgeber nicht verlassen. Er muß vielmehr für die Gerichte nachprüfbare Abgrenzungsmerkmale festschreiben, die das Erlaubte vom Verbotenen trennen.

Deshalb kommt es bei den Änderungsversuchen der Finanzverwaltung vor allem darauf an, ob diese Tatsachen tatsächlich »neu« sind. Dies kann aber nur an dem Umkehrschluß nachgeprüft werden, den die Richter so formulieren:

... Bekannt ist der zuständigen Dienststelle der Inhalt der dort geführten Akten; hierzu gehören alle gehefteten und losen Schriftstücke, die bei der Dienststelle vorliegen oder sie im Geschäftsgang erreicht haben ...

Danach kann also bestenfalls das als neu gelten, was dem Finanzamt bisher nicht bekannt war. Deshalb lohnt es sich, dem Finanzamt zur Steuererklärung, zum Jahresabschluß usw. möglichst umfangreiche Aufstellungen zu fertigen und zuzusenden.

Alles was Du auf diesem Wege dem Finanzamt mitteilst, muß es auch als bekannt gegen sich gelten lassen. Es kommt dabei nicht etwa darauf an, ob der betreffende Beamte diese Hinweise in sein Bewußtsein auch aufnimmt, oder ob er solche Hinweise einfach überliest.

Das was er schriftlich in seinen Akten hat, wird als bekannt angesehen. Deshalb fertige Dir unbedingt Kopien von allem an, was Du dem Finanzamt schickst. Es ist dann Aufgabe der Verwaltung, nach dem gesetzlich vorgeschriebenen Erforschungs- und Untersuchungsgrundsatz, den zweifelhaften Dingen buchstäblich auf den Grund zu gehen.

Forscht das Finanzamt nicht nach und klärt es Sachverhalte nicht vollständig auf, obwohl sich Fragen dazu geradezu aufdrängen, dann muß das Finanzamt diese »Nichtaufklärung«

selbst vertreten und kann eben nicht über den Umweg der Berichtigung als neue Tatsachen, zuwenig erhobene Steuern noch nachträglich festsetzen. In diesem Bereich wird von den Finanzämtern sehr viel gesündigt, was endlose Rechtsstreitigkeiten vor den Finanzgerichten beweisen.

Nun kann es aber sein, daß Du vor und nach dem Eintritt der Bestandskraft in dem festen Glauben bist, der Bescheid sei tatsächlich richtig. Nachträglich stellst Du dann aber zufällig fest, daß z. B. die Werbungskosten oder außergewöhnlichen Belastungen von Dir doch zu niedrig angegeben wurden. Dadurch ist die Steuer zu hoch festgesetzt. Doch welche Möglichkeiten hast Du in einem solchen Fall?

Kann Dir kein grobes Verschulden an dieser »Schlamperei« vorgeworfen werden, sondern sind einleuchtende familiäre Gründe, schwere Krankheit usw. dafür maßgebend, daß Du in Deiner sonst üblichen Sorgfalt gehindert wurdest, dann kannst Du auch noch nachträglich eine Anerkennung erreichen.

Das gilt auch, wenn Du nicht wußtest, welche Steuervergünstigungen Dir alle zustehen, weil im Erklärungsvordruck ein Hinweis darauf fehlte.

Anders sieht es dagegen mit solchen Angaben aus, nach denen ausdrücklich in dem Erklärungvordruck gefragt wird. Wenn Du solchen Fragen nicht nachgehst und Dich notfalls beim Finanzamt erkundigst, dann kannst Du dafür kein Entgegenkommen mehr erwarten.

Nimmt das Finanzamt aber seinerseits nachträgliche Änderungen z. B. wegen neuer Tatsachen vor, so kannst Du, falls Du inzwischen Fehler zu Deinen Gunsten entdeckt hast, diese Fehler jetzt ebenfalls noch dem Finanzamt gegenüber geltend machen.

Eine solche Berichtigung kann aber leider nur dazu führen, daß die Fehler des Finanzamtes mit Deinen Fehlern saldiert werden und damit das ursprüngliche Ergebnis erhalten bleibt. In einem solchen Fall kannst Du leider Deine Situation nicht so weit verbessern, daß Du vom Finanzamt noch etwas zurückbekommst.

Einen solchen Vorteil erreichst Du nur, wenn Du den oben genannten Antrag innerhalb der Jahresfrist stellst. Ein Beispiel soll dies verdeutlichen:

Das Finanzamt hat nachträglich erfahren, daß Du innerhalb der Spekulationsfrist Wertpapiere mit Gewinn verkauft hast.

Überschuß aus diesem Geschäft 10 000 DM

Das Finanzamt weiß aber bisher nicht, daß bei Dir im gleichen Jahr Spekulationsverluste in Höhe von 5000 DM entstanden sind. Weiter hattest Du auf der Fahrt zur Arbeitsstätte einen Verkehrsunfall selbst verschuldet. Diese selbstgetragenen Kosten belaufen sich auf 9000 DM, die Du bisher ebenfalls nicht geltend gemacht hast.
Bei dieser Sachlage kannst Du leider nur das Ergebnis des Finanzamtes auf 0 DM bringen. Die 4000 DM, die Du zusätzlich als Werbungskosten hättest geltend machen können, fallen leider unter den Tisch.
Entdeckst Du allerdings diesen Fehler noch innerhalb eines Jahres, nachdem Dir der erste Bescheid des Finanzamtes zugegangen ist, oder hat das Finanzamt den Änderungsbescheid noch innerhalb dieser Zeit erlassen, und kannst Du Gründe dafür vorbringen, daß Dich an dem Versäumnis der erst jetzt geltend gemachten Werbungskosten keine Schuld trifft, dann führen auch die 4000 DM noch zu einer nachträglichen Steuerermäßigung. Die nachfolgenden Urteile sollen Dir zeigen, wann die Finanzgerichte solche unverschuldeten Fehler anerkannt haben.

... Bekannt ist der zuständigen Dienststelle der Inhalt der dort geführten Akten; hierzu gehören alle gehefteten und losen Schriftstücke, die bei der Dienststelle vorliegen oder sie im Geschäftsgang erreicht haben ... Die Klägerin und ihren Steuerberater trifft nach den Gesamtumständen an dem nachträglichen Bekanntwerden der fraglichen Steuerzahlung auch kein grobes Verschulden, d. h. kein Vorsatz oder grobe Fahrlässigkeit. Letztere, die im Streitfall allein in Betracht kommt, ist anzu-

nehmen, wenn der Steuerpflichtige oder sein steuerlicher Berater die ihm persönlich zuzumutende Sorgfalt in ungewöhnlichem Maße und in nicht entschuldbarer Weise verletzt ...

aus: Urteil des Niedersächsischen Finanzgerichts vom 27. Februar 1986, Aktenzeichen: II 690/84

... Die Unkenntnis steuerlicher Bestimmungen allein kann den Vorwurf groben Verschuldens hingegen nicht begründen. Soweit die Kläger Hinweise in den ihnen mit den Erklärungsvordrucken zugesandten Merkblättern nicht beachtet haben, liegt darin keine grobe Verletzung der Sorgfaltspflicht. Zum einen ist zu berücksichtigen, daß die Kläger weder steuerlich vorgebildet noch beraten waren. Ihnen fehlte daher die Übung im Umgang mit amtlichen Vordrucken und Erläuterungen. Auch sind die den Erklärungsvordrucken beigefügten Merkblätter sehr umfangreich und für einen Laien zum Teil schwer verständlich. Zum anderen fehlt in dem Erklärungsvordruck selbst ein ausdrücklicher Hinweis auf ...

aus: Urteil des Finanzgerichts Düsseldorf vom 2. Juli 1987, Aktenzeichen: VIII 109/81 E

Daraus wird Dir klar geworden sein, daß die »Fehler danach« wesentlich schwieriger zu korrigieren sind, als wenn Du den Bescheid noch innerhalb der einmonatigen Rechtsbehelfsfrist anfichst.
Deshalb auch immer wieder mein Rat, zu dem vorsorglichen Einspruch zu greifen, der Dir diese Frist unter allen Umständen rettet. In den Fällen spielt es nämlich dann auch keine Rolle mehr, wie lange sich das Verfahren hinzieht und welche Änderungswünsche Du dem Finanzamt präsentierst. Solange die Bestandskraft noch nicht eingetreten ist, bist Du nach allen Seiten frei und kannst sämtliche Dir zustehenden Steuervergünstigungen noch nachverlangen.
Da diese Vorschriften nicht einseitig das Finanzamt begünstigen, kannst Du für Dich ebenfalls nachträglich solche Änderungen beantragen. Bei Dir wird jedoch zusätzlich gefordert, daß Dich kein grobes Verschulden daran trifft, daß die Tatsachen erst

nachträglich bekanntgeworden sind. Dies soll Dir der nachfolgende Urteilsauszug verdeutlichen:

... Der Kläger hat glaubhaft dargelegt (die Umstände sprechen für sich), daß er sich in einer Ausnahmesituation befunden hatte, als ihm die Bankbelege zugestellt wurden ... Wenn aber unter solchen Umständen das Verlegen der Belege nicht grob fahrlässig verschuldet war, so folgt daraus, daß auch ihre Existenz ohne grobes Verschulden unbekannt bleiben konnte, weil die Belege nicht dort abgelegt waren, wo sie hingehörten und weil deren Inhalt nicht im Gedächtnis aufgenommen worden war ...

aus: Urteil des Finanzgerichts Berlin vom 24. März 1987, Aktenzeichen: VII 100/86

Festsetzungsverjährung

Nun stellt sich die berechtigte Frage, wie lange Du oder das Finanzamt solche nachträglichen Änderungen überhaupt vornehmen bzw. verlangen kannst.
Zu diesem Zweck muß ich zuerst die Festsetzungsverjährung erklären, weil dies den Endpunkt jeglicher Änderungsmöglichkeiten markiert. Die Festsetzungsverjährung darfst Du aber nicht mit der Bestandskraft von Verwaltungsakten verwechseln, die regelmäßig nur einen Monat beträgt. Die Festsetzungsverjährung bildet nämlich das endgültige »Aus« für alle Änderungswünsche der Finanzverwaltung.
Maßgeblich dafür sind unterschiedliche Zeiträume. Bei Zöllen und Verbrauchsteuern beträgt die Festsetzungsfrist ein Jahr, für alle Veranlagungssteuern vier Jahre, für fahrlässig verkürzte Steuern (gleichgültig ob Zölle und Verbrauchsteuern oder Veranlagungssteuern) fünf Jahre und bei hinterzogenen Steuern sogar zehn Jahre.
Doch der trickreiche Gesetzgeber hat für den Beginn dieser Frist auch noch Vorlaufzeiten festgelegt, so daß Du schon zu Bleistift

und Papier greifen mußt, um tatsächlich den Beginn und das Ende dieser Frist zutreffend zu errechnen. Ich will deshalb den Versuch wagen, die sehr komplizierte Vorschrift allgemeinverständlich zu machen.
Als gebräuchlichsten Fall wähle ich deshalb die Einkommensteuer. Für diese gilt als Veranlagungssteuer der genannte 4-Jahres-Zeitraum. Dieser beginnt aber erst im Folgejahr, nachdem Du die betreffende Steuererklärung beim Finanzamt abgegeben hast.
Bist Du ein gewissenhafter Steuerzahler, dann hattest Du bis zum 30. Mai 1988 Deine Steuererklärung für 1987 beim Finanzamt abgegeben. Der 4-Jahres-Zeitraum beginnt aber nicht mit diesem Tag, sondern erst am 1. 1. des auf die Abgabe der Erklärung folgenden Jahres, also am 1. 1. 1989.
Nach vier Jahren, das wäre am 1. 1. 1993, kann bei normalem Ablauf (kein Einspruch, keine Klage von Dir und keine Außenprüfung) das Finanzamt keinen Änderungsbescheid mehr erlassen.
Hast Du dagegen erst 1989 Deine Steuererklärung für 1987 eingereicht, dann beginnt der 4-Jahres-Zeitraum erst am 1. 1. 1990 und endet am 31. 12. 1993.
Hast Du für 1987 überhaupt noch keine Steuererklärung abgegeben oder später als im Jahr 1989, und hat Dich das Finanzamt dazu nicht aufgefordert oder merkt es aus irgendwelchen Gründen nicht, daß von Dir die Steuererklärung fehlt, dann gilt sogar ein dreijähriger Vorlaufzeitraum.
Dieser endet dann für 1987 am 31. 12. 1990, daran schließt sich der 4-Jahres-Zeitraum an, der am 31. 12. 1994 endet. Damit tritt erst am 1. 1. 1995 Festsetzungsverjährung ein und das Finanzamt kann dann, wenn es Dir keine fahrlässige Steuerverkürzung oder gar Steuerhinterziehung unterstellen kann, keine Steuer mehr gegen Dich festsetzen.
Daran wird deutlich, wie großzügig der Gesetzgeber diese Regelung zugunsten der Finanzverwaltung ausgestaltet hat. Doch das ist immer noch nicht genug, so daß es noch eine Reihe

von Ereignissen gibt, die diesen Zeitraum weiter verlängern können.
Findet nämlich innerhalb des 4-Jahres-Zeitraums eine Außenprüfung statt, dann beginnt mit den letzten Prüfungshandlungen (in aller Regel der Tag der Schlußbesprechung) ein neuer 4-Jahres-Zeitraum zu laufen. Die Frist wird ebenfalls verlängert, wenn Zoll- oder Steuerfahndungsstellen ermitteln und deren Ermittlungen noch nicht abgeschlossen sind.
Gleiches gilt, wenn Du eine Änderung deines Steuerbescheides beantragt hast (Einspruch, Beschwerde, Klage), bis über diesen Antrag entschieden und ein neuer Bescheid erlassen wurde.
Nach dem Ende der Verjährungsfrist geht also gar nichts mehr. Dies gilt besonders für die Änderungswünsche der Finanzverwaltung.
Weil Deine Änderungswünsche aber einen »Antrag« erfordern, so hat sich dafür der Gesetzgeber etwas anderes einfallen lassen. Dieser Antrag muß regelmäßig innerhalb der Rechtsbehelfsfrist gestellt werden oder er kann nur dann noch zu einem späteren Zeitpunkt berücksichtigt werden, wenn Du die Fehler ohne eigenes (grobes) Verschulden erst später entdeckst.
Diese Regelung entspricht in ihren Grundzügen den Voraussetzungen für die »Wiedereinsetzung in den vorigen Stand«, die ich bereits beschrieben habe. Du mußt also innerhalb eines Jahres, nachdem Du den fehlerhaften Bescheid erhalten hast, diese Berichtigung beantragen. Das Finanzamt hat, wie Du gesehen hast, wesentlich länger Zeit dazu.

Nichtigkeit – Rechtswidrigkeit

Nun gibt es aber noch andere Fehler, die die Finanzverwaltung macht, und bei denen Du ebenfalls den richtigen Zeitpunkt des Gegenangriffs nicht verpassen darfst. Ich meine die rechtswidrigen Verwaltungsakte, die sich von den nichtigen Verwaltungsakten erheblich unterscheiden.

Die Begriffe Nichtigkeit und Rechtswidrigkeit sind zwar eng miteinander verwandt, unterscheiden sich aber grundsätzlich in ihren Folgen voneinander.
Ein nichtiger Verwaltungsakt braucht nämlich nicht mit einem Rechtsbehelf angegriffen zu werden. Er entfaltet überhaupt keine Rechtswirkungen. Doch diese Gattung ist recht selten. Die Gerichte erkennen diese höchste Fehlerstufe nur dann an, wenn jedem Laien klar ist, daß er diesen Verwaltungsakt gar nicht befolgen kann.
Beispiele dafür sind die Anordnung einer Betriebsprüfung an einem Ort, zu dem Du als Betroffener überhaupt keinen Zutritt mehr hast, oder die Beschaffung von Beweismitteln, für die Dir jegliche Zugriffsmöglichkeit fehlt. Gleiches gilt, wenn das Finanzamt etwas Sittenwidriges oder gar eine strafbare Handlung von Dir fordert, nur damit Du Deine steuerlichen Pflichten erfüllst.
Aus der Tatsache, daß es um solche nichtigen Verwaltungsakte auch noch Streitigkeiten gibt, wird aber klar, daß sich die Finanzverwaltung trotzdem noch im Recht glaubt, sonst wären Prozesse überflüssig, die der Finanzverwaltung auch noch ihre Mißbräuche richterlich bestätigen müssen.
Werden dagegen von der Verwaltung nur Gesetze falsch angewendet, und mögen die daraus entstehenden Folgen auch noch so ungerechtfertigt sein, so sind diese Verwaltungsakte nur rechtswidrig.
Das besagt aber, daß Du diese Verwaltungsakte unbedingt angreifen und Dich dagegen zur Wehr setzen mußt. Denn wer will schon freiwillig solche Ungerechtigkeiten erdulden?
Werden rechtswidrige Bescheide erst einmal bestandskräftig, weil Du sie nicht angegriffen hast, so werden sie über diesen Umweg doch noch für die Finanzverwaltung durchsetzbar. Daran mußt Du immer denken!
Hast Du es versäumt, innerhalb der Rechtsbehelfsfrist dagegen anzugehen, so können Dir nur Wiedereinsetzungsgründe oder Adressierungsfehler oder bei einer rechtswidrigen Betriebsprü-

fung das Rechtsbehelfsverfahren gegen die Prüfungsanordnung bis zur Fortsetzungsfeststellungsklage und dem sich daraus ergebenden Verwertungsverbot der bei einer solchen Prüfung gewonnen Erkenntnisse, noch zu einem Erfolg verhelfen.

Wegen dieser schwerwiegenden Nachteile bei rechtswidrigen Verwaltungsakten, die das Über- und Unterordnungsverhältnis der Verwaltung für Dich als Steuerpflichtigen mit sich bringt, solltest Du lieber einen Rechtsbehelf zuviel als einen zuwenig einlegen.

Deshalb mein dringender Rat, erhebe innerhalb der Rechtsbehelfsfrist wenigstens vorsorglich, also zur Fristwahrung, gegen sämtliche Verwaltungsakte Einspruch, damit Du in Ruhe und ohne Zeitdruck diese Bescheide nach allen Seiten hin prüfen kannst.

Nachteile oder Kosten entstehen Dir dadurch nicht, da Du jederzeit diese Einsprüche zurücknehmen kannst und damit der alte Rechtszustand wieder eintritt.

Zahlungsvorgänge an die Finanzverwaltung

Zahlungen an die Finanzkasse

In diesem Zusammenhang will ich auch gleich auf die Zahlungsvorgänge mit der Finanzverwaltung und damit mit der Finanzkasse eingehen.
Sind Steuerbeträge erst einmal festgesetzt, gleichgültig ob berechtigt oder unberechtigt, dann zieht die Finanzkasse mit ihrer eigenen Zwangsvollstreckungsabteilung bei Dir die Steuern auch ein. Diese Zwangsvollstreckungsbeamten haben die rechtlichen Befugnisse von Gerichtsvollziehern. Deshalb schrecken sie auch vor Pfändungen, Beschlagnahmen, Zwangsversteigerungen oder der Beantragung von Zwangshypotheken und sogar vor einem Konkursantrag nicht zurück.
Aus dieser Aufzählung, die noch lange nicht vollständig ist, wird Dir klar, daß Du in allen Fällen schnellstens tätig werden mußt, wenn Du eine festgesetzte Steuer nicht zahlen kannst oder willst.
Neben dem schon beschriebenen Antrag auf Aussetzung der Vollziehung, bei dem eine Steuer unberechtigterweise zu hoch gegen Dich festgesetzt wurde, handelt es sich bei den nachfolgend beschriebenen Gegenmaßnahmen um solche, bei denen Dir zur Zahlung die Mittel fehlen. Solche Fälle können eintreten, wenn ein größerer Kunde ausfällt, Du arbeitslos wirst oder wenn Du wegen Krankheit einige Zeit keine Einkünfte erzielen kannst.
Du mußt hier allerdings unterscheiden, ob es sich nur um vorübergehende finanzielle Engpässe handelt oder ob sich Deine Zahlungsunfähigkeit auf Dauer verschlechtert hat.
Bei vorübergehenden Engpässen reicht es aus, wenn Du ledig-

lich der Finanzkasse ein Ratenzahlungsangebot für die festgesetzte Steuer unterbreitest. Zuvor mußt du natürlich erst einmal alle Rechtsmittel ausschöpfen, damit die Steuer auch so niedrig festgesetzt wird, wie sie sich tatsächlich aus Deinen steuerlichen Vorgängen errechnen läßt.
Nur auf diesen Betrag hat die Finanzkasse einen Anspruch. Deshalb brauchst Du die Steuern nicht in diesen Stundungsvorschlag mit einzubeziehen, für die Du wegen noch nicht entschiedener Einsprüche, Aussetzung der Vollziehung beantragt hast oder die Dir schon gewährt wurde.

Stundungsantrag

Bei dem Stundungsantrag solltest Du den Versuch unternehmen, eine zinslose Stundung zu erreichen. Nach dem Gesetz werden nämlich sämtliche verspäteten Zahlungen mit Säumniszuschlägen von 1% pro Monat oder Verspätungszinsen in Höhe von 0,5% pro Monat belastet. Das sind immerhin 12 bzw. 6% im Jahr.
Säumniszuschläge werden danach immer dann berechnet, wenn Du mutwillig oder unbewußt Zahlungstermine verstreichen läßt, ohne einen Stundungsantrag zu stellen. Hiermit soll Druck auf Dich ausgeübt werden, um Dich zu einer pünktlichen Zahlungsweise anzuhalten. Ebenso will das Finanzamt nicht als günstiges Kreditinstitut mißbraucht werden.
Doch wenn Deine finanziellen Möglichkeiten keine schnellere Zahlung erlauben, geht natürlich auch ein Druckmittel ins Leere. Deshalb beantrage in jedem Fall eine zinslose Stundung. Dafür stehen Deine Chancen dann gut, wenn Du bisher regelmäßig Deinen Verpflichtungen gegenüber dem Finanzamt nachgekommen bist.
Das gilt sogar dann noch, wenn Du schon früher einmal Stundungsvereinbarungen mit dem Finanzamt getroffen und diese pünktlich eingehalten hast.

Schließlich erlaubt es das Gesetz, daß die Finanzverwaltung Stundungszinsen nicht festzusetzen braucht, es handelt sich dabei um eine sogenannte »Kann«-Bestimmung. Dazu mußt Du aber wie gesagt einen eigenen Antrag stellen.

Dieser Antrag darf natürlich im gleichen Schreiben enthalten sein, in dem Du Deinen Stundungsantrag der Finanzkasse unterbreitest. Übrigens, Deine Schreiben, die sich ausschließlich mit Zahlungsvorgängen beschäftigen, solltest Du direkt an die Finanzkasse richten. Dadurch vermeidest Du Irrwege innerhalb der Finanzbehörde.

Zahlungsfristen sind oftmals sehr knapp bemessen. Deshalb kann es passieren, daß von der Finanzkasse bereits Zwangsbeitreibungsmaßnahmen an die eigene Vollstreckungsstelle weitergegeben wurden, nur weil Dein Schreiben zu spät bei dem zuständigen Sachbearbeiter ankam.

Liegt aber das Verfahren erst einmal in den Händen der Vollstreckungsbeamten, dann hast Du große Mühe, mit vernünftigen Argumenten ein halbwegs erträgliches Ergebnis zu erreichen.

Schiebe deshalb solche Anträge nicht auf die lange Bank.

Mache Dir auch in allen Fällen zu Deiner eigenen Sicherheit von Zahlungsvorgängen Kopien, die Du in einem speziellen Ordner aufbewahrst. Verwahre darin auch Duplikate von Fristverlängerungsanträgen, Stundungsanträgen, Aussetzungsanträgen usw.

Mache Dir Aktennotizen oder schicke dem Finanzamt kurze Bestätigungsschreiben, wenn Du telefonisch etwas vereinbart hast und erfrage vor allen Dingen die Namen derjenigen Beamten, mit denen Du solche Abmachungen getroffen hast.

Nur wenn Du lückenlos beweisen kannst, daß Du alles getan hast, um Deine gesetzlich auferlegten Pflichten zu erfüllen, kannst Du auch in heiklen Situationen mit einem blauen Auge davonkommen.

Musterschreiben

STUNDUNGSANTRAG

Absender:

An das Finanzamt — Max Schlau
Finanzkasse — 6666 Glückstadt
....

Datum ....

Betr.: Steuer Nummer:..........................
hier: .... Steuerbescheid 19...
vom........, zugegangen am ....

Sehr geehrte Damen und Herren,
in dem genannten Steuerbescheid setzen Sie unwidersprochen eine Restzahlung in Höhe von ....DM gegen mich (uns) fest.
Leider sind durch die nachfolgend geschilderten Ereignisse der letzten Zeit, meine (unsere) finanziellen Verhältnisse so, daß ich (wir) diesen Betrag nicht auf einmal aufbringen kann (können).
....
....
....
....
Weiterhin habe(n) ich (wir) sämtliche Kreditmittel ausgeschöpft, wie Sie aus der beigefügten Bestätigung der ....Bank/Sparkasse ersehen können.
Bei den geschilderten Ereignissen handelt es sich um vorübergehende Engpässe, die nicht vorhersehbar waren.
Ich (wir) kann (können) Ihnen daher nur folgendes Zahlungsangebot machen:

....

....

Ich (wir) werde(n) bemüht sein, unter allen Umständen die gemachte Zusage einzuhalten und bitte(n) um einen entsprechenden Bescheid. Gleichzeitig bitte(n) ich(wir), von der Erhebung von Stundungszinsen aus den genannten Gründen abzusehen.

Mit freundlichem Gruß
Max Schlau

Erlaß von Säumniszuschlägen

Musterschreiben

An das
Finanzamt
....
....

Absender:
Max Schlau
6666 Glückstadt

Datum ....

Betr.: Steuer Nummer:..........................
hier: Bescheid über Säumniszuschläge 19.....
vom........, zugegangen am ....

Sehr geehrte Damen und Herren,
mit dem oben genannten Bescheid setzen Sie Säumniszuschläge wegen verspäteter Zahlung der .... Steuern gegen mich (uns) fest. Bisher habe(n) ich (wir) stets pünktlich meine (unsere) Zahlungspflichten gegenüber dem Finanzamt erfüllt. Deshalb stelle(n) ich (wir) den Antrag, die festgesetzten Säumniszuschläge aus Billigkeitsgründen zu erlassen.

Mit besten Grüßen

Oder:

```
Wie aus meinen (unseren) Steuerakten ersicht-
lich ist, wurde mir (uns) für die Zeit von
............... bis ............ für die
.............. Steuern Stundungen gewährt. Da-
mit ist aber ersichtlich, daß mir (uns) keine
weiteren Mittel zu einer schnelleren Steuerzah-
lung zur Verfügung standen. Säumniszuschläge
sollen aber nur ein Druckmittel sein, um die
Steuerpflichtigen zu einer pünktlichen Zah-
lungsweise anzuhalten. Dieses Druckmittel ver-
fehlt dann seinen Sinn, wenn keine Mittel zur
Verfügung stehen, die eine schnellere Zahlung
erlauben. In solchen Fällen ist dann die Fest-
setzung von Säumniszuschlägen ermessensfehler-
haft.
Deshalb stelle(n) ich (wir) hiermit den Antrag,
die festgesetzten Säumniszuschläge zu erlassen.

Mit freundlichen Grüßen
Max Schlau
```

Erlaß von Steuern und Nebenleistungen

Doch es können auch so schwerwiegende finanzielle Ereignisse auf Dich zugekommen sein, daß eine Stundung völlig aussichtslos ist, weil Du auf nicht absehbare Zeit Deinen finanziellen Verpflichtungen nicht mehr nachkommen kannst.
In einer solchen Situation können dann natürlich auch keine Zwangsmaßnahmen des Finanzamts etwas bewirken, denn dadurch verbessern sich Deine Verhältnisse auch nicht. Hier hilft Dir dann nur noch ein Antrag auf abweichende Steuerfestsetzung oder ein Erlaßantrag.

Der Unterschied zwischen diesen beiden Möglichkeiten ist nur juristischer Natur, denn die Voraussetzungen, vor allem aber die Auswirkungen, sind gleich.
Es wird eine bereits festgesetzte Steuer nachträglich erlassen oder von vornherein niedriger oder gar nicht erst festgesetzt. Damit kann die Steuer weder Zwangsmaßnahmen auslösen noch sonstige finanzielle Wirkungen gegen Dich entfalten. Die Steuer erlischt in Höhe des erlassenen Betrages endgültig.
Dieses Verfahren kann allerdings nicht dazu dienen, bisher unterlassene Rechtsbehelfe (Einsprüche oder Beschwerden) gegen Steuerbescheide, durch nachträglichen Erlaß zu »reparieren«.
Dieses Vorverfahren mußt Du notfalls erst bis zu einer gerichtlichen Entscheidung durchboxen. Erst wenn Du hierbei keinen Erfolg mehr hast, kann der Erlaß oder die abweichende Steuerfestsetzung (diese kann natürlich auch bis auf 0 DM von der ursprünglichen Steuer »abweichen«) diese Folgen ausgleichen.
Doch wenn eine Steuer nicht mehr zu ermäßigen ist, und deshalb von Dir gezahlt werden muß, Du aber keine finanziellen Mittel zur Verfügung hast, um diese Zahlungen zu leisten, dann mußt Du das ganz deutlich und unmißverständlich dem Finanzamt mitteilen.
Hier kann es Dir allerdings passieren, daß das Finanzamt ein Vermögensverzeichnis von Dir anfordert und die eidesstattliche Versicherung über dessen Vollständigkeit von Dir verlangt. Liegt dieses Verzeichnis bereits vor, weil Du es für den Prozeßkostenhilfeantrag benötigt hast, den ich nachfolgend beschreibe, dann kannst Du darauf verweisen.
Für die Feststellung Deines vollständigen Vermögens hat das Finanzamt zwei Möglichkeiten, die für Dich völlig unterschiedliche Auswirkungen haben.
Während die strengste Form eine Eintragung im Schuldnerregister und damit die Kreditunwürdigkeit bewirkt – was zu Deiner Existenzvernichtung führen kann –, führt die mildere Form nur zu einem besonders hohen Wahrheitsgehalt Deiner Aussage.
Nachteile können für Dich bei der zuletzt genannten Form nicht

entstehen, weil diese Erklärung über die Finanzamtsmauern nicht hinausgelangt.
Deshalb solltest Du unbedingt auf diese mildere Form der Vermögensoffenbarung drängen, denn die Finanzverwaltung muß dann, wenn ihr mehrere Möglichkeiten zur Verfügung stehen, die für Dich als Steuerpflichtigen schonendste Möglichkeit wählen. So hat es die Abgabenordnung, unser steuerliches Grundgesetz, angeordnet.
Auf die Einhaltung dieser Grundsätze solltest Du ganz besonders in schwierigen Situationen achten. Dazu rate ich Dir aber, dies in einem persönlichen Gespräch mit dem zuständigen Finanzbeamten zu klären.
Bevor ich nun zu dem eigentlichen Erlaßantrag komme, mußt Du noch weitere Voraussetzungen erfüllen. Da ist zunächst Deine Erlaßwürdigkeit. Das bedeutet, daß Deine Steuerschulden nicht aufgrund entdeckter Steuerstraftaten entstanden sein dürfen.
Weiter mußt Du in der Vergangenheit Deinen steuerlichen Verpflichtungen pünktlich nachgekommen sein. Dazu gehört vor allem, daß Du Steuererklärungen und Steuervoranmeldungen rechtzeitig abgegeben und die sich daraus errechnenden Zahlungen pünktlich geleistet hast.
Zusätzlich ist die Erlaßbedürftigkeit zu prüfen. Diese ist anzunehmen, wenn Dir mit den verbliebenen Mitteln nur noch eine ganz bescheidene Lebensführung möglich ist. Sie kann Dir allerdings dann abgesprochen werden, wenn Du durch Alkoholismus, Spielsucht oder einen allgemein bekannten aufwendigen Lebenswandel selbst zur Verschlechterung Deiner Vermögensverhältnisse wesentlich beigetragen hast.
Dies gilt auch, wenn Du Vermögen verschenkt hast und anschließend einen Steuererlaß wegen Vermögenslosigkeit begehrst. Der Gesetzgeber verlangt, daß Du zuerst alle eigenen Vermögenswerte einsetzen mußt, ehe ein Steuererlaß oder eine von der eigentlichen Steuer abweichende Steuerfestsetzung erfolgen kann. Schließlich muß bei einer Zustimmung zu einem

solchen Erlaß die Allgemeinheit diesen Steuerausfall tragen. Deshalb werden an die Voraussetzungen besonders hohe Anforderungen gestellt.

Musterschreiben

An das
Finanzamt
X-Stadt

Absender:
Max Schlau
6666 Glückstadt
Datum.........

Steuer Nr:..............................
Steuerbescheid über .... vom ....
hier: Antrag auf Erlaß (Teilerlaß) der festgesetzten Steuer

Sehr geehrte Damen und Herren,
durch eine lange schwere Krankheit, deren Folgekosten ich weitgehend selbst zu tragen hatte und durch den Ausfall meiner Arbeitsleistung für einen langen Zeitraum, ist mir jede Möglichkeit genommen, in absehbarer Zeit die festgesetzten Steuern zu bezahlen.
Ich habe sämtliche mir zur Verfügung stehenden finanziellen Mittel ausschöpfen müssen, um wenigstens meine laufenden Verpflichtungen zu erfüllen. Es sind mir nur noch meine Wohnung, mit den Ihnen aus der Steuerakte bekannten Belastungen und ein bescheidenes Barvermögen verblieben. Diese Mittel reichen gerade aus, um in den nächsten neun Monaten meinen laufenden Verpflichtungen nachzukommen. Der Verkauf der Wohnung kann mir nach dem Urteil des Bundesfinanzhofes vom 26. 2. 1987 Az: IV R 298/84 nicht zugemutet werden, da es sich hierbei nicht um

```
eine besonders wertvolles Vermögen handelt. Es
kann auch nicht Sinn des Steuerrechts sein, mir
sämtliche Mittel zu entziehen und mich auf die
Beantragung von Sozialhilfe zu verweisen.
Aus diesem Grunde stelle ich den Antrag aus
Billigkeitsgründen die festgesetzten Steuern zu
erlassen, da deren zwangsweise Beitreibung mei-
ne Existenzvernichtung bedeutet.
Für einen diesbezüglichen Bescheid wäre ich
Ihnen sehr dankbar. Die dafür benötigten Nach-
weise wollen Sie bitte anfordern, da ich sämt-
liche Angaben durch Dokumente nachweisen kann.

Mit freundlichem Gruß
Max Schlau
```

Prozeßkostenhilfe

Nachdem ich bereits schrieb, daß Du im Falle eines Rechtsstreites Kostenvorschüsse leisten mußt, wirst Du zurecht einwenden, daß eine Klage wegen des Erlasses von Steuern und Nebenleistung oder einer abweichenden Steuerfestsetzung, dann wegen fehlender Mittel unmöglich sei. Dies stimmt nur bedingt, denn es gibt die Möglichkeit des Antrags auf Prozeßkostenhilfe, der Dich aus dieser Sackgasse herausführt.
Dieser Antrag muß bei dem für Deinen Streitfall zuständigen Finanzgericht gestellt werden. Dafür mußt Du aber zuerst, wie bei dem vorsorglichen Einspruch, wenigstens die Klage beim Finanzgericht erheben. Eine Begründung brauchst Du dieser Klage noch nicht beizufügen.
Nur auf diese Weise erreichst Du, daß Dir das gerichtliche Rechtsbehelfsverfahren wenigstens offen bleibt, bis über Deinen Prozeßkostenhilfeantrag entschieden wurde. Wird Dir diese Hilfe gewährt, dann kannst Du sogar einen Prozeßbevoll-

mächtigten beauftragen, der für Dich das Verfahren weiterführt.
In dem Prozeßkostenhilfeverfahren wird Deine Vermögenslosigkeit geprüft und gleichzeitig werden die Chancen abgecheckt, inwieweit Dein Rechtsstreit erfolgreich sein wird.
Deshalb mußt Du auch bei einem von vornherein erfolglosen Streit diesen Antrag stellen, weil Du nur dann den gesamten, Dir zustehenden Rechtsweg ausgeschöpft hast, wenn Du dieses Verfahren wenigstens versuchst. So eröffnet Dir erst die Ablehnung des Prozeßkostenhilfeantrages die Möglichkeit, Deinen Antrag auf Erlaß oder abweichende Festsetzung der Steuer zu stellen.
Wird die Prozeßkostenhilfe bewilligt, so mußt Du natürlich erst den Prozeßausgang abwarten, denn hier kann es ja möglich sein, daß wegen formeller Fehler, die die Finanzverwaltung begangen hat, und wegen einem möglichen Eintritt der Verjährung, der festgesetzte Steueranspruch vom Finanzamt gar nicht mehr durchgesetzt werden darf. Es kann natürlich auch sein, daß Du aus anderen steuerrechtlichen Gründen gewinnst. In beidem Fällen erübrigt sich dann natürlich der Erlaßantrag, denn die Steuer fällt aus diesen Gründen nicht mehr an.

Ermessensentscheidungen

Bei der Bewilligung oder Ablehnung eines Erlaßantrags, handelt es sich um eine sogenannte Ermessensentscheidung. Neben der Festsetzung der Steuern, die den Finanzämtern nach den einzelnen Steuergesetzen vorgeschrieben ist, gibt es auch noch andere Verwaltungsakte, bei denen die Finanzämter einen Ermessensspielraum haben. Dieser Spielraum kann eng oder weit ausgelegt werden, je nachdem, um welche Art von Entscheidungen es sich dabei handelt und wie begründet Dein Antrag ist.
Solche Ermessensentscheidungen sind die Gewährung von Stundungen, Erlaß, die Herabsetzung von Steuervorauszahlun-

gen, die Verlängerung von Fristen zur Abgabe von Steuererklärungen, die Aussetzung der Vollziehung, die Aufhebung von Zwangsmaßnahmen usw.
Aus der Aufzählung erkennst Du schon, daß es hier häufig um rein zahlungstechnische Abläufe geht, bei denen Dir unter Umständen Zwangsfolgen drohen, wenn Du die gesetzlichen Zahlungsfristen überschreitest.
Damit ergibt sich aber zwangsläufig, daß solche Anträge von Dir noch vor der Fälligkeit der Zahlung bzw. vor Fristablauf gestellt werden müssen, damit wenigstens die Möglichkeit besteht, daß die Finanzverwaltung noch rechtzeitig entscheiden kann. Selbst dann wird es nicht immer möglich sein, daß das Finanzamt in der noch verbleibenden Zeit auch tatsächlich handelt. Deshalb vergiß nie, den Satz anzufügen:
»Sollte ich bis zum Fristende über meinen Antrag nichts Gegenteiliges hören, so gehe ich davon aus, daß die Finanzbehörde meinem Vorschlag zustimmt.«
Weiter solltest Du unbedingt eine Kopie Deines Antrags direkt an die zuständige Finanzkasse schicken. Das erspart Dir unliebsame Besuche von Vollstreckungsbeamten, denn diese gehen nur davon aus, was auf Deiner Sollkarte noch offensteht.
Erfährt die Finanzkasse von Deinem Antrag rechtzeitig, dann kann der zuständige Buchhalter einen internen Befehl eingeben, daß bis zur Entscheidung über Deinen Antrag diese Zwangsmaßnahmen unterbleiben.
Damit der Finanzbeamte seinen Ermessensspielraum zu Deinen Gunsten nutzt, solltest Du bei der Begründung Deiner Anträge nicht zu sparsam mit Worten sein. Ein Satz mehr kann hier den Ausschlag dafür geben, daß der Beamte in Deinem Sinne entscheidet.
Wenn es um Zahlungsvereinbarungen geht, dann wähle lieber einen längeren Zeitraum, von dem Du ganz sicher bist, daß Du die vorgeschlagenen Beträge auch tatsächlich pünktlich zahlen kannst. Es hilft Dir nichts, daß Du hier zu großzügige Angebote unterbreitest, die Du dann doch nicht einhalten

kannst. Hier spielt das psychologische Moment eine entscheidende Rolle.

Wenn Du mit dem Finanzamt getroffene Vereinbarungen einhältst und nicht ständig neue Stundungsanträge nachschiebst, giltst Du in den Augen der Finanzverwaltung als ein pünktlicherer Steuerzahler, als derjenige, der zwar seine Steuern immer in voller Höhe zahlt, aber jedesmal die Schonfristen bis zum letzten Tag ausnutzt oder gar überschreitet. Diese Tatsachen werden bei jedem Antrag von Dir geprüft und können wesentlich für die Zustimmung oder Ablehnung Deines Antrags sein.

Lehnt das Finanzamt solche Anträge von Dir ab, dann kannst Du Dich dagegen mit der Beschwerde wenden. Dieser Rechtsbehelf wird in der Regel von der zuständigen Oberfinanzdirektion entschieden. Lehnt auch die OFD Deine Beschwerde ab, dann kannst Du gegen die Beschwerdeentscheidung Klage bei dem zuständigen Finanzgericht erheben.

Die Besonderheit in einem solche Klageverfahren liegt aber darin, daß das Gericht nicht selbst ein Ermessen ausüben und dies an die Stelle des Ermessens des Finanzamtes setzen kann. Dem Gericht steht es lediglich zu, festzustellen, ob das Finanzamt bzw. die Oberfinanzdirektion von ihrem Ermessen »sachgerechten Gebrauch« gemacht haben. Ist das nicht der Fall, dann kann das Gericht nur das Finanzamt anweisen, bisher nicht bedachte Erwägungen in seine neuerliche Ermessensentscheidung einzubeziehen.

Daraus erkennst Du, daß es in diesem Verfahren hauptsächlich darauf ankommt, Deine Hinderungsgründe und Schwierigkeiten sehr plastisch darzustellen. Nur so hast Du die Chance, daß Dir die Steuerzahlungen erlassen, gestundet oder vorübergehend von der Beitreibung ausgesetzt werden.

Zwangsmaßnahmen

Wie ich schon erwähnte, hat das Finanzamt seinen eigenen Vollstreckungsdienst, der nicht gerade zimperlich mit Dir als säumigen Steuerzahler umgeht, wenn Du tatsächliche oder nur vermeintliche Steuerrückstände hast. Die Manieren, die diese Beamten an den Tag legen, sind mit rüde manchmal noch verharmlost dargestellt. Deshalb helfen Dir hiergegen nur handfeste Gegenmaßnahmen.

Mache Dir von Stundungsanträgen, Erlaßanträgen, Verrechnungsanträgen, Anträgen auf Anpassung (Herabsetzung), von Vorauszahlungen usw. immer Kopien. Mache Dir auch Kopien der Schecks oder Überweisungsträger, mit denen Du Deine Steuerschulden bezahlt hast.

Bei der Masse der Zahlungseingänge können Fehler durch Verwechslungen von Konten bzw. Steuernummern nicht völlig vermieden werden. Erste Alarmsignale hierfür sind Mahnungen oder Zahlungsaufforderungen der Finanzkasse, die Du nicht ignorieren darfst. Laß Dich auch nicht von dem Satz beruhigen:

»Sollten Sie nach dem ... eine Zahlung geleistet haben, dann betrachten Sie dieses Schreiben als gegenstandslos.«

Rufe lieber bei der Finanzkasse an und kläre auf, ob das Geld denn in der Zwischenzeit eingegangen ist, sonst kann schon morgen ein Vollziehungsbeamter vor Deiner Tür stehen.

Wenn ein solcher Beamter dann erscheint, dann heißt das noch lange nicht, daß er tatsächlich im Recht ist. Auch hier bürdet Dir das schon so oft zitierte Über-/Unterordnungsprinzip die Bereinigung der Fehler des Finanzamts in Deinem ureigensten Interesse auf. Deshalb solltest Du diesen Finanzamtsordner mit Deinen Zahlungsvorgängen immer vollständig und immer griffbereit haben.

Laufen bereits Zwangsmaßnahmen gegen Dich, wie Pfändungen, Zwangseintragungen von Sicherheitsgrundschulden, Zwangshypotheken usw., dann sind Deine Rechte allerdings wesentlich eingeschränkt. Hier kannst Du Dich dann nur noch gegen solche Übergriffe wehren, die zu weit über das gesetzliche Ziel der Sicherung des Steueranspruchs hinausgehen. Einige positive Urteilsauszüge habe ich für Deine Gegenwehr zusammengetragen.

... *Der Senat läßt dahingestellt, ob und inwieweit sich aus gesetzlichen Vorschriften eine Pflicht des Vollziehungsbeamten zur Belehrung der bei der Vollstreckung angetroffenen Personen über die Rechtslage ergibt. Denn jedenfalls ist der Vollziehungsbeamte schon nach der Zwangsvollzugsanordnung verpflichtet, zumindest die angetroffene Person darüber zu belehren, daß die Zwangsvollstreckung in der Wohnung nur mit ihrer Einwilligung zulässig ist. Dies folgt zwangsläufig aus Abschnitt 28 Abs. 2 Nr. 1 Satz 1 VollzA, wenn es dort heißt, daß die Durchsuchung von Wohnungen nur zulässig ist, wenn die angetroffene Person die Durchsuchung »freiwillig gestattet«.*

aus: Beschluß des Baden-Württembergischen Finanzgerichts vom 22. November 1987, Aktenzeichen: IX K 273/86

1. Das bloße Betreten und Besichtigen von Geschäfts- oder Betriebsräumen des Steuerpflichtigen durch Vollziehungsbeamte des Finanzamts ist auch ohne richterlichen Durchsuchungsbeschluß zulässig. Das gilt auch für das Verweilen in diesen Räumen mit der Absicht, nach erfolgloser Zahlungsaufforderung zu einer Sachpfändung zu schreiten.

2. Die Pfändung von offen ausgelegten Waren oder Gegenständen, die für die Vollziehungsbeamten ohne weiteres Nachforschen zugänglich sind, stellt noch keine Durchsuchung im Sinne von Art. 13 Abs. 2 GG dar. Durchsuchungshandlungen, für die es einer richterlichen Anordnung bedarf, liegen erst dann vor, wenn die zu pfändenden Gegenstände aus Schränken und Schubladen oder ähnlichen, den Vollzugsbeamten nicht ohne weiteres zugänglichen Behältnissen oder Orten entnommen werden.

aus: Urteil des Bundesfinanzhofes (Leitsatz) vom 4. Oktober 1988, Aktenzeichen: VII R 59/86

Zahlungsverjährung

Eine weitere Fehlerquelle der Finanzämter ist die, daß rechtswidrige Verwaltungsakte vor allem dann von der Finanzverwaltung durchgesetzt werden wollen, wenn eigentlich schon Verjährung eingetreten ist. Es gibt nämlich eine besondere Zahlungsverjährung, die das Finanzamt daran hindert, die festgesetzte Steuer doch noch von Dir einzutreiben.

Obwohl die Finanzämter die Verjährungsvorschriften von Gesetzes wegen beachten müssen, reden sich diese Behörden zuerst einmal auf alle möglichen und unmöglichen Berichtigungsvorschriften heraus, um Dich damit einzuschüchtern.

Deshalb sind es letztendlich die Finanzgerichte, die die Finanzämter bremsen und zu dem Eingeständnis zwingen, diese Steuer nicht zu erheben oder zurückzuerstatten. Es ist wohl das erhebendste Gefühl im Leben eines jeden Steuerzahlers, wenn Du Deine Steuerschulden mit dem bloßen Verweis darauf, daß inzwischen Verjährung des Anspruches eingetreten ist, gegenüber der Finanzverwaltung »bezahlen« kannst.

Die älteren Gerichtsurteile gingen dabei davon aus, daß bei einem über zehnjährigen Schweigen von Dir als Steuerzahler Du damit bei der Finanzverwaltung den Eindruck erweckt hast, als wolltest Du diesen Bescheid gegen Dich gelten lassen. Deshalb sei es rechtsmißbräuchlich, sich erst nach so langer Zeit auf Rechtsfehler der Finanzverwaltung zu berufen.

Erspare mir dazu eine Stellungnahme, denn im umgekehrten Fall ist die Finanzverwaltung überhaupt nicht zimperlich mit Änderungen.

Doch die Richter sind inzwischen auf eine ganz andere Argumentation gekommen, die vor allem bei denjenigen Steuern wirkt, bei denen Vorauszahlungen, wie beispielsweise bei der Einkommensteuer, Körperschaftsteuer usw. festgesetzt werden.

In diesen Fällen wird auf die Steuerbescheide abgestellt, die diese Vorauszahlungen festsetzen. Enthält dieser Bescheid keine Bekanntgabefehler, so gelten damit die Vorauszahlungen als

endgültig und rechtens festgesetzt. Sofern sie von Dir gezahlt wurden, sind diese auch bei der Finanzkasse eingegangen und haben Deine Vorauszahlungsschuld getilgt.
Um diese Zahlungen zurückzufordern, darf deshalb die fünfjährige Zahlungsverjährung noch nicht abgelaufen sein. Dafür ist aber ein sehr spitzfindiges Handeln erforderlich, wie ich Dir nachfolgend zeigen werden.
Vorauszahlungen für 1987, um bei einem Beispiel zu bleiben, wurden am 10. 3., 10. 6, 10. 9. und 10. 12. 1987 fällig und von Dir auch zu diesen Terminen gezahlt. Der Steuerbescheid für 1987 ist fehlerhaft und kann angefochten werden.
Die Zahlungsverjährungsfrist beginnt am folgenden 1. 1., also am 1. 1. 1988. Sie endet nach fünf Jahren, dies ist der 31 12. 1992 um 24 Uhr. Deshalb mußt Du spätestens am 31. 12. 1992 beim zuständigen Amtsgericht einen Mahnbescheid gegen das Finanzamt erlassen, um Deinen Rückerstattungsanspruch zu sichern. Dieser muß dann über die gesamten anrechenbaren Vorauszahlungen des Jahres 1987 lauten.
Wegen den sehr eng beieinander liegenden Fristen hast Du jetzt die Möglichkeit, im Folgejahr, also ab dem 1. 1. 1993, den Steuerbescheid für 1987 anzugreifen und aufheben zu lassen. Wenn Du die Steuererklärung 1988 abgegeben hast, ist ebenfalls am 31. 12. 1992 um 24 Uhr die Festsetzungsfrist abgelaufen.
Doch diese Frist mußt Du, anders als bei der Zahlungsverjährung, erst verstreichen lassen. Mit Deinem Angriff darfst Du also nicht zu früh, d. h. noch im Jahr 1992, beginnen.
Tust Du das, so wird Dein Schreiben als »Antrag auf Änderung der Steuererklärung« angesehen, und damit schießt Du Dir ein Eigentor. Mit dieser Möglichkeit eröffnest Du dem Finanzamt einen einjährigen zusätzlichen Korrekturspielraum und damit sind Deine Bemühungen umsonst gewesen.
Etwas mehr Zeit bleibt Dir, wenn Du nur eine eventuelle Steuerrestzahlung aus diesem Bescheid zurückfordern willst. Diese wird frühestens im Jahr nach den geleisteten Vorauszahlungen festge-

setzt und gezahlt, so daß Du in dem Fall mindestens ein Jahr länger Zeit hast, ehe dafür die Zahlungsverjährung eintritt.
Diese Fehler sind gar nicht so selten, wie ich Dir unter dem Stichwort »falsche Adressierung« beschrieben habe. Vielleicht stößt auch Du bei der Kontrolle Deiner alten Steuerbescheide auf eine bisher unentdeckte Geldader?

Klage vor dem Finanzgericht

Klagevoraussetzungen

Da das Steuerrecht eine eigene, sehr komplizierte Rechtsmaterie darstellt, ist auch hierfür ein eigener Rechtsweg geschaffen worden. Dieser Rechtsweg zu den Finanzgerichten steht jedem Steuerzahler offen, wenn das außergerichtliche Vorverfahren mindestens teilweise erfolglos beendet wurde (ablehnende Einspruchs- oder Beschwerdeentscheidung als Klagevoraussetzung) oder die Klage wegen Untätigkeit des Finanzamts erhoben wird. Dies ist der Fall, wenn die Finanzverwaltung mindestens ein halbes Jahr lang zu Deinen Ausführungen in einem Einspruchs- oder Beschwerdeverfahren, ohne Gründe dafür anzugeben, geschwiegen hat. Auf die Höhe des streitigen Steuerbetrages kommt es dabei nicht an.

Aussetzung der Vollziehung beim Finanzgericht

Nach der ablehnenden Einspruchsentscheidung solltest Du beim Finanzgericht einen »Antrag auf Aussetzung der Vollziehung« stellen.
Nach dem erfolglosen Vorverfahren kann das Finanzamt von sich aus höchstens die fälligen Steuern noch stunden. Es kann aber keine Aussetzung der Vollziehung mehr gewähren, denn dieser ist durch die ablehnende Einspruchsentscheidung die Grundlage entzogen. Damit müßtest Du die streitige Steuer in der zuletzt festgesetzten Höhe zahlen.
Das Finanzgericht seinerseits prüft in diesem eigenständigen Vorverfahren, noch ehe ein endgültiges Urteil gesprochen wird, ob Dein Streitfall wenigstens zu 50% Aussicht auf Erfolg hat.

Dabei kommt es sowohl darauf an, ob innerhalb der einzelnen Finanzgerichte unterschiedliche Auffassungen über die von Dir gestellten Rechtsfragen bestehen, als auch darauf, ob die von Dir vorgetragenen sachlichen Gründe die Ansicht des Finanzamts als zweifelhaft erscheinen lassen.
Ist eines davon der Fall, dann wird das Finanzgericht das Finanzamt verpflichten, weiterhin die Aussetzung der streitigen Steuer zu gewähren. Lehnt das Finanzgericht diesen Antrag aber ab, dann stehen Deine Chancen für das folgende Klageverfahren schlecht.
Jetzt mußt Du schnell handeln, denn diese Ablehnung kann daran gelegen haben, daß Du nicht vollständig oder nicht präzise genug Deine Argumente vorgetragen und damit Deine Sache vertreten hast. Deshalb solltest Du Dich in einem solchen Fall von einem cleveren Fachmann beraten lassen, welche Erfolgsaussichten er Deinem Streitfall einräumt.
Danach solltest Du erst entscheiden, ob Du Dich geschlagen geben willst, weil die Kosten in keinem Verhältnis zum zu erwartenden Erfolg stehen, oder ob Du dieses Risiko eingehen willst und damit die Möglichkeit hast, bei einem Sieg der Staatskasse die Dir entstandenen Kosten aufzubürden.

Klageschrift

Wie bei allen Streitigkeiten vor Gerichten, so sind auch vor dem Finanzgericht einige Besonderheiten zu beachten. Das beginnt schon mit der Adressierung, die an das Finanzamt erfolgen sollte. Hierbei muß aber erkennbar ein Hinweis angebracht sein, daß es sich um eine Klageschrift handelt, die für das Finanzgericht bestimmt ist. Dies ist deshalb so wichtig, weil das Finanzamt Deine Akten dem Finanzgericht auf dem Dienstweg übersenden muß, damit die Finanzrichter überhaupt wissen, was das Finanzamt bisher mit Dir gemacht hat.
Aus Sicherheitsgründen kannst Du auch eine Klageschrift direkt

an das Finanzgericht schicken, die andere an das Finanzamt. Dann kommt eine davon mit Sicherheit rechtzeitig an.
Die Klageschrift muß in doppelter Ausfertigung eingereicht werden und sollte die Formulierung enthalten, daß Du Dich durch die ablehnende Entscheidung des Finanzamts in Deinen Rechten verletzt fühlst. Ferner muß die angegriffene Entscheidung mit Datum und Steuernummer angegeben sein.
Dies sind allerdings nur Mindestanforderungen, besser ist es natürlich, wenn Du in der von mir vorgeschlagenen Weise den Schriftsatz abfaßt. Dieser Hinweis auf eine Rechtsverletzung durch die Entscheidung des Finanzamts ist eine zwingende Voraussetzung für das Klageverfahren. Das Finanzgericht kann nur Rechtsverletzungen überprüfen, denn daraus ergibt sich automatisch, ob die Steuer zu hoch oder richtig vom Finanzamt festgesetzt wurde.
Als nächster Punkt ist zu prüfen, welcher Ehegatte bei Eheleuten überhaupt klagen darf. Hat nur einer das außergerichtliche Vorverfahren geführt, weil nur er Einkünfte bezogen hat, oder weil nur er Einspruch oder Beschwerde eingelegt hat, dann kann auch nur dieser eine Ehegatte die Klage erheben.
Eine weitere Klagevoraussetzung ist, daß das außergerichtliche Vorverfahren wenigstens teilweise erfolglos abgeschlossen wurde. Die Klage des anderen Ehegatten muß in einem solchen Fall als unzulässig zurückgewiesen werden, weil für diesen ein solches Vorverfahren gar nicht stattgefunden hatte. Es fehlt dann an einer grundsätzlichen Klagevoraussetzung.
Damit Euch als Eheleuten so etwas nicht passieren kann und Euch dadurch von vornherein Nachteile entstehen, die Ihr dann nicht mehr ausbügeln könnt, solltet Ihr als Eheleute gemeinsam das Einspruchsverfahren durchführen. Dann könnt Ihr auch gemeinsam die Klage erheben. Hierzu ist es dann allerdings erforderlich, daß Ihr gemeinsam die entsprechenden Schriftsätze unterschreibt. Das gilt besonders für die Klageschrift.

Erweiterung des Klageantrages

Die Klage schließlich braucht nicht sofort begründet zu werden. Es genügt, wenn darin der Steuerbescheid bezeichnet wird, der damit angegriffen werden soll. Die Begründung kannst Du Dir sogar bis zur mündlichen Verhandlung aufsparen.
Dies war nach der alten Rechtslage ein bei »Insidern« bekannter Trick, denn das Gericht durfte in seiner Entscheidung über Deinen Klageantrag nicht hinausgehen. Das hatte zur Folge, daß dann, wenn Du in Deiner Klagebegründung bereits beantragtest, die Steuer um 5000 DM herabzusetzen, das Gericht daran gebunden war. Sogar dann noch, wenn es erkannte, daß die Steuer eigentlich um 10 000 DM zu ermäßigen gewesen wäre, durfte es die Steuer nur um 5000 DM herabsetzen.
Diese Rechtslage besteht heute nur noch eingeschränkt, denn der Bundesfinanzhof hat jedem Kläger zugebilligt, daß er bis zur mündlichen Verhandlung seine Klageanträge erweitern darf. Du hättest also im genannten Fall, vorausgesetzt, Du hättest es noch rechtzeitig erkannt, Deinen Klageantrag auf 10 000 DM erhöhen können. Trotzdem solltest Du solche betragsmäßigen Festlegungen nicht vornehmen.
Es gibt durchaus Fälle, in denen aus verfahrensrechtlichen Gründen der gesamte Steuerbescheid aufzuheben ist, und das Finanzamt auch keinen neuen Bescheid erlassen kann, weil Festsetzungsverjährung eingetreten ist. In diesen Fällen steht Dir dann die Erstattung der gesamten Steuer zu.
Hast Du Dich aber einmal auf Beträge festgelegt, und erkennst Du solche weiteren Ansprüche bis zur mündlichen Verhandlung nicht rechtzeitig, dann kann auch hier nur das Gericht bis zu der von Dir beantragten Höhe eine Steuerermäßigung anordnen. Dadurch schadest Du Dir selbst.
In den meisten Fällen liegen die Streitpunkte durch das Vorverfahren bereits fest. Diese Streitpunkte wirst Du sicher dann auch im Klageverfahren zu dessen Inhalt machen wollen. Das heißt aber nun nicht, daß Du auch auf die bis da-

hin mit dem Finanzamt ausgetauschten Argumente angewiesen wärst.
In dem Verfahren vor dem Finanzgericht kannst Du völlig neue Argumente und bisher nicht vorgebrachte Beweismittel vorlegen. Das ist schon deshalb notwendig, weil Du Dich in Deiner Klageschrift nicht bloß auf die bisher mit dem Finanzamt gewechselten Schreiben beziehen darfst.
Du mußt deshalb diese Formulierungen nochmals in Deiner Klageschrift abschreiben, damit diese als »vorgebracht« gelten. Sei deshalb möglichst umfassend in Deiner Darstellung. Dies erleichtert dem Berichterstatter (das ist der Einzelrichter, der Deinen Prozeß vorbereitet) die richtige Einordnung und damit eine Vorabentscheidung. Nur so kannst Du auch von diesem Hinweise bekommen, bestimmte Anträge in einer bestimmten Form zu stellen, damit sie rechtliche Wirkungen zeigen.

Erörterungstermin

Vielfach unbekannt ist auch die Möglichkeit des Erörterungstermins. Dieser kann entweder bei dem für Dich zuständigen Finanzamt oder beim Amtssitz des Berichterstatters im Finanzgericht stattfinden. Hier werden bereits die Positionen so weit auf den Tisch gelegt, daß Du daran den Prozeßausgang mit einiger Sicherheit erkennen kannst.
Deshalb kann auch hier bereits erwogen werden, ob ohne Urteil das Finanzamt den Steuerbescheid in einer jetzt festgelegten Weise ändert und damit der weitere Rechtsstreit überflüssig wird. Wenn Du Dich selbst vertrittst, dann spielt hier die Frage der Kosten nur eine untergeordnete Rolle.

Kostenerstattung

Wenn Du Dich allerdings durch einen Prozeßbevollmächtigten vertreten läßt, muß sehr genau darauf geachtet werden, ob Du die »Klagerücknahme«, »das Verfahren in der Hauptsache für erledigt« erklärst, oder ob Du auf einer Entscheidung bestehst. Hieran knüpfen sich ganz entscheidende Folgen, wenn es um die Kostenerstattung Deines Prozeßbevollmächtigten geht.
Bei der Klagerücknahme und Hauptsachenerledigung trägst Du nämlich Deine Kosten selbst und hast keinen Erstattungsanspruch gegen die Staatskasse. Auch dann nicht, wenn der geänderte Steuerbescheid in vollem Umfang Deinem Antrag entspricht und Du quasi gesiegt hast.
Bei der Entscheidung durch Urteil dagegen, kann Dein Prozeßbevollmächtigter die Erstattung seiner Kosten von der Staatskasse verlangen. Übrigens für die Gerichtskosten ist eine Streitwerttabelle im Anhang abgedruckt, aus der Du erkennst, daß ein Finanzprozeß relativ kostengünstig ist. Als Streitwert ist dabei die Differenz des effektiven Steuerbetrages zu nehmen, um den gestritten wird.

Verfahren ohne mündliche Verhandlung

Wird der Rechtsstreit ohne mündliche Verhandlung allein durch Schriftsätze ausgetragen, dann mußt Du im Steuerrecht sehr bewandert sein, oder das Finanzamt darf nur aus Boshaftigkeit den Streit vom Zaun gebrochen haben, so daß Du dadurch die Richter auf Deiner Seite hast.
In diesen Schriftsätzen ist es nämlich besonders wichtig, daß Du Dich auf die Streitpunkte konzentrierst, und nicht Dinge als Entlastung anführst, die möglicherweise einen völlig anderen Sachverhalt betreffen. Besonders bei Verfahrensregelungen ist es sehr schwierig diese Abgrenzungen vorzunehmen, wenn Du diese Materie nicht beherrschst. Hier die einzelnen Fall-

gruppen auseinanderzuhalten ist sogar Fachleuten oft schwierig, weil eine Paragraphenüberschrift mehrere völlig gegensätzliche Dinge regeln kann. Deshalb ist es ganz wichtig zu wissen, welcher Absatz des betreffenden Gesetzes überhaupt einschlägig ist.

Gerade aber bei diesen Verfahrensfragen werden auch von den Finanzämtern viele Fehler gemacht, die Dir zu einem günstigen Prozeßverlauf verhelfen können. Deshalb sollten sich nur diejenigen selbst auf dieses glatte Parkett begeben, die diese Grundlagen beherrschen.

Die Richter sind nämlich weder willens noch zeitlich dazu in der Lage, Dir dieses Grundwissen erst zu vermitteln. Und damit komme ich wieder zu meiner Eingangsaussage zurück, daß nur der seine Rechte in vollem Umfang erstreiten kann, der sich die dazu notwendigen qualifizierten und damit teuren Interessenvertreter leisten kann.

Damit will ich Dir keinesfalls vom Streit mit dem Finanzamt abraten, ganz im Gegenteil. In vielen einfach gelagerten Streitfällen in denen es um Werbungskosten, Sonderausgaben oder die Anerkennung von außergewöhnlichen Belastungen geht, werden die Richter versuchen, Deinen Interessen gerecht zu werden, auch wenn Du Dich nicht von einem Fachmann vertreten läßt.

Die Richter wissen so genau wie ich, daß die Flut der gesetzlichen Änderungen von dem einzelnen Steuerzahler gar nicht nachvollzogen gehalten werden können. Doch gegen den Gesetzeswortlaut dürfen die Richter auch nur in ganz krassen Einzelfällen entscheiden. Deshalb kommt es schon auf die richtige Darstellung des Problems an, denn bei einer Gesetzesauslegung nach der einen oder nach der anderen Seite kann dies für Dich ganz enorme finanzielle Auswirkungen haben.

Untätigkeitsklage

Eine Sonderform der Klage ist die sogenannte Untätigkeitsklage. Diese ist zulässig, obwohl das Vorverfahren noch nicht abgeschlossen ist.
Zu diesem Mittel kannst Du immer dann greifen, wenn das Finanzamt ohne Grund auf einen Einspruch von Dir innerhalb von sechs Monaten keine Entscheidung getroffen hat bzw. überhaupt keine Neigung gezeigt hat, den Fall zu bearbeiten. Hier solltest Du dann in Deinem Klageantrag auf diese Untätigkeit hinweisen, damit das Gericht gleich erkennt, daß das Vorverfahren noch aussteht. Hier wird dann zuerst das Finanzamt aufgefordert, diesen Einspruch zu bearbeiten, ehe das ordentliche Klageverfahren überhaupt eröffnet wird.

Eigenhändige Unterschrift

Ein ganz wichtiges Merkmal der Klage ist die eigenhändige Unterschrift. Nur daraus können die Richter erkennen, ob diese Klageschrift überhaupt als solche von Dir »in den Verkehr« gebracht werden sollte. Dies ist nämlich bei einem bloßen Entwurf eines solchen Schriftstücks nicht der Fall.
Da es aber keine Vorschrift darüber gibt, in welcher Schriftform (Maschinenschrift, Druckschrift, Handschrift, zweizeilig, einzeilig usw.) die Klage abzufassen ist, kann nur aus der lesbaren Unterschrift darauf geschlossen werden. Deshalb müssen wenigstens drei Buchstaben Deines Namens erkennbar sein, sonst werden diese Gebilde nicht als Unterschrift anerkannt.

Nachwort

Ich hoffe, daß ich Dir hiermit aufzeigen konnte, daß unsere Finanzverwaltung bei weitem nicht unfehlbar ist. Daraus erwachsen Dir Rechte, ja sogar Pflichten, diese Staatsorgane an die Einhaltung der gesetzlichen Vorschriften zu erinnern und diese notfalls gerichtlich durchzusetzen. Auch das ist ein Grundrecht von dem wir Gebrauch machen müssen, wenn uns nicht die Verwaltung eines Tages über den Kopf wachsen soll.

Fehlentscheidungen der Finanzverwaltung haben immer mit Geld zu tun, und bei Geld hört bekanntlich jede Freundschaft auf. Deshalb ist es zuallererst Sache des Gesetzgebers, hierfür die notwendigen Grundlagen zu schaffen. Es kann aber keinesfalls einer Behörde überlassen werden, nach eigenem Gutdünken die Gesetze auszudehnen oder einzuschränken.

Völlig unhaltbar wäre es aber, uns Bürger mit dem Hinweis Vergünstigungen streitig zu machen, daß ja der Rechtsweg als Regulierungsmechanismus dieser Verwaltungsfehlleistungen jedem offenstehe.

Anhang

VORSORGLICHER EINSPRUCH

An das Absender:
Finanzamt
....
....

Datum ....

Betr.: Steuer Nummer:...........................
hier: .... Steuerbescheid 19.....
vom........., zugegangen am ....

Sehr geehrte Damen und Herren,
gegen den oben bezeichneten Steuerbescheid
erhebe(n) ich (wir)

E I N S P R U C H

zur Wahrung der Rechtsbehelfsfrist.
Innerhalb angemessener Frist werde(n) ich (wir)
diesen Rechtsbehelf begründen oder zurücknehmen.

Mit freundlichen Grüßen

ANTRAG AUF AUSSETZUNG DER VOLLZIEHUNG
(Finanzamt)
Duplikat unbedingt an Finanzkasse

An das Absender:
Finanzamt
....
....

Datum ....

Betr.: Steuer Nummer:............................
hier: .... Steuerbescheid 19.....
vom........., zugegangen am ....

mein (unser) Einspruch vom ....

Sehr geehrte Damen und Herren,
mit meinem (unserem) Einspruch (Antrag auf schlichte Änderung) habe(n) ich (wir) beantragt, Steuervergünstigungen in Höhe von ...... DM steuermindernd zu berücksichtigen.
Dies entspricht einem Steuerbetrag von etwa .... DM, um den die in dem oben bezeichneten Bescheid festgesetzten Steuern zu hoch sind.
Ich (wir) beantrage(n) deshalb, diesen zuviel festgesetzten Betrag bis zur Entscheidung über meinen (unseren) Einspruch vom .... von der Beitreibung auszusetzen und mir (uns) darüber einen entsprechenden Bescheid zukommen zu lassen.

Mit freundlichen Grüßen

ANTRAG AUF SCHLICHTE ÄNDERUNG

An das Absender:
Finanzamt
....
....

Datum ....

Betr.: Steuer Nummer:............................
hier: .... Steuerbescheid 19.....
vom........., zugegangen am ....

Sehr geehrte Damen und Herren,
in dem oben genannten Steuerbescheid wurden folgende Steuervergünstigungen nicht gewährt:

1)
2)
3)

Ich (wir) stelle(n) daher innerhalb der Rechtsbehelfsfrist den Antrag, diese geltend gemachten und nachgewiesenen Aufwendungen steuermindernd zu berücksichtigen.
Sollten Sie - aus welchen Gründen auch immer - diesem Antrag nicht entsprechen können oder wollen, so bitte(n) ich (wir), dieses Schreiben als Einspruch zu behandeln.

Mit freundlichen Grüßen

ANTRAG AUF AUFRECHNUNG

An das Absender:
Finanzamt
Finanzkasse
....
....

Datum ....
Betr.: Steuer Nummer:..........................
hier: .... Steuererklärung 19.....
vom........., Ihnen zugegangen am ....

Sehr geehrte Damen und Herren,
aus der am .... eingereichten ....
Steuererklärung ergeben sich Steuererstattungen in Höhe von .... DM.
Diese zu erwartenden Guthaben bitte(n) ich (wir) wie folgt zu verwenden:

....
....
....
....

Restbetrag/Guthaben
Gleichzeitig stelle(n) ich (wir) für die Zwischenzeit bis zur endgültigen Festsetzung der Guthaben, den Antrag auf Aussetzung der Vollziehung bzw. zinslose Stundung der aufgerechneten Steuerbeträge und bitte(n) um eine entsprechende Bestätigung.

Mit freundlichen Grüßen

ERLASS VON SÄUMNISZUSCHLÄGEN

An das Absender:
Finanzamt
....
....

Datum ....
Betr.: Steuer Nummer:...........................
hier: Bescheid über Säumniszuschläge 19.....
vom........., zugegangen am ....

Sehr geehrte Damen und Herren,
mit dem obengenannten Bescheid setzen Sie Säumniszuschläge wegen verspäteter Zahlung der .... Steuern gegen mich (uns) fest. Bisher habe(n) ich (wir) stets pünktlich meine (unsere) Zahlungspflichten gegenüber dem Finanzamt erfüllt. Deshalb stelle(n) ich (wir) den Antrag, die festgesetzten Säumniszuschläge aus Billigkeitsgründen zu erlassen.

Mit freundlichen Grüßen

oder:

Wie aus meinen (unseren) Steuerakten ersichtlich ist, wurde mir (uns) für die Zeit von .... bis .... für die .... Steuern Stundungen gewährt. Damit ist aber ersichtlich, daß mir (uns) keine weiteren Mittel zu einer schnelleren Steuerzahlung zur Verfügung standen. Säumniszuschläge

sollen aber ein Druckmittel sein, um die Steuerpflichtigen zu einer pünktlichen Zahlungsweise anzuhalten. Dieses Druckmittel verfehlt dann seinen Sinn, wenn keine Mittel zur Verfügung stehen, die eine schnellere Zahlung erlauben. In solchen Fällen ist dann die Festsetzung von Säumniszuschlägen ermessensfehlerhaft.
Deshalb stelle(n) ich (wir) hiermit den Antrag, die festgesetzten Säumniszuschläge zu erlassen.

Mit freundlichen Grüßen

ANTRAG AUF RUHEN DES VERFAHRENS

An das Finanzamt
....
....

Absender:

Datum ....

Betr.: Steuer Nummer:.........................
hier: .... Steuerbescheid 19.....
vom........., zugegangen am ....

Sehr geehrte Damen und Herren,
gegen den oben bezeichneten Steuerbescheid erhebe(n) ich (wir) hiermit den Rechtsbehelf des

E I N S P R U C H S.

Hinsichtlich .... ist bei .... unter dem Aktenzeichen .... ein Musterprozeß anhängig, zu dem in absehbarer Zeit eine Grundsatzentscheidung zu erwarten ist.
Der Ausgang dieses Verfahrens hat auch Auswirkungen auf die in dem oben bezeichneten Steuerbescheid verwirklichten gleichgelagerten Sachverhalte.
Ich (wir) beantrage(n) deshalb, das Verfahren für beruhend zu erklären oder den genannten Sachverhalt nur vorläufig festzusetzen, bis die höchstrichterliche Entscheidung erfolgt ist. Danach werde(n) ich (wir) den Einspruch begründen oder zurücknehmen.

Mit freundlichen Grüßen

ANTRAG AUF WIEDEREINSETZUNG IN DEN VORIGEN STAND

An das Absender:
Finanzamt
....
....

Datum ....

Betr.: Steuer Nummer:...........................
hier: .... Steuerbescheid 19.....
vom........., zugegangen am ....

Einspruch vom ....
Ihr Schreiben vom ....

Sehr geehrte Damen und Herren,
meinen (unseren) Einspruch vom .... weisen Sie, mit dem obengenannten Schreiben, als verspätet erhoben zurück.
Ausweislich des in Kopie beigefügten Postnachsendeauftrages und dem Briefumschlag, in dem mir (uns) der fragliche Steuerbescheid zuging, habe(n) ich (wir) alles getan, um rechtzeitig wichtige Schriftstücke zu erhalten.
Der fragliche Bescheid befand sich nach meiner (unserer) Rückkehr in meinem (unserem) Hausbriefkasten, so daß nicht sicher ist, ob der Postbote oder eine andere Person, die den Briefumschlag irrtümlich erhalten hatte, das Schriftstück in den Briefkasten eingeworfen hat.
In jedem Fall trifft mich (uns) an der Fristüberschreitung keine Schuld, weshalb ich (wir) hiermit Wiedereinsetzung in den vorigen Stand beantrage(n). Der Einspruch ist noch innerhalb

der Monatsfrist nach Auffinden des Bescheides in meinem (unserem) Hausbriefkasten erhoben worden. Damit gilt der Rechtsbehelf als rechtzeitig eingelegt und muß bearbeitet werden.

Mit freundlichen Grüßen

ANTRAG AUF STUNDUNG FESTGESETZTER STEUERBETRÄGE

unbedingt Duplikat an die Finanzkasse

An das Absender:
Finanzamt
.... Datum ....
....

Betr.: Steuer Nummer:...........................
hier: .... Steuerbescheid 19.....
vom........., zugegangen am ....

Sehr geehrte Damen und Herren,
in dem genannten Steuerbescheid setzen Sie unwidersprochen eine Restzahlung in Höhe von ....DM gegen mich (uns) fest.
Leider sind durch die nachfolgend geschilderten Ereignisse der letzten Zeit, meine (unsere) finanziellen Verhältnisse so, daß ich (wir) diesen Betrag nicht auf einmal aufbringen kann (können).
....
....
Weiterhin habe(n) ich (wir) sämtliche Kreditmittel ausgeschöpft, wie Sie aus der beigefügten Bestätigung der ....Bank/Sparkasse ersehen können.
Bei den geschilderten Ereignissen handelt es sich um vorübergehende Engpässe, die nicht vorhersehbar waren.
Ich (wir) kann (können) Ihnen daher nur folgendes Zahlungsangebot machen:
....
Ich (wir) werde(n) bemüht sein, unter allen Umständen die gemachte Zusage einzuhalten und bitte(n) um einen entsprechenden Bescheid.

Mit freundlichen Grüßen

EINSPRUCH

An das Absender:
Finanzamt
....
....

Datum ....
Betr.: Steuer Nummer:.............................
hier: .... Steuerbescheid 19.....
vom........., zugegangen am ....

Sehr geehrte Damen und Herren,
gegen den oben bezeichneten Steuerbescheid erhebe(n) ich (wir) hiermit den Rechtsbehelf des

E I N S P R U C H S.

Begründung:

1)
2)
3)

Bei den geltend gemachten Beträgen handelt es sich um Aufwendungen, deren steuerlicher Abzug nach den angegebenen Fundstellen zum Abzug zuzulassen sind.
Ich (wir) stelle(n) daher den Antrag, den ergangenen Steuerbescheid ersatzlos aufzuheben und unter Berücksichtigung der geltend gemachten Aufwendungen die Steuer neu festzusetzen.
Bis zu einer endgültigen Entscheidung bitte(n) ich (wir) die zuviel festgesetzte Steuer von der Beitreibung auszusetzen.

Mit freundlichen Grüßen

ANTRAG AUF AUSSETZUNG DER VOLLZIEHUNG
(Finanzgericht)

An das Finanzgericht
.... Datum.........
....

Antragsgegner: Finanzamt...............
vertreten durch den Vorsteher
Antragsteller: Herr/Frau/Eheleute
....
....

Antragsgrund: Aussetzung der Vollziehung zuviel festgesetzter .... Steuer aus dem Bescheid vom ....
Steuer Nummer....... des Finanzamts vom ...... in der Gestalt der Ablehnungsverfügung der Oberfinanzdirektion/des Finanzamts vom .....

Antrag: Hiermit beantrage(n) ich (wir) die Vollziehung des obengenannten Steuerbescheides hinsichtlich der strittigen Aufwendungen zu verfügen und das Finanzamt zu verpflichten, die Beitreibung der daraus entstehenden Mehrsteuer auszusetzen.

1)
2)

Bei den genannten Aufwendungen ist es zumindest ernstlich zweifelhaft, ob der von der Oberfinanzdirektion (dem Finanzamt) vertretenen Rechtsmeinung, oder der für mich (uns) in den angegebenen Fundstellen sprechenden Ansicht, der Vorzug zu geben ist. Eine solche Unentschiedenheit bei summarischer Prüfung einer Rechtsfrage reicht aber bereits aus, um die Aussetzung der Vollziehung zu verfügen.

Ich (wir) beantrage(n) deshalb, das Finanzamt zu verpflichten, die Aussetzung der Vollziehung der streitigen Steuerbeträge bis zur endgültigen Klärung auszusetzen.

gezeichnet

KLAGE

An das Finanzgericht

.... Datum.........

....

Antragsgegner: Finanzamt.............
vertreten durch den Vorsteher

Antragsteller: Herr/Frau/Eheleute
....
....

Betr: Steuerbescheid über .... Steuer 19.. Steuer Nummer........ des Finanzamts .... vom ...... in der Gestalt der Einspruchsentscheidung vom.....

Antrag: Hiermit erhebe(n) ich (wir)

K L A G E

zum Finanzgericht, da ich (wir) durch die Entscheidung des Finanzamts in meinen (unseren) Rechten verletzt bin (sind).

Begründung:

1)
2)
3)

Hiermit beantrage(n) ich (wir) das Finanzamt zu verpflichten, unter Aufhebung der bisher ergangenen Verwaltungsakte und entsprechend der gestellten Anträge, die Steuer neu festzusetzen.

gezeichnet

Register

A

Q

R

S

W

Knaur®

Josef Kirschner

(7549)

Foto: Isolde Ohlbaum

(7442)

(7610)

Von Josef Kirschner sind außerdem bei Knaur erschienen:

Die Kunst, ohne Überfluß glücklich zu leben (7647)

Die Kunst, ohne Angst zu leben (7689)

So wehrt man sich gegen Manipulation (7717)

So lernt man, sich selbst zu lenken (7718)

So hat man mehr Spaß am Sex (7719)

So plant man sein Leben richtig (7720)

So lebt man glücklich – ohne Heirat (7740)

So macht man auf sich aufmerksam (7741)

So nutzt man die eigenen Kräfte besser (7742)

So lernt man, sich selbst zu lieben (7743)

Knaur

Bei uns wird UMWELT groß geschrieben!

(3931)

(7944)

(3940)

(7710)

(7843)

(7880)